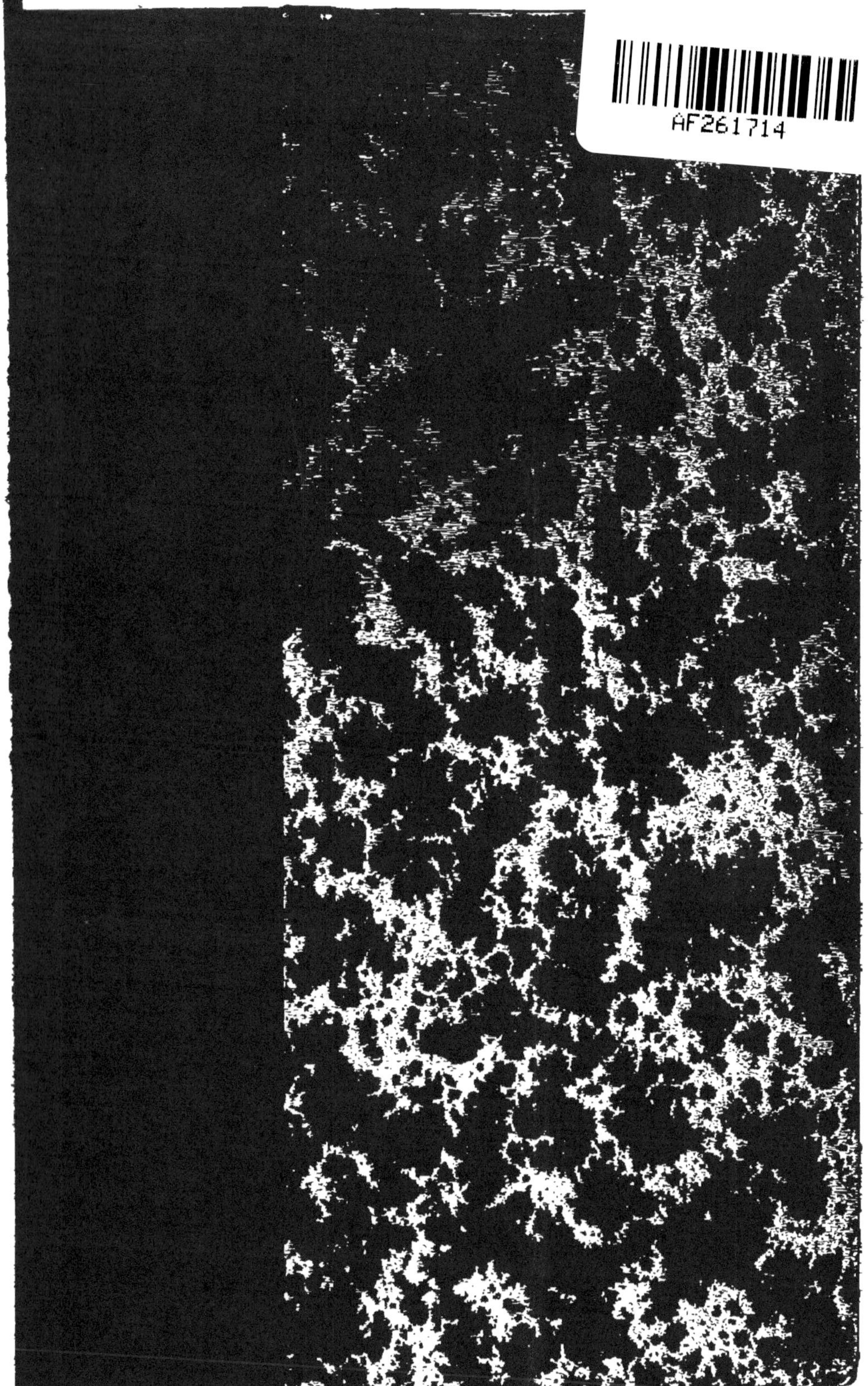

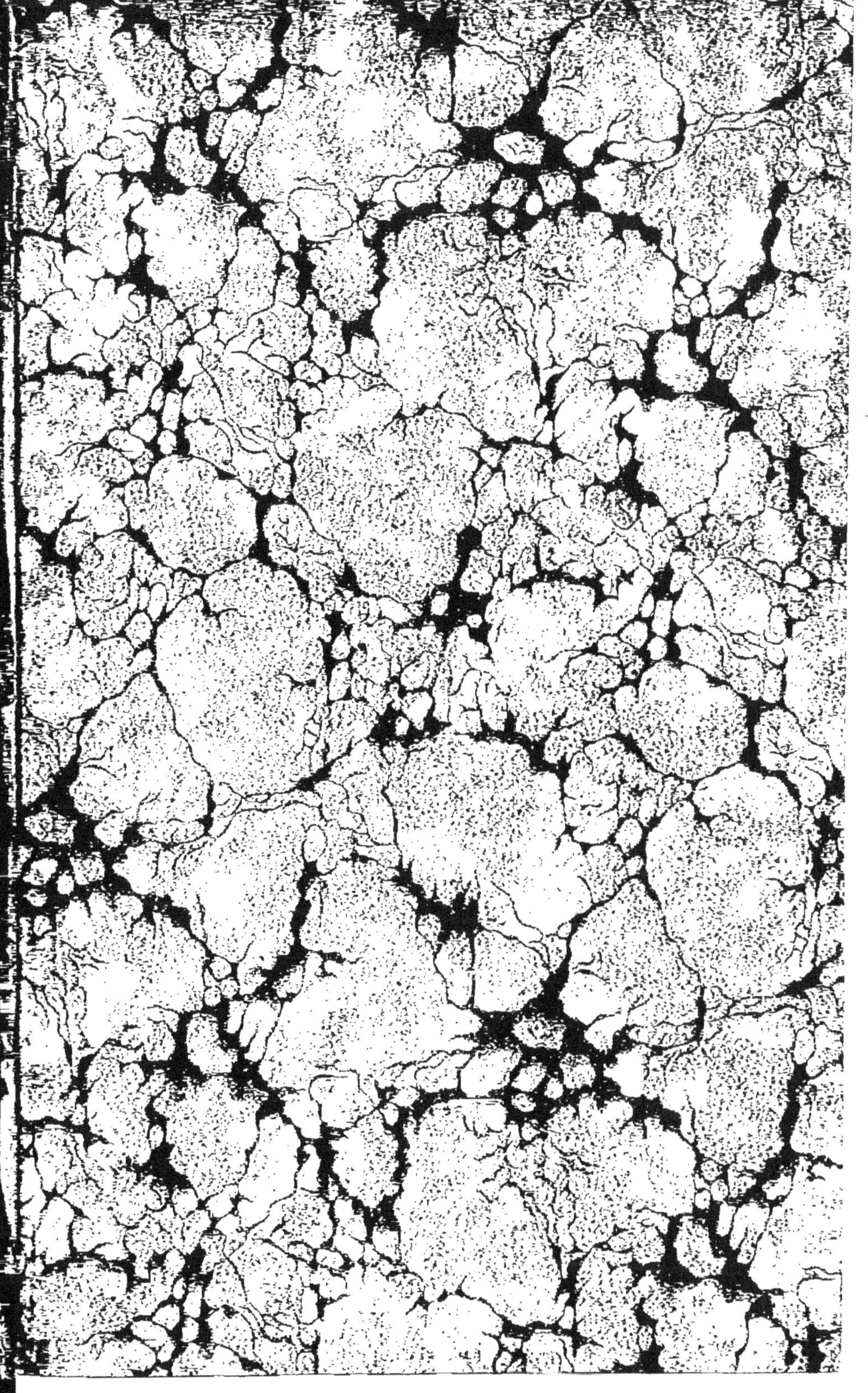

L'ACROBATIE

ET LES ACROBATES

SOCIÉTÉ ANONYME D'IMPRIMERIE DE VILLEFRANCHE-DE-ROUERGUE
Jules BARDOUX, Directeur.

L'ACROBATIE

ET

LES ACROBATES

TEXTE ET DESSINS

PAR

G. STREHLY

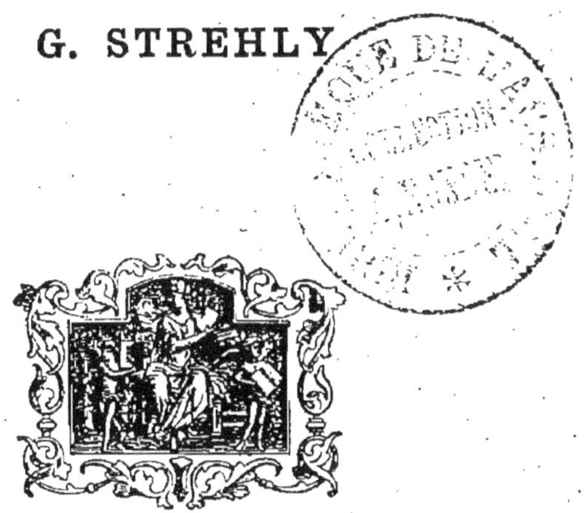

PARIS

LIBRAIRIE CH. DELAGRAVE

15, RUE SOUFFLOT, 15

AVANT-PROPOS

Il n'existe à notre connaissance que deux ouvrages sur l'acrobatie contemporaine. L'un est le livre de Hugues Leroux intitulé *les Jeux du cirque et la Vie foraine*, qui a été édité, par la librairie Plon, il y a une douzaine d'années. C'est sans doute un fort beau livre d'étrennes, et les charmantes aquarelles, dues au pinceau de Jules Garnier, qui en ornent presque toutes les pages, le feront toujours feuilleter avec plaisir par les gens du monde désireux de se distraire quelques heures. Mais, sans vouloir nullement diminuer le mérite de ce livre, je dois à la vérité de dire que les *Jeux du cirque* n'apprendront rien, je ne dis pas aux professionnels, mais même aux amateurs qui ont un peu fréquenté le cirque. C'est une brillante ébauche dont les traits manquent de profondeur, au moins en ce qui concerne l'acrobatie proprement dite, et, après en avoir pris connaissance, on n'est pas plus exactement renseigné sur l'art acrobatique qu'on ne connaît le dédale des rues d'une grande cité pour en avoir regardé une vue à vol d'oiseau. Il faut pour cela un bon plan terre-à-terre, mais exact.

L'autre ouvrage auquel j'ai fait allusion vient de paraître il y a quelques mois seulement. C'est *Acrobatica e Ginnastica*, du professeur Alberto Zucca, publié dans la collection des Manuels Hœpli, à Milan. Ce manuel est le travail d'un homme compétent qui a exercé lui-même l'acrobatie en amateur, et qui a fréquenté les gens de l'art. Aussi le recommandons-nous volontiers comme un répertoire plein d'intérêt, enrichi d'une iconographie fort attachante et d'une grande exactitude technique.

L'étude que nous publions à notre tour sur l'acrobatie ne fait nullement double emploi avec le travail du professeur Zucca, et surtout n'en est pas un plagiat. On pourra aisément s'en convaincre par une comparaison attentive des deux œuvres. M. Zucca habite la haute Italie, et les artistes qu'il a vus défiler sur la scène de Milan sont surtout des Italiens. On m'accordera qu'une grande capitale comme Paris ou Londres est un lieu d'observation plus favorable pour y voir passer l'élite des acrobates du monde entier. De plus, j'ai sur M. Zucca le peu enviable privilège de l'âge. J'ai vu en quelque sorte naître et se transformer l'acrobatie contemporaine pour arriver à ce degré incomparable de perfection qui la caractérise aujourd'hui. Aussi presque aucun des artistes auxquels je ferai allusion ne se rencontre-t-il dans le livre de mon confrère italien. Qu'il me suffise de signaler des lacunes telles que Léotard, Blondin, les Craggs, les Scheffer, les Kremo, les Alex, les Rainat's. Enfin j'ai connu ceux qu'on pourrait appeler les précurseurs. Je me rappelle avec une fraîcheur d'impression étonnante leurs diverses productions, premiers tâtonnements d'un art naissant, qui cherche sa voie et ne l'a pas encore trouvée. Donc, laissant de côté toute fausse modestie, je crois pouvoir dire que, même après avoir lu le manuel italien, on trouvera encore des épis à glaner dans le travail que je présente aujourd'hui au public. Et si sur certains détails techniques je me rencontre avec mon confrère milanais, qu'on veuille bien ne pas s'en étonner. Deux entomologistes étudiant parallèlement la vie des abeilles ne sont-ils pas exposés à faire des constatations identiques sur les mœurs de ces intéressants insectes?

M. Zucca a traité aussi de l'athlétisme et de la gymnastique éducative. Ce sont là, suivant moi, des sujets à part, et qui méritent chacun une étude spéciale. L'acrobatie est un art assez beau et assez complexe pour fournir la matière d'un volume, et je ne me flatte pas d'avoir épuisé dans celui-ci tout ce qu'on peut dire sur cet art, que je regarde comme une des plus curieuses manifestations de l'activité humaine.

J'ai fait précéder mon travail sur l'acrobatie contemporaine d'un aperçu sur l'acrobatie à travers les âges, pour lequel j'ai utilisé les ouvrages suivants :

a) Dictionnaire des antiquités grecques et romaines, d'Antony Rich.

b) Mercurialis de arte gymnastica (XVIe siècle).

c) Encyclopædisches Handbuch des gesamten Turnwesens, publié chez Pischler à Vienne, Autriche (article : ACROBATIE).

d) Les Merveilles de la force et de l'adresse, de Guillaume Depping, dans la Bibliothèque des Merveilles (Hachette).

Dans les vingt chapitres consacrés à l'art moderne, j'ai passé en revue toutes les branches de l'acrobatie, et j'ai tâché d'établir dans ses productions multiples une classification aussi rigoureuse que possible. Cette classification n'est pas toujours à l'abri de la critique, non par ma faute, mais parce que les genres empiètent parfois les uns sur les autres au point d'effacer les lignes de démarcation établies à priori. Enfin, j'ai donné sur la vie des artistes tous les détails que le grand public ignore, et je ne me suis pas interdit de relater quelques anecdotes que j'ai crues propres à la mettre en relief.

Sans vouloir faire un traité absolument technique, qui serait inutile aux artistes autant qu'ennuyeux pour les profanes, j'ai tenu toutefois à donner sur les merveilles d'adresse qu'on voit exécuter dans les cirques des indications précises, que j'ai élucidées par des figures. Ces dernières sont, pour ainsi parler, de simples schémas, sans aucune prétention artistique, mais d'une rigoureuse exactitude. On n'y relèvera pas ces fautes techniques grossières qui déparent souvent les dessins les plus élégants des affiches. Je demande pour mes croquis l'indulgence du lecteur : ils ne sont pas d'un dessinateur, mais, par la précision des détails, ils donnent une idée exacte de l'exercice décrit. Enfin, j'y ai joint un certain nombre de photographies, représentant les artistes les plus célèbres, qui complètent le côté documentaire de cet ouvrage, dont je ne crains pas de dire ce que Montaigne inscrivait en tête de ses *Essais :* « Ceci, lecteur, est un livre de bonne foi » et où l'imagination n'a aucune part.

L'ACROBATIE

ET LES

ACROBATES

CHAPITRE PREMIER

L'ACROBATIE A TRAVERS LES AGES

De tout temps l'acrobatie a été tenue en grand honneur. Les tours de force ou d'adresse ont toujours eu le don de captiver les foules. Ceux qui excellent dans ce genre de productions étaient aussi populaires chez les anciens qu'ils le sont chez les modernes. Ils jouissaient de cette célébrité qui s'attache aux comédiens, aux chanteurs, à quiconque, en un mot, contribue au divertissement de ses semblables. Faut-il s'en étonner? Un des traits qui différencient le plus l'homme de l'animal, c'est que, tandis que la brute ne demande pour être heureuse que la satisfaction des appétits naturels, l'être humain a un désir si vif de distraction qu'il est prêt, dans l'occasion, à sacrifier au plaisir des yeux ou des oreilles les besoins les plus urgents du corps. Les Romains de la décadence réclamaient deux choses, nous dit un satirique latin, « du pain et des jeux du cirque », mettant ainsi sur la même ligne les deux desiderata de leur existence. En-

core est-il permis de croire qu'ils eussent été prêts à ré-
duire le premier à sa plus simple expression, à condition
d'être largement contentés pour le second. On peut dire,
en modifiant légèrement un mot célèbre de Rabelais :
« Se distraire à tout prix est le propre de l'homme. »

La Chine, le Japon, l'Inde, l'Égypte ancienne, ont
eu leurs acrobates. L'acrobatie, comme du reste tous les
arts, est un fruit de la civilisation : elle a passé par les
mêmes étapes, et son développement a éprouvé les mêmes vicissitudes; en sorte qu'il n'est pas trop exagéré
de dire qu'elle est un critérium sûr du degré de civilisation et de prospérité matérielle d'une nation. Qui de nous
n'a applaudi, dans les cirques et les hippodromes, ces
merveilleux équilibristes japonais, dont les périlleux
exercices font courir par tout l'être un frisson d'admiration mêlée d'angoisse? Or, leur art a un caractère traditionnel qui atteste, à n'en pas douter, l'existence d'une
véritable école acrobatique, dont les principes doivent
remonter assez loin dans le passé. Malheureusement
mon ignorance de tout ce qui touche à la langue et aux
mœurs de l'extrême Orient ne me permet que de risquer
une hypothèse, sans pouvoir l'appuyer de textes précis
et de témoignages formels. Les Hindous, malgré leur
apathie et leur dédain pour la matière, n'ont pas laissé
d'être sensibles aux merveilles de l'adresse humaine. Les
jongleurs indiens ont joui de tout temps d'une juste célébrité, derrière laquelle plus d'un artiste européen a
jugé bon de se retrancher pour capter plus sûrement la
faveur du public. L'historien d'Alexandre le Grand,
Quinte-Curce, nous conte que lorsque ce conquérant
traversait l'Inde, on lui présenta un jongleur du pays,
qui lançait à une grande distance des petits pois sur une
tête d'aiguille, sans jamais manquer son coup. C'est un
tour sinon très émouvant, en tout cas fort difficile, et qui
d'ailleurs fut médiocrement récompensé : le roi fit don-

ner à l'artiste un boisseau de pois en l'engageant à « continuer ». Malheureusement les documents indigènes sur la matière font à peu près complètement défaut. Nous savons seulement que les exercices athlétiques ou acrobatiques étaient l'apanage exclusif de deux castes, méprisées d'ailleurs, les Djallas et les Mallas ; ce qui n'a rien d'étonnant, car les théocraties, et l'Inde en était une, se montrent peu favorables au culte des exercices physiques. Nous avons donc tout lieu de croire que l'art acrobatique n'a jamais dû s'élever à un niveau bien haut dans la presqu'île du Dakhan, et c'est ce qui explique, à mon sens, l'absence dans la littérature hindoue de tout *soutra* ou traité didactique relatif à cette branche de l'activité humaine, alors qu'il en existe sur d'autres occupations infiniment moins recommandables. Toutefois, si, comme le pensent certains ethnographes, cette étrange population nomade que nous appelons Bohémiens, que les Anglais nomment *Gypsies* (Egyptiens), les Espagnols *Gitanos*, les Italiens *Zingari*, les Allemands *Zigëuner*, et les Russes *Tsiganes*, si les Bohémiens, dis-je, qui jadis furent sur nos foires les principaux représentants de l'art acrobatique, sont réellement originaires de l'Inde, il y aurait là un indice assez vague sur l'intérêt que les anciens Aryas ont pu porter aux exercices des saltimbanques. En tout cas, le climat énervant de l'Inde est peu favorable aux efforts physiques : il tue l'énergie et fait de la paresse corporelle une jouissance et presque une nécessité. Il y a quelques années, j'ai eu l'occasion, à Londres, de voir dans une exposition coloniale une exhibition d'acrobates cinghalais, qui exécutaient des pyramides sur les épaules et des sauts : je fus absolument désappointé : c'était l'enfance de l'art.

Les Égyptiens, le plus sage de tous les peuples anciens, ont de bonne heure cultivé la gymnastique, et ils ont été sur ce point, comme sur tant d'autres, les précepteurs des Grecs. Nous avons donc lieu d'en induire qu'ils ont dû aussi cultiver l'acrobatie. Car l'acrobatie est une des manifestations de l'athlétisme; je l'appellerais volontiers la virtuosité de la gymnastique. Entre l'une et l'autre, la ligne de démarcation est souvent bien difficile à tracer. Le célèbre sauteur américain Higgins s'est exhibé simultanément sur la piste du Nouveau Cirque et sur la pelouse du Racing-Club. Un manieur de poids comme Bonnes n'est pas plus déplacé sur la scène d'un music-hall que dans l'arène d'un gymnase.

Quand nous arrivons à la Grèce et à Rome, non seulement les témoignages sont assez abondants, mais encore ils gagnent en précision, grâce aux nombreuses représentations artistiques qui se rencontrent soit sur les bas-reliefs, soit sur les peintures murales, soit enfin sur les vases.

Le mot acrobate est un mot d'origine grecque. Il signifie : « Celui qui marche sur la pointe des pieds » (de *acros,* qui est à l'extrémité, et *batès,* qui marche). Il désignait chez les anciens les danseurs, les funambules, les sauteurs, les saltimbanques. Il est aujourd'hui le terme officiel pour désigner tous ceux qui font, sur nos théâtres, des tours de force ou d'adresse : il a remplacé le terme de saltimbanque (de l'italien *salta in banco,* qui saute sur les tréteaux), qui ne s'emploie plus qu'avec une nuance péjorative, et celui plus ancien encore de *tumbeor* (en anglais *tumbler,* littéralement celui qui se laisse *tomber*), par lequel le moyen âge désignait tous les faiseurs de sauts périlleux et de culbutes.

Une des preuves les plus manifestes du degré de culture auquel l'acrobatie était parvenue dans l'antiquité classique, c'est la terminologie déjà très compliquée, quoique moins variée pourtant que celle des temps modernes, par laquelle on désignait les différentes branches de cet art.

Nous allons énumérer quelques-unes des spécialités les plus en vogue tant en Grèce qu'en Italie.

Voici d'abord celui que les Grecs nommaient *cybisteter*, et les Latins *cernuus* : le premier mot veut dire : « qui fait des culbutes » ; le second, « qui a la figure tournée vers le sol (fig. 1). C'est notre équilibriste sur mains (en anglais *hand-balancer* et en allemand *Handstœnder*). La gravure ci-jointe, prise dans le *Dictionnaire des antiquités* de Rich, nous représente un *cernuus* dans l'exercice de ses fonctions. Malgré le galbe qui caractérise en général les figurines ornant les vases antiques, les gens du métier remarqueront qu'il y a dans celle-ci une double inexactitude

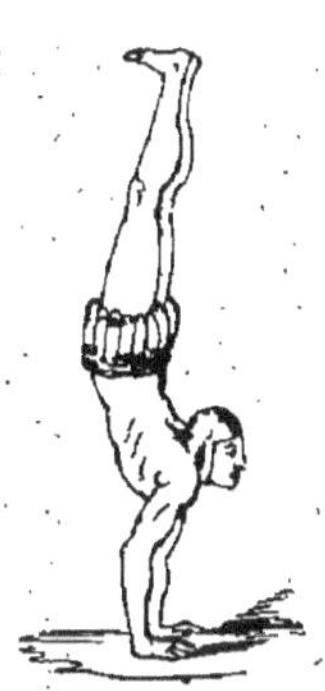

Fig. 1.
Cernuus.

technique, qui rend la station sur les mains défectueuse, sinon impossible : la cambrure des reins est insuffisante, et les épaules ne sont pas assez lâchées. J'ai vu au musée des antiquités de Florence une statuette en bronze, représentant le même sujet, d'une hauteur de 0^m,40 environ. Si mes souvenirs déjà lointains ne me trompent pas, l'exécution technique présentait le même défaut.

Ces tours de force d'ailleurs étaient souvent exécutés par des femmes (fig. 2). La figurine ci-contre, prise

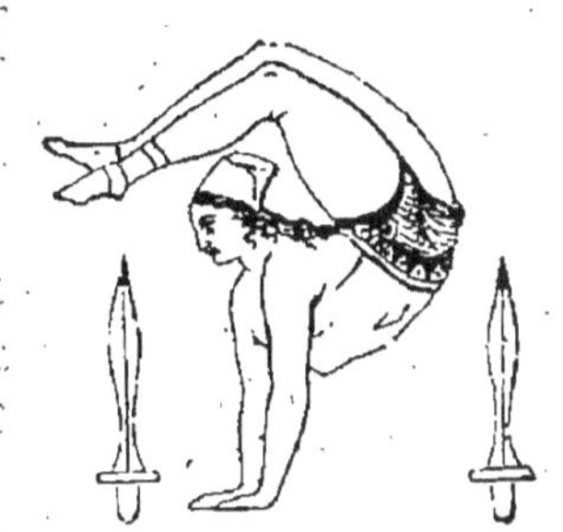

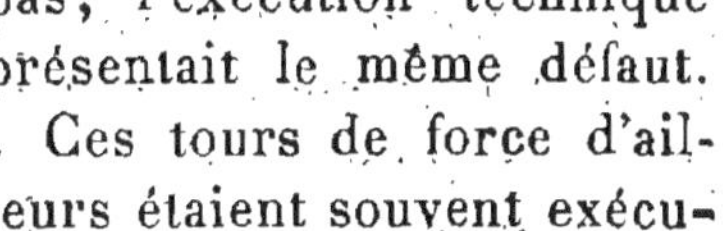

Fig. 2. — *Cybisteteira.*

sur un vase d'argile, représente une *cybisteteira*, faisant l'équilibre sur les mains, avec souplesse en avant pardessus des poignards enfoncés dans le sol. On y remarque le même défaut dans la station que sur la précédente. Parfois les pieds de l'acrobate ne restaient pas inactifs : ils tenaient entre les orteils un calice rempli de vin, qu'il fallait porter à la bouche pour boire dans cette position incommode.

Voici maintenant un *circulator,* ou jongleur qui est en

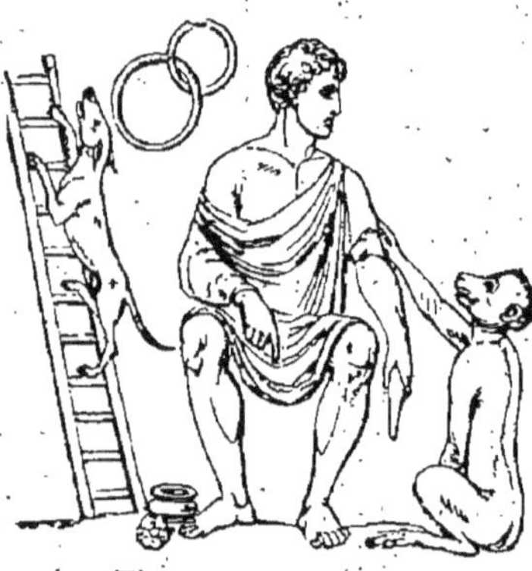

Fig. 3. — *Circulator.*

même temps dresseur d'animaux. Le mot *circulator* signifie littéralement un charlatan qui exécute ses tours au milieu d'un *cercle* de badauds. La gravure ci-jointe (fig. 3) est prise sur une lampe en terre cuite. Les deux anneaux qui sont en l'air semblent avoir dû servir à quelque truc de jonglerie. L'animal de gauche est un chien ascensionniste; quant au singe qui est à droite, on ne saurait dire quel tour il devait exécuter.

Cet autre jongleur est un *pilarius* (du mot *pila,* qui

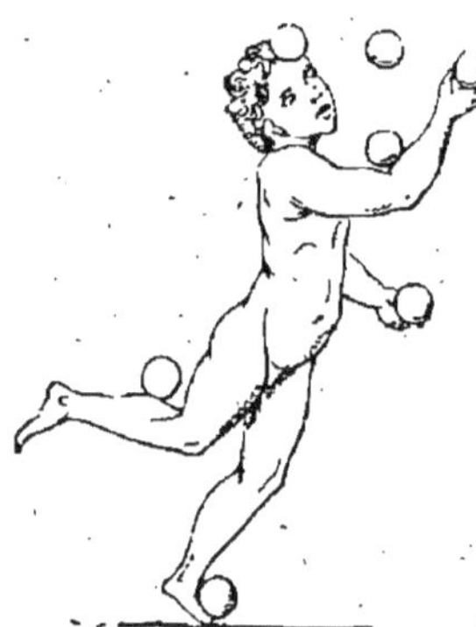

Fig. 4. — *Pilarius.*

veut dire balle) (fig. 4). On voit qu'il jongle avec *sept* balles simultanément, ce qui constitue un record à peine dépassé par les modernes. Kara, le célèbre jongleur mondain, n'a jamais atteint le chiffre de huit. Quant au jeune jongleur hongrois Chenko, s'il a pu jongler avec huit boules, c'est à condition d'en lancer chaque fois deux ensemble (elles sont très petites), ce qui constitue le rythme de la jonglerie à quatre. Autre particularité notable, notre *pilarius* se sert du mollet, du cou-de-pied et du bras, à la manière des Japonais et du Birman Moung-Tong qui s'est exhibé il y a trois ans sur la scène du Casino, et enfin même du front, sur lequel il reçoit la balle à la façon de Sévérus Scheffer.

L'acrobatie par excellence semble avoir été celle qui s'exerçait sur une corde tendue dans les airs. Voici un Blondin des temps anciens, le *funambulus* des Latins, le *schœnobates* des Grecs (fig. 5).

Il traverse une corde raide tout en jouant de la double flûte, ce qui indique à quel point il est maître de son équilibre.

La figure ci-jointe est tirée d'une peinture trouvée à Herculanum, où elle était avec huit autres du même genre, chacune représentant un tour différent. On notera l'absence du balancier, qui pourtant était connu, et la position hardie du corps.

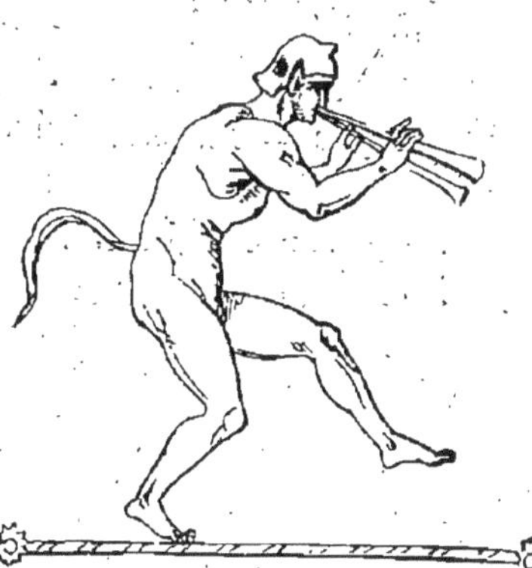

Fig. 5. — *Funambulus.*

On distinguait du funambule ordinaire le *neurobate,* qui marchait sur une cordelette de boyau durci, très fine, et qui à distance pouvait donner l'illusion d'un homme qui marche dans les airs. Cet exercice, plus difficile que le précédent, correspondait à ce que nous appelons le travail du fil de fer.

Faut-il mentionner parmi les acrobates le *grallator,* qui marchait sur des *grallæ* ou échasses assez analogues à celles de nos Landais? Primitivement les échasses avaient été inventées pour les acteurs qui jouaient le rôle de Pan ou des Satyres, divinités à pieds de bouc. Mais en leur donnant des dimensions beaucoup plus élevées, on peut en faire un instrument d'acrobatie.

Voici maintenant un exercice classique dans nos cirques et nos hippodromes modernes. Le *desultor* ou *metabates* (celui qui saute d'un cheval sur un autre) correspondait à notre écuyer sans selle, comme on le voit par la figure ci-jointe prise sur un bas-relief (fig. 6). Le *desultor* dirigeait ordinairement deux chevaux, quelquefois même quatre, en passant de l'un à l'autre. Nous ignorons si, comme cela se fait de nos jours, il faisait des sauts périlleux et des pirouettes à cheval. En revanche, on remarquera qu'il n'y a ni *panneau* (selle plate et matelassée fort

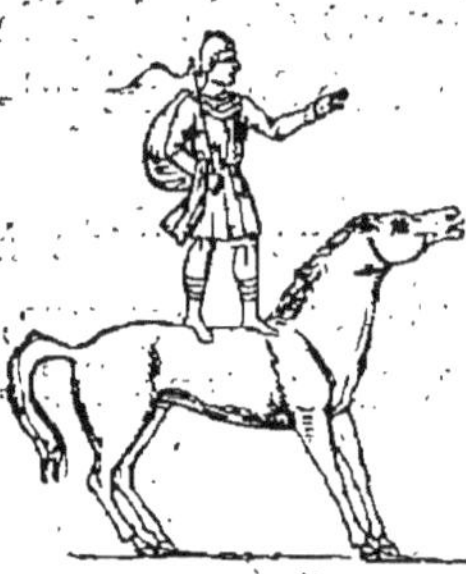

Fig. 6. — *Desultor.*

large) ni frein, et l'équilibre debout devait être rendu fort difficile par ce fait qu'au lieu de tourner en cercle dans une piste d'un diamètre constant de 13^m,50, qui, comme on sait, donne au dos du cheval l'inclinaison la plus favorable pour le maintien de l'équilibre, le cheval courait en ligne droite, sur une vaste arène. Nos lecteurs comprendront la différence, s'ils veulent bien se rappeler que dans l'Hippodrome de l'avenue de l'Alma, le jockey Gilbert, un des plus

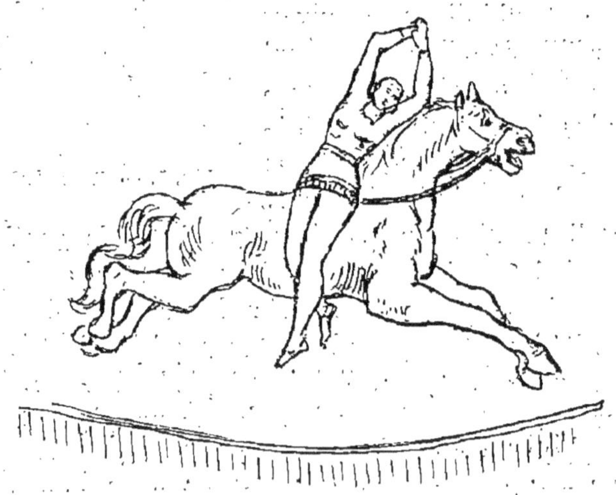

Fig. 7. — *Desultor.*

habiles en son genre, après avoir exécuté son numéro ordinaire dans une piste circulaire fermée, faisait une fois le tour de la grande arène, debout sur son cheval, et qu'il n'arrivait que difficilement à conserver la station verticale jusqu'à la porte de sortie, quoiqu'il n'augmentât d'ailleurs la difficulté de l'exercice par aucun tour accessoire.

Cette autre figure (fig. 7), prise, comme la précédente, sur un bas-relief, nous présente une autre pose, qui rappelle assez le numéro connu dans nos cirques contemporains sous la rubrique « le Jockey d'Epsom ».

Il ne manquait pas non plus dans les représentations du cirque romain de *præstigiatores* (prestidigitateurs) faisant des tours de passe-passe, notamment celui des gobelets. Mais je me figure que leur art devait être singulièrement primitif à côté de celui de nos modernes illusionnistes. Les phénomènes même y trouvaient leur place, tout comme chez Barnum. Ainsi Pline mentionne entre autres l'exhibition de nains, d'un géant juif qui aurait mesuré huit pieds de haut, d'un homme-autruche qui avalait des étoupes enflammées, des cailloux, une botte de foin et un dîner de quinze couverts à lui tout seul. Enfin n'oublions pas les dompteurs, qui n'étaient pas une des moindres attractions du programme. Les exploits de nos Bidel et de nos Pezon, si hardis qu'ils soient, n'ont pas dépassé ceux des belluaires antiques. Pline en cite qui lâchaient dans l'arène des lions si bien dressés qu'ils allaient attraper des lièvres et les rapportaient dans leur gueule sans leur faire aucun mal. Une figure antique représente un *mansuetarius* en train de faire travailler un ours. Le bras gauche, qui tient un morceau de viande, est protégé par une sorte de brassard en cuir; le droit tient une cravache.

Mais revenons à l'acrobatie proprement dite. Le *contomonobolon* et le *monobolon* étaient deux sortes de sauts acrobatiques : le premier se faisait avec l'appui d'une perche; le second, qui équivalait à notre *batoude*, s'exécutait à l'aide d'une sorte de tremplin par-dessus la tête d'une personne à la station verticale, comme on peut le voir sur la figure ci-jointe (fig. 8), tirée d'une figure gravée.

L'exercice de la boule n'était pas ignoré non plus, comme on peut en juger par une peinture murale trouvée à Pompéi, représentant une danseuse sur la boule, dans la position où les artistes figuraient jadis la déesse Fortune.

Le poète Claudien, contemporain d'Honorius, dans le poème *Ad consulatum Mallii,* nous décrit parmi les curiosités exhibées dans les jeux donnés en l'honneur de son héros, un travail de pyramides. Malheureusement sa description versifiée est d'une obscurité désespérante. Voici, autant que j'ai pu en démêler le sens, en quoi consistait le numéro. Plusieurs hommes s'échafaudaient en pyramides, à deux ou trois étages (il ne le dit pas expressément); au-dessus de cet échafaudage humain, un enfant « retenu par une courroie(?) » (peut-être pour le garantir d'une chute) bondissait comme un oiseau, en fai-

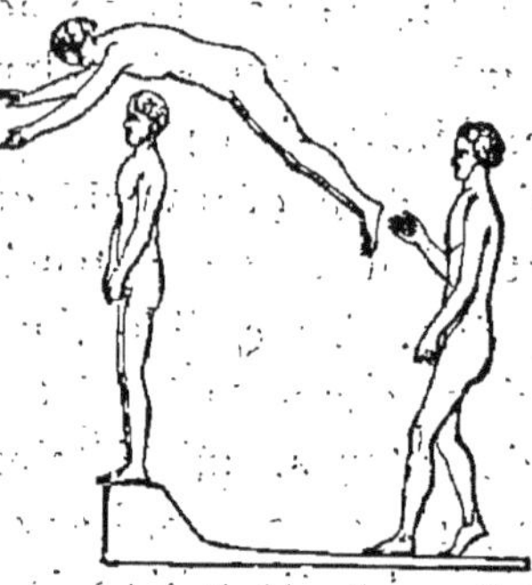

Fig. 8. — *Contomonobolon.*

sant des exercices d'équilibre.

J'ai déjà parlé plus haut des funambules. J'aurais dû ajouter que Cyzique, en Asie Mineure, était la grande école acrobatique d'où sortaient les plus fameux d'entre eux. Leur art s'était ramifié en plusieurs branches : les *schœno-bates,* qui faisaient la simple traversée sur la corde raide ; les *neurobates,* qui travaillaient, comme on l'a dit, sur une corde fine en boyau, et qui, non contents de marcher sur ce fil, y exécutaient aussi des tourniquets et des suspensions par les jarrets ou par les pieds ; les *oribates,* qui se laissaient glisser sur le dos ou assis le long de cordes obliques, comme le font de nos jours les Japonais, et enfin les *ticho-bates,* qui escaladaient des murailles perpendiculaires, en s'accrochant avec les pieds et les mains aux aspérités.

Il existe au Cabinet des médailles de Paris deux monnaies de bronze, frappées à Cyzique, l'une à l'effigie de Faustina la Jeune (170 après J.-C.), l'autre à l'effigie de l'empereur Caracalla (212 après J.-C.). L'une et l'autre présentent au revers le sujet suivant : deux poutres dressées obliquement sont étayées au moyen de deux autres poutres plus minces et placées également dans une direction oblique ; des deux côtés extérieurs, vers le bord des monnaies, des cordes sont attachées et tendues obliquement vers le sol. En haut au-dessus des poutres se dressent des vases remplis de rameaux de palmier. Sur chacune des cordes un funambule, tenant à la main un bâton, qui est peut-être un balancier, tend la main restée libre vers les palmes, tandis qu'en bas sur le sol on voit d'autres personnes dont les unes sont occupées à maintenir les poutres, les autres se disposent à faire à leur tour l'ascension des cordes.

Les funambules exécutaient sur la corde divers tours, tels que jouer d'un instrument, flûte ou lyre (fig. 5), verser du vin d'une corne d'abondance dans une coupe. Leur tête est recouverte invariablement d'un bonnet de cuir assez fort : on a supposé que ce bonnet était destiné à protéger la tête en cas de chute ; cette hypothèse est peu vraisemblable ; je crois plutôt que c'est un attribut de la profession, car l'équilibriste sur mains représenté sur la première figure en est aussi coiffé.

L'empereur Marc-Aurèle, ayant vu un enfant tomber de la corde et se tuer, ordonna qu'à l'avenir on mettrait sous la corde des matelas ou un filet pour amortir les chutes. Ce règlement était encore en vigueur sous le règne de Dioclétien. Il fait honneur à l'humanité de l'empereur philosophe.

Le *katadromos* était une corde qu'on attachait aux arcs-boutants les plus élevés du théâtre et qui descendait jusqu'à l'*orchestra* en pente de 45°. Les funambules en exécutaient l'ascension sans doute en saisissant la corde entre le premier et le second orteil, comme le font les Japonais. Ce tour, déjà difficile en lui-même, était encore rendu plus périlleux par l'addition d'un poids, par exemple un homme porté sur les épaules, ou encore par le fait d'avoir les yeux bandés.

Non contents d'exécuter eux-mêmes des ascensions, les funambules dressaient aussi des animaux à ce genre d'exercice. Suétone et Pline affirment avoir vu des éléphants danser sur la corde. On peut supposer que cette *corde* était une solive entourée de ficelles à l'extérieur pour compléter la ressemblance. Le naturaliste latin parle aussi dans le même chapitre d'une scène comique exécutée par cinq éléphants, dont l'un figurait une accouchée, portée sur une litière par les quatre autres qui marchaient sur la corde.

Jusqu'ici les tours d'acrobatie que nous avons décrits étaient rendus assez intelligibles par des représentations artistiques trouvées sur les vases ou les peintures murales. En voici un, au contraire, qui jouissait d'une certaine célébrité, dont, en l'absence de toute figure, il est impossible de se faire une idée exacte. Le *petauriste* était un artiste qui exécutait son tour sur un agrès appelé *petauron*. Mais qu'était-ce que cet agrès? Les descriptions techniques, surtout celles de l'antiquité, sont d'un vague désespérant, et les explications qu'on a proposées diffèrent très sensiblement.

Pour les uns, le *petauron* serait un simple tremplin; pour d'autres, ce serait une catapulte à ressort qui lançait le sauteur dans l'espace. Si cette dernière hypothèse était la vraie, il serait assez intéressant de constater qu'un appareil de ce genre a été en vogue il y a une vingtaine d'années.

Le premier spécimen que j'en ai vu, c'était au Cirque impérial de Vienne en Autriche, en 1873. Il consistait tout bonnement en une planche carrée reposant sur un ressort à boudin très puissant. Lulu, une femme gymnaste, qui dut à ce truc une célébrité éphémère, se plaçait debout sur ladite planche; un déclic faisait détendre le ressort, et l'artiste, lancée verticalement, allait saisir un trapèze dans les airs.

Bientôt le truc fut perfectionné en mettant le ressort au fond d'un grand tube qui simulait un canon : une décharge de poudre complétait l'illusion, et l'on voyait le gymnaste, projeté en guise d'obus, traverser l'espace pour se raccrocher aux poignets d'un porteur en jarrets : ce truc à sensation a été présenté par la troupe Mayol, à l'ancien Hippodrome de l'avenue de l'Alma.

Mais revenons au *petauron*. Ce mot désigne proprement un perchoir à poules, et vraisemblablement, à l'origine, l'agrès ainsi dénommé devait avoir quelque analogie avec un perchoir. Voici comment le décrit Maternus de Cilano (né à Presbourg en 1696, mort en 1773), qui exerça la médecine à Altona en Danemark, et qui, comme la plupart des médecins de l'époque, était un excellent humaniste et un savant archéologue. Je crains toutefois que l'imagination n'ait une trop large part dans cette description; je la donne faute de mieux : « C'était une sorte de roue, assez grande, placée verticalement et fixée à un essieu horizontal, que l'on mettait en mouvement au moyen d'une manivelle. Le *petauriste* s'accrochait par les pieds et les mains à la planche qui formait l'orbe de la roue; on imprimait à celle-ci un mouvement giratoire assez vif, et au bout de trois ou quatre tours, l'artiste lâchait brusquement son point d'appui, projeté en l'air par la force centrifuge, et après un ou deux sauts périlleux allait retomber sur les pieds. » Ce tour se rapprocherait dans une certaine mesure de celui qui est usité par les barristes et qu'on appelle « le soleil, avec échappement en double saut périlleux ».

Deux *petauristes* pouvaient s'accrocher à la roue, faisant ainsi « le soleil à deux ». Mais, je le répète, rien de plus hypothétique que cette description du docte médecin.

Voici un autre tour décrit dans le *Festin de Trimalcion*, du poëte satirique latin Pétrone, que tout le monde aujourd'hui connaît par le roman de *Quo vadis*.

Un homme tient en équilibre une échelle, aux barreaux de laquelle un enfant grimpe jusqu'au sommet : là il danse au son de la musique, saute à travers des cerceaux enflammés, tient un seau dans les dents. Ce numéro acrobatique se termine par une chute heureusement sans conséquence, et qui, j'imagine, ne devait pas être la finale obligée de cet exercice rappelant l'échelle japonaise sur l'épaule. Ce qui ne ressort pas avec netteté du texte, c'est la manière dont l'échelle était tenue en équilibre. On en est réduit à des conjectures, et il en est ainsi de toutes les explications techniques dépourvues de l'accessoire si indispensable des figures intercalées dans le texte.

Par tout ce qui vient d'être dit, on voit que les artistes anciens, comme les modernes, cherchaient à exciter l'intérêt du public par le caractère périlleux de leurs exercices. Voici encore un exercice d'équilibre, relaté par saint Jean Chrysostome, dans un sermon aux habitants d'Antioche, où il condamne tous ces passe-temps comme des suggestions du démon, des « arts diaboliques ». Un homme porte en équilibre sur le front une perche, au sommet de laquelle est une planche ronde, sur laquelle deux enfants font de la lutte. Ces enfants, dont on exposait ainsi la vie, pour l'amusement des spectateurs, étaient naturellement des esclaves, achetés en bas âge à leurs parents ou à leurs maîtres, et ils n'étaient protégés contre cette exploitation par aucune loi. Aussi bien n'est-ce qu'en novembre 1873 qu'a été promulguée chez nous la loi Talon qui interdit d'exhiber les enfants sur une scène avant douze ans quand ils sont présentés par leurs parents, avant quinze ans quand ils sont exploités par des étrangers.

Enfin l'on cite encore comme prouesse acrobatique celle qui consistait à s'habiller et à se déshabiller sur la corde raide et à simuler une personne qui se couche.

Le triomphe définitif du christianisme, en supprimant les jeux du cirque, porta un coup mortel à la fois à l'athlétisme et à l'acrobatie. D'une part, les tendances ascétiques de la religion nouvelle faisaient dédaigner la « guenille », que l'on traitait en ennemie de l'âme, alors que l'on devrait voir dans le corps un serviteur utile de l'esprit; d'autre part, la juste réprobation qui avait frappé les jeux sanglants ou immoraux de l'arène enveloppait aussi des passe-temps tout à fait inoffensifs et qui sont à notre avis une manifestation très intéressante de l'activité physique de l'homme. D'ailleurs le flot des Barbares, en submergeant le monde romain, détruisit dans l'Occident toute civilisation. Mais l'empire de Constantinople, qui ne devait succomber que bien des siècles après, continua, comme on sait, à s'intéresser aux courses de chars et aussi aux tours de force et d'adresse. En voici un témoignage fort curieux. Nicéphore Grégoras, né en 1295 à Héraclea, dans le Pont, et auteur d'une histoire de Byzance, n'a pas dédaigné de parler d'une troupe d'acrobates qui, vers cette époque, fit fureur à Constantinople. Elle était arrivée d'Égypte, et, après avoir parcouru tous les pays civilisés, elle était venue chercher, dans la capitale de l'empire grec, la consécration définitive de sa gloire.

Composée à l'origine de quarante membres, des accidents successifs l'avaient réduite à vingt, ce qui donne une haute idée de la hardiesse de ces acrobates. Grégoras lui-même en vit tomber un du haut d'un mât, et rester sur place.

Je laisse ici la parole au chroniqueur byzantin.

« Ils dressaient deux grands mâts de navires, les enfonçaient en terre; et, pour les empêcher de remuer, ils les consolidaient avec des câbles, comme cela se fait sur les navires eux-mêmes. Puis ils tendaient une corde de la pointe d'un mât à l'autre; ils enroulaient une corde autour d'un des mâts, depuis le sol jusqu'au sommet, faisant ainsi des espèces de degrés en spirale qui leur permettaient de grimper jusqu'en haut.

« Là ils exécutaient, sur la plate-forme du mât, l'équilibre tantôt sur une jambe, tantôt sur l'autre, puis sur les mains, ou sur la tête, avec les jambes en l'air.

« Ensuite l'acrobate faisait un saut brusque dans le vide, se raccrochait d'une main à la corde, et s'y tenait suspendu. Puis il tournait comme une roue autour de son essieu (le *soleil*), de manière que ses pieds, dans ce rapide mouvement giratoire, étaient dirigés tantôt vers le ciel, tantôt vers la terre. Ou bien encore il s'accrochait à la corde, non plus par les mains, mais par les jarrets, et, la tête en bas, il décrivait dans cette situation un cercle (le tourniquet de jarrets). Alors il se mettait debout sur la corde, prenait un arc et une flèche, et visait une cible placée à distance avec autant de justesse qu'aurait pu le faire un tireur placé sur le sol. Enfin, il faisait des traversées d'un mât à l'autre, marchant sur la corde, les yeux bandés, avec un enfant sur les épaules, comme un homme qui traverse les airs. »

L'auteur ne parle ici ni de filet ni de balancier. L'exercice devait donc être, vu la hauteur, extrêmement périlleux, et il n'y a pas lieu de s'étonner du *déchet* considérable qui se faisait dans la troupe, par suite d'accidents mortels dont était victime tantôt l'un, tantôt l'autre de ses membres.

Je puise à la même source la description d'un autre tour, qui rappelle la perche sur l'épaule des artistes japonais : « Un autre de ces acrobates prenait une perche de trois toises (un peu moins de 6 mètres) et entortillait autour de cette perche une corde depuis le bas jusqu'au sommet, de manière à faire des degrés en spirale, et la posait en équilibre sur sa tête. Un enfant grimpait avec les mains et les pieds jusqu'au sommet et en redescendait rapidement. Pendant qu'il exécutait ces ascensions, le porteur de la perche ne cessait de marcher en tout sens. »

En Occident, le moyen âge, époque de barbarie et de misère, n'a pourtant pas été moins friand de spectacles en tout genre que d'autres périodes de l'humanité plus heureuses et plus civilisées. Seulement ses amusements étaient plus simples, moins raffinés et moins artistiques. Le moyen âge a connu, cultivé et applaudi l'acrobatie, et j'ai trouvé à cet égard un document des plus curieux.

C'est un tableau qui remonte à la fin du douzième siè-cle et qui a pour titre : *li Tumbeor Notre-Dame*, c'est-à-dire « le saltimbanque de Notre-Dame ». Le sujet de ce récit est assez original, et peint bien la foi naïve du bon vieux temps. Un acrobate, après avoir longtemps roulé de foire en foire, éprouve sur le tard le besoin de faire pénitence, et il entre dans un couvent. Malheureusement, si son éducation gymnastique avait été fort développée, son instruction religieuse était fort rudimentaire : il ne savait dire, comme ses confrères, prières ni oraisons. Ne voulant pas être en reste avec le bon Dieu, il essaya du moins de le payer « en monnaie de singe ». Chaque matin il descendait dans une chapelle souterraine consa-crée à la Vierge, et, après avoir benoîtement salué l'image de Marie et s'être signé à plusieurs reprises, il retirait son froc et exécutait tout son répertoire, pour la plus grande gloire de la Mère de Dieu. Laissons parler ici le vieux trouvère du douzième siècle :

> Lors tume et saut et fait par feste
> Le tor de Mes entor la teste ;
> Après li fait le tor François
> Et puis le tor de Champenois,

> Et puis li fait le tor d'Espaigne
> Et les tors c'on fait en Bretaigne,
> Et puis le tor de Loheraine...
> Après li fait le tor Romain...
> Lors tu'me les pieds contremont...
> Et va sur ses deux mains et vient...
> Lors torne arière et fait un saut.

Voici la traduction de cette citation, que j'ai abrégée :
« Alors il fait la culbute, et exécute allégrement le tour de Metz autour de la tête, puis le tour Français, le tour Champenois, le tour Espagnol, les tours qu'on fait en Bretagne, le tour Lorrain, le tour Romain; puis il fait la culbute les pieds en l'air, et va et vient en marchant sur les mains, puis fait le saut (périlleux) en arrière. »

Explique qui pourra en quoi consistaient ces tours qualifiés par leur origine géographique. En tout cas, cette variété de termes pour désigner divers exercices acrobatiques prouve que, même au xiie siècle, les ménestrels et les jongleurs avaient déjà un art assez perfectionné pour avoir nécessité la création d'une terminologie compliquée.

Sous le règne de Charles V, Christine de Pisan, la fille d'un astrologue italien Thomas de Pisan, raconte comme il suit les prouesses d'un danseur de corde : « Il fit tendre des cordes fort minces des tours Notre-Dame au château du roi, et sur ces cordes il sautait et exécutait divers tours, qui lui donnaient l'air de voler; aussi reçut-il le surnom d'homme volant. » Toute la cour assista à plusieurs reprises à cette merveilleuse performance. Ajoutons que cet artiste intrépide eut une fin tragique : il tomba de sa corde et se tua.

L'historien Froissard cite un Génois qui parut au mariage de Charles VI avec Isabeau de Bavière (1385). Ce Génois, dont il ne donne pas le nom, avait tendu sa corde des tours de Notre-Dame au pignon de la maison la plus élevée parmi celles qui avoisinent le pont Saint-Michel.

Au moment où la reine, suivie de son cortège de dames d'honneur, passait par la rue Notre-Dame, le funambule quitta le clocher de la cathédrale, et traversa en chantant la rue dans toute sa longueur. Le jour commençant à baisser, il portait à la main une torche enflammée pour éclairer sa marche aérienne. L'intérêt qu'excitaient de pareilles exhibitions est assez prouvé par ce fait qu'un grave historien ne dédaigne pas de les mentionner dans son ouvrage.

Un spectacle analogue fut donné au couronnement d'Édouard VI, roi d'Angleterre, en 1547. Une corde fut tendue du sommet de la cathédrale Saint-Paul, en la cité de Londres, jusqu'à terre. Au moment où le roi arrivait, le saltimbanque, un Aragonais, se coucha sur le ventre, la tête première, les jambes étendues en croix, et se laissa glisser ainsi du haut en bas avec la rapidité d'une flèche. Arrivé à terre, il baisa les pieds du roi, puis il remonta jusqu'à mi-chemin de la corde et se mit à exécuter des sauts et autres mouvements difficiles. Entre autres, il attacha à son câble une cordelette à laquelle il se suspendit par le pied (sans doute au moyen d'une staffe ou étrier), la tête en bas.

Ces ascensions périlleuses semblent avoir surtout joui de la faveur du public, et l'on voit par les témoignages précités qu'elles prenaient la proportion d'un événement historique. De ce qu'elles soient les seules que les chroniqueurs aient pris la peine de relater, il ne faudrait pas en conclure que d'autres performances acrobatiques n'aient pas été en vogue.

Il est assez digne de remarque que vers la même époque, en 1519, Fernand Cortez, après la conquête de Mexico, assista, dans la cour d'honneur d'un temple, à une représentation acrobatique donnée en l'honneur d'une divinité locale, et qu'il y vit exécuter sur la corde aérienne, sans le secours d'aucun balancier, des exercices funambulesques de la plus grande adresse.

Le plus ancien ascensionniste français dont le nom se soit conservé est un certain Georges Manustre, contemporain de Louis XII. Il fut le premier qui exécuta une descente périlleuse du haut d'un clocher le long d'une corde, pendu par la mâchoire.

Sous Henri II, un Turc (ou soi-disant tel) eut un succès colossal à la cour comme funambule. Peut-être notre saltimbanque avait-il jugé à propos de s'attribuer faussement la qualité d'Osmanli, en vertu du proverbe qui dit que « nul n'est prophète en son pays ». Ne voit-on pas de même aujourd'hui des artistes défigurer leur nom pour se donner un air exotique? Quoi qu'il en soit, il fit école, et eut des imitateurs : pour un temps, les danseurs de corde turcs furent à la mode en France.

En Italie, l'époque de la Renaissance, qui redonna aux lettres et aux arts tant d'éclat, et fit franchir une si grande étape à la civilisation, fut favorable à la culture des exercices athlétiques. Nous possédons au musée du Louvre une toile, représentant *le Forze d'Ercole*, c'est-à-dire un travail de pyramides humaines exécuté par une troupe de jeunes gens, sur la place Saint-Marc, à Venise. Ce genre de travail n'a cessé d'être en honneur jusqu'à nos jours. Chaque année, à la fête fédérale, nos sociétés de gymnastique présentent cette espèce de production, dans laquelle quelques-unes excellent. D'autre part, les troupes de sauteurs arabes qui s'exhibent sur nos scènes font aussi des pyramides, et en augmentent la difficulté par ce fait que, dans la figure finale, le Samson de la troupe porte à lui seul tout l'échafaudage humain équilibré sur ses épaules.

L'art de la voltige était fort en honneur dans la Toscane, et Rabelais, voulant faire l'éloge de Gargantua pour son adresse à cheval, dit : « Le voltigeur de Ferrare n'était qu'un singe en comparaison. » Du reste, le héros de Rabelais excellait dans toutes les branches de l'acrobatie, témoin ces deux tours, relatés par le curé de Meudon : « On lui attachoit un cable en quelque haulte tour, pendant en terre; par icelluy avecques deux mains montoit puis devaloit (descendait) si roidement et si asseurément que plus ne pourriez faire en un pré égualé. On lui mettoit une grosse perche apoyée à deux arbres; à icelle se pendoit par les mains et d'icelle alloit et venoit sans des pieds à rien toucher. » Vous avez reconnu dans cette description un peu vague la barre fixe moderne; c'est le cas de dire qu'il n'y a rien de nouveau sous le soleil.

Mais ce qui montre avec quel succès l'acrobatie était alors cultivée au delà des Alpes, c'est que les artistes italiens étaient recherchés par tous pays, et jouissaient même de la faveur des souverains. Sait-on que Charles IX, fameux surtout par le massacre de la Saint-Barthélemy, était grand amateur de tours de force, et qu'il prenait des leçons avec un Italien, Archangelo Tuccaro, lequel a même écrit un traité complet de l'art du saut, imprimé en 1599, et devenu fort rare aujourd'hui? Le livre a pour titre : *Trois Dialogues de l'exercice de sauter et voltiger en l'air, avec les figures qui servent à la perfaicte démonstration et intelligence dudict art,* par le sieur Archange Tuccaro, de l'Abruzzo, au royaume de Naples. Paris, 1599. Dédié au roy. »

L'ouvrage est touffu et plein de digressions un peu pédantesques, qui portent la marque de l'époque. Cependant, malgré ses longueurs, il est intéressant et donne des enseignements précis. Voici, au surplus, les principaux tours dont il donne la théorie :

1° Souplesse en arrière, les mains venant rejoindre les pieds.

2° Courbette et souplesse en avant.

3° Saut périlleux en arrière sur place.

4° Casse-cou en avant sur place.

5° Rondade.

6° Saut de singe ou flip-flap.

7° Saut arabe avec élan.

8° Les mêmes sauts exécutés en partant d'un tréteau plus ou moins élevé.

9° Saut au tremplin : c'est celui qu'emploient encore les clowns pour franchir dans la piste des obstacles humains, à savoir une petite planche d'appel, fort étroite, longue de 0^m,80 environ et rembourrée d'un coussin.

10° Saut périlleux en avant au tremplin par-dessus un homme.

11° Saut périlleux en course à travers dix cerceaux tenus par autant d'hommes.

12° Enfin, un saut inusité aujourd'hui, et qui s'exécutait au moyen d'une planche appuyée contre un mur et formant avec lui un angle de 45°; l'artiste prenait sa course comme pour escalader la planche, et, arrivé vers le milieu, il rebondissait en arrière avec un saut périlleux. Voyez la figure (fig. 9) ci-contre, extraite de l'ouvrage de Tuccaro.

Au XVII° siècle, l'art des funambules bat son plein. Pierre Bonnet, dans son *Histoire de la danse sacrée et profane* (1723), cite un Turc qui dansait à Naples sur une corde tendue à la hauteur d'un cinquième étage, et sans l'aide du balancier : « Il semblait à ceux qui le voyaient de la rue avoir la taille d'un enfant. Par précaution, il avait fait étendre des matelas sur le pavé de la rue que traversait sa corde. » Un autre Turc, mentionné par le même auteur, eut un grand succès à la foire de Saint-Germain, non seulement comme funambule, mais comme sauteur à terre. Il périt bientôt après à la foire de Troyes, victime de la malignité d'un rival jaloux, d'un Anglais, célèbre acrobate lui-même, qui enduisit sa corde de saindoux et causa ainsi la mort d'un concurrent dont la gloire l'offusquait. Que faut-il penser d'une telle anecdote ? Elle n'est pas impossible, à tout prendre. J'ai ouï raconter jadis que l'intrépide Bonnaire fut aussi victime, à Madrid, d'un accident (non mortel il est vrai, puisque Bonnaire vit encore) qui fut causé par une rivalité d'artistes. Au cirque Price, où il exécutait la voltige à la Léotard, on souffla un soir sur ses trapèzes de la fleur de savon, et le malheureux artiste dans sa chute se brisa la jambe.

C'est encore un Turc qui, sous le règne de George II d'Angleterre, dansait sur la corde sans balancier, et y jonglait avec des oranges, flatterie délicate à l'adresse de la dynastie d'Orange. Lesdites oranges étaient, du reste, en métal colorié, ce qui n'ôte rien au mérite de l'exercice.

D'après Victor Fournel, *Tableau du vieux Paris, les spectacles populaires et les artistes des rues,* 1863, les ascensionnistes mâchaient une certaine racine à laquelle on attribuait la propriété de prémunir contre le vertige. Suivant la croyance populaire, c'est aussi grâce à elle que les chamois et les mouflons bondissent sans crainte au-dessus des précipices. Malgré cette précaution, les accidents étaient fréquents. Ou l'antidote n'était pas infaillible, ou il avait négligé de se l'administrer, le célèbre Trivelin qui, en 1649, sous le règne de Louis XIV, tomba de la corde aérienne la tête la première dans la Seine et y périt.

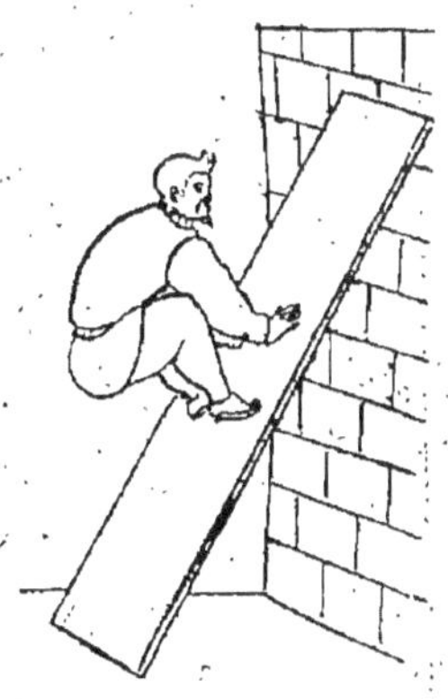

Fig. 9. — Saut périlleux de la planche inclinée.

Déjà alors les acrobates commencent à former des troupes ambulantes, et Fournel cite comme directeur de troupes de saltimbanques Allard, Bertrand et Maurice Vondrebek.

Au XVIIIe siècle, l'art se régularise : les directeurs de théâtres forains ont un nom et une réputation ; ils don-

nent des représentations à la saison. Le plus connu
d'entre eux est le célèbre Nicolet (fig. 10), dont la devise
est restée proverbiale : « De plus en plus fort. » Il bâtit
à Paris, pour ses exhibitions acrobatiques, une salle de

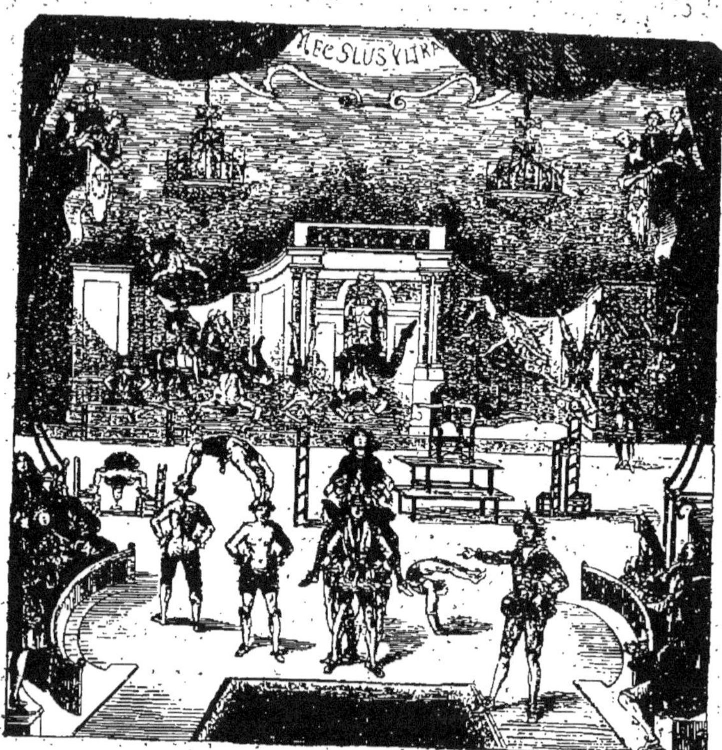

Fig. 10. — Théâtre Nicolet.

théâtre qu'on peut à bon droit considérer comme le pro-
totype de nos music-halls modernes, avec toutes leurs
attractions variées. Il eut l'honneur de présenter sa
troupe en 1772, à Marly, devant Louis XV, et obtint de
ce monarque l'autorisation d'appeler son établissement
« Théâtre du grand danseur du Roy ». Un théâtre des
Funambules existait encore au commencement du second
Empire, sur le boulevard du Temple.

C'est de la troupe Nicolet que sortit une étoile qui brilla d'un vif éclat vers la fin du xviiie siècle, je veux parler de la Malaga. Voici le portrait qu'en trace Fournel, et je pense qu'il y a mis un peu d'imagination : « C'était une jeune personne aux traits songeurs et agréables, une danseuse de corde de l'école métaphysique, pleine d'expression et de poésie, qui paraissait sur la corde avec les ailes d'une sylphide et la grâce chaste chantée par Horace. »

J'allais oublier de dire que vers la même époque le duc d'Artois, plus tard Charles X, avait sacrifié à l'engouement contemporain pour les funambules en prenant des leçons de corde avec un artiste qui se faisait appeler le Petit-Diable.

La gloire de la Malaga ne tarda pas à être égalée, sinon éclipsée, par celle d'une Italienne, Mme Sacchi ou Saqui. Celle-ci exécuta une périlleuse traversée sur une corde tendue entre les deux tours Notre-Dame, habillée en déesse Raison, tandis que sa rivale, la Malaga, en costume guerrier, exécutait à la même hauteur des simulacres de combats, par allusion au passage du Saint-Bernard et aux récentes victoires des Français en Italie. Ces deux ballerines se disputèrent longtemps la faveur du public, et le vainqueur d'Austerlitz leur fit l'insigne honneur d'être jaloux de leur gloire, qui portait ombrage à ses propres lauriers.

Nous voici au xixe siècle. L'art de l'acrobatie se développe et surtout se diversifie. Jusqu'ici, en effet, nous avons eu surtout à parler des funambules, qui semblent seuls avoir joui d'une réputation durable. Il va falloir s'ingénier à trouver du neuf pour ranimer l'enthousiasme blasé du grand public. Sous le règne de Louis-Philippe, l'Italien Franconi fonde à Paris un cirque à demeure, qui existe encore sur le boulevard des Filles-du-Calvaire. A l'origine, le dressage des chevaux et la haute école, ainsi que les exercices de gymnastique équestre, cons-

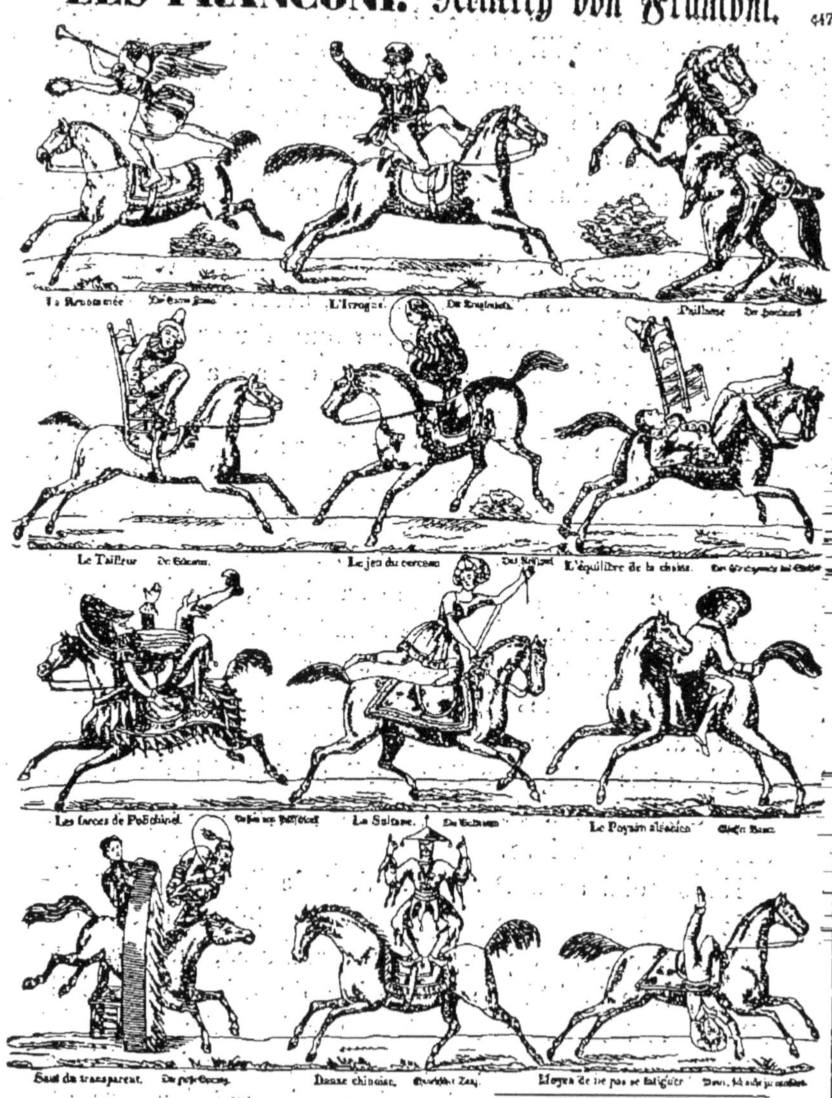

Fig. 11.

tituent seuls tout l'attrait du programme, on peut s'en

convaincre en consultant une vieille image à cinq centimes sortie des presses de la maison Pellerin d'Épinal, et

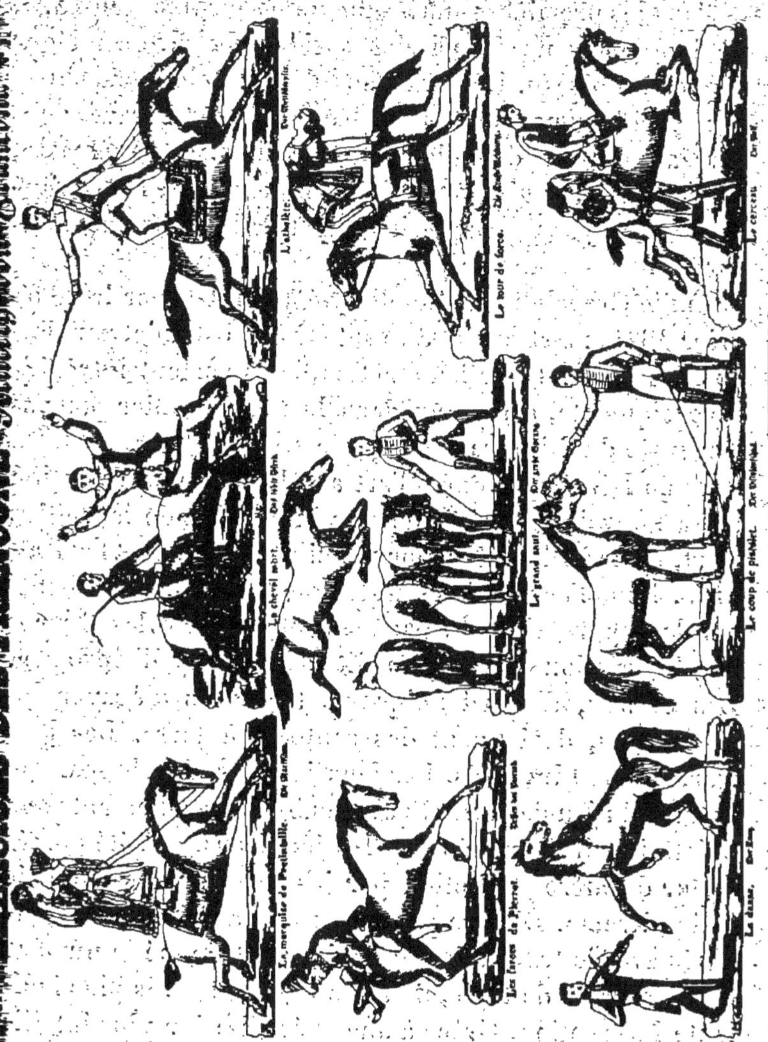

Fig. 12.

qui a pour titre *le Cirque Franconi* (fig. 11 et 12)[1]. Mais bientôt la gymnastique acrobatique va fusionner avec

1. Ces deux planches nous ont été gracieusement communiquées par la maison Pellerin.

l'équitation artistique, et de cette fusion naît le cirque moderne. Trois noms illustrent l'école française : Auriol, né dans les premières années du xixe siècle, mort en 1875, fut longtemps un favori des assidus du cirque ; léger comme un oiseau, il courait sur des bouteilles, faisait le saut périlleux par-dessus des baïonnettes et à travers des cerceaux garnis de poignards ; équilibriste, gymnaste, écuyer, artiste universel, il réussit dans toutes les branches, sans jamais acquérir la perfection absolue dans aucune.

Émile Gravelet, dit Blondin (né à Saint-Omer le 28 février 1821, mort en 1893), sauteur à la batoude, par-dessus des faisceaux de baïonnettes, mais surtout intrépide ascensionniste, est connu dans le monde entier pour sa traversée du Niagara.

Enfin Léotard donne à l'art acrobatique une direction toute nouvelle et originale par l'invention de la voltige aux trapèzes, illustrée aujourd'hui par les Alex et les Raïnat's. Dans l'acrobatie équestre on augmente la difficulté par la suppression du panneau, et on varie les figures par la création du numéro dit « le Jockey d'Epsom ». Les clowns, d'abord uniquement chargés d'égayer les intermèdes, deviennent des sauteurs à terre. Les jeux icariens sont inventés. Les jeux icariens, développement naturel du jeu de la *trinka* avec substitution d'enfants aux objets inanimés usités par les jongleurs, ont été portés à leur dernière perfection par les Scheffer, les Bonhair et les Kremo. D'autre part, les sauts acrobatiques combinés avec le travail des pyramides ont donné le numéro des acrobates de tapis, dont les Craggs sont la plus brillante incarnation. Grâce à une spécialisation plus intelligente et plus précoce des aptitudes physiques, on atteint un degré de virtuosité qu'on eût cru inaccessible. Hommes serpents, équilibristes sur les mains ou sur la tête, jongleurs dont l'adresse tient du prodige, comme les

Kara, les Cinquevalli, les Sévérus Scheffer, tous rivalisent pour produire des trucs inédits, invraisemblables; sans compter les numéros de force aux anneaux, le jeu des trois barres fixes créé en l'air par Avolo, et à terre par les Lauck et Fox en 1878, perfectionné par les Boisset, et porté à ses dernières limites par les O'Bryen, les Stack et Milton et les Luppu. J'en passe, et des meilleurs. L'habileté des artistes a réalisé de tels progrès, que s'il était donné à ceux qui furent les rois de l'acrobatie d'assister à une de ces représentations dont ils étaient jadis le plus bel ornement, ils rentreraient modestement dans l'ombre, plutôt que d'occuper un rang secondaire dans un art dont ils avaient pu se croire pour toujours les maîtres.

CHAPITRE II

COMMENT ON DEVIENT ACROBATE

Le public parisien qui applaudit sur la scène de nos music-halls ou dans l'arène de nos cirques les rois de l'acrobatie contemporaine, se demande à peine, en les voyant exécuter leurs merveilles de force et d'adresse, d'où ils viennent, comment ils se sont formés, et ce qu'ils deviendront quand ils seront forcés d'abandonner leur carrière brillante, mais éphémère. Faut-il s'en étonner? Qui donc, en voyant le papillon étaler aux rayons du soleil ses ailes resplendissantes, songe à la larve obscure ou à la chenille rampante dont il est issu? Qui donc, en admirant l'éclat de la fleur matinale, se préoccupe de savoir si elle sera fanée au coucher du soleil?

Il y a cinquante ans, la question que je viens de poser trouvait une réponse satisfaisante dans la qualification de saltimbanques et de bohémiens dans laquelle on enveloppait tous les forains, faiseurs de tours, bateleurs et acrobates. Le vague qui planait sur ces nomades dispensait de s'enquérir avec plus de précision de leurs origines et de leurs destinées. Qu'ils fussent tombés du ciel, comme des aérolithes, ou sortis des entrailles de la terre, comme des esprits des ténèbres, nul n'en avait cure. Seulement il circulait sur leur compte de ténébreuses histoires ; ils volaient des enfants, auxquels ils brisaient les os (*sic*), pour les assouplir et en faire des petits prodiges de dislocation. C'était à force de coups et de mauvais traitements qu'ils obtenaient de leurs jeunes sujets une virtuosité fort médiocre; je me hâte de le dire. Dans cet ordre d'idées, je me souviens d'avoir lu une ou deux nouvelles enfantines dont les héros étaient un garçon ou une fillette de bonne famille, dérobés à leurs parents légitimes et reconnus plus tard au cours d'une représentation foraine sous le clinquant défraîchi de leurs oripeaux. Aussi, malgré ma curiosité, me tenais-je toujours à une distance respectueuse des roulottes, par crainte d'une destinée analogue. C'est évidemment sous l'influence des mêmes traditions et des mêmes préjugés que le romancier russe Grigorovitch a écrit son touchant récit de l'Enfant Caoutchouc, et qu'au Salon de 1874 un artiste dont le nom m'échappe a brossé sa toile : *Avant la loi Talon* (la loi Talon — novembre 1873 — est celle qui défend de présenter les petits acrobates avant l'âge de douze ans). On y voit un grand Bohémien sec et bronzé, en maillot couleur chair, ses longs cheveux maintenus par une *ferronnière,* qui, la cravache à la main, oblige un gamin décharné à exécuter une dislocation en arrière.

Aujourd'hui la légende est morte, malgré quelques faits divers de journaux qui essayent de temps à autre de la ressusciter. On sait généralement que les acrobates forment une sorte de corporation d'artistes cosmopolites, mais on n'est guère plus exactement renseigné qu'autrefois sur leurs tenants et aboutissants. A vrai dire, les acrobates eux-mêmes semblent prendre à tâche de dérouter la curiosité que les spectateurs pourraient éprouver au sujet de leur provenance. Les uns sont porteurs de noms exotiques qui attestent qu'ils sont venus de loin conquérir les suffrages de la capitale des arts et des plaisirs. D'autres dissimulent leur identité sous des noms de fantaisie tels que les Mars, les Jupiter (*sic*). Ceux-là, par un anagramme plus ou moins transparent, donnent à un nom vulgaire un petit air mystérieux et piquant, les

Nizarras, les Nomis, les Togam (*sic*). Je croirais faire injure à la sagacité des lecteurs si je ne leur laissais le soin de retrouver les patronymiques qui se cachent sous ces graphies fantaisistes. Sans compter quelques-uns qui, bien qu'ils n'aient jamais mis le pied hors de France, en vertu de l'adage : « Nul n'est prophète en son pays, » ajoutent à la fin de leur trivial patronymique le signe « 's » qui, comme chacun sait, a la vertu magique de transformer un Batignollais quelconque en Américain pur sang.

Bref, pour toutes ces raisons, ou par indifférence, le public aime à se figurer que les cinq parties du monde regorgent d'écoles acrobatiques où se forment tous ces gymnastes destinés à satisfaire son insatiable curiosité. Car le public est devenu exigeant. Il veut toujours du neuf, et pour le contenter, il faut exécuter à la lettre le programme de Nicolet : « De plus fort en plus fort. » Il fait une effroyable consommation d'acrobates. Sauf quelques troupes qui jouissent d'une réputation tout à fait établie, il n'admet guère qu'on se présente plusieurs fois à ses regards avec un programme déjà vu. Tel ce terrible Dieu des anciens Phéniciens, sur la statue incandescente duquel on venait jeter l'un après l'autre les enfants nouveau-nés, le public Moloch dévore successivement tous les nouveau-nés de l'acrobatie. Les temps ne sont plus où un artiste sympathique, un Auriol, un Monfroid, un Loyal, occupait durant de longues années une sorte de poste inamovible au cirque Franconi. Un mois, six semaines au plus, telle est la période de temps au bout de laquelle un artiste, quel que soit son mérite, aura cessé de plaire. Après quoi, s'il n'a pas un *numéro* absolument neuf à présenter aux spectateurs, il lui faudra changer de public et chercher quelque autre grande ville, en province ou à l'étranger, où l'on ne soit pas encore blasé sur son travail.

Nous allons essayer de lever discrètement un coin du voile impénétrable qui dissimule aux yeux des profanes la genèse des acrobates.

Au point de vue des origines, on peut diviser les artistes en deux catégories :

1° Les enfants de la balle ;

2° Les artistes de rencontre.

Les enfants de la balle sont ceux qui exercent le métier de père en fils, qui forment comme une caste, qui ont leurs ancêtres et leur arbre généalogique, si je puis employer ce terme un peu ambitieux.

Les artistes de rencontre sont ceux que ni leur naissance ni leur famille ne destinaient à la carrière du cirque. Après avoir fait de la gymnastique uniquement par passe-temps et par esprit d'imitation, ils ont pris goût à l'acrobatie, et, comme la nature les avait heureusement doués, ils y ont fait des progrès assez rapides pour égaler les gens de métier. Séduits par la gloriole et par l'appât d'une existence toute d'oisiveté et d'aventures, ils abandonnent pour un temps, sinon pour toujours, le métier qui les avait fait vivre jusque-là et qu'ils se flattent de retrouver plus tard, lorsque l'âge, les accidents ou le chômage les auront forcés à renoncer à la scène, si toutefois alors les habitudes de désœuvrement contractées dans la vie de bohème, leur permettent encore de s'adonner à un travail suivi.

Il ne faudrait pas croire, du reste, que toutes les branches de l'acrobatie soient également accessibles aux artistes de rencontre. En dehors du travail des poids, qui est athlétique plutôt qu'acrobatique, et pour lequel la force naturelle est la principale et presque la seule condition, de sorte que la distinction entre amateur et professionnel n'y a aucune valeur, la gymnastique aux appareils est la seule où puisse exceller un gymnaste qui a commencé tard (c'est-à-dire après vingt ans) le métier.

Les anneaux, les barres fixes, les trapèzes volants, voilà, avec les équilibres de force sur les mains, les seuls numéros qui, à ma connaissance, aient été tenus avec succès par des artistes de rencontre. L'un des Lockford (voltige en porteur) a été d'abord bijoutier. Le trio Jupiter (barres fixes) renfermait un tailleur : je n'ai pas besoin d'ajouter que c'était lui qui taillait ses trousses et celles de ses associés. C'est ainsi que parfois d'anciens membres d'une société de gymnastique, des jeunes gens qui ont fréquenté les cours du soir dans les gymnases de la capitale ou de la province, se sentent entraînés par une vocation imprévue vers la scène. Il n'est pas jusqu'à l'école de gymnastique militaire de Joinville-lé-Pont qui n'ait fourni un petit contingent au recrutement du personnel acrobatique.

Quelle est donc, me dira-t-on, la raison qui oblige cette catégorie d'artistes à se cantonner exclusivement dans la gymnastique aux appareils? La voici. Le travail aux agrès demande deux qualités : une grande force musculaire et, surtout dans la voltige aux trapèzes, beaucoup de hardiesse. Or ces deux qualités peuvent se renrencontrer à un degré égal chez l'amateur et chez le professionnel. Celui qui en est doué peut, après un entraînement de quatre ans, commencé à l'adolescence, se rendre parfaitement maître d'un instrument tel que le reck ou le trapèze volant. On verra plus loin, dans les pages que nous consacrerons à Léotard, que le créateur d'un des numéros les plus sensationnels de la gymnastique aux agrès était un amateur par ses origines.

Quant aux anneaux, qui sont un travail de pure force, et qui n'exigent ni hardiesse ni agilité, mais seulement une grande puissance des bras et des épaules relativement aux parties inférieures du corps, j'ai presque toujours vu qu'ils étaient pratiqués par des artistes de rencontre.

Au contraire, tous les numéros qui exigent de la souplesse, ou qui demandent un apprentissage fort long et compliqué, tous les exercices auxquels il faut avoir été rompu dès la première enfance pour y exceller, demeurent plus ou moins inaccessibles à quiconque n'est pas né dans le métier. Les sauts du tapis, les sauts sur les épaules d'un porteur, les jeux icariens surtout, le travail de dislocation et l'acrobatie équestre, sont autant de domaines exclusivement réservés aux enfants de la balle.

C'est que l'on ne s'improvise pas artiste du tapis. Il faut, pour se rendre maître de tous ces sauts acrobatiques, les avoir pratiqués sans relâche à un âge où les autres enfants ne soupçonnent pas qu'il puisse y avoir d'autre gymnastique que les jeux, et surtout avoir été soumis à la discipline sévère et savante de l'école acrobatique. Il faut avoir répété des années sous la direction de clowns et de gens de métier qui vous enseignent tous les trucs et vous font triompher à la longue de toutes les difficultés. Il faut surtout avoir cette persévérance infatigable que rien ne rebute, et qui, voyant dans l'art une carrière, n'hésite pas à lui sacrifier le meilleur de son temps et de son activité. Le gymnaste amateur commence trop tard ; il manque parfois de bons guides, souvent de patience. Et voilà comment il se fait que dans ces concours où les membres de nos sociétés de gymnastique exécutent des tours de force qui dénotent en eux une admirable vigueur musculaire, vous ne verrez jamais faire un saut de singe ou un saut périlleux cambré consécutif à une rondade.

Ceux qui ont suivi les soirées si intéressantes et si originales du cirque Molier, où se produisent des acrobates gens du monde, auront pu constater comme nous que les anneaux, la barre fixe, le trapèze ou les équilibres sur les mains font tous les frais du programme. Et si le jeune Blatin a pu y présenter un numéro de tapis assez réussi, c'est que pendant longtemps il a suivi au cirque Medrano les répétitions où se forment les enfants d'artistes.

Que faut-il conclure de ce qui vient d'être dit? C'est que si un art est d'autant plus méritoire qu'il est plus difficile, l'acrobatie du tapis l'emporte sur l'acrobatie aux appareils, et a droit de notre part à une admiration plus grande. Toutefois, comme le caractère plastique d'un exercice contribue beaucoup à son succès, il pourra se faire qu'un gymnaste aux agrès plaise plus qu'un acrobate de tapis, surtout s'il exécute son travail en l'air. Et comme, en définitive, le but de l'art est de plaire, laissons-nous aller à l'impression que nous cause un travail, sans trop nous préoccuper de la difficulté vaincue. C'est le cas de dire qu'en pareille matière

Le temps ne fait rien à l'affaire.

CHAPITRE III

LA VIE D'ARTISTE

Au point de vue de l'existence qu'ils mènent, les artistes peuvent être divisés en trois classes :

1° Les saltimbanques;

2° Les artistes attachés à un cirque nomade;

3° Les artistes indépendants qui s'exhibent sur la scène des music-halls ou dans les grands cirques à demeure des capitales.

Disons tout de suite qu'à ces trois catégories correspondent des situations pécuniaires fort différentes.

Nulle part peut-être les démarcations sociales ne sont plus tranchées que dans ce monde international et cosmopolite des acrobates. Il est vrai que ces démarcations reposent uniquement sur le talent personnel et sur la rémunération qui en est le prix. Nulle part non plus l'exploitation de l'homme par l'homme n'est plus dure et plus cynique, ce qui tient à l'âpreté de la concurrence et aux vicissitudes de cette vie nomade et hasardeuse. Quelques traits que je citerai par la suite démontreront la vérité de cette assertion, dont la généralité n'exclut pas, bien entendu, de très honorables exceptions, et n'implique pas un manque de sensibilité inhérent à la condition d'artiste.

Les saltimbanques (de l'italien *salta in banco*, qui saute sur les tréteaux) constituent la caste inférieure et, si j'ose ainsi m'exprimer, le prolétariat de l'acrobatie. Mais, même entre saltimbanques, il y a des degrés et des nuances, tant il est vrai que l'égalité rêvée par certains utopistes n'est qu'une vaine chimère. Le plus bas degré de l'échelle est occupé par le *postiche*. On appelle ainsi celui qui n'a pour toute scène qu'un misérable tapis défraîchi et troué qu'il étale en plein vent, sur une place publique, dans une allée de jardin, à un carrefour, voire même à l'entrée d'un champ de foire, ou encore à la terrasse d'un café le jour du 14 juillet. Pour exercer le métier de postiche, il faut une autorisation de la police (sauf, bien entendu, lors de la fête nationale, où toutes ces industries de la rue sont libres), qui vous délivre une médaille dont le titulaire peut être privé à la moindre infraction, au moindre scandale.

On voit parfois, parmi les postiches, d'assez bons manieurs de poids, et les recettes qu'ils font, lorsqu'ils travaillent, sont supérieures même à celles de certains artistes réguliers. Mais comme ils sont à la merci du temps et de bien d'autres vicissitudes, ils sont obligés d'avoir recours à d'autres métiers pour vivre dans les jours trop nombreux de chômage. Quant aux acrobates qui travaillent dans cette condition précaire, ils sont rares et presque universellement mauvais. Et comme dans tous les arts, y compris celui qui nous occupe, il n'est point de degré du médiocre au pire, on ne peut s'empêcher, en les voyant travailler, de penser en son for intérieur :

> Soyez plutôt maçon, si c'est votre métier,
> Ouvrier estimé dans un art nécessaire,
> Qu'artiste du commun, qu'*acrobate* vulgaire.

Les saltimbanques d'un niveau plus relevé sont ceux qui travaillent dans des tentes de toile, facilement démontables et transportables, et qui font la parade sur les tréteaux. Les baraques de la foire aux pains d'épices et autres fêtes foraines de Paris sont le type des baraques de saltimbanques. D'ailleurs quelques-uns de ces établissements sont montés avec une sorte de demi-confort et représentent un capital assez considérable, qui atteint, qui dépasse même une centaine de mille francs. Mais, du petit au grand, les artistes qui en composent le personnel s'élèvent rarement au-dessus du niveau de la médiocrité. Et d'ailleurs, fussent-ils non sans valeur, l'obligation de donner un grand nombre de séances par jour et la multiplicité de leurs occupations les a bientôt gâtés. Car un saltimbanque est un être à tout faire : menuisier et charpentier, il aide à monter la baraque ; musicien, il souffle dans un trombone ou bat la grosse caisse ; *bonisseur,* il harangue le public, et, artiste, il l'amuse par ses exercices. Donc en général les saltimbanques n'ont qu'une virtuosité médiocre, et leur extérieur n'a rien d'engageant au point de vue plastique, malgré les oripeaux fanés et rapiécés sous lesquels quelques-uns dissimulent leur misère physiologique et économique. C'est bien sur eux, je crois, qu'il convient de rejeter le discrédit dont est frappée la gymnastique d'agrès parmi les classes riches. La défaveur, assez méritée, je le confesse, dont jouissent les saltimbanques des foires, a fait fermer les yeux sur la valeur éducative de certains de leurs exercices aux appareils, à ceux qui n'estiment un sport qu'autant qu'il est dispendieux et aristocratique. Voilà pourquoi sans doute nos sociétés de gymnastique ne recrutent leurs adhérents que parmi de *petites gens,* commis, employés, ouvriers, tandis que nos intellectuels et nos snobs croiraient se déshonorer s'ils montaient bien une corde lisse en traction de bras, ou s'ils exécutaient le soleil à la barre fixe. Je demande pardon de cette digression, et je reviens à mes moutons, je veux dire à mes saltimbanques.

On trouve parfois dans les baraques des artistes qui ont vu des jours meilleurs, et les affiches-réclames ont

bien soin de faire sonner très haut leurs engagements
antérieurs dans les music-halls en renom. Ce sont là en
quelque sorte des déclassés, des déchus. Le manque
d'engagement, la décadence précoce, obligent quelquefois
des acrobates qui ont ou qui ont eu du moins une certaine célébrité, à accepter cette situation indigne d'eux et
de leurs antécédents. C'est un peu comme si un acteur
de la Comédie française en était réduit à jouer dans une
troupe de cabotins nomades et sur un théâtre de toile en
plein vent. C'est ainsi que j'ai vu en dernier lieu Couture,
le célèbre équilibriste du Cirque d'Hiver, échouer à quarante et quelques années sur les tréteaux de la foire de
Vaugirard. Les théâtres Delille et Marketti, bien connus
de tous ceux qui fréquentent les fêtes foraines de la capitale, recueillent parfois des épaves un peu usées du Casino
ou des Folies-Bergère. Encore convient-il de remarquer
que ces établissements s'élèvent eux-mêmes beaucoup
au-dessus du niveau des baraques proprement dites.

En somme, sauf exception, les saltimbanques sont les
ratés du métier acrobatique. Ils constituent ce déchet
inévitable dans toutes les branches des arts d'agrément :
chanteurs des rues, musiciens des cours, cabotins de bas
étage, poètes impuissants, rapins couvrant d'illustra-
tions anonymes les murailles de cabarets borgnes, on sait
qu'il y en a, qu'il y en a eu et qu'il y en aura toujours et
partout.

La deuxième catégorie est représentée par les acrobates des cirques ambulants. Ceux-ci sont de vrais artistes,
dans toute l'acception du terme, mais avec des mérites
plus ou moins transcendants suivant l'importance du cirque auxquels ils sont attachés, et des émoluments qui leur
sont alloués. Quand un cirque nomade s'appelle Barnum
et Bailey, on conçoit que la direction ne recule devant
aucun sacrifice pour s'assurer le concours des meilleurs
gymnastes des deux mondes. Et pourtant les rois de l'a-

crobatie préfèrent à l'immense toile de l'impresario américain, la scène plus restreinte d'un music-hall de grande ville, bien que Barnum passe pour payer très largement son personnel. J'ai admiré comme tout le monde la grandiose ordonnance du *greatest show on the earth*, mais je dois dire qu'elle ne m'a apporté aucune révélation dans l'ordre acrobatique, et je n'y ai rien vu que je n'eusse vu faire ailleurs aussi bien et parfois mieux. La raison en est fort simple. Le mérite d'un travail, si parfait qu'il soit, disparaît, perdu en quelque sorte dans la foule des *numéros*[1] présentés simultanément aux regards des spectateurs. On voudrait avoir des yeux pour tout voir à la fois, et cette préoccupation empêche de rien voir avec précision. On est si bien abasourdi par l'avalanche d'attractions qui sollicite en tous sens l'attention, qu'on ne peut rien admirer en particulier et qu'ou oublie d'applaudir. Ce dernier phénomène a été particulièrement sensible à Paris, où en général le public est sympathique aux artistes et ne leur ménage pas les applaudissements. Or, si le professionnel tient avant tout à la rémunération matérielle et pécuniaire, il est fort loin d'être insensible à l'admiration qu'il provoque. Le cœur d'artiste qui bat sous le maillot de soie rose se délecte au bruit des applaudissements, qui sont pour lui un puissant stimulant à bien faire. Il travaille avec beaucoup moins d'entrain et de *brio* devant un public froid et en apparence dédaigneux. Voilà pourquoi les étoiles de l'art acrobatique ne sont pas chez Barnum, dont la tentative grandiose, mais de mauvais goût, pour rassembler toutes sortes de numéros sur la même scène, dans une exécution simultanée, rappelle celle de ce préteur romain, vers le temps de la prise de Corinthe, qui, pour rendre un concert le plus beau et le plus varié possible,

---

1. On appelle *numéro* un ensemble d'exercices similaires présentés par un même artiste ou une même troupe dans un laps de temps déterminé.

avait eu l'ingénieuse idée de réunir sur un même théâtre les plus célèbres musiciens de la Grèce et de les faire jouer en même temps chacun un air différent. Cet homme méritait de naître Américain.

En dehors de Barnum, dont l'apparition est un fait épisodique, on peut citer parmi les établissements ambulants qui ont fait le tour de France dans ces quarante dernières années, et dont quelques-uns n'existent plus à l'heure qu'il est, Franconi, Loyal, Ciotti, Priami, Bazola, Plège, Guillaume, Rancy, Alegria, Pinder, etc. Il en est, comme le cirque Pinder, qui ne font que la belle saison. Ils ont une tente de toile, un *chapiteau,* comme on dit dans l'argot du métier, qui se dresse en quelques heures. Un beau matin, dans une localité dont la curiosité a été préalablement excitée par un déluge d'affiches affriolantes, on voit le cirque poussé comme un champignon sur la place principale ou sur le champ de foire. Un grand défilé-parade avec voitures et musique achève de porter la curiosité du public à son paroxysme ; on donne deux ou trois représentations, matinées ou soirées, et dans la nuit qui suit la dernière, la tente disparaît comme par enchantement, sans laisser d'autre trace de son séjour éphémère que quelques débris de paille et un peu de terre fraîchement remuée.

D'autres, au contraire, comme le cirque Rancy, travaillent toute l'année. Ils s'installent dans des constructions en bois que possèdent diverses villes comme Lyon, Bordeaux, Angers, et qu'elles leur louent pour une saison plus ou moins prolongée. Rancy fait l'hiver à Lyon, Alegria à Bordeaux.

Les artistes qui font partie de ces troupes sont engagés à l'année, sauf pourtant quelques étoiles de première grandeur, quelques attractions spéciales que l'on engage au cours de la saison, lorsque la curiosité blasée du public local commence à se fatiguer des numéros ordi-

naires, malgré l'ingéniosité inventive du régisseur, qui
essaye par des qualifications variées de leur donner un
cachet de nouveauté. Ce sont surtout les voltigeurs aériens et certaines exhibitions en dehors du répertoire
ordinaire des cirques qui fournissent ce supplément ou, si
l'on préfère, ce complément de programme. Les écuyers,
les clowns, les gymnastes ordinaires et les acrobates
équestres sont enrégimentés dans la troupe et la suivent
dans toutes ses garnisons, comme le militaire suit son
régiment. Ils sont tenus d'assister à toutes les répétitions,
de se tenir à la *barrière* au cours des représentations, de
figurer dans toutes les parades et défilés, et au besoin de
jouer un rôle quelconque dans les pantomimes. D'ailleurs ils logent et mangent à l'hôtel ou à l'auberge, suivant leurs moyens. Au jour fixé pour le départ, ils amè-
nent leur bagage, généralement léger et peu encombrant,
à la direction, et prennent place dans le train spécial qui
a été organisé pour le transport du matériel, des chevaux
et des employés. Le plus souvent ces artistes (du moins
les mieux rémunérés) se distinguent par une mise assez
recherchée, mais voyante et de mauvais goût, *rasta*,
comme on dit familièrement, et par l'ostentation avec laquelle ils portent des bagues ou des boutons de chemise
enrichis de brillants qui, lorsqu'ils ne sont pas du strass,
peuvent, en cas d'extrême nécessité, fournir un gage au
mont-de-piété.

Les artistes de premier ordre se rencontrent dans les
cirques et hippodromes à demeure des grandes capitales
de l'Europe et de l'Amérique, et surtout, depuis une
vingtaine d'années, dans les music-halls. Si j'emploie
un vocable anglais pour désigner ces établissements de
distraction, c'est qu'ils sont chez nous d'importation étrangère. Le plus ancien est, je crois, les Folies-Bergère[1], qui

1. Le nom de Folies-Bergère vient de la Folie ou maison luxueuse
bâtie au dix-huitième siècle par un financier enrichi qui donna son

fonctionne depuis trente et quelques années. Puis sont venus le Skating, aujourd'hui Casino de Paris, l'Olympia, Marigny-Théâtre, etc. Ils ont peu à peu détrôné les cafés-concerts, tels que l'Eldorado ou l'Alcazar; et comme leur spectacle ne parle qu'aux yeux, ils conviennent mieux au public international qui les fréquente. On pourra s'étonner peut-être que les acrobates les préfèrent aux divers cirques dont l'arène semble mieux appropriée à l'exhibition d'exercices gymniques. Simple question de prix. Le cirque, avec ses premières à deux francs, ne fait pas des recettes assez élevées pour faire face aux engagements auxquels prétendent à bon droit les artistes de marque. Le public très spécial auquel il s'adresse est attiré avant tout par le bon marché des places et serait peu disposé à faire de grands sacrifices pour l'amusement d'une soirée. Les music-halls ont un répertoire plus varié, des attractions de diverse nature, et, indépendamment du prix élevé des places, qui atteint celui des théâtres de genre, ils ont des ressources particulières fournies par les promenoirs, dont le public se préoccupe de tout autre chose que du spectacle donné sur la scène. Payant plus largement, ils ont de meilleurs sujets, et de là cette anomalie de la gymnastique émigrant du cirque au théâtre.

L'ancien Hippodrome de l'avenue de l'Alma, dont la disparition a été vivement ressentie par tous les amateurs d'exercices acrobatiques et équestres; l'Hippo-Palace de l'avenue de Clichy, qui n'a eu qu'une existence éphémère, et qui attend un directeur intelligent pour le remonter, pouvaient, grâce à l'importance de leurs ressources, engager des numéros de premier ordre et auraient fait de

nom à la rue Bergère. On voit que le pluriel est un non-sens étymologique, qui du reste a fait fortune. Les villes de province, à l'imitation de Paris, ont voulu avoir leurs Folies : Folies Rouennaises, Folies Bordelaises, etc.

brillantes affaires si, par ailleurs, la multiplicité des frais et la morte saison n'étaient venus constamment déséqui-librer leurs budgets. _

Il y a en ce moment à Paris trois cirques :

Le Nouveau Cirque, le mieux hanté des trois, offre, il faut le dire, un programme généralement très maigre au point de vue gymnastique. Il ressemble à ces cabarets à la mode, luxueusement décorés, mais dont on sort le ventre vide. En dehors de sa partie nautique, intéressante à voir une fois, et de sa salle fort élégante, il ne présente guère à la curiosité du public connaisseur qu'un ou deux numéros (bons, il est vrai, parfois même très bons) au cours d'une séance. Le reste est tout juste suffisant à l'amusement des enfants bien sages, qu'on récompense en les menant voir Foottit et Chocolat.

Le Cirque des Filles du Calvaire, qui se dédoublait autrefois en Cirque d'été et Cirque d'Hiver, a générale-ment un programme satisfaisant à l'ouverture de la saison (septembre); mais dès le milieu de l'hiver il baisse sensiblement, et à la fin il tombe presque au niveau des cirques de province.

Le meilleur cirque de Paris est, à mon avis, le cirque Medrano. C'est celui dont le programme est le plus cons-tamment égal et varié. Ses dimensions modestes ne lui permettent pas, il est vrai, d'abriter les étoiles de pre-mière grandeur, les Scheffer, les Kremo. Mais il a d'ex-cellentes troupes, notamment pour la voltige aérienne, dont il semble s'être fait une spécialité.

A l'étranger je citerai : à Londres, l'Aquarium, l'Alham-bra, l'Empire Theatre, le Pavilion; — à Vienne, Rohna-cher; — à Berlin, le Wintergarten; — à Buda-Pesth, l'Orpheum; — à Copenhague, le Tivoli; — à Péters-bourg, l'Arcadia; — à Moscou, l'établissement Aumont; à Bruxelles, le Palais d'Été; — à Lisbonne, le Coliseo; et aussi les cirques, le cirque Price à Madrid, le Cirque impérial de Vienne, le Cirque royal de Munich, le cirque Renz à Berlin, et le cirque Ciniselli à Saint-Pétersbourg, Carré en Hollande.

J'aborde maintenant une question délicate, celle de l'argent. Rien n'est plus difficile que de savoir au juste le montant des engagements signés entre artistes et directeurs. La raison en est fort simple. Questionnez un directeur de cirque sur ce chapitre, il vous répondra invariablement que ses artistes lui coûtent « les yeux de la tête », qu'il s'impose les plus lourds sacrifices pour mériter la faveur publique, etc. C'est l'éternelle histoire du marchand qui, si on veut l'entendre, perd sur chaque article, quitte à se récupérer sur la quantité. Si vous insistez néanmoins pour avoir un chiffre plus précis que celui des « yeux de la tête », lesquels, comme chacun sait, sont une monnaie de cours variable et de valeur relative, vous obtiendrez un chiffre majoré du double ou du triple, destiné à vous jeter de la poudre aux yeux. Repoussé de ce côté, si vous vous adressez à l'autre intéressé, vous tomberez de Charybde en Scylla. L'acrobate exagère naturellement le taux de ses appointements, non seulement par ce sentiment de vanité qui pousse l'homme à se faire paraître plus qu'il n'est, mais aussi par un motif d'intérêt : en effet, il lui importe de faire savoir *urbi et orbi* qu'il ne travaille qu'à des prix fort élevés, pour décourager la rapacité des *impresarii* qui spéculent autant qu'ils le peuvent sur la situation souvent précaire des artistes. « Quiconque a une fois baissé ses prix, me disait l'un de ces derniers, ne retrouve jamais ses engagements antérieurs. Il vaut mieux chômer un peu que de travailler au rabais. Une fois descendu dans l'échelle des artistes, on ne remonte plus. Une déchéance pécuniaire équivaut à une déchéance artistique. »

On voit, par ce qui vient d'être dit, combien il est difficile d'arriver à la vérité absolue sur la question pécuniaire, quand on n'est soi-même ni impresario ni artiste, et les documents, d'ailleurs très incomplets, que j'ai pu recueillir presque par surprise, je les donne, bien entendu, sous bénéfice d'inventaire. Car j'entends faire consciencieusement mon métier d'historiographe de l'acrobatie.

Rien n'est plus variable que le taux des engagements, et les écarts sont extrêmes, comme dans tout ce qui touche les arts. Mais je crois pouvoir fixer entre 300 et 10,000 francs par mois les deux limites opposées entre lesquelles oscillent les appointements auxquels peuvent prétendre les acrobates. Il va sans dire que la balance penche plus souvent vers la limite inférieure, et que la limite supérieure n'est atteinte que par des troupes composées de plusieurs sujets, enfants ou adultes. Quand l'engagement est de longue durée, il est moins élevé. La crainte du chômage est ce qui tourmente le plus l'artiste, et pour éviter cette éventualité il consent volontiers à quelques légères concessions. Car le chômage, c'est non seulement la suppression du salaire, mais c'est aussi souvent la dislocation des troupes si difficiles à former, ou la virtuosité individuelle gâtée par une période d'inaction.

La durée des engagements n'est pas moins variable que leur taux. Ainsi, il y a des cafés-concerts de la banlieue qui engagent à la semaine ou à la quinzaine. Mais le plus souvent les engagements sont d'au moins un mois. Souvent aussi ils sont accompagnés d'une clause de prolongation facultative au gré des deux parties contractantes. Si l'artiste réussit auprès du public, et qu'il n'ait signé aucun contrat pour la période ultérieure, la Direction le garde une quinzaine de plus. En cas de très grand succès, l'artiste pourra même obtenir une augmentation d'appointements pour le renouvellement de son contrat. Les voltigeurs aériens n'acceptent guère d'engagement à courte échéance, à cause des frais et des fatigues du montage de leurs appareils. Les acrobates équestres traitent généralement pour une saison entière, c'est-à-dire cinq ou six mois. Comme ils sont propriétaires de leurs chevaux, au nombre de deux ou trois, on conçoit que les changements de résidence leur occasionnent des frais considérables de déplacement. Les clowns, quand ils ont conquis une certaine popularité, sont à l'année, et quelques-uns deviennent des *piliers* de l'établissement, comme, par exemple, Footitt et Chocolat au Nouveau Cirque, Paul et Louis au Cirque d'Hiver, Iles, le désopilant Iles, à Medrano.

En dehors des appointements proprement dits, il y a des accessoires à débattre entre les directeurs et les artistes, tels que les frais de voyage, la nourriture des chevaux ou des animaux dressés, qui incombent, suivant le cas, à l'une ou l'autre partie. En général, les chevaux sont nourris par l'établissement, les autres animaux par leur dresseur. Dans quelques cirques ambulants, le directeur accorde un *bénéfice* à certains sujets de marque. Mais c'est là un trompe-l'œil : car lorsque tous les frais généraux sont défalqués de la recette de la représentation, la somme allouée au bénéficiaire se réduit à peu de chose. Il est bien entendu que les appareils et les costumes sont la propriété de l'acrobate, ainsi que le feutre matelassé destiné à amortir les chutes à terre. Mais l'établissement fournit, quelquefois, le filet tutélaire dont le transport est très encombrant et dont le prix est assez dispendieux (un bon filet coûte de cinq à six cents francs), ainsi que le grand tapis qu'on déploie sur la piste pour le numéro des sauteurs à terre.

Voici maintenant quelques chiffres individuels, tels que j'ai réussi à les connaître par d'heureuses indiscrétions. Blavette, qui fut en son temps un gymnaste de mérite et qui avait deux numéros dans son répertoire : la barre fixe et les équilibres au trapèze, était engagé en 1873, à l'année, au cirque Ciotti, qui faisait le tour de France, à raison de trois cents francs par mois, soit trois mille six cents francs annuels. Les célèbres acrobates icariens les Scheffer n'ont jamais travaillé à moins de six mille francs par mois. Il est vrai qu'ils sont sept, dont deux adultes et cinq enfants d'âges divers, sans compter deux doubles poneys, deux grands danois et un domestique en livrée. Ce chiffre de six mille francs est, m'a-t-on dit, celui de leurs engagements répétés aux Folies-Bergère; mais en Amérique ils sont mieux rémunérés. D'ailleurs, comme tous les grands noms, ils ont toujours des contrats signés à l'avance pour deux ou trois ans. Aussi font-ils partie de l'aristocratie du métier. Le trio Rainat's (deux hommes et une femme), voltigeurs aériens, touchent des émoluments de quatre mille francs par mois. Je puis au moins garantir ce dernier chiffre *de visu,* ayant eu l'occasion de leur servir de truchement pour la signature d'un contrat. Les Alex, qui partagent avec eux la gloire d'être les rois de l'air, obtiennent les mêmes conditions. Un bon numéro de barres fixes à terre avec deux, parfois trois exécutants, se paye couramment deux mille à trois mille francs par mois. J'ignore ce que pouvait toucher Sam Lockard avec ses six éléphants savants, le professeur (*sic*) Léonidas, qui commande non pas à trois cents Spartiates, comme son illustre homonyme, mais à une meute de soixante chiens dressés, de toute taille, et de tout poil, qui l'oblige à avoir un secrétaire et deux valets, ou enfin le dompteur Veltram avec ses vingt et un lions apprivoisés. Naturellement, il n'y a que les établissements de premier ordre qui puissent se payer des attractions aussi dispendieuses.

J'ai dit d'ailleurs que nulle part l'exploitation de l'homme par l'homme n'était plus impitoyable que dans le métier d'acrobate. Tout se traite de gré à gré. La loi n'intervient nullement, pas même en cas d'accident; et les artistes, loin de se syndiquer, ce qui, vu leurs origines internationales, serait impossible, se font entre eux une concurrence acharnée. Voici, à titre de document, quelques détails tout à fait caractéristiques.

Il y a une vingtaine d'années, Paris a applaudi aux Folies-Bergère une troupe russe (ou du moins soidisant telle) d'acrobates sauteurs, dirigée par un impresario-artiste, et qui donnait divers numéros au programme. On m'a affirmé que la plupart des sujets qui le composaient recevaient, tous frais de voyage, de nourriture, de logement et de costume payés par l'impresario, une somme mensuelle de cinquante francs d'argent de poche. Et c'étaient de bons gymnastes, je vous l'assure. L'acrobate qui se blesse ou s'estropie au cours de ses périlleux exercices n'a droit à aucune indemnité. Je ne parle pas des enfants, qui, soit qu'ils appartiennent au chef de la troupe, soit que celui-ci les ait loués par un contrat régulier à leurs parents, ne reçoivent rien de fixe que... des reproches quand le travail n'est pas satisfaisant. A un certain moment, Hugosset exécutait dans une féerie du Châtelet un numéro de trois barres fixes, avec deux artistes excellents engagés par lui. Comme il avait le nom, la signature des engagements et la propriété des appareils, sur les trois mille francs représentant le taux mensuel des appointements il en prélevait deux mille quatre cents pour lui, et donnait trois cents francs à chacun de ses associés qui ne lui étaient en rien inférieurs. Lors de la grande vogue des lutteurs turcs, l'impresario Doublier, ancien lutteur lui-même, avait amené le fameux champion Yousouf, mort depuis au naufrage de la *Bourgogne*, Nourlah, Petrof le Bulgare et encore un autre dont le nom m'échappe. Il se chargeait de tous les frais relatifs au voyage, à la nourriture et au logement de ses pensionnaires, qui d'ailleurs étaient à sa merci par leur ignorance de nos usages et de notre langue, et leur donnait à chacun cent cinquante francs par mois, gardant pour lui le reste de l'engagement, que l'on m'a affirmé être de dix mille francs.

Enfin, il y a quelques années, s'est déroulé un petit procès de correctionnelle fort curieux en application de la loi Talon. La petite Alcide Capitaine, une jeune miss américaine, exécutait un travail sensationnel au trapèze aérien. Le taux mensuel de l'engagement était de trois mille francs. Le père de l'enfant en touchait quinze cents et laissait l'autre moitié à un impresario qui s'était chargé, moyennant une commission de cinquante pour cent, de trouver des engagements. Comme la loi Talon permet l'exploitation des enfants à partir de douze ans par leurs parents légitimes, et à partir de quinze ans par les étrangers, et que la jeune artiste prodige en avait treize ou quatorze, il s'agissait de savoir si ladite loi avait été enfreinte ou non, suivant que le tribunal considérerait comme exploiteur le père ou l'impresario. Au fond, ils l'étaient tous les deux. A l'Eden Théâtre de la rue Boudreau, établissement somptueux qui n'eut qu'une durée éphémère, j'ai vu une ravissante artiste de quinze à seize ans au plus, la belle Géraldine, qui nourrissait son père, sa mère et un jeune frère du produit de son talent.

Ajoutons enfin qu'il y a des agences qui se chargent de placer des artistes moyennant un prélèvement de dix pour cent sur leurs appointements et qui, au besoin, leur font des avances à un taux plus ou moins onéreux. L'agence Rosinski, fondée par un ancien artiste, au square Montholon, est (ou était) de ce genre, ainsi que celle de Marinelli, 16, rue Taibout, et celle de Me Rubini, 12, boulevard du Temple.

Les acrobates ont d'ailleurs leurs journaux spéciaux, l'*Artiste* qui paraît à Paris, l'*Æra* qui paraît à Londres, et surtout *Der Artist* que dirigent Hermann Otto et Kraus à Düsseldorf. Ce dernier organe est celui qui répond le mieux aux besoins de la corporation. Chaque abonné a droit à une insertion de trois ou quatre lignes mentionnant son nom, son genre d'exercice, son adresse permanente, et la date à laquelle il sera libre de contracter un nouvel engagement. Ces réclames sont rédigées dans une des quatre langues allemande, anglaise, française ou italienne, le plus souvent dans un jargon international, telles les suivantes que je cueille au hasard :

ALCIDE UND PALO

SENSATIONNELLES LUFT-POTPOURRI

Adresse : Artist.

EUGÉNIE WEISS

ÉCUYÈRE DE HAUTE ÉCOLE

3 eigene Pferde
circo Mariani.

A titre de document, je reproduis ici le fac-similé d'un engagement d'artiste au Nouveau Cirque. Sa teneur est identique à celle de tous les contrats similaires passés dans les divers cirques de France ou de l'étranger.

NOUVEAU CIRQUE

247, Rue Saint-Honoré, Paris.

RAOUL DONVAL, Directeur.

Appointements par Mois   Durée de l'Engagement

ENGAGEMENT

De M

Entre les soussignés :

M. Raoul Donval, directeur du NOUVEAU CIRQUE, élisant domicile numéro 247, rue Saint-Honoré, à Paris,

D'une part;

et M

demeurant à

D'autre part;

a été convenu et arrêté ce qui suit :

ARTICLE PREMIER.

L____ artiste déclare____ s'engager dans la troupe du *Nouveau Cirque* en qualité de

pour y être utilisé selon les moyens que le Directeur l_____ reconnaîtra et ainsi qu'il le jugera convenable, non seulement dans les représentations équestres, scènes, groupes, chasses, cavalcades en ville, mais même dans les pièces ou pantomimes qui pourraient être montées, soit en France, soit à l'étranger, et sur tous les théâtres, cirques, hippodromes, et en général dans tous les lieux publics ou privés où l'on pourra donner des spectacles, et quel que soit le nombre des représentations qui pourraient être données par jour.

ARTICLE 2.

L......artiste devr........., en conséquence, suivre la troupe en totalité ou en partie, où et par où le Directeur jugera convenable de la faire transporter, en France ou à l'étranger, et même se déplacer seul, s'il l'exige, et ce, sur sa simple réquisition, et sans pouvoir exiger aucune augmentation d'appointements ou dédommagement quelconque, autre que celui des frais de transport, qui aura lieu par la voie et le mode qui seront prescrits par le Directeur.

ARTICLE 3.

L......artiste s'engage ....à donner.........soins aux détails du service, et à faire, ainsi qu'il est d'usage dans toutes les troupes équestres, la terrasse du manège et la préparation de la piste ou la manœuvre du tapis de piste et à revêtir l'uniforme qui l...... sera donné pour se rendre à toute représentation utile au service du manège.

L'artiste en uniforme réglementaire devra être coiffé et rasé de frais, se fournir de souliers vernis, de gants blancs en peau, de cravates blanches, et de linge, qui devront toujours être d'une propreté irréprochable.

ARTICLE 4.

L......artiste devr..........., pour le service des répétitions, se rendre au lieu et à l'heure qui seront fixés, toutes les fois qu'il en sera donné avis, soit verbalement, soit par le tableau indiquant le programme et l'ordre des exercices de chaque jour.

.........s'oblige......, en outre, à se trouver au manège une demi-heure avant le commencement de chaque représentation, lors même qu'.........ne ser.............. pas inscrit........ au programme de la représentation, et enfin à travailler en remplacement ou en surcroît, toutes les fois qu'...... en ser............. requis.

ARTICLE 5.

Le Directeur se réserve le droit de régler, seul, le travail de ....
.... et d'y faire toutes modifications, additions ou suppressions qu'il jugera convenable. En conséquence, l...... artiste ...... devr......... fournir deux répétitions générales en costume avant........ débuts.

ARTICLE 6.

L...... artiste ne pourr .... pendant......... engagement paraître dans aucun endroit public ou privé autre que celui où la troupe du *Nouveau Cirque* donnera ses représentations, sous peine d'une amende d'un mois d'appointements pour chaque infraction.

ARTICLE 7.

L____artiste ne pourr____________, sous aucun prétexte, pas même en payant le prix de __________ place, entrer durant le cours des re-présentations dans aucune partie de la salle, autre que celle qui pourra être désignée par le Directeur, et ce, sous peine d'une amende d'un quart de mois d'appointements pour chaque infraction.

ARTICLE 8.

L ___ artiste déclar__________ connaître les divers règlements du *Nouveau Cirque* et se soumettre à tout ce qu'ils prescrivent, re-gardant comme légales les amendes qui l________________ seraient imposées en vertu desdits règlements. Dans le cas de nouveaux règlements qui pourraient être faits, l__________artiste déclar ________ dès à présent, y adhérer, convaincu__________ qu'ils ne seront établis qu'en vue du bon ordre et dans l'intérêt du service.

ARTICLE 9.

Tous les costumes pour______________travail spécial, sont à la charge d ______ artiste ainsi que __________ appareils, cordages ou accessoi-res. Les costumes (maillots, trousses, chaussures, etc.) **devront être d'une fraîcheur et d'une propreté irréprochables. Le Di-recteur pourra suspendre les débuts et les exercices en cours de ________________ tant que cette clause ne sera pas exécutée.** *(Il est bien entendu que l______ artiste reste______ seul ____ responsable de la solidité des appareils, cordages ou accessoires, qui ne pourront être placés ou attachés qu'après accord avec la Direction du Cirque. Restent à la charge de la Direction les costumes et acces-soires nécessités par les scènes, pantomimes et autres exercices d'en-semble.)*

ARTICLE 10.

Le Directeur se réserve le droit de résilier le présent engagement sans aucune indemnité dans les cas suivants :

1° Si l'artiste s'attirait des marques de désapprobation du public ;

2° En cas de grossesse ;

3° Si les moyens venaient à s'altérer ;

4° S'il subissait une détention de plus de trois jours par voie judi-ciaire ou de police ;

5° Si les amendes encourues s'élevaient pour un mois à la moitié de ses appointements ;

6° Pour cause de voie de fait, insulte, insubordination ou scan-dale, soit envers le Directeur, soit envers tout chef de service ou employé ; pour cause d'ivresse et de mauvaise tenue sur la piste ou dans le cirque ;

7° Si l'artiste était jugé insuffisant par le Directeur après trois jours de débuts et même pendant les répétitions ; avec faculté pour le Directeur de faire connaître son intention à cet égard dans le mois des débuts ;

8° En cas de fermeture de la salle pour cause d'incendie, démolition, épidémie, calamités publiques, guerre à l'extérieur ou à l'intérieur, émeutes ou troubles politiques, expropriation, et en général tout cas de force majeure ;

9° En cas de cessation ou abandon de l'exploitation par le Directeur.

En cas de cession par le Directeur, l'artiste ne peut demander la résiliation de son engagement ; il est tenu de reconnaître le Directeur successeur et renonce à tout recours vis-à-vis du Directeur soussigné, lequel sera déchargé de toute responsabilité par le seul fait de sa retraite.

ARTICLE 11.

Le présent engagement commencera le ....

et finira le ....

M. Raoul Donval se réserve le droit de continuer le présent engagement, de .... aux mêmes clauses et conditions, en prévenant ce........ artiste........ de son intention .... à l'avance.

ARTICLE 12.

M. Raoul Donval s'oblige à payer par mois .... artiste la somme de ....

Les payements se feront par quinzaine.

En cas de maladie qui ne serait pas le résultat d'un accident arrivé dans le travail, les appointements ci-dessus seront suspendus à partir du jour où l........ artiste ser........ empêché de continuer .... service.

Au cas d'accident arrivé dans le travail, l........ artiste laiss........ .... au Directeur le droit d'apprécier seul et fixer la réduction que devront subir les appointements.

ARTICLE 13.

Le présent engagement ne pourra jamais être rompu par l........ artiste........ qu'en payant un dédit de .... sans préjudice de tous dommages-intérêts qui pourraient être en outre réclamés par le Directeur, dans le cas de disparition de........ artiste........ ; et généralement dans tous ceux où .... tenterai .... de se soustraire aux charges du présent.

ARTICLE 14.

L______ artiste ne pourr_________ sous aucun prétexte paraître dans une représentation à Paris avánt________ engagement au *Nouveau Cirque.*

ARTICLE 15.

Le présent engagement est d'ailleurs frappé de nullité, si l______ artiste _______ déjà paru dans un cirque à Paris ou tout autre établissement parisien, avant la présente date.

Fait double et de bonne foi à ________________________

L'Artiste,   *Le Directeur,*

Qu'en dites-vous, cher lecteur? Le contrat est-il assez léonin? Aux vertus qu'on exige d'un artiste, connaissez-vous beaucoup de directeurs qui seraient capables de l'être?

CHAPITRE IV

LES SPÉCIALITÉS, LES ÉCOLES

Les artistes peuvent se répartir en autant de catégories qu'il y a de spécialités dans leur art. Les temps ne sont plus où l'on osait prétendre à l'universalité des manifestations de la force et de l'adresse humaines. En acrobatie comme ailleurs, être propre à tout, c'est n'être bon à rien. On m'objectera peut-être le nom d'Auriol, clown, sauteur, gymnaste, équilibriste, acrobate à cheval. Mais aussi que le public d'autrefois était facile à contenter! Et quelle dangereuse épreuve ce serait pour les gloires de jadis de reparaître sur la scène moderne! Combien peu soutiendraient la comparaison! Combien peu résisteraient à la critique! Le public moderne est gâté par l'abondance et la variété des productions, et de plus, à force d'avoir vu, il est devenu connaisseur. Parmi ceux qui sont assis aux bancs des spectateurs, il s'en trouve plus d'un qui a pratiqué l'acrobatie en amateur, et qui serait capable d'exécuter une partie au moins des tours que l'on fait dans l'arène. Puis la concurrence a obligé les professionnels à se surpasser eux-mêmes pour surpasser leurs rivaux, à créer des trucs nouveaux, à oser des exercices jusqu'alors réputés impossibles, ne fût-ce que pour maintenir leur supériorité sur l'amateur, sur le virtuose des sociétés de gymnastique, qui, bien que travaillant pour la gloire, et ne cherchant dans la gymnastique qu'un passe-temps hygiénique, ne laisse pas d'être parfois singulièrement habile. Je ne crains pas d'affirmer que de nos jours les dilettanti font plus fort que ne faisaient il y a quarante ans les gens de métier. Le championnat international de gymnastique disputé à Vincennes en 1900 a révélé, chez certains membres des sociétés françaises ou étrangères, des talents si remarquables à la barre fixe et aux autres agrès, que les Franconi du temps passé leur auraient fait un pont d'or pour les attirer dans leurs établissements. Mais aussi, par une progression parallèle, l'artiste a dû réaliser des progrès non moins marqués pour maintenir son niveau de supériorité sur l'amateur. Si Léotard revenait parmi nous, il serait reçu « à correction », et le travail qui fit sa colossale réputation passerait inaperçu. Car telle est, en acrobatie comme dans tous les autres arts, la loi du progrès. Cette remarque ne tend nullement à diminuer le mérite de ceux qui les premiers ont frayé la voie. Leur gloire de précurseurs demeure entière, d'autant plus qu'il est évident que, venus plus tard, et placés dans des circonstances plus favorables, ils auraient donné d'une façon plus complète la mesure de leur talent.

Maintenant comment expliquer cette progression si rapide et si merveilleuse de l'acrobatie ? Ce n'est pas que les aptitudes du corps humain se soient perfectionnées. Outre que beaucoup d'artistes contemporains sont issus de parents qui n'ont jamais fait de gymnastique, ceux mêmes qui sont des enfants de la balle ne doivent vraisemblablement rien à l'atavisme, dont l'influence ne saurait se faire sentir en pareille matière qu'au bout de plusieurs générations.

Pour moi, j'attribue le degré de perfection atteint par l'acrobatie moderne à trois causes : 1° une spécialisation plus intelligente des aptitudes naturelles ; 2° un entraînement plus précoce ; 3° une audace et une ingéniosité plus grandes. L'amélioration est donc, non pas dans la matière elle-même, mais dans la méthode employée pour la mettre en œuvre.

Disons un mot de chacune de ces trois causes efficientes du progrès.

Audace et ingéniosité plus grandes. — Si l'on examine avec attention les divers temps qui composent un numéro d'acrobatie, on arrivera à la constatation suivante : les temps les plus sensationnels diffèrent des plus simples non par l'effort musculaire qu'ils exigent, mais par la combinaison ou l'audace. La passe simple d'une barre à l'autre par un temps de poitrine est plus fatigante que la passe en soleil avec saut périlleux, parce que dans cette dernière on profite de la force centrifuge pour opérer le passage. Mais elle fait infiniment moins d'effet, parce qu'elle ne présente aucun danger, tandis que la passe en soleil peut être funeste. J'ai connu un barriste qui faisait la passe en casse-cou avec les yeux bandés, et qui d'ailleurs était incapable de faire un établissement simultané. Une traction d'un bras est plus dure qu'un temps de soleil, mais fait beaucoup moins d'impression sur le public. D'autre part, la complication de l'appareil, la hauteur à laquelle on travaille, peuvent donner à un numéro déjà vu un attrait de nouveauté. C'est ainsi que la barre fixe unique d'autrefois a été supplantée par le jeu des trois barres, et les barres fixes à terre détrônées par les barres fixes aériennes, dont l'usage du filet diminue d'ailleurs singulièrement le danger. Ainsi le progrès réalisé porte plutôt sur l'impression produite par le travail que sur sa difficulté même, au point de vue du degré de force musculaire qu'il exige; en d'autres termes, il est plus apparent que réel.

Entraînement plus précoce. — Dès là qu'on cherche, non pas le perfectionnement du corps par l'exercice, mais l'acquisition d'une virtuosité que l'on veut exploiter pour en faire une source de bénéfices, il est évident qu'on ne saurait trop tôt s'y prendre pour spécialiser et développer les aptitudes. Mais il importe de mettre le public en garde contre deux erreurs. La première est de croire qu'un entraînement hâtif et prématuré augmente la force générale du sujet. C'est plutôt le contraire qui se produit, puisqu'il est reconnu que la croissance est entravée par une fatigue exagérée et par des efforts disproportionnés avec l'âge du sujet. La seconde erreur consiste à croire que la virtuosité elle-même, obtenue prématurément, suit avec l'âge une progression ascendante. Ces petits acrobates prodiges qui vous étonnent à douze ou treize ans, au lieu de gagner avec l'âge une habileté plus remarquable, tendent plutôt à dégénérer, et leur décadence est aussi rapide que leurs progrès ont été précoces. De sorte qu'arrivés à la période de la vie qui devrait être celle du plein épanouissement de la force humaine, ils sont usés au point de vue de l'art, ils font avec plus d'effort les exercices dans lesquel ils triomphaient en leur prime jeunesse, ils se voient forcés d'y renoncer, et n'ont d'autre ressource, s'ils veulent rester à la scène, que d'appliquer à leurs enfants, pour les exploiter à leur tour, le système d'entraînement dont ils ont été les victimes.

Je vais dire encore une chose qui paraîtra paradoxale. Un mouvement acrobatique quelconque est exécuté plus facilement par un enfant, à condition, bien entendu, qu'il ait été soumis à la méthode de culture musculaire intensive, que par un adulte. Qu'est-ce qui fait, toutes proportions gardées, la supériorité de force de l'homme sur l'enfant, quand on laisse la nature agir librement? C'est que l'enfant a peu ou point de muscles et que l'homme en a. Si donc, par une méthode artificielle, vous arrivez à donner à un enfant d'une douzaine d'années un développement musculaire aussi complet que pourrait l'être celui d'un athlète de vingt-cinq ans, comme d'ailleurs ses os sont plus courts et par suite le bras de levier moins long, tout effort de traction ou de répulsion demande une bien moins grande dépense d'énergie chez l'athlète en miniature que chez l'athlète arrivé au dernier terme de sa croissance. Et c'est ce qui explique ce phénomène des nains Colibris, présentés naguère au Nouveau Cirque, qui, grâce à leur extrême exiguïté, exécutent sans effort apparent des mouvements de gymnastique presque impossibles à des gymnastes de taille normale.

On peut donc établir le principe suivant : à virtuosité égale, un mouvement acrobatique quelconque est plus méritoire chez un adulte que chez un enfant spécialisé dès sa plus tendre enfance, et chez un homme de haute taille que chez celui dont la stature est inférieure à la moyenne. Voilà pourquoi on voit rarement parmi les acrobates des hommes d'une stature élevée. Ce n'est pas parce qu'ils ont fait de l'acrobatie qu'ils sont restés petits, mais parce qu'ils étaient petits qu'ils ont fait de l'acrobatie. Comme le public applaudit la virtuosité elle-même, sans se préoccuper de savoir jusqu'à quel point elle contribue au perfectionnement physique de l'individu, ceux qui demandent à l'art leurs moyens d'existence vont naturellement dans la voie qui leur est plus aisément accessible. Le gymnaste court et trapu arrivera deux fois plus aisément à exceller aux appareils que celui qui a de longues jambes. Ce dernier, par contre, se portera tout naturellement vers les sports où sa taille allongée lui assure l'avantage, tels que la lutte, la boxe, l'équitation.

Du reste, il faut reconnaître que la gymnastique est beaucoup plus gracieuse et fait beaucoup plus d'effet quand elle est exécutée par un artiste de haute taille et de formes élancées. Mais, dans le métier, les gymnastes de ce dernier modèle forment une exception. Un saut périlleux ou une planche, exécutés avec aisance par un homme de $1^m,60$, offrent une difficulté bien plus grande à un homme de $1^m,80$. Un des mérites de Léotard était sa taille relativement élevée. Une croix de fer présentée avec une correction impeccable par Frédéric Piazza, le directeur du gymnase de la Porte Saint-Martin, est un vrai régal pour les connaisseurs, qui lui tiennent compte de sa stature et de son poids très supérieurs à la moyenne. Je me souviens d'avoir vu un barriste américain, Dashway, qui avait une tête de plus que le commun des artistes. Je ne saurais dire combien sa belle prestance donnait d'intérêt et de relief à un travail qui par lui-même n'avait rien de transcendant.

Enfin, de nos jours, la spécialisation est plus intelligente, et les méthodes de dressage plus savantes. Qu'on examine avec attention cet ensemble de mouvements similaires produits pendant une durée de huit à neuf minutes qui constituent ce qu'on appelle dans l'argot professionnel un *numéro,* on verra qu'ils se ramènent en définitive à un ou deux mouvements fondamentaux, diversifiés et combinés de vingt façons différentes. Telles des variations musicales sur une phrase très simple, comme le *Carnaval de Venise.* Il est donc évident que celui qui a cultivé de bonne heure le mouvement fondamental, à l'exclusion de tous les autres, arrive à le posséder avec une sûreté plus grande et à en être beaucoup plus maître que s'il avait dispersé son attention et ses efforts sur plusieurs exercices différents. C'est pourquoi les artistes d'aujourd'hui n'ont plus guère qu'une corde à leur arc, mais elle est bonne. Si parfois ils ont deux numéros à leur répertoire, ces numéros sont d'ordre similaire, et ont entre eux des analogies plus ou moins sensibles. Par exemple, le même pourra faire les barres fixes et les trapèzes volants, dont les passes sont à peu près identiques et ne diffèrent que par le caractère stable ou oscillant du point d'appui. J'ai vu exécuter à la fois la trinka (voyez au chapitre XIII) et les équilibres antipodiens sur la tête par John Patty, — le Jockey d'Epsom et le panneau à cheval (voyez au chapitre XVI) par Clarke. Mais je doute qu'on rencontre de nos jours un artiste comme Alexandre Loyal, qui, il y a une trentaine d'années, exécutait dans la même soirée le panneau à cheval et les trapèzes volants.

Il convient d'ajouter que, si la spécialisation à outrance permet de porter la virtuosité de l'artiste à un plus haut degré de perfection, elle a cet inconvénient de rendre beaucoup plus courte la période de temps pendant laquelle il est en possession de cette virtuosité. En très peu d'années un artiste est fini. On pourrait croire qu'à faire toujours les mêmes mouvements, il ne pourra que gagner en habileté, et c'est justement le contraire qui arrive. Sauf pour la jonglerie, où l'habileté croît pour ainsi dire indéfiniment, parce que la force musculaire n'y joue aucun rôle, on voit rarement un acrobate se maintenir de longues années à son point culminant. Son aptitude s'use en quelque sorte. Il semble qu'à fatiguer toujours les mêmes groupes de muscles, il les surmène et les met hors de service. C'est ce qui explique, suivant moi, une sorte de décadence anticipée qui n'est le résultat ni des années ni des accidents, et que j'ai pu constater chez des artistes à la fleur de l'âge. Leur numéro revu par moi à peu d'années de distance avait perdu, loin de gagner. Je pourrais citer dans ce genre le merveilleux Polinetti, qui s'est présenté à six années d'intervalle au Nouveau Cirque et aux Folies-Bergère. Combien sa première manière était supérieure à la seconde! J'ai vu à Medrano deux gymnastes perdre, au cours d'un engagement d'un mois, le plus beau tour de force de leur travail, et ne pouvoir s'en rendre maîtres à nouveau. On a pu remarquer, dans le spécimen de contrat que nous avons mis sous les yeux du lecteur, que le Directeur se réserve toujours un droit de résiliation pour le cas où « les facultés de l'artiste viendraient à s'altérer ».

On peut tirer de cette observation une conclusion utile

au point de vue de la gymnastique éducative : c'est qu'il vaut mieux diversifier les mouvements, afin de ne pas surmener exclusivement certains groupes de muscles. Varier la fatigue, c'est presque là supprimer.

L'acrobatie a un caractère international et cosmopolite, et pourtant il y a des écoles très tranchées. Un simple travail de poids présenté par un Français, un Allemand, un Anglais, aura un aspect tout différent. Le Français fera prédominer les bras tendus et l'enlèvement des poids à la pincette; l'Allemand y mêlera un équilibre en force sur les mains et un peu d'*icarisme,* c'est-à-dire de manœuvre des poids avec les pieds en étant couché sur le dos; l'Anglais le relèvera presque toujours par quelques mouvements de sauts.

Pour la voltige aux trapèzes, l'école française tient le record, et c'est naturel, puisque c'est un de nos compatriotes qui a créé ce genre. L'école roumaine excelle dans les barres fixes aériennes. Pour les pyramides et les sauts en colonne, la palme est à l'école piémontaise. L'école anglaise est la première pour les sauts du tapis et l'acrobatie équestre. L'école allemande est sans rivale pour les jeux icariens, et l'école japonaise a porté l'art de l'équilibre à son apogée. Il est bien entendu que cette classification n'a rien d'absolu, et qu'aucune de ces diverses ramifications de l'art acrobatique n'est le privilège exclusif de telle ou telle nation.

Pour établir une sorte de répartition des productions multiples de la force et de l'adresse, nous les avons divisées en un certain nombre de genres. Mais les lignes de démarcation ne sont pas tellement marquées entre les diverses espèces qu'il n'arrive parfois aux artistes de les franchir volontairement et de créer ainsi des numéros hybrides, échappant à toute classification et dénommés dans l'argot professionnel des pots-pourris.

Voici, suivant nous, les quinze catégories principales

entre lesquelles se répartissent tous les représentants de l'acrobatie contemporaine.

1° Équilibristes sur les mains.

2° Disloqués.

3° Sauteurs à terre et clowns.

4° Pyramides et sauts en colonne.

5° Athlètes du tapis.

6° Anneaux.

7° Barres et trapèzes.

8° Funambules et équilibristes aériens.

9° Trinka et jeux icariens.

10° Jeux japonais.

11° Jeux arabes.

12° Acrobates équestres.

13° Cyclistes acrobatiques.

14° Jongleurs et jongleurs équilibristes.

15° Pantomimes.

Nous avons laissé systématiquement de côté certaines spécialités qu'on voit figurer dans les cirques, mais qui sortent du domaine de l'acrobatie proprement dite, telles que la haute école, qui n'est que l'art de l'équitation porté à son plus haut degré, et le travail de force avec les poids, qui appartient à l'athlétisme.

CHAPITRE V

LES ÉQUILIBRISTES SUR MAINS

Il y a deux sortes d'équilibres acrobatiques : 1° le corps étant d'aplomb sur le sol, on tient en équilibre instable, au-dessus de sa tête, un objet ou une personne dont le centre de gravité se trouve situé au-dessus de la tête du porteur. Tel est le cas de l'acrobate qui porte verticalement une perche sur le menton ou sur le front.

2° Le corps lui-même est en équilibre instable sur un point fixe ou mobile, ce qui l'oblige à un effort musculaire constant pour ne pas perdre le centre de gravité. Tel est le cas de l'acrobate qui marche sur le fil de fer, ou se tient sur les mains les jambes en l'air et la tête en bas.

Quelquefois ces deux sortes d'équilibres se rencontrent combinés. Ainsi, un acrobate marchant sur une boule peut encore augmenter la difficulté de cet exercice en portant sur la tête un vase, un échafaudage de verres.

Un numéro acrobatique peut être la résultante de deux équilibres appartenant aux deux catégories mentionnées plus haut. Tel est le cas du Japonais qui porte sur l'épaule un bambou au bout duquel un gymnaste exécute un équilibre instable.

Toutefois, comme il est dans la nature des mots de modifier leur sens par extension ou par restriction, l'usage s'est établi dans la langue de la gymnastique de désigner par la qualification d'équilibre un mouvement qui consiste à se tenir verticalement sur les mains, les jambes en l'air. C'est ce que le vulgaire appelle faire le *poirier fourchu* (fig. 13).

La station sur les mains s'appelle en anglais *hand-balance;* en allemand, *Hochstand;* en italien, *verticale.*

L'équilibre sur mains est un mouvement de gymnastique très recommandable et très en honneur aussi bien dans nos sociétés qu'à l'école de Joinville. Il développe beaucoup les muscles de la région lombaire, les grands dorsaux, les deltoïdes et les triceps. Il fait bomber la poitrine, cambre les reins, amincit la taille, prévient l'obésité et apprend à porter la tête haute. De plus, la position qu'il fait prendre au corps en fait singulièrement ressortir la belle conformation. Enfin c'est un exercice qu'on peut pratiquer partout, sans le secours d'aucun appareil, puisqu'il n'exige autre chose qu'un point d'appui sur le plancher. Son côté plastique n'a pas échappé aux artistes anciens, qui nous en ont laissé plusieurs représentations pour lesquelles nous renvoyons au chapitre Ier (*l'Acrobatie à travers les âges*). Enfin le danger de la congestion disparaît par le fait même de l'habitude qu'on a de ce genre de station; et pour rassurer les physiologistes timorés qui l'ont proscrit des programmes de l'éducation physique, comme nuisible à la santé, je leur citerai un amateur bien connu dans le monde des gymnastes qui a déjà exécuté cent et quelques mille équilibres sur les mains bien comptés, sans avoir de sa vie connu la moindre migraine. Il vaut mieux toutefois ne pas se livrer à cet exercice après le repas. Cette recommandation s'applique d'ailleurs à toute espèce de travail musculaire violent, qui est défavorable dans le premier moment de la digestion.

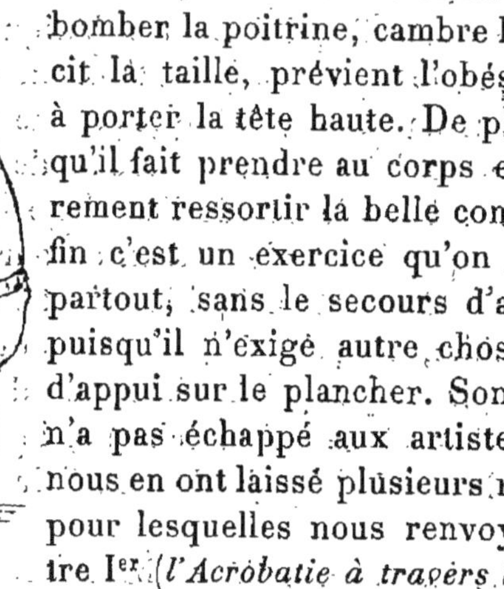

Fig. 13.
L'équilibre sur les mains.

L'équilibre est, avec la planche horizontale et l'établis-

sement simultané sur les poignets, un des trois mouvements primordiaux dans l'exécution desquels on peut le
plus sûrement apprécier la valeur d'un gymnaste, et
c'est pourquoi il figure toujours dans les séries d'exercices libres ou imposés de nos concours de gymnastique.
Porté à un certain degré de perfection, il fournit à lui seul
tous les éléments d'un numéro acrobatique de premier
ordre. Il est, avec la souplesse en arrière, la base de
l'éducation acrobatique de tous les enfants destinés à
devenir des professionnels. Voilà pourquoi nous l'avons
placé en tête de notre étude sur l'acrobatie.

Il y a dans l'exécution de l'équilibre trois phases dis-
tinctes à observer :

1° La montée de l'équilibre;

2° La station en équilibre;

3° La descente de l'équilibre.

1° *Montée*. — Le procédé le plus naturel et le moins
artistique pour s'établir en équilibre, est celui que nous
voyons usité par les enfants s'exerçant sur un trottoir,
contre un mur. C'est aussi le plus facile et celui par lequel devront toujours commencer les débutants. Étant à
la station verticale, on incline le corps en avant, on place
les paumes des mains sur le sol, ou sur le point d'appui,
qui peut être un agrès tel que les barres parallèles. Puis,
sans fléchir les bras, on enlève le corps, en repoussant
le sol successivement avec l'un et l'autre pied. Si l'élan
donné est insuffisant, les pieds reviennent plus ou moins
lourdement à terre; s'il est trop fort, on passe la ligne
verticale, au risque de tomber tout de son long sur le
dos. Pour éviter cette chute disgracieuse et parfois pénible, il y a une parade fort simple qui consiste, lorsque
l'on se sent passer la verticale, à détacher vivement une
main de terre en relevant la tête. On exécute alors sans
s'en douter une demi-pirouette sur l'autre bras, et on se
retrouve sur les pieds. Il faut avoir grand soin d'avancer

toujours le menton et de regarder aussi loin que possible devant soi, quand on est en station sur les mains. L'équilibre en est rendu plus facile, et, les épaules étant bien lâchées, la position est plus élégante.

La seconde montée, qu'on apprendra ensuite, lorsque l'on sera bien sûr de la station en équilibre, est le *groupement* (fig. 14). On placera les mains sur le point d'appui, et, avec une demi-flexion des bras, on équilibrera d'abord le corps sur les coudes, de manière à ce qu'une partie du poids, la tête et les épaules, soit en avant de la verticale, l'autre partie, les reins et les jambes, restant

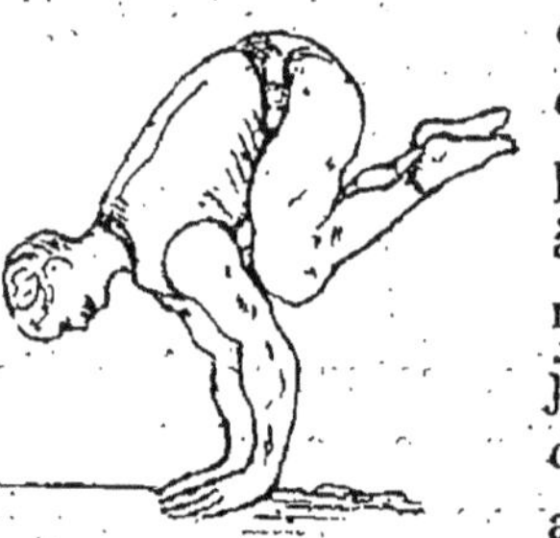

Fig. 14. — Équilibre monté par groupement.

en deçà. Puis on portera le poids du corps en avant tout en déployant les bras pour les ramener à l'appui tendu, et, par un mouvement de bascule, on déploiera les jambes dans la direction au delà de la verticale. On se trouvera ainsi tout naturellement à la station sur les mains. La seule difficulté est l'arrêt du mouvement ascensionnel, qui en se prolongeant outre mesure vous exposerait à passer de l'autre côté. La verticale d'un équilibre bien fait doit passer par les bras, les épaules et les genoux du gymnaste.

La *montée en planche* (fig. 15) est beaucoup plus dure à exécuter que les précédentes, surtout quand elle est faite sur le sol comme point d'appui, et non sur un agrès, tel que barres parallèles ou barre fixe, parce que, dans ce dernier cas, le corps étant d'abord à l'appui tendu, l'inclinaison qu'on lui donne en avant pour passer à la position de la planche libre lui imprime toujours, quoi qu'on fasse, un léger élan. On se place donc sur le sol, face en avant, le menton touchant la terre, les bras allongés et collés aux côtés, et la paume des mains retournée autant que le permet la souplesse des poignets. Puis on détache lentement le corps en planche, et on exécute un mouvement de bascule, en rasant la terre avec le menton, et

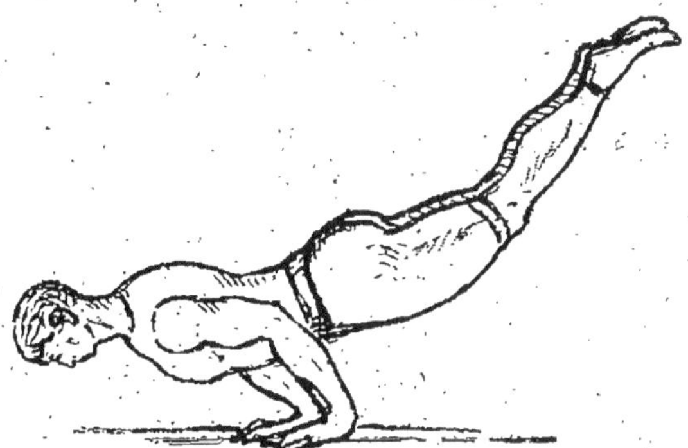

Fig. 15. — Équilibre monté en planche.

en ayant soin de garder toujours les jambes allongées, jusqu'à ce qu'on soit dans la position verticale. Ce mouvement, correctement exécuté, est un des plus beaux de la gymnastique de force, et vous classe hors pair.

La montée en force (fig. 16), sans flexion des bras ni des jambes, est peut-être encore plus difficile que la précédente. Elle dérive de la deuxième montée dite par groupement, avec cette différence que les bras et les jambes ne doivent pas exécuter la moindre flexion, mais au contraire rester toujours à la tension parfaite.

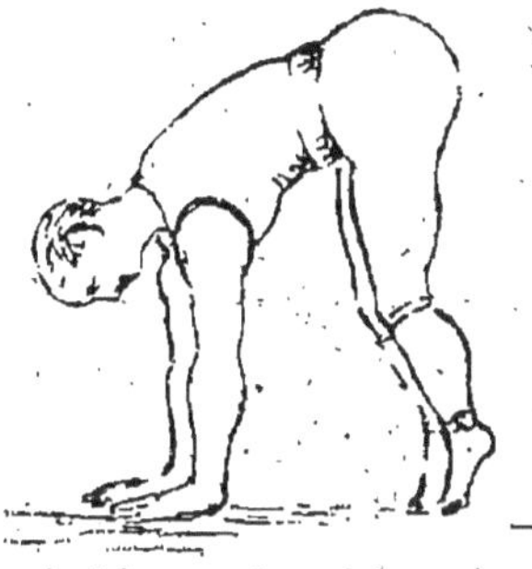

Fig. 16. — Montée en force sans flexion des bras ni des jambes.

2° *Station en équilibre.* — La station sur les mains peut être variée de diverses manières, qui en augmentent la difficulté ou en diversifient les attitudes. Voici quelques-unes des difficultés accessoires par lesquelles on peut rehausser la difficulté de l'exercice :

Avoir les mains rapprochées l'une de l'autre ; se servir d'un point d'appui mobile tel que la barre d'un trapèze, un fil de fer non tendu, deux chaises portant chacune sur deux pieds seulement, quatre queues de billard (fig. 17), etc.

L'équilibre une fois établi à la station normale, on peut ramener les jambes en ligne perpendiculaire et rentrer la tête entre les bras, de manière à ce que le corps, au lieu de former un arc de cercle, soit droit comme un I (fig. 18). Le maintien de la station devient alors excessivement précaire, et la moindre déviation de la verticale vous projette brusquement à terre ;

La position précédente peut être rendue encore plus pénible en ramenant la tête et une partie du buste en deçà de la verticale, et en mettant les jambes en planche libre. Les bras alors, au lieu de reposer perpendiculairement sur le sol, décrivent avec lui un angle de 45°. Cet équilibre demande une extrême souplesse de la colonne vertébrale, et il est ordinairement pratiqué par les hommes-caoutchouc (fig. 19 et 20). (Voyez les diverses figures ci-jointes.)

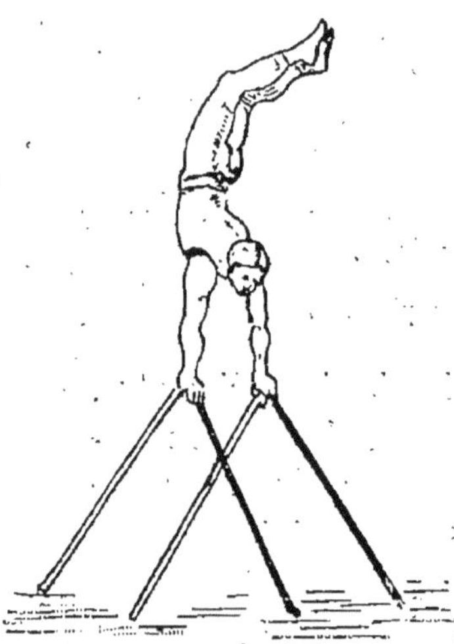

Fig. 17. — Équilibre sur quatre queues de billard.

Une autre manière de varier la station sur les mains consiste à se déplacer. On marche, on fait des sautillements par saccades, on marque les diverses mesures de la danse, on descend et on monte un petit escalier, on exécute des sauts en profondeur du bord d'une table sur le sol (on peut descendre ainsi d'une hauteur de 1 m. à 1^m,20).

La durée de la station sur les mains ne saurait être prolongée bien longtemps. A la suite d'un pari fait dans un gymnase, un professionnel que je citerai tout à l'heure, Couture, essaya de maintenir l'équilibre aux barres parallèles pendant cinq minutes, et ne put guère en dépasser trois ; encore vers la fin ses bras étaient-ils agités d'un tremblement nerveux, qui leur permettait à peine de rester à l'appui tendu.

Mais le triomphe de l'art, c'est l'équilibre d'une main (fig. 21), surtout quand l'artiste l'exécute alternativement à gauche et à droite. Rares sont les amateurs qui se sont rendus bien maîtres de ce temps, et on peut dire qu'il forme le plus beau fleuron de la couronne d'un équilibriste professionnel. Quelques-uns, au lieu de garder le corps vertical, le laissent presque descendre à la position horizontale. C'est l'équilibre en drapeau. Peut-être est-il plus difficile que l'autre, mais il a moins bonne apparence. Le mouvement le plus extra-

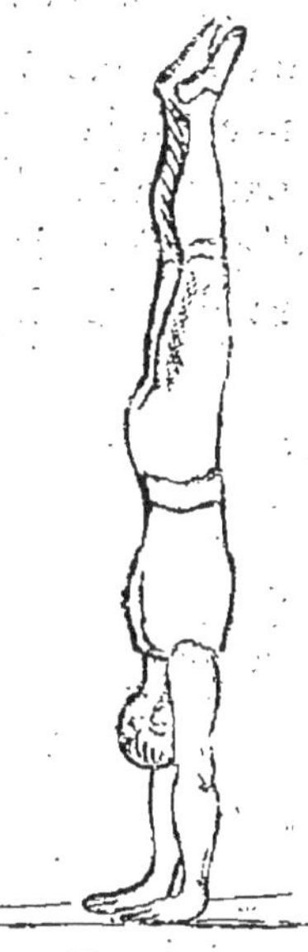

Fig. 18.
Équilibre droit.

ordinaire que j'aie vu faire en ce genre consiste, étant en équilibre sur un bras, à descendre par une flexion à la position de l'équerre sur le coude, et à remonter, sans s'aider de l'autre bras, à la station première.

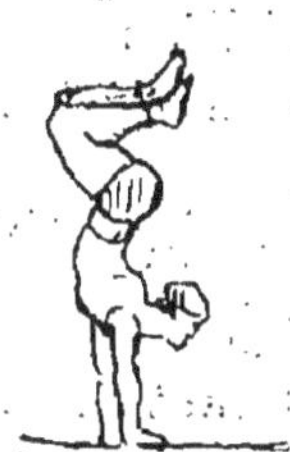

Fig. 19.
Équilibre
de singe.

Quant aux stations que l'on exécute en portant dans les dents un poids, quel que lourd qu'il puisse être, bien qu'elles fassent beaucoup de sensation et nécessitent un grand effort musculaire des bras, elles ont moins de valeur au point de vue de l'équilibre proprement dit, puisque, en abaissant le centre de gravité au-dessous de la tête, le poids aide au maintien de la station. Quand ce dernier est fort lourd, comme, par exemple, une bicyclette avec un gymnaste à califourchon, le corps n'est jamais

bien déployé; il demeure en planche libre et a une attitude disgracieuse, par suite de l'élévation des omoplates.

3° *Descente de l'équilibre*. — Lorsque l'équilibre a été
suffisamment marqué, la tendance naturelle est de ramener les jambes au point de départ. Mais cette descente,
par sa simplicité même, est exclue du répertoire acrobatique, à moins que l'équilibre n'ait été pris sur une pyramide de chaises ou de carafes, dont l'instabilité ou la
hauteur ne permet-
tent pas les chutes
à effet. On peut du
moins revenir au
point de départ par
une belle descente en
planche. Quand on
termine un équilibre
à la barre fixe, il est
mieux de faire le
saut de Blavette, ainsi
nommé du gymnaste
qui l'inventa ou du
moins l'introduisit et
le popularisa à l'école
de Joinville. Ce saut

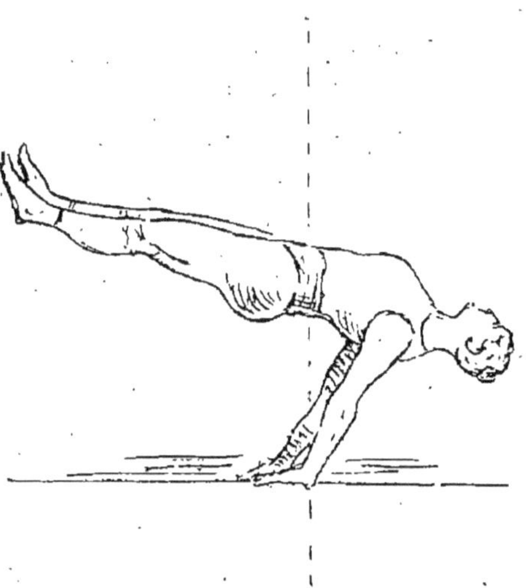

Fig. 20. — Équilibre disloqué.

consiste à laisser pencher le corps en avant, comme pour
retomber en souplesse, puis tout à coup, par un mouvement brusque, à relever la tête et à grouper les jambes
de manière à retomber sur les pieds, en repoussant la
barre avec les deux mains. Le saut de Blavette cambré,
plus élégant encore que le précédent, s'obtient par un
fort temps de tête et de poitrine. La chute en souplesse
est également d'un bel effet.

Un numéro acrobatique d'équilibres sur les mains doit
se composer d'une douzaine de figures, que l'on varie
soit en modifiant le point d'appui, soit en prenant les di-

verses attitudes énumérées précédemment. N'est-il pas
curieux de songer qu'un seul mouvement de gymnastique
peut constituer un travail parfois sensationnel, et procurer à celui qui l'exécute de beaux engagements et une
célébrité artistique? C'est pourtant ce qui a lieu, et nous
allons énumérer quelques-uns des noms
les plus illustres dans cette branche de
l'acrobatie.

Un des plus remarquables équilibristes sur mains de ma génération a été
Couture. Couture était un gamin de Paris; il était né vers 1848 (phot. I). Un
jour qu'il s'exerçait sur l'asphalte d'un
trottoir de la grande ville, il fut distingué par un gymnaste, dont il sera parlé
plus loin, Gustave de Ponthière. Celui-
ci l'emmena au gymnase du Cirque (il y
avait alors, annexé à l'établissement du
boulevard des Filles-du-Calvaire, un
local où l'on formait au métier les enfants
d'artistes, et qui sert aujourd'hui de
magasin aux accessoires). Là il ne tarda
pas à en faire un premier sujet. Non
seulement le Cirque Napoléon (tel était
alors le nom du Cirque d'Hiver) enga-

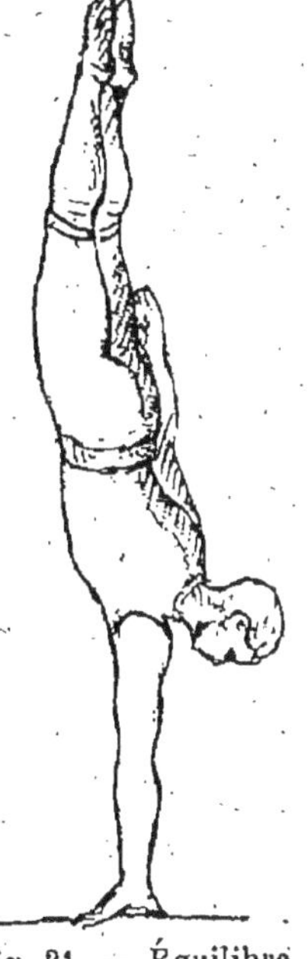

Fig. 21. — Équilibre
d'une main.

gea à l'année le jeune artiste, mais, le moment de la cons-
cription étant venu, l'administration lui fit l'avance des
deux mille francs nécessaires à l'achat d'un remplaçant.
Couture fit le tour des deux Amériques, où il récolta partout des applaudissements et des dollars, aussi vite dé-
pensés d'ailleurs que gagnés. Mais il revenait de temps à
autre à son vieux Cirque, premier théâtre de ses exploits
acrobatiques et berceau de sa célébrité. Puis, la décadence commençant, il fit les cirques de province, échoua
en fin de compte dans les baraques des fêtes foraines, et

aujourd'hui il est sinon mort, du moins perdu pour l'art. Couture avait pour accessoires deux chaises et une table, faisait l'équilibre d'une main, la valse sur les mains, la

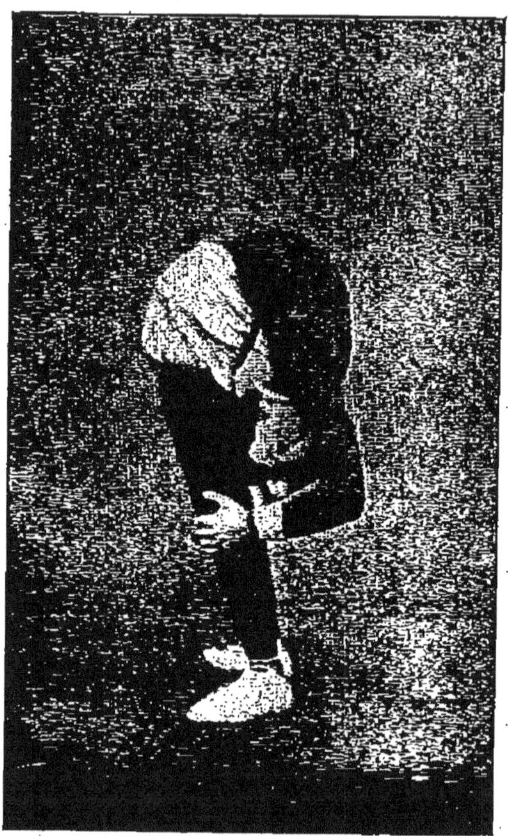

Phot. I. — Couture, équilibriste sur mains et disloqué.

descente des chaises par les barreaux, et le saut en profondeur (fig. 22) sur les poignets du haut d'une chaise surmontant une table. Il joignait aux équilibres quelques souplesses en avant et en arrière, en se plaçant pour les faire sur les quatre pieds de la table renversée. Comme *rappel* (on appelle ainsi la figure que l'artiste exécute après coup, quand il est rappelé par le public), il reparaissait avec une paire de petites échasses adaptées aux avant-bras par des courroies, et faisait un tour de piste en marche antipodiste.

Le travail de Couture a été singulièrement dépassé depuis, mais il n'en reste pas moins le numéro type dont dérivent tous les numéros analogues pratiqués aujourd'hui par les acrobates des deux sexes.

Le premier travail sensationnel de ce genre dont la mémoire me soit restée, est celui des merveilleux équilibristes algériens Abachi et Mazus (fig. 23), qui, après avoir fait partie tout enfants d'une troupe arabe ambulante, s'en étaient séparés à leur majorité et travaillaient pour leur propre compte. Ils brillèrent à l'Hippodrome de l'avenue de l'Alma, dans

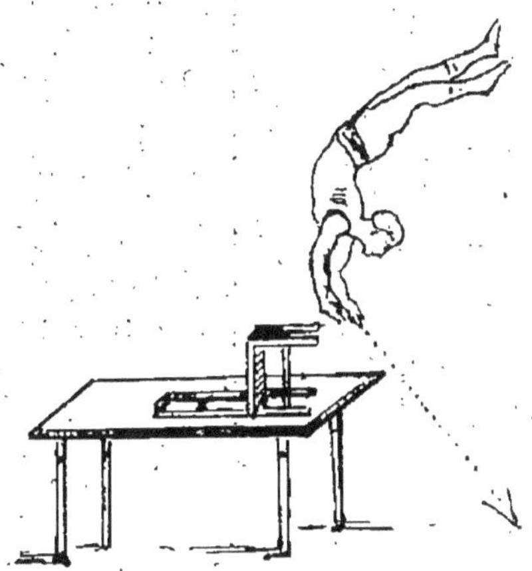

Fig. 22. — Saut en profondeur sur les poignets par Couture.

la pyramide égyptienne. Cet appareil se composait de petits escabeaux étagés en grandeur décroissante. Sur le dernier s'élevait une sorte d'amphore munie à sa partie supérieure d'une minuscule plaque tournante, sur laquelle Abachi prenait l'équilibre, les mains rapprochées l'une de l'autre, tandis que Mazus prenait l'équilibre sur le cou de son frère comme point d'appui. Puis, par de petites saccades d'épaule, le porteur imprimait à la plaque tournante un mouvement de rotation lent. Ils sont aussi les inventeurs d'un exercice classique en ce genre de travail, appelé les boîtes égyptiennes. Ce sont de petits blocs de bois, ayant le volume et la forme de briques, qu'on empile de manière à en faire deux pilastres parallèles, écartés de trente centimètres environ. L'équilibriste se place en station sur les mains au-dessus des deux pilastres, et alternativement, de chaque main, chasse tantôt un bloc, tantôt un autre, jusqu'à ce qu'il arrive au plan de la table ou de l'escabeau qui sert de support aux deux pilastres. Abachi et Mazus exécutaient merveilleusement les équilibres sur une main, et terminaient leur numéro par des sauts à terre, notamment des flip-flaps (voyez chapitre VII), pour lesquels ils étaient sans pareils.

Le travail sur les mains a été porté à un très haut degré de perfection par la petite artiste roumaine Eugénie Petrescu, qui montait et descendait en avant et en arrière un petit escalier, exécutait tous les pas de danse, faisait des sauts en largeur d'un dossier de chaise à un autre, marquait l'équilibre d'un bras à droite comme à gauche, et fort longtemps, et terminait cette étonnante série par un exercice très disgracieux d'ailleurs, mais sans précédent, l'équilibre sur la mâchoire (fig. 24). Elle mordait une sorte de fer à cheval adapté au bout d'une tige de fer. Puis, par une incroyable souplesse, elle ramenait ses hanches sur sa nuque, écartait les bras, levait les jambes dans la direction perpendiculaire, et dans cette position critique elle pivotait sur le support, auquel un mouvement d'horloge imprimait une rotation lente. C'est l'illustration la plus frappante de la métaphore bien connue : « Être sur les dents. »

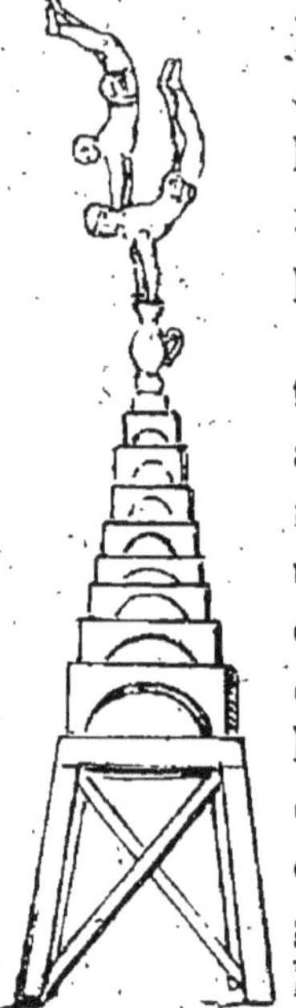

Fig. 23.
Abachi et Mazus.

Le petit Norvégien Myrrha, auquel une longue chevelure et un costume équivoque permettait de changer de sexe sur la scène, faisait sur les mains la descente d'une

échelle en spirale, chantait et mimait avec accompagnement de danse un couplet à la mode, en station antipodiste, et, chose périlleuse autant qu'inouïe, faisait le saut
en profondeur sur les mains en partant d'une barre pour
retomber sur une autre barre placée parallèlement à
soixante centimètres plus bas. Après une courte célébrité,
ces deux enfants prodiges, Myrrha et Eugénie Petrescu,
ont disparu de la scène, où ils
brillaient il y a dix ou douze ans,
sans que j'aie pu savoir le motif
de cette éclipse aussi brusque
que prématurée. Je souhaite
qu'un accident n'ait pas interrompu leur carrière à peine com-
mencée.

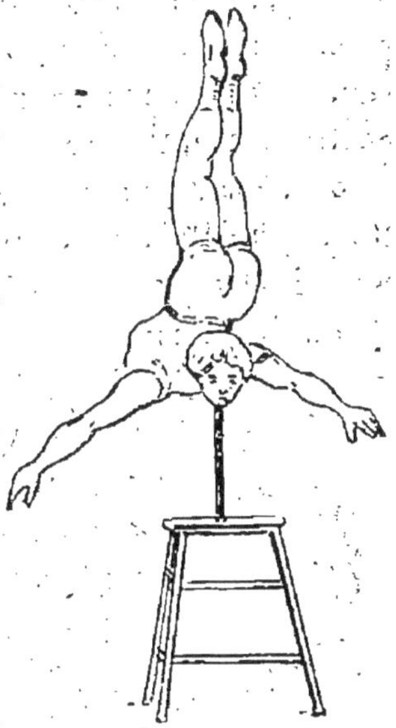

Dans ces cinq dernières années, le record de l'équilibre sur
les mains appartient sans conteste à deux Américains, Zénora
et Foden, à un Allemand, Plœtz-
Lorellas, et surtout au Japonais
O'Kabé.

Le travail de Zénora et Foden
prévient en sa faveur par la
beauté plastique des deux artis-

Fig. 24. — Équilibre sur la mâchoire par Eug. Petrescu.

tes qui l'exécutent, dont le collant de soie rose fait vivement ressortir la merveilleuse musculature. Je les ai
applaudis il y a six ans au Nouveau Cirque, et il y a trois
ans au Casino de Paris. Quand la toile se lève sur cette
dernière scène, on voit les deux artistes en équilibre
d'une main au sommet de la rampe d'un escalier, qu'ils
descendent ensuite en franchissant les degrés deux à deux.
Ils sautent *à mains jointes* de petites barrières, franchissent des obstacles, élevés d'environ trente centimètres,
pour retomber en équilibre sur les mains. Enfin l'un

d'eux descend un escalier en portant son *frère*, à peu près du même poids que lui, à cheval sur ses omoplates.

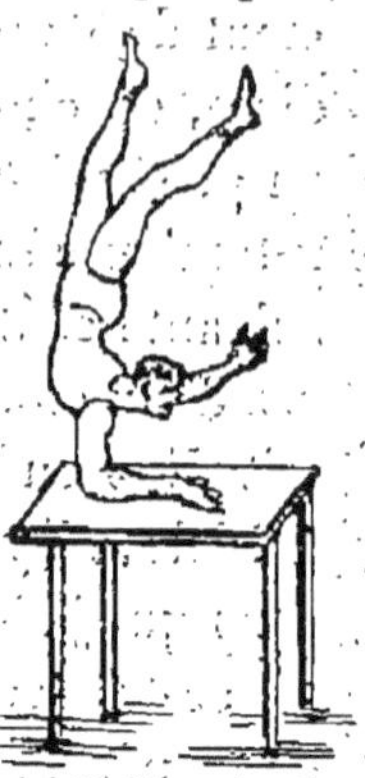

Plœtz-Lorellas, moins beau comme plastique que les précédents, est peut-être encore plus surprenant comme équilibre. Il prend la station sur un seul bras, en portant sa sœur pelotonnée en souplesse sur ses omoplates. Le même encore traîne en marchant sur les mains une petite voiturette avec deux personnes.

Après avoir admiré ces étonnants artistes, je m'étais dit à part moi : « C'est le dernier *cri*, et il est impossible de faire produire aux muscles humains un effort plus prodigieux. »

Fig. 25. — Le Japonais O'Kabé. Équilibre sur le coude.

Mais j'ai reconnu une vérité dont tout ce que j'ai vu depuis vingt ans aurait dû me convaincre, c'est qu'en acrobatie le dernier mot n'est jamais dit, le *nec plus ultra* n'est jamais atteint. Il était réservé au Japonais (fig. 25 et 26) O'Kabé de reculer pour moi les bornes de l'admiration. Ce stupéfiant équilibriste exécute, entre autres merveilles, quatre figures dont non seulement je n'avais jamais été spectateur, mais que j'eusse *à priori* déclarées impossibles. Il fait sur les mains une pirouette entière ; — en équilibre d'une main, il valse ; — en station sur la main droite, il jongle de la gauche avec deux et même trois balles, et cela en pivotant sur une petite plaque tournante ; — enfin de la station sur une main il descend par flexion de bras, en équerre sur le coude, et remonte par un mouvement brusque à la position initiale.

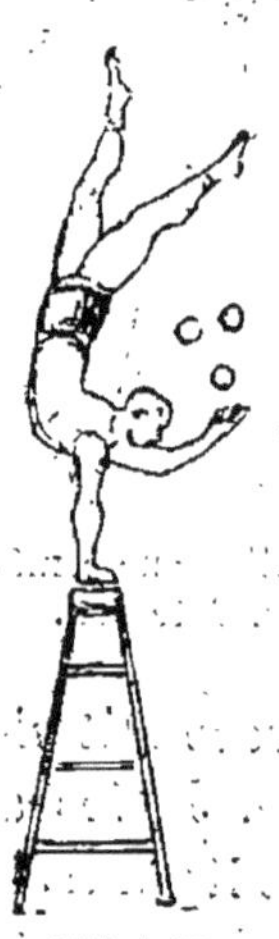

Fig. 26. Jonglerie en équilibre d'une main par le Japonais O'Kabé.

Si la virtuosité séparée de l'esthétique avait quelque

prix à mes yeux, je donnerais une mention spéciale à Kel-

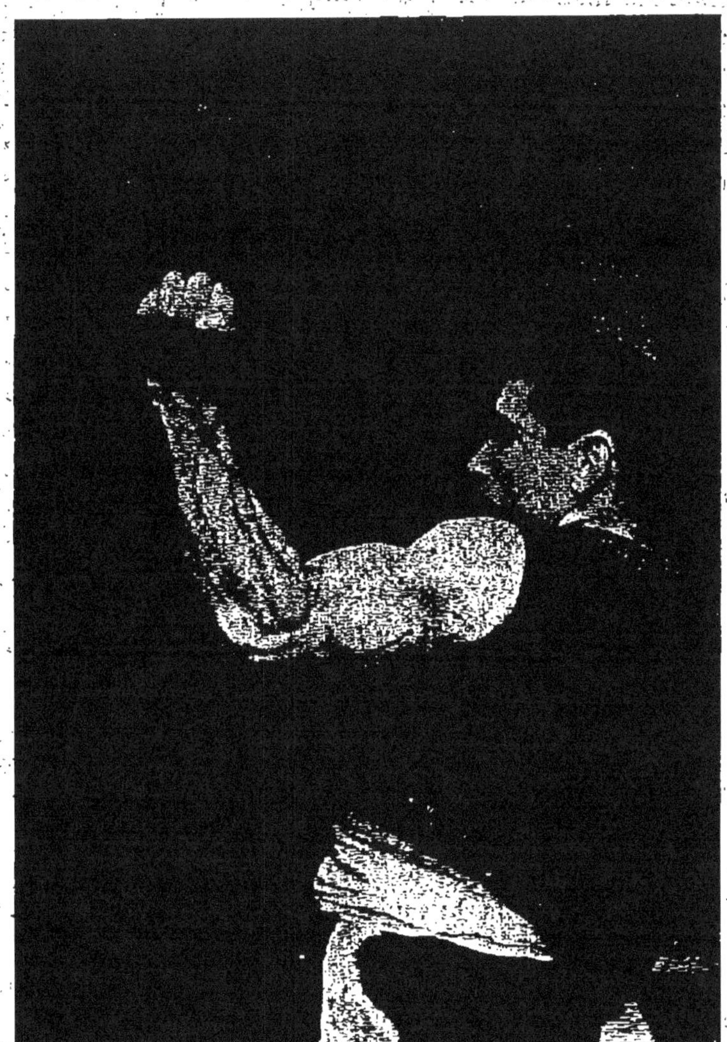

Phot. II. — Keller, « l'énigme humaine », équilibriste sur mains.

ler, dit l'énigme humaine (phot. II). Mais, quelque merveilleux que soient les tours de force accomplis par cet

Américain, on éprouve à le voir un sentiment plutôt pénible. Le malheureux est rachitique et estropié des deux jambes au point de ne pouvoir se tenir debout sans un support, et d'être obligé de voiler sous un pantalon persan la misère physiologique de ses membres inférieurs. Aussi toute sa force s'est-elle réfugiée dans ses bras, dont la photographie ci-contre donne un spécimen. Il

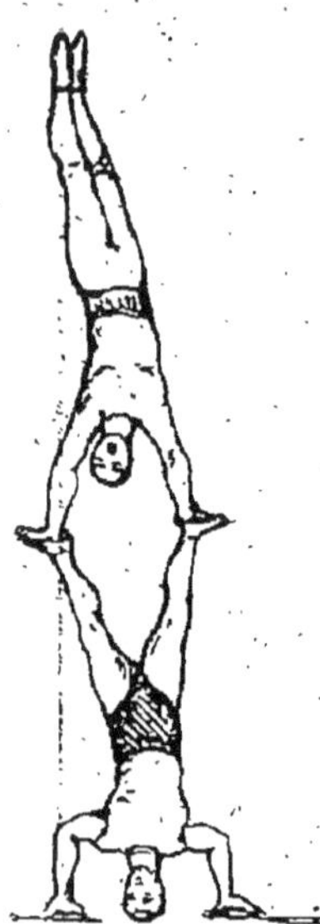
Fig. 27. — Willy et Charley.

monte et descend une *perche* inclinée à 45°, se place à l'appui tendu avec un seul bras sur un dossier de chaise, et par une brusque contorsion se trouve établi en équilibre sur une main. Mais justement l'infirmité qui le prive de l'usage de ses jambes ôte le principal mérite à tous ses exercices, puisqu'il a sur les gymnastes normalement bâtis l'avantage peu enviable de n'avoir presque aucun poids dans les extrémités inférieures.

Il y a aussi un genre d'équilibre de mains qui se fait avec un porteur pour point d'appui. Nous en reparlerons spécialement au chapitre des athlètes du tapis.

Le travail d'équilibre sur les mains est parfois combiné avec les équilibres sur la tête, et même avec les sauts du tapis. Il forme alors un numéro assez difficile à classer au point de vue du genre.

Les plus remarquables dans ce numéro composite me paraissent être Willy et Charley (fig. 27), deux jeunes artistes anglais, qui ont débuté enfants dans un numéro exclusivement d'équilibres sur les mains, il y a six ou sept ans, et qui maintenant adjoignent à leur ancien travail singulièrement abrégé l'équilibre de tête à tête et les sauts du tapis.

Comme équilibres de tête, les plus extraordinaires sont les Wille et les Attab. Les Wille (fig. 28) sont des artistes allemands : l'un d'eux prend l'équilibre de tête au bout d'une perche que l'autre charge en équilibre sur son épaule. Les Attab (lisez les Batta), artistes français, font le même exercice, et même en augmentent la difficulté de la manière suivante. L'équilibriste prend l'équilibre de tête au bout d'une perche que le porteur tient ajustée par une courroie à son avant-bras. Le porteur, qui est un fort bel athlète, se couche et se relève avec ce poids, dont le maintien à la position verticale constitue un tour de la plus haute difficulté.

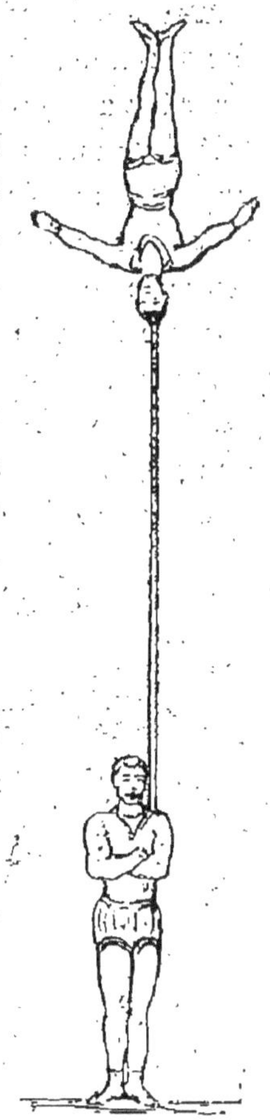

Je n'ai pas cru devoir faire un chapitre spécial pour les équilibres de tête, qui ne sont guère susceptibles de former un numéro sans l'addition d'autres mouvements plus gracieux et plus variés. Ainsi les Wille et les Attab font aussi les sauts de tapis et les sauts en colonne. D'ailleurs l'équilibre sur la tête est vraiment disgracieux, car il ne peut s'exécuter qu'à condition de rentrer le cou dans les épaules, de *télescoper* en quelque sorte le buste et la poitrine et d'écarter les jambes de la verticale, ce qui est déplaisant à l'œil, sans parler de la contraction des traits du visage, qui communique au spectateur une sensation de gêne et de souffrance laissant peu de place à l'admiration.

Fig. 28. — Les Wille. La perche antipodiste.

John Patty restait quelques minutes dans cette position, buvait, faisait le simulacre de manger, fumait et jouait du violon. Mais, malgré le mérite de la difficulté vaincue, son travail était peu intéressant, à cause de l'uniformité de son attitude. Il me souvient que jadis, au cirque Franconi, un clown dont j'ai d'ailleurs oublié le nom faisait tous les soirs une station prolongée en équilibre de tête au bout d'un montant d'échelle planté en terre. La prolongation de cette situation anormale lui fut un soir funeste : on le vit tout à coup s'affaisser, et on dut l'emporter au foyer des artistes, où l'on ne put que constater son décès par congestion cérébrale.

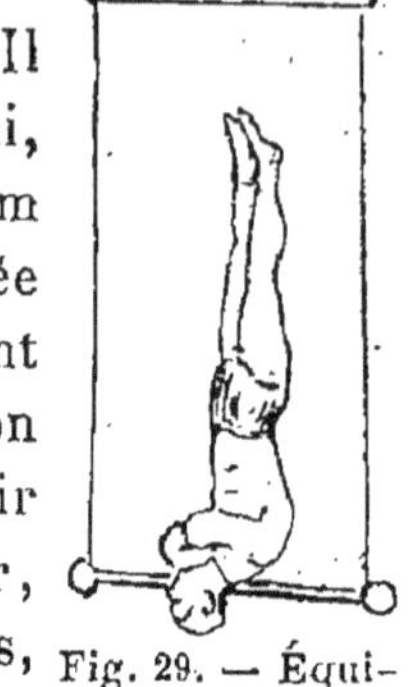

Fig. 29. — Équilibre de nuque par Nunez.

Un surcroît considérable de difficulté, dans l'équilibre de tête à tête, consiste à interposer entre la tête du porteur et celle du porté un corps quelconque, par exemple une grosse boule de bois creux, un petit mannequin, etc. Dans tous ces exercices, le porteur se coiffe toujours d'une petite couronne, analogue aux *mannes* des pâtissiers, qui se moule sur le crâne de l'équilibriste; autrement le maintien de l'équilibre serait à peu près impossible.

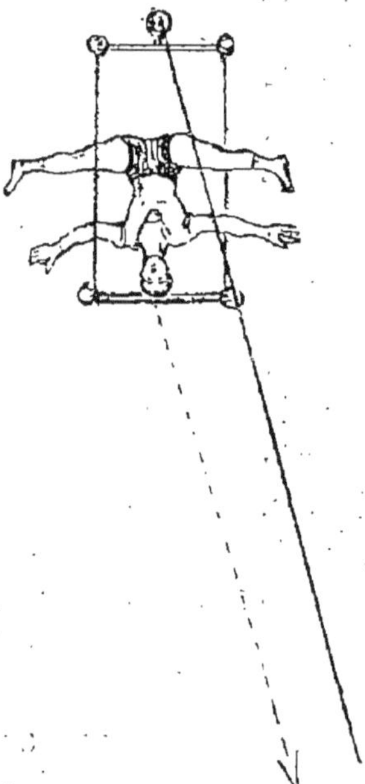

Fig. 30. — Descente en équilibre de tête sur un trapèze, par Nunez.

L'équilibre de tête peut s'exécuter sur la barre d'un trapèze, dont l'instabilité rend cet exercice tout à fait extraordinaire. Certains artistes arrivent même à opérer dans cette position critique une descente vertigineuse de haut en bas du cirque au moyen d'un trapèze pourvu à sa partie supérieure d'une poulie glissant sur un fil de fer qui forme avec le sol un angle de 45° et s'adapte à la partie la plus élevée de la scène.

Enfin un dernier équilibre tout à fait inclassable et que je n'ai vu exécuter qu'une seule fois par un gymnaste espagnol, José Nuñez (fig. 29 et 30), au cirque Medrano, est celui qui consiste à se tenir dans la position antipodiste en équilibre sur la nuque, appuyé sur la barre d'un trapèze. Nuñez était tellement maître de ce mouvement, qu'il l'exécutait en balançant à toute volée. Mais l'attitude peu gracieuse de cet exercice nuisait à son effet, et il obtenait un succès de curiosité plutôt que de véritable admiration.

Les trapèzes usités pour ces divers genres d'équilibre présentent cette particularité que la barre, toute en métal, en est très massive, et qu'elle est aplatie et même légèrement creusée à l'endroit qui sert de point d'appui. C'est ce qu'on appelle un appareil *truqué*.

CHAPITRE VI

LES DISLOQUÉS

La souplesse est une qualité indispensable dans la gymnastique et surtout dans la gymnastique acrobatique, et l'on peut dire qu'il n'est point d'exercice qui n'en exige une dose plus ou moins grande. Mais cette qualité, poussée jusqu'à ses dernières limites par une culture intensive, devient à elle seule une attraction suffisante pour constituer un numéro spécial. J'ai hâte d'ajouter que, de tous les spectacles qui figurent dans le répertoire des cirques, c'est le moins attrayant et le moins digne d'encouragement. D'abord les contorsions exagérées, les attitudes contre nature des disloqués, non seulement sont contraires à l'esthétique, mais encore confinent pour ainsi dire au phénomène, et par suite produisent une impression plutôt pénible. Il semble qu'une pareille dérogation aux lois de la structure humaine ne puisse être obtenue sans souffrance, quoique en réalité les hommes-caoutchouc ne souffrent aucunement dans des positions qui arracheraient à tout autre des cris de douleur. Or rien ne gâte l'effet d'un travail acrobatique comme l'apparence de l'effort qu'il coûte à l'exécutant. Puis, tandis que tous les autres exercices acrobatiques ont plus ou moins une valeur éducative et peuvent contribuer au développement harmonieux du corps et augmenter la force musculaire, la dislocation n'a d'autre valeur que la satisfaction qu'elle procure à la curiosité publique. Elle est contraire à la culture physique, nuisible à la santé, destructrice de la force et déformatrice de la structure humaine. Une carrure étroite, une poitrine étriquée, un dos ensellé et des membres grêles, sont ordinairement l'apanage des artistes connus sous le nom générique d'hommes-caoutchouc, d'hommes-serpents et de contorsionnistes.

Le public a si bien le vague sentiment de cette vérité, que pour expliquer les attitudes phénoménales des disloqués, il avait créé jadis la légende, encore attestée par le langage, des enfants *désossés,* des petits martyrs auxquels on avait brisé les os, pour les rendre aussi malléables que le caoutchouc. La vérité est beaucoup moins noire, heureusement. Pour faire un disloqué il faut, comme pour toute autre branche de l'acrobatie, de grandes dispositions naturelles, cultivées artificiellement. Les ligaments qui unissent les vertèbres et les os entre eux sont, dans le premier stade de la vie, d'une grande élasticité. Le degré de leur élasticité varie suivant les sujets. Si donc on choisit un enfant chez lequel on a remarqué une grande souplesse native des articulations, et que par une culture intensive on accroisse chaque jour cette souplesse, on aura, au bout de trois ou quatre ans, un sujet tout fait pour l'exhibition. Le disloqué est toujours un produit de l'art et de la nature combinés, et, de toutes les branches de l'acrobatie, c'est celle qui exige l'apprentissage le plus précoce. Et tandis que les autres subdivisions du domaine de la gymnastique ne sont jamais séparées par des limites tellement fermées qu'un artiste ne puisse passer de l'une dans l'autre, la dislocation est, si j'ose ainsi m'exprimer, une impasse n'offrant aucune autre issue. Le disloqué ne sera jamais qu'un disloqué.

Au point de la présentation du travail, les disloqués peuvent se diviser en trois groupes :

1° Les désarticulés;

2° Les disloqués en arrière ou hommes-serpents;

3° Les disloqués en avant ou hommes-grenouilles.

Ces divers artistes sont généralement connus dans le public sous la dénomination commune d'hommes-caoutchouc.

1° Les désarticulés sont caractérisés surtout par l'élasticité spéciale des ligaments et cartilages qui unissent entre eux les os des membres, et ceux-ci avec le tronc. Ils forment deux sous-groupes :

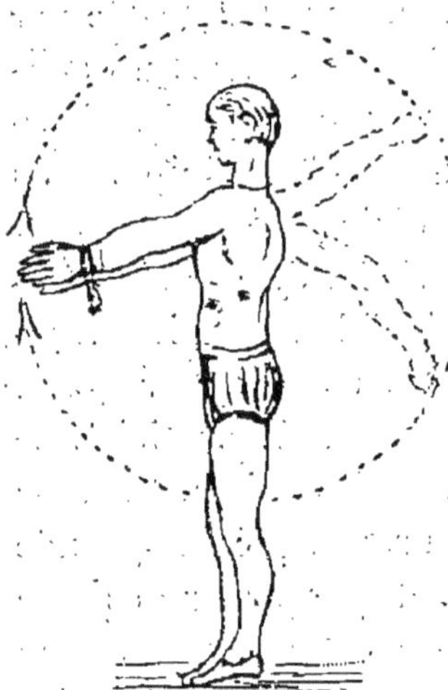

Fig. 31.—Ecallawe, le désarticulé des bras.

a) Les désarticulés des membres supérieurs. Ils sont assez rares et n'excitent qu'un intérêt médiocre. Je me souviens d'avoir vu en 1874, aux Folies-Bergère, un mulâtre nommé Ecallawe (fig. 31) qui se faisait attacher les deux poignets l'un contre l'autre à l'aide d'une paire de menottes, et qui, dans cette situation, faisait exécuter à ses deux bras une circonduction latérale complète, de manière à les ramener devant lui en les faisant passer derrière son dos et sous ses jambes, après quoi, par un mouvement inverse, il les ramenait à la position initiale. Pour arriver à exécuter ce mouvement, il fallait désarticuler l'épaule, c'est-à-dire faire sortir la tête de l'humérus de la capsule où elle s'emboîte. On conçoit combien un pareil effort est contraire aux lois de l'hygiène et combien il peut être dangereux. Aussi est-ce toujours avec déplaisir que je vois de jeunes gymnastes des deux sexes exécuter en public le tour de force suivant, qui faisait partie du répertoire de miss Alcide Capitaine citée plus haut : étant à la suspension tendue au trapèze, faire la dislocation suivie d'une culbute entre les bras. Et l'exercice des menottes est encore plus pénible, à cause du rapprochement des poignets.

b) Plus communs sont les désarticulés des jambes. Le grand écart est leur corde favorite. Il y a deux sortes de grand écart : celui qu'on fait en avant est le plus aisé ; celui qui s'exécute latéralement est beaucoup plus savant, et exige une bien plus grande extensibilité des ligaments qui unissent le col du fémur au bassin. Voici, dans la figure ci-jointe, un autre mulâtre (fig. 32), Woodson, faisant le grand écart latéral sur deux dossiers de chaises, exercice dont il accroissait encore le mérite en imprimant à son corps une série de poussées alternatives de haut en bas et de bas en haut.

Les désarticulés des jambes sont plus intéressants à la scène que leurs confrères de la dislocation brachiale, ces derniers n'excitant que la curiosité qui s'attache à tous les phénomènes. Car ils tirent de leur souplesse de jambes des effets d'un comique irrésistible. Ils sont généralement longs, sveltes, très fendus, et augmentent encore l'impression que produit leur structure allongée par le port de collants noirs terminés par des escarpins à la poulaine d'une exagération ridicule. Une petite coiffe ornée de cornes sataniques complète leur apparence méphistophélique. Ainsi attifés, ils exécutent avec leurs jambes les écarts les plus fantastiques qu'on puisse imaginer. La jambe au port d'armes, ils se collent de toute la longueur de leur corps contre une planche verticale ; ils exécutent la marche à terre en grand écart, en avançant alternativement l'une et l'autre jambe qui rase le sol ; ils

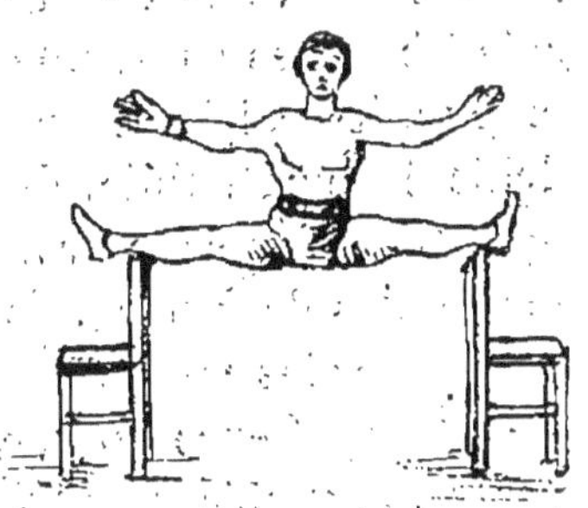

Fig. 32. — Woodson, le désarticulé des jambes.

se lancent en glissant le long d'une table allongée ou en traversant des tubes de bois dont le diamètre permet juste à leurs épaules de passer. En général pourtant ce numéro n'est pas de ceux qui excitent un grand enthousiasme et assurent à l'artiste une gloire durable. Le plus beau spécimen de ce travail *diabolique* (c'est le terme consacré) fut présenté il y a quelque vingt ans aux Folies-Bergère et à l'Hippodrome par les trois Girard's, qui, il faut le reconnaître, avaient su lui donner un cachet spécial d'originalité. Leur maestria sans égale n'a plus été atteinte depuis. Ils paraissaient d'abord en tenue de soirée, deux d'entre eux vêtus comme des dandys, avec des habits de soie à basques aussi interminables que leurs corps eux-mêmes, le troisième en élégante, et exécutaient un quadrille échevelé. Puis, disparaissant un instant, ils revenaient en diables noirs. Je dois ajouter que, bien qu'un peu grêles de formes, ils ne manquaient pas d'un certain galbe dans les contours, et que leur apparence était plutôt esthétique. Leurs contorsions, comiques sans être indécentes, excitaient une hilarité de bon aloi et leur valaient un succès que, pour ma part, malgré ma préférence pour les exercices de vraie gymnastique, je ne trouvais nullement usurpé.

2° *Disloqués en arrière.* — Le travail de la dislocation en arrière est généralement apprécié. A vrai dire, la souplesse des reins, comme je l'ai indiqué plus haut, est un des exercices qui, avec l'équilibre sur mains, forment la base de l'éducation acrobatique (fig. 33). Quand elle n'est pas poussée à l'excès, cette attitude n'a rien de disgracieux, et elle peut contribuer, si on n'en abuse pas, à donner un excellent maintien à la poitrine. Lorsqu'on se spécialise pour la souplesse, on peut exécuter dans la position figurée ci-contre divers mouvements accessoires, tels que des oscillations en avant et en arrière avec des flexions des jarrets, la marche du crabe de côté ou en avant et en arrière, etc. Quand la souplesse est terminée, il est très élégant de revenir en arrière à la station debout en passant par la position de l'équilibre sur mains. Pour cela, il suffit de repousser le sol avec la plante des pieds et de renvoyer les jambes dans la direction de la verticale. On verra plus loin, dans le chapitre des sauts du tapis, les combinaisons que l'on peut faire de ce mouvement avec le saut acrobatique.

Mais, pour avoir le droit de se qualifier d'homme-serpent, il va sans dire qu'il faut faire bien autre chose que la souplesse en arrière, qui d'ailleurs donne tant d'attrait à certaines danses espagnoles, et à un numéro de chorégraphie acrobatique connu depuis peu sous le nom de valse infernale. L'homme-serpent doit pouvoir toucher ses fesses avec ses omoplates, passer sa tête par-dessous ses jambes, aller dénouer avec les lèvres un mouchoir atta-

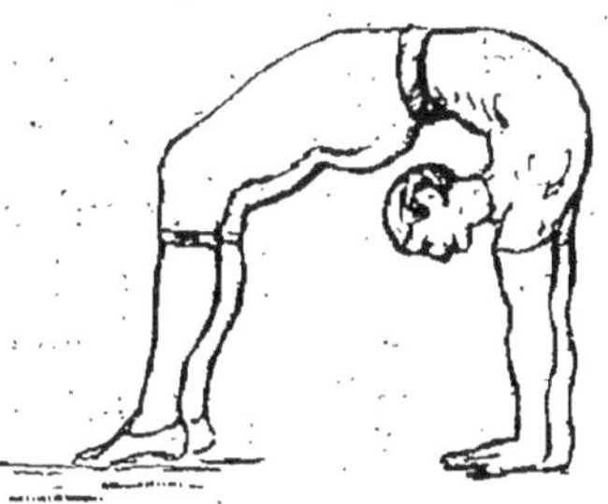

Fig. 33. — Dislocation en arrière normale.

ché à son jarret, plier le corps en deux morceaux inclinés parallèlement au sol, comme on le voit dans le dessin ci-après (fig. 35). Ou bien encore, debout sur une table ou sur deux panneaux de chaises, les jambes écartées dans la position du colosse de Rhodes, il ira, par une souplesse en arrière, chercher avec les dents un verre placé sur le sol, et se redressera lentement tout en aspirant progressivement le liquide contenu dans le verre (fig. 34). Enfin le *summum* de la difficulté consiste à faire pivoter lentement la colonne vertébrale sur elle-même, les pieds restant sur place, jusqu'à ce que la face de l'exécutant se trouve tournée exactement en arrière. Pour rendre l'effet de cet exercice encore plus frappant, l'artiste s'enveloppe pour la circonstance d'un long pardessus

qui ne laisse apercevoir que les pieds et la tête, de manière à donner aux spectateurs l'impression d'un homme
qui a littéralement la tête à l'envers, et qui, marchant en
avant, a l'air de marcher à reculons.

Pour rendre leur numéro encore plus saisissant, les
hommes-serpents (fig. 35) prennent des costumes appro-
priés à leur genre de contorsions, et consistant en un
maillot vert foncé orné de squames étincelantes, et une
tête postiche de saurien ou d'ophidien garnie d'yeux en
escarboucles. Si bien qu'on peut har-
diment affirmer que la mise en scène
est pour moitié dans leur succès.

Au surplus, ce numéro sort rarement
de l'ordinaire et ne constitue guère ce
qu'on appelle une attraction. Il figure
ordinairement au programme comme
lever de rideau. Je donnerai pourtant
une mention spéciale à Marinelli[1], qui
s'exhibait, il y a une quinzaine d'années aux Folies-Bergère, et dont
M. Hugues Leroux a parlé dans son

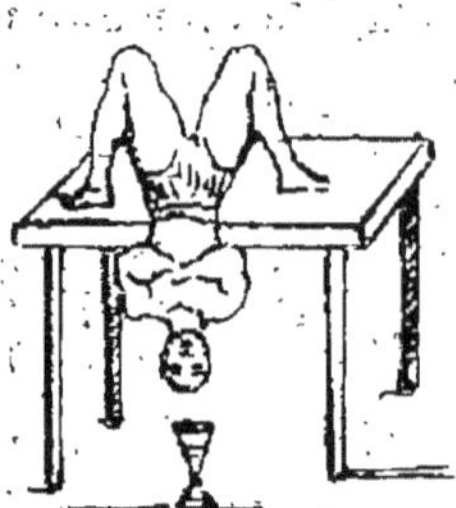

Fig. 34. — Renverse-
ment en souplesse
du haut d'une table
pour aller ramasser
un verre.

livre des *Jeux du Cirque,* en l'appelant Walter (sans
doute son prénom). Quand le rideau se levait, il laissait
voir dans le fond de la scène un décor figurant un vieux
tronc d'arbre avec une large branche horizontale. Sur
cette dernière était tapi un gros serpent verdâtre qui
commençait à descendre le long d'un praticable adroitement dissimulé par le décor, en imprimant à son corps
des contorsions assez analogues aux mouvements de rep-
tation des ophidiens. Arrivé sur le plancher de la scène,
il se redressait sur ses pieds, quittait sa tête postiche et
les escarpins à la poulaine qui simulaient la queue du
reptile, et exécutait un répertoire absolument fantastique.

1. Marinelli tient aujourd'hui une agence théâtrale, rue Taitbout,
ce qui semble infirmer l'anecdote citée quelques lignes plus bas.

Les jeux de la lumière électrique, en se reflétant sur ses
squames argentées, produisaient un effet saisissant. Ai-je
besoin d'ajouter que toutes les dislocations les plus anor-
-males étaient exécutées par Marinelli avec la plus parfaite
aisance? Ainsi il appuyait son sternum et son menton sur
le plan du sol, où il semblait qu'ils fussent vissés, puis il
faisait courir ses jambes circulairement autour de ce
point d'appui avec une vitesse qui tenait du prodige.
C'est lui, je crois, qui a créé l'exercice mentionné plus
haut du pivotement de la colonne vertébrale. Il justifiait
d'ailleurs les critiques physiologiques que j'ai adressées

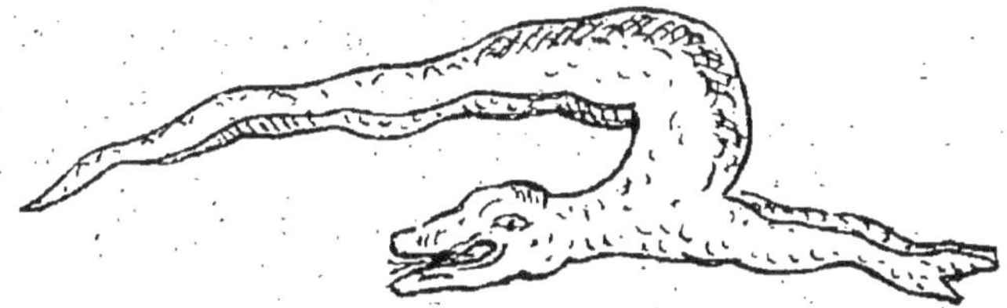

Fig. 35. — Homme-serpent, la dislocation en arrière ou appui
sur la poitrine.

à ce genre de travail : poitrine étroite et membres grêles.
Détail pittoresque, et dont je laisse la responsabilité à
M. Hugues Leroux, il avait, paraît-il, vendu par avance
son squelette à un collectionneur de curiosités. Et comme
il n'était pas assuré d'une longue carrière, il voyageait
toujours avec un cercueil où se trouvaient gravées en
quatre langues l'adresse du nu-propriétaire de cette car-
casse dont il n'était plus que l'usufruitier, et les prescrip-
tions à observer pour l'embaumement et l'expédition de
ses restes mortels. Si l'histoire est authentique, je dois
dire que l'original qui avait acheté sur pied son phénomène pour le conserver après décès s'exposait à un mé-
compte, car le squelette d'un homme-caoutchouc ne diffère en rien de celui des autres humains. Marinelli était,
d'après le même témoignage, un joueur effréné et dissi-

pait aux cartes presque tout ce qu'il gagnait sur la scène, justifiant aussi le proverbe : « Ce qui vient de la flûte retourne au tambour; » mais ceci est du domaine de la vie privée, et nous n'avons à juger les artistes que par rapport à leur talent acrobatique.

Le travail de l'homme-serpent ne comporte en lui-même l'emploi d'aucun appareil. Cependant certains disloqués le varient quelquefois par l'emploi d'un trapèze de suspension auquel ils exécutent des mouvements de gymnastique ordinaire en les dénaturant par l'emploi de la souplesse. Telle est entre autres la culbute en souplesse entre les bras figurée ci-contre (fig. 36). D'autres allient à la souplesse les équilibres sur les mains, en prenant pour point d'appui une table ou des chaises. Ils présentent ainsi un numéro hybride, qui a, suivant nous, beaucoup plus d'intérêt parce qu'il emprunte une partie de son attrait à la gymnastique proprement dite. Mais il est à remarquer que ceux qui exécutent ce numéro composite n'ont qu'une souplesse normale, sans rien qui tienne du phénomène. Ils prennent souvent le nom de contorsionnistes. Un des plus brillants contorsionnistes que j'aie vus était Sarina, un Italien à en juger par son patronymique, qui s'exhibait il y a une douzaine d'années aux Folies-Bergère et à l'Olympia. Il avait un costume de diable, avec bonnet à oreillettes, la figure illuminée à l'ocre rouge et des sourcils méphistophéliques. Il apparaissait dans une sorte de chambre noire formée par des tentures, et son corps était éclairé par des projections lumineuses, qui complétaient, avec des pois fulminants, un aspect satanique. Loin d'être étriqué de poitrine comme

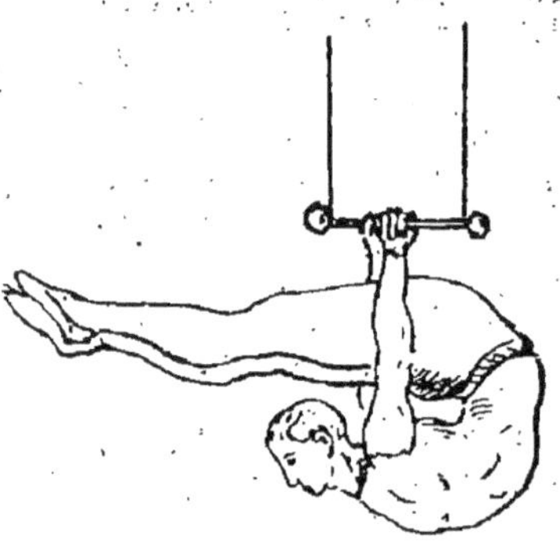

Fig. 36. —Culbute en souplesse entre les bras.

Marinelli, il avait une structure fort plastique et une forte musculature, que faisait valoir son maillot pailleté d'argent. Il exécutait sur les deux dossiers de chaise de fort beaux équilibres et marquait la station d'une main sur une des chaises, en tenant l'autre à bras tendu. Il faisait aussi des contorsions couché sur le dos, portant en équilibre sur le front un échafaudage compliqué de verres remplis d'un liquide rouge, et faisant glisser un étroit cerceau le long de son corps. Sa souplesse n'avait rien de contre nature, et, bien qu'il ne détînt pas le record de la dislocation, tant s'en faut, son numéro est certainement le plus réussi que j'aie vu en ce genre d'acrobatie. J'accorderai encore une mention toute spéciale à un méli-mélo de souplesse et d'équilibres sur mains présenté il y a quelques années au Nouveau

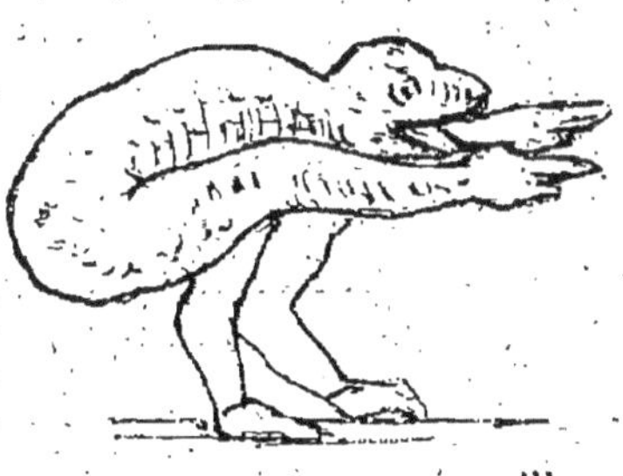

Fig. 37. — L'homme-grenouille.

Cirque par une ravissante Américaine, miss Bartoldi, chez laquelle le contorsionnisme s'alliait avec une rare perfection de formes.

3° *Les disloqués en avant.* — Les disloqués en avant ou hommes-grenouilles (fig. 37) sont plus rares, soit parce que ce genre de souplesse est plus difficile à obtenir, soit parce que ce travail laisse le public assez froid et n'a guère d'intérêt à moins d'être encadré dans une pantomime. Tel est, par exemple, l'homme-grenouille Gex, qui a figuré naguère au Cirque d'Hiver. La femme qui l'accompagnait faisait le simulacre de jeter une ligne dans un petit puits artificiel en carton, et on en voyait sortir brusquement un gros batracien vert dont les pattes palmées étaient figurées par des espèces de chaussons rembourrés, et dont la tête postiche s'ouvrait d'un perpétuel bâillement. Un maillot vert tendre sur le ventre, vert foncé sur le dos, complétait la ressemblance. Il s'avançait par sauts accroupis, à la façon des crapauds, ou bien marchait sur les mains avec les jambes allongées parallèlement au corps par-dessus les bras, ou encore rampait avec les jambes en grand écart latéral. Toutes ces attitudes n'avaient, bien entendu, qu'une similitude conventionnelle avec l'allure d'un vrai batracien.

Une souplesse excessivement rare, et dont je ne me rappelle qu'un spécimen, est celle qui permet de ployer en avant la colonne vertébrale en deux, de manière à appliquer la figure contre la cuisse. Ce tour passait un peu inaperçu parmi les diverses contorsions d'un numéro plein de *funnism* anglais que les Folies-Bergère ont présenté naguère sous la rubrique « Jumeaux Marco ». L'un de ces deux prétendus jumeaux est un nain minuscule, l'autre un géant efflanqué qui jouit de cette extraordinaire ductilité de l'épine dorsale.

Quelquefois on varie le travail que nous venons de décrire par l'adjonction d'équilibres sur le coccyx exécutés sur un dossier de chaise. Un spécialiste en ce genre était le Brésilien (?) Pedro (fig. 38), lequel en outre grimpait quelques brasses à une corde lisse en maintenant cette position gênante.

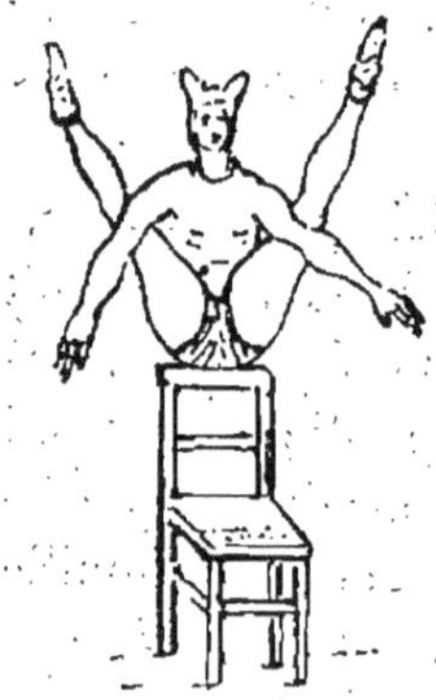

On voit par cet aperçu le parti que l'art acrobatique a su tirer d'une simple disposition anatomique développée par la culture, et cette spécialité n'est pas un des exemples les moins frappants de la division du travail. Elle mériterait à peine de figurer au répertoire de nos cirques, puisque, après tout, elle est

Fig. 38. — Le Brésilien Pedro dans l'équilibre sur le coccyx.

une sorte de monstruosité, si le besoin de réveiller la curiosité blasée du public n'obligeait les directeurs à présenter parfois des attractions où l'esthétique est sacrifiée à la singularité. Pour moi, je n'ai jamais pu goûter à cette sorte d'exhibition aucun plaisir. Tandis que la vraie gymnastique, celle qui est un composé de force et d'adresse, me captive et me passionne, je n'éprouve au spectacle de ces phénomènes de la dislocation que ce sentiment de curiosité malsaine qu'on a pour tout être constituant une dérogation aux lois de la nature.

CHAPITRE VII

CLOWNS ET SAUTEURS A TERRE

Nous rangeons dans un même groupe les clowns et les sauteurs à terre, non seulement pour ne pas multiplier les subdivisions des genres, mais aussi parce que les diverses variétés de sauts acrobatiques font partie des attributs obligatoires d'un bon clown. Il est vrai que les sauts à terre appartiennent aussi au répertoire des acrobates en colonne et des acrobates icariens. (Voyez chapitres VIII et XIII.) Mais, si rigoureuse que soit une classification, elle ne saurait éviter absolument cette pénétration réciproque des catégories.

Le mot *clown* signifie, en anglais, paysan, rustre. Le clown, dans les pièces de l'ancien théâtre anglais, était un personnage comique analogue au *gracioso* de la comédie espagnole, à l'*arlecchino* des farces vénitiennes, au *pulcinella* napolitain, au *loustic* allemand, au *fol* ou *badin* qui provoquait le gros rire de nos ancêtres du moyen âge. Il caractérisait le *vilain,* le rustre toujours battu, toujours bafoué, bête et entêté, mais non sans une pointe d'astuce campagnarde. Le clown était le personnage favori du parterre et du paradis, et il ne tarda pas à ajouter à son répertoire ordinaire de grossières facéties, de giffles et de coups de pied reçus avec un désespoir comique, quelques exercices d'agilité et d'acrobatie, des sauts, des bonds et des cabrioles, jusqu'à ce que l'accessoire finit par supplanter le principal. Cette transformation du rôle de clown est due, ce semble, au célèbre Grimaldi, né à Londres d'un danseur de corde italien, vers la fin du dix-huitième siècle, dont le romancier Charles Dickens n'a pas dédaigné de recueillir et de publier les mémoires. Je renvoie à ce très curieux livre de l'illustre humouriste anglais ceux de nos lecteurs qui voudraient avoir une idée complète de la carrière d'un clown de théâtre il y a cent ans. Peu à peu l'élément gymnasti-que ayant pris le dessus, le clown déserta les planches du théâtre pour l'arène du cirque. Il devint principalement gym-naste et acrobate, tout en conservant le caractère *funny* et l'*humour* qui caracté-risaient son premier rôle. Aujourd'hui on rencontre parfois des clowns qui ne sont que des pitrés, et ignorent ou ont oublié l'art de sauter. On les appelle, dans l'argot du métier, des clowns par-leurs. C'est une dérogation heureusement rare. J'avoue que leurs plaisanteries, tou-jours les mêmes, ont le don de m'horri-piler, et que le moindre saut périlleux ferait bien mieux mon affaire. Il est vrai qu'il est plus aisé de débiter de mau-vaises calembredaines que d'exécuter le plus modeste mouvement acrobatique; et

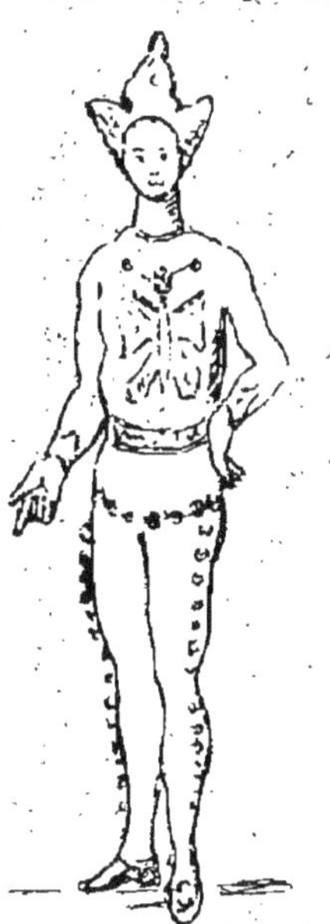

Fig. 39. — William Price, créateur du genre clown.

comme le public semble goûter ces plaisanteries au gros sel, il n'est pas étonnant que les directeurs engagent, pour remplir leur programme, des clowns parleurs dont les exigences sont modiques et qui coûtent trois ou quatre fois moins qu'un bon clown sauteur.

Je ne saurais passer outre sans consacrer un souvenir ému à deux artistes qui en leur temps incarnèrent le per-sonnage du clown avec un talent incomparable, et qui, contrairement à la règle générale, n'ont pas été dépassés ni même égalés par leurs successeurs. Je veux parler des frères John et William Price (fig. 39). Ils ont disparu l'un et l'autre depuis longtemps de la scène du cirque et même de la scène du monde, car le dernier survivant mourut il y a quelques années à l'hôpital de Dresde. Ils ont travaillé au Cirque de Paris, mais dans la saison d'été ils faisaient aussi les cirques de France, et c'est ainsi que, dans ma première jeunesse, j'eus l'occasion de les voir à plusieurs reprises, entre les années 1858-1867, au cirque Loyal, qui venait annuellement s'établir pendant le mois de juin sur la promenade du Contades à Strasbourg. On les disait d'excellente famille. Il circulait sur leur compte une légende, sans doute dénuée de fondement, d'après laquelle l'amour de deux écuyères aurait déterminé leur vocation artistique. Quoi qu'il en soit, ils avaient à la ville l'air de véritables gentlemen; leur mise était irréprochable, avec cette recherche un peu outrée qui caractérise l'acrobate de grande marque. Ils étaient de taille moyenne, mais merveilleusement proportionnés et de traits fort réguliers. Ils réunissaient le triple talent d'équilibristes, de sauteurs et de musiciens. Ce sont eux qui créèrent les échelles animées musicales (fig. 40). Ils escaladaient chacun une échelle droite de trois mètres à trois mètres cinquante de haut, dont l'équilibre sur le plancher n'était maintenu que par une légère trépidation continuellement imprimée à l'appareil. Dans cette position instable ils exécutaient un duo de flûte et de violon que n'eussent pas désavoué des musiciens de carrière.

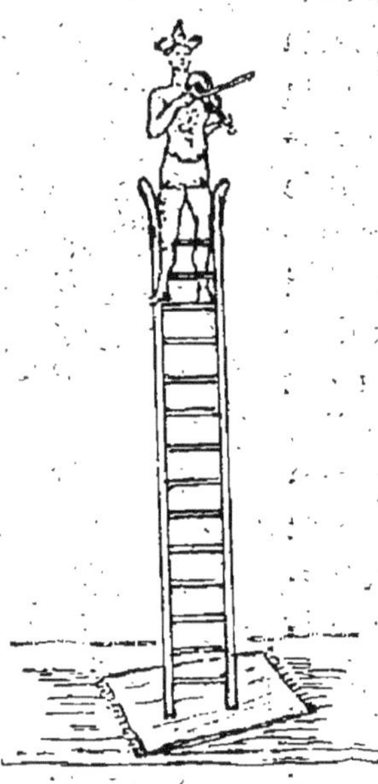

Fig. 40. — W. Price.
L'échelle animée musicale.

Ils avaient aussi créé les violons sauteurs, duo fantastique agrémenté de sauts périlleux et de contorsions. Ce numéro a été reproduit par d'autres avec un certain succès, notamment par les frères Conrad, dont l'un est aujourd'hui régisseur au Cirque d'Hiver. Les Price avaient adopté un costume que je regrette singulièrement de voir abandonné par les clowns contemporains, car il était drôle sans cesser d'être plastique. Un maillot complet de couleur violette ou bleue dessinait leurs formes athlétiques. Seulement, pour accuser le caractère comique du rôle, deux grands papillons brodés en bourre de soie multicolore ornaient leur poitrine et leur dos, tandis qu'une guirlande de fleurs brodées entourait leurs hanches en simulant la trousse, et descendait extérieurement le long de la jambe depuis la cuisse jusqu'à la cheville, emprisonnée dans des escarpins de ballet. La figure était enfarinée, et la tête disparaissait sous une perruque tricuspide de laine blanche, qui ne détruisait pas l'harmonie de leurs traits purs et réguliers. Combien ce costume, coûteux il est vrai, était préférable à l'affreux sac bouffant dont s'enveloppent actuellement les clowns !

Plus anciennement, le costume des clowns, en conformité avec les traditions de la scène anglaise, consistait en une chemisette bouffante, une rhingrave garnie de grelots, un caleçon de maillot, et sur la tête garnie de ses cheveux naturels (le clown chauve n'était pas encore à la mode), un petit béret écossais à plume maintenu en place par une jugulaire. Ce costume peut se voir encore dans les peintures murales, datant de l'époque de Louis-Philippe, qui ornent la frise du Cirque d'Hiver, et dans une vieille image à cinq centimes de la collection Pellerin, d'Épinal, représentant le cirque Franconi. Tel était le costume d'Auriol (phot. III), dont nous avons déjà eu l'occasion de signaler l'universalité de talents. Auriol a joui d'une popularité durable, à une époque, il est vrai, où la carrière d'artiste était plus stable, et en 1873 encore il figurait (*quantum mutatus!*) aux Variétés, dans la revue intitulée *le Tour du cadran*, à l'acte du cirque. Il est vrai que c'était le nom qu'on avait engagé plutôt que l'artiste lui-même, qui avait alors dépassé la soixantaine. La légèreté d'Auriol était telle qu'il courait sur des bouteilles sans en renverser une seule, et prenait l'équilibre de tête sur le goulot de l'une d'elles. Il excellait aussi dans les sauts périlleux, favorisé en cela par l'exiguïté vraiment exagérée de sa taille.

Il y a un genre tout particulier de clowns qui a été mis à la mode il y a quelque vingt-cinq ans, et qu'on appelle en France Auguste l'Idiot ou Auguste tout court. Les Italiens le nomment Toni. Auguste est un ardélion; son costume caractéristique consiste en un habit à queue trop large, un gilet blanc trop long et un pantalon noir trop court. Un gibus défoncé et des guêtres de coutil blanc complètent l'accoutrement, avec une mèche de cheveux soigneusement cirée, formant paratonnerre sur son crâne rasé de près. Quel est le créateur de ce genre devenu si populaire, qu'il tend à détrôner tous les autres représentants du genre clownesque? C'est une question débattue. En tout cas, celui qui l'a vraiment popularisé à Paris, celui qu'on appelait le « vrai Gugusse », est un certain James Guyon, Anglais d'origine, qui fit dans ce rôle les délices du public à l'ancien Hippodrome de l'avenue de l'Alma. Gugusse était un sauteur remarquable, dans le genre comique, cela s'entend, et créateur de petites pantomimes fort drôles, à un ou deux personnages, telles que *la Chambre d'auberge, la Pêche*, avec son confrère Gougou Loyal, un clown énorme, qui, malgré son obésité, faisait le saut périlleux sur place. Gugusse touchait neuf cents francs par mois, engagement fort respectable surtout quand on est à la saison; mais, hélas! c'était un vrai bohème, et de plus il avait un faible pour la bouteille. Son irrégularité finit par lui faire perdre sa situation. Il alla monter au Point-du-Jour une guinguette à l'enseigne du *Vrai Gu- gusse*; mais là encore il ne tarda pas à faire de mauvaises

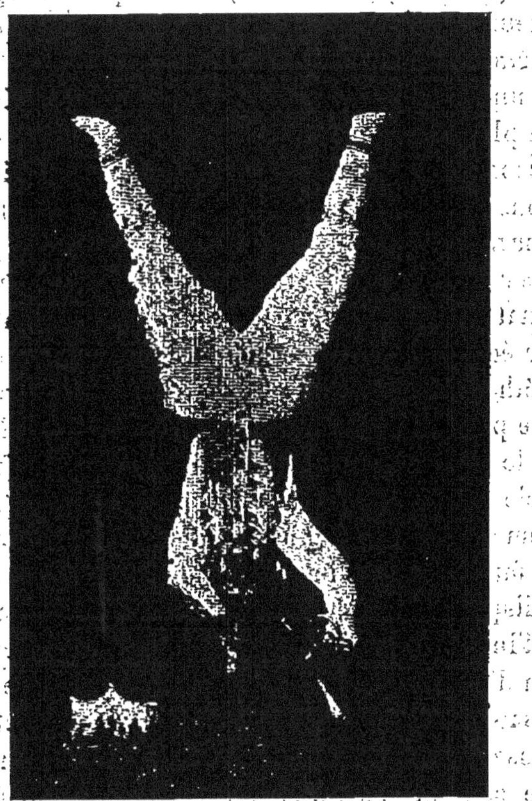

Phot. III. — Auriol, clown célèbre.

affaires, ayant mangé, ou plutôt bu son fonds, et j'ignore sa destinée ultérieure. Comme beaucoup de ses pareils, il ne jouait jamais mieux que quand il était légèrement en pointe de vin, à condition toutefois de ne pas dépasser le degré voulu d'ébriété. Parmi les clowns célèbres aujour- d'hui et goûtés du public parisien, qui ne connaît Foottit du Nouveau Cirque, avec son nègre Chocolat; Sydney et Iles du cirque Medrano, Paul et Louis du Cirque d'Hiver? D'ailleurs, dans la faveur dont jouissent certains clowns, l'engouement de la foule joue un plus grand rôle que le véritable talent. Ainsi, tandis qu'à la répétition un directeur peut juger sûrement de la valeur d'un gymnaste et du succès qui l'attend, ce n'est qu'à l'usage et souvent après un certain laps de temps qu'on peut savoir si un clown plaira ou non aux spectateurs.

Passons maintenant à l'énumération des divers sauts qui constituent le répertoire des clowns ou des acrobates sauteurs.

Le saut est une des gymnastiques les meilleures et les plus naturelles à l'homme, un des mouvements dont la valeur éducative a été le moins contestée, et que toutes les méthodes de culture physique ont préconisé à l'envi. Il a de plus des applications fréquentes dans la vie, soit qu'on le pratique perpendiculairement pour franchir un obstacle (saut en hauteur), soit qu'on le pratique longitudinalement pour franchir une distance (saut en largeur). Il ne faudrait pas s'imaginer pourtant que le saut à lui seul dispense de toute autre gymnastique ; car il laisse dans l'inaction les membres supérieurs, et ceux-ci ont besoin d'être développés par d'autres exercices.

Le saut naturel en hauteur ou en largeur n'est pas assez intéressant pour constituer un numéro de cirque, à moins que le sauteur n'ait une puissance phénoménale. C'est ainsi qu'on a applaudi au Cirque d'Hiver Joe Darby franchissant à pieds joints une table sur laquelle était un homme assis sur une chaise, et au Nouveau Cirque John Higgins, qui sautait par-dessus un fiacre. J'ai vu aussi, il y a une vingtaine d'années, aux Folies-Bergère, deux Américains, Crossley et Elders, qui exécutaient avec une grande maestria le saut latéral au tambourin, exercice consistant à toucher avec les pieds un tambourin placé à une grande hauteur.

Mais le vrai saut de cirque, celui qui captive et qui séduit le public, c'est le saut artificiel ou saut acrobatique. J'ajouterai que, comme gymnastique, il est plus efficace que l'autre, car il nécessite l'appui des mains dans beaucoup de figures, et fait travailler le haut du corps concurremment avec le bas. Aussi les sauteurs acrobatiques ont-ils généralement les bras et les pectoraux bien développés. Il faut éviter pourtant l'abus du saut, surtout quand on est jeune, car il peut déformer les jambes, et les sauteurs de profession ont parfois une démarche assez disgracieuse, qui trahit à l'œil du connaisseur leur exercice favori.

Voici la liste des principaux sauts acrobatiques, dont nous allons successivement expliquer les principes :

1° Saut périlleux en arrière simple ;

2° Saut périlleux en arrière tracassé ;

3° Saut périlleux en arrière cambré ;

4° Saut périlleux en avant, ou casse-cou simple ;

5° Saut périlleux en avant plané ;

6° Saut arabe ;

7° Saut périlleux en demi-pirouette ou pirouette entière ;

8° Saut de singe ou flip-flap ;

9° Saut de carpe ;

10° Courbette ;

11° Saut de lion simple ;

12° Saut de lion cambré ;

13° Saut de lion à une main ;

14° Saut de nuque ;

15° Rondade ;

16° Rigodon (*ou* rigaudon) ;

17° Twist ;

18° Saut à la banquette ;

19° Saut plongeant en arrière avec les tables ;

20° Saut du plongeur dans le filet.

1º *Saut périlleux en arrière simple.* — Le saut périlleux est appelé par les Italiens *salto mortale*, mot que les
Allemands ont emprunté. Les Anglais le nomment *so-
mersault* ou *somerset* (déformation du français *soubresaut*). L'épithète de mortel ou périlleux que l'on appli-

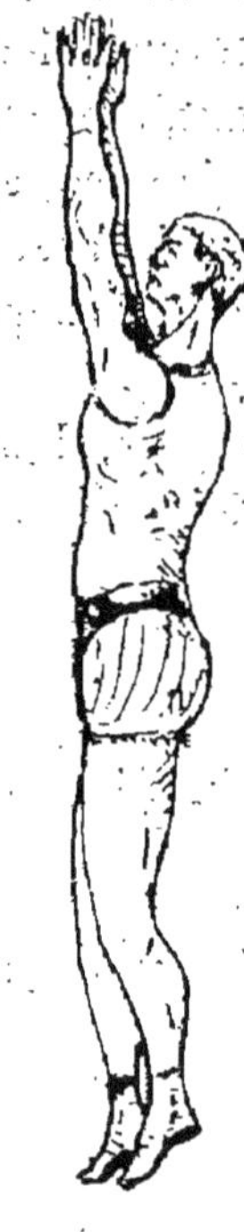

que à ce genre de saut n'a pas une valeur
purement emphatique : un saut périlleux
manqué peut entraîner une fracture de la
colonne vertébrale, car il expose le maladroit à retomber perpendiculairement sur
la nuque et à se casser le cou. Il faut donc
avoir soin, quand on répète ce mouvement,
de se faire tenir à la ceinture par un assistant, et de ne le risquer seul que quand
on est parfaitement sûr de soi.

Le saut périlleux se décompose en trois
temps :

a) Le sauteur à la station debout s'élève
verticalement par une détente de jarrets
(fig. 41);

b) Arrivé au plus haut point de la montée, il groupe les jambes en faisant le geste
de saisir les genoux avec ses deux mains,
et en même temps il donne un coup de
tête en arrière (fig. 42);

Fig. 41.
Saut périlleux,
1ᵉʳ temps.

c) Quand le tour est accompli, il dégroupe les jambes pour retomber sur le
sol à la station droite.

Le défaut de tous les débutants est de vouloir tourner
au départ et par la flexion des jambes, au lieu de monter
perpendiculairement, et de demander le mouvement de
rotation au coup de tête et au ballant des bras. La conséquence de ce faux départ est de retomber accroupi ou à
genoux et fort en arrière du point de départ.

Pour répéter le saut périlleux on se fait parfois atta-

cher à la ceinture au moyen d'une cordelette que deux
assistants tiennent de part et d'autre. On apprend d'a-
bord à donner le temps vertical, sans chercher à tourner,
afin de combattre la tendance que je blâmais précédemment. Quand on a bien saisi le premier temps, on essaye
le deuxième. Le troisième est le plus facile à acquérir,
car on dégroupe instinctivement les jambes au moment
où l'on se sent attiré vers le sol. Celui qui a bien donné
le premier temps, mais qui donne insuffisamment le second, s'expose à retomber sur la nuque. Il ne faut donc
renoncer à se faire assister dans ce saut qu'après de nombreux essais couronnés de suc-
cès. Encore est-il bon de se faire
aider quelque temps *à la claque,*
c'est-à-dire par un coup de main
qui aide et assure le mouvement
de rotation.

Il y a deux écueils à éviter
dans le saut périlleux en arrière.
Le premier est de retomber trop
loin du point de départ. C'est

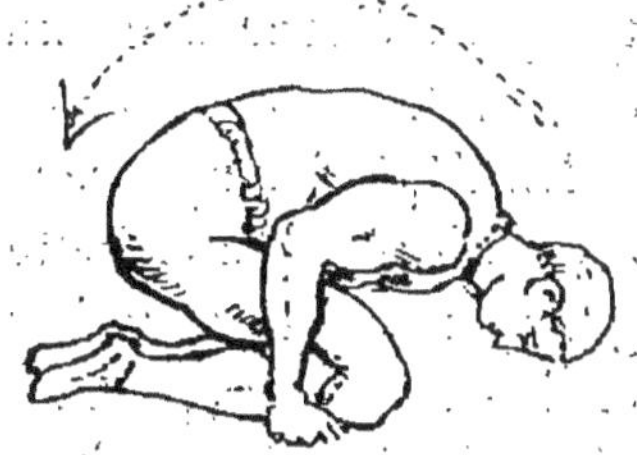

Fig. 42. — Saut périlleux.
2ᵉ temps.

toujours une preuve que le départ initial a été plus ou
moins mal fait, et qu'on a cherché à tourner avant de
s'enlever. Le second, c'est de retomber à gauche ou à
droite du point de départ. C'est une preuve qu'en faisant
l'appel des pieds, les deux jambes n'ont pas fonctionné
également. On ne peut se vanter de posséder vraiment
le temps du saut périlleux que le jour où on le tourne
absolument sur place.

Je n'ai jamais vu faire à terre le double saut périlleux
en arrière. On m'a affirmé qu'il avait été exécuté, précédé,
bien entendu, de plusieurs flip-flaps, car sans cet élan pré-
liminaire il serait impossible. Toutefois cette affirmation
demande à être vérifiée.

Les bons sauteurs ajoutent quelquefois à la difficulté en

s'imposant de retomber sur un mouchoir plié successivement en deux, en quatre, en huit, ou en chaussant des
babouches, pendant qu'ils tournent en l'air. Ce dernier
tour d'adresse avait rendu Auriol fameux, sans avoir
pourtant rien d'extraordinaire.

2° *Le saut périlleux en arrière tracassé.* — Ce saut est
d'une exécution fort difficile, et malheureusement son
mérite passe inaperçu aux yeux de ceux qui ne sont pas
connaisseurs en acrobatie. Il consiste à retomber en
avant du point de départ, c'est-à-dire à contrarier absolument la tendance naturelle qui nous rejette en arrière.
Pour obtenir ce résultat, il faut, quand on fait le premier
temps, s'élever dans une direction légèrement inclinée
en avant.

En dépit des apparences, on s'élève fort peu au-dessus
du sol lorsqu'on exécute un saut périlleux sur place. Le
groupement des jambes peut faire illusion et donne à
croire que le corps a monté à une certaine hauteur, tandis qu'en réalité il n'a fait que tourner autour d'un axe
fictif, dont le niveau s'est fort peu déplacé.

3° *Le saut périlleux cambré en arrière.* — Ce saut diffère du saut périlleux ordinaire en ce que le corps, au
lieu d'être groupé, est déployé en souplesse (fig. 43). Il lui
est infiniment supérieur, non seulement comme difficulté,
parce qu'il exige une détente beaucoup plus énergique,
mais aussi comme effet produit. C'est une règle générale
en acrobatie que tous les mouvements déployés sont plus
esthétiques que les mouvements groupés. Or, dans le
saut cambré, le corps se profile dans toute sa longueur
avec une courbe gracieuse qui en met en relief toutes les
parties. En général, le saut cambré s'enlève après une
série de flip-flaps consécutifs qui impriment au corps un
élan formidable. Je ne l'ai guère vu exécuter sur place,
et l'on peut citer comme une merveille un des sauteurs
de la troupe Cragg, dont il sera question dans la suite,

qui, sans aucun flip-flap préalable, exécutait au temps quatre à cinq sauts cambrés en arrière.

4° Saut périlleux en avant ou casse-cou. — Malgré le nom de casse-cou donné parfois au saut périlleux en avant, ce saut n'est pas plus dangereux que celui qui se fait en arrière; il est même plus inoffensif, car lorsque la rotation est insuffisante, on tombe généralement sur le dos, et on en est quitte pour une secousse plus ou moins rude. C'est ce qu'il est aisé de constater dans les établissements de bains froids, où des nageurs, n'ayant aucun principe du saut acrobatique, essayent de tourner en se jetant dans l'eau et font un *plat-dos* bruyant, parfois même pénible, mais sans nulle conséquence grave. En revanche, le saut périlleux en avant, exécuté de pied ferme et sans élan, est plus difficile à

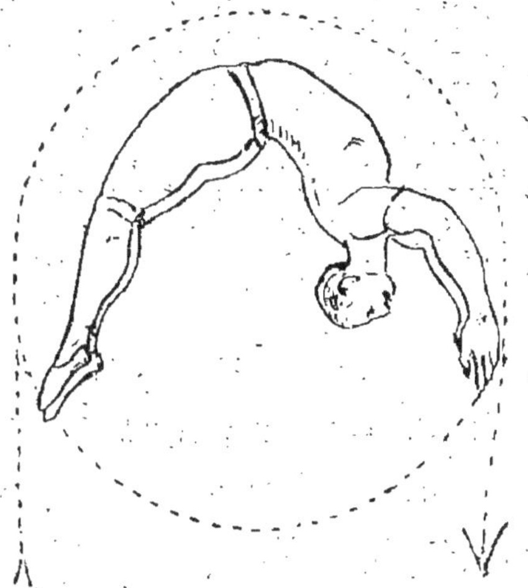

Fig. 43. — Saut périlleux cambré.

faire correctement que le mouvement inverse, et laisse à l'œil une impression moins satisfaisante. Le grand écueil à éviter est de revenir groupé à terre. Le casse-cou ne se décompose pas aussi aisément que le saut périlleux en arrière. Il faut, en même temps que l'on fait la détente du jarret, saisir les genoux avec la paume des mains et donner un fort coup de tête en avant. Un détail qui prouve combien ce temps offre de difficulté aux professionnels eux-mêmes, c'est que, tandis que j'ai vu exécuter plusieurs sauts périlleux consécutifs en arrière, je n'ai pas souvenance d'avoir vu faire plusieurs casse-cou en avant à la suite l'un de l'autre. Il y a aussi une manière particulière d'exécuter ce saut qui consiste à se mettre à genoux : on se redresse vivement à la station debout et on profite de l'élan pour donner la détente du jarret et le coup de tête. Cette méthode, qui semble aggraver la difficulté alors que peut-être elle la diminue, était pratiquée par un sauteur remarquable, le Mexicain Frank Maura, qui était en même temps un incomparable jongleur antipodiste.

Mais il y a une façon de faciliter le saut périlleux en avant, qui en fait un mouvement très accessible même aux gymnastes amateurs d'une force moyenne : c'est de prendre de l'élan à l'aide d'un tremplin. Les artistes dédaignent en général ce secours artificiel, et, pour se donner l'élan, ils courent quelques pas en avant, comme pour le saut naturel en largeur, ou bien encore ils décrivent préalablement une ou deux *rondades*.

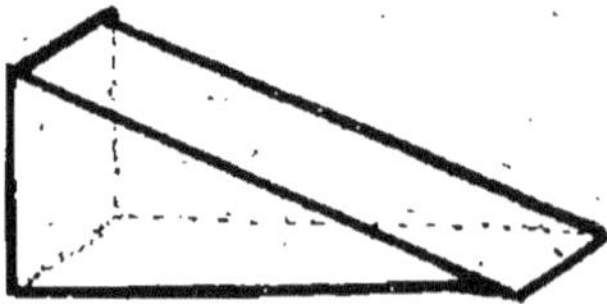

Fig. 44. — Le petit tremplin.

Il y a deux sortes de tremplins :

Le petit tremplin (fig. 44) est un escabeau à plan incliné élevé d'environ 0^m,40 à sa partie la plus haute et long de 0^m,60 ; la surface en est recouverte d'un tapis assez dur, destiné à empêcher les pieds de glisser. Avec cette aide, en apparence insignifiante, on voit des professionnels exécuter le casse-cou par-dessus sept ou huit personnes se tenant les unes contre les autres dans la position usitée par les enfants au jeu du saut-de-mouton. Les Arabes se servent d'un tremplin fort original fourni par une dalle appuyée en plan incliné sur deux moellons.

Mais il y a aussi un autre tremplin bien plus puissant, qu'on appelle *batoude* (de l'italien *battuta* = appel du pied ; le mot tremplin vient lui-même de l'anglais *trampling-board*, qui veut dire planche d'appel ; *to trample* = piétiner). Il consiste en un long chemin de planches d'une vingtaine de mètres qui part de la hauteur d'un premier étage ou à peu près et qui, arrivé presque au niveau du sol, se relève brusquement à angle de 45°. A son extrémité il s'appuie sur une barre très élastique, dont l'effet, se combinant avec celui de la course descendante, donne au sauteur un élan prodigieux. Aussi les artistes de marque parviennent-ils à exécuter le double et même le triple saut périlleux à la batoude. Un matelas d'un mètre d'épaisseur est destiné à rendre la chute inoffensive, à moins qu'on n'ait la malechance de tomber en dehors, ce qui peut rendre la chute mortelle : le cas s'est produit chez Barnum pendant son séjour à Paris. On peut franchir des obstacles prodigieux à la batoude. Jadis Onra franchissait dix hommes échafaudés sur dix chevaux au Cirque d'Hiver. Chez Barnum, quatre éléphants adultes formaient l'obstacle. Le saut à la batoude est toutefois bien moins méritoire que le saut de pied ferme, et donne une idée moins exacte de la valeur d'un sauteur. La preuve en est que dans les cirques ambulants tous les artistes gymnasiarques sont tenus par leur engagement de figurer dans ce numéro, parce qu'on suppose qu'il n'en est pas un qui ne soit en état de faire au moins un saut périlleux simple au tremplin, quelle que soit d'ailleurs sa spécialité. Des amateurs même peuvent faire assez bonne figure à la batoude, alors qu'ils sont incapables d'exécuter tout autre saut acrobatique de pied ferme.

5° *Saut périlleux en avant plané.* — Ce saut, qui est d'un aspect tout à fait esthétique, ne peut se faire qu'avec un élan considérable, c'est-à-dire à la batoude. Le sauteur, arrivé à l'extrémité du tremplin, fait l'appel du pied et s'élance le corps allongé horizontalement dans une direction parallèle au sol, en planant pour ainsi dire au-dessus de l'obstacle qu'il doit franchir, à peu près comme si son intention était de piquer une tête à l'extrémité de la parabole par lui décrite dans l'espace. Mais au moment où il sent l'élan initial se ralentir et son corps se rapprocher de terre, il donne le coup de tête qui doit produire la rotation en ramenant les bras en arrière, et achève de tourner pour retomber sur les pieds. Si j'ose me servir d'une comparaison musicale, je dirai que c'est un saut périlleux avec un point d'orgue. Ce saut était jadis la gloire d'Onra, et je ne crois pas que sauteur l'ait exécuté depuis avec plus de maestria que ce brillant artiste, également célèbre comme voltigeur aérien. Au point de vue de l'impression produite sur le spectateur, le saut plané en avant est au casse-cou ordinaire ce que le saut cambré en arrière est au saut périlleux simple ; il lui est très supérieur comme esthétique. On trouvera peut-être que nous insistons beaucoup sur cette dernière considération. Mais puisque l'acrobatie est un art (et qui oserait aujourd'hui le contester?), le culte de l'esthétique doit y tenir le premier rang. Et si les artistes étaient bien persuadés de cette vérité, s'ils ne sacrifiaient point quelquefois l'élégance à la recherche de la difficulté, ils n'auraient point fourni des arguments à certains détracteurs de la gymnastique acrobatique. Il est à remarquer aussi, qu'en vertu d'une loi mécanique le groupement final contribue à redonner une impulsion à la vitesse initiale en décroissance. On conçoit qu'il est impossible avec le saut plané d'exécuter deux tours, mais en revanche ce temps est très favorable pour franchir les longues distances.

6° *Saut arabe.* — Le saut arabe est ainsi nommé parce que les Arabes ont pour lui une prédilection particulière. Il diffère du saut périlleux en avant ordinaire en ce que le sauteur, au lieu de faire l'appel face en avant, le fait de côté, en partant de l'épaule droite. Le saut arabe (fig. 45) ne se fait qu'en avant, et avec de l'élan, c'est-à-dire soit consécutivement à une ou deux rondades, soit en course et notamment au tremplin. Je ne sais si les sauteurs arabes trouvent une commodité spéciale à tourner par côté, ou si c'est chez eux affaire de tradition ; quant aux artistes européens, ils pratiquent rarement ce saut.

7° *Saut périlleux avec demi-pirouette ou pirouette entière.* — La pirouette est le mouvement par lequel le corps, étant à la station verticale, pivote autour d'un axe imaginaire passant par la tête et les talons. Ce mouvement peut se combiner avec celui du saut périlleux en avant ou en arrière, non sans en augmenter d'une manière notable la difficulté d'exécution. Avec la demi-pirouette on retombe face en arrière, tandis qu'avec la pirouette entière on se retrouve face en avant comme si le saut n'avait pas été contrarié. Ce saut combiné ne se fait guère de pied ferme, mais surtout en colonne ou à la banquette. Certains artistes l'affectionnent spécialement. Tel est le cas des Montrose, remarquable troupe d'acrobates

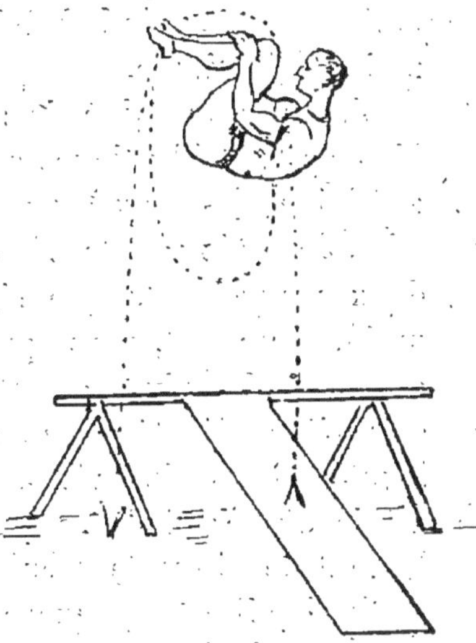

Fig. 45. — Saut arabe.

en colonne, dont le cascadeur contrarie presque tous ses sauts par une pirouette. A mon avis, c'est un non-sens artistique. Car ce mouvement peut être intéressant à voir une fois, mais la répétition en devient fatigante ; il est tourmenté et plutôt disgracieux par suite de la contorsion du corps, rappelant un peu le chat qu'on lance en l'air en le tenant par les pattes, et qui se démène pour reprendre sa position normale.

8° *Saut de singe et flip-flap.* — « La plus noble conquête que l'homme ait jamais faite » (en acrobatie), c'est celle du flip-flap. Pour moi, je ne connais point de mouvement

plus gracieux, par suite du déploiement du corps en souplesse, et plus complet au point de vue gymnastique;
car il comporte à la fois un élan, une souplesse en arrière,
une station sur les mains en équilibre et une souplesse
en avant. Il met donc en jeu toutes les parties du corps
et développe tous les muscles, ceux du tronc et des bras
aussi bien que ceux des jambes. Aucun ne contribue davantage à donner une excellente attitude à l'exécutant,
et l'on peut le voir indéfiniment répéter sans éprouver la
moindre lassitude.

C'est une question de savoir si le saut de singe et le
flip-flap sont identiques ou différents. Certains artistes
emploient ces deux termes comme des synonymes par-
faits. Je crois pourtant qu'il y a lieu d'établir entre ces
deux mouvements une légère nuance. Le premier est
vraiment un saut, parce que les pieds quittent le sol avant
que les mains n'y touchent. Le second est une souplesse
en arrière exécutée avec une grande rapidité, au cours de
laquelle les mains viennent toucher le sol au moment
même où les pieds vont l'abandonner. En outre, dans
le saut de singe le recul est assez considérable; dans
le flip-flap il est presque nul, au point qu'on arrive à en
exécuter plusieurs de suite sur place, et même en les tracassant. Enfin, il est à remarquer que certains équilibristes très souples, comme le merveilleux Japonais O'Kabé,
exécutent une sorte de flip-flap où les jambes et les bras
n'agissent pas simultanément, mais les uns après les autres, et qui n'est autre chose qu'une souplesse en arrière
faite sans décomposer le mouvement. D'où vient qu'on
peut exceller dans le flip-flap en étant impropre au saut
périlleux, et inversement.

Voici d'ailleurs la théorie des deux mouvements :

1. Saut de singe :

a) Le sauteur se place à la station verticale, les talons
réunis ;

b) Avec une légère flexion de jarrets il jette le corps en souplesse en arrière en quittant le sol;

c) Il place les mains à plat sur le sol pour recevoir et soutenir le poids du corps;

d) Il marque en passant la station en équilibre sur les mains, tandis que les jambes décrivent un arc de cercle dans l'espace;

e) Il ramène les pieds sur le sol et se redresse aussitôt à la station verticale en se repoussant avec les bras.

Ces diverses phases se remarquent plus aisément chez les débutants, qui n'exécutent pas encore le mouvement avec assez d'énergie et de vitesse: Le recul est assez considérable pour qu'en quatre ou cinq sauts de singe on ait parcouru le diamètre de la piste du cirque.

Le saut de singe est ainsi appelé parce

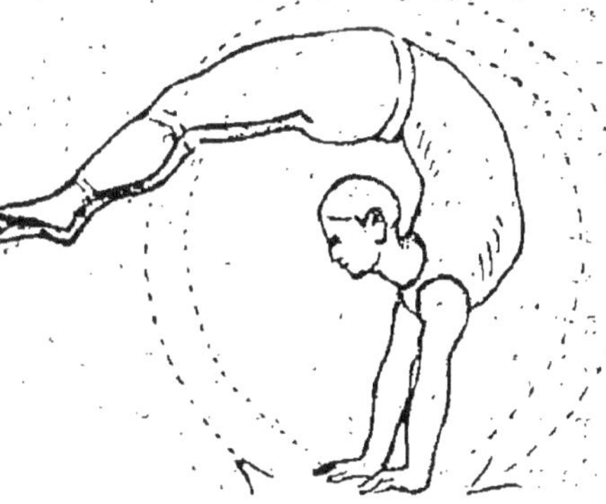

Fig. 46. — Flip-flap.

que c'est le mouvement exécuté par le singe (ou le chien) qu'on dresse au saut périlleux, par suite de son incapacité à retomber directement en équilibre sur les membres postérieurs.

2. Flip-flap (fig. 46):

On exécute le mouvement de la souplesse en arrière tel qu'il a été indiqué au chapitre des disloqués, et l'on vient placer les mains sur le sol aussi près que possible des pieds; puis on quitte le sol avec les pieds, et, faisant décrire aux jambes un arc de cercle dans l'espace, on les ramène en arrière des mains, et on se redresse à la station verticale. Si, au lieu de faire ce mouvement lentement, on l'exécute très vite et avec un fort temps de poitrine en arrière, et qu'on le répète plusieurs fois consécutives, on a le vrai flip-flap. On peut arriver, quand on est doué d'une grande souplesse, à exécuter une vingtaine de flip-flaps sur place, par exemple sur la surface d'une table; et même, ce qui est le comble de l'art, en les *tracassant,* c'est-à-dire en avançant un peu au lieu de reculer.

Le saut de singe à terre se combine ordinairement avec d'autres sauts. Ainsi on fera deux ou trois sauts de singe, et avec l'élan acquis on enlèvera le saut périlleux simple ou cambré. Comme le saut de singe s'exécute toujours dans la direction d'avant en arrière, il ne peut jamais aboutir qu'à un saut périlleux en arrière.

9° *Saut de carpe.* — Le nom donné à ce genre de saut est particulièrement caractéristique. On fléchit les jarrets en avançant les genoux pour se laisser tomber le corps en arrière, les bras collés au corps, de manière à frapper le sol violemment avec les deux omoplates. A ce moment on repousse le sol avec les deux pieds, puis, les deux pieds retombant à terre, on redresse légèrement le corps en repoussant la terre avec le dos, la nuque et la tête, pour retomber de nouveau sur les omoplates, et ainsi de suite indéfiniment. C'est un mouvement exclusivement pratiqué par les clowns : il est comique, mais sans élégance. On le rend plus intéressant en faisant tourner une corde par deux confrères, de manière à ce qu'elle passe alternativement sous les omoplates et sous les pieds en suivant les contorsions du sauteur.

10° *La courbette.* — La courbette est la contre-partie du saut de carpe. Elle consiste à se jeter violemment en avant sur les mains, tandis que la partie inférieure du corps s'élève en l'air; en repoussant le sol avec les deux pieds. Puis, les pieds retombant à terre, les mains repoussent le sol, et ainsi de suite. C'est également un mouvement réservé aux clowns, qui l'agrémentent parfois du saut à la corde comme le précédent, et obtiennent ainsi un succès d'hilarité. Il est pourtant plus élégant que le saut de carpe, parce qu'il permet de déployer le corps en souplesse et de faire la feinte de l'équilibre sur les mains. Les sauteurs à terre s'en servent quelquefois comme prélude à une série de flip-flaps terminée par un saut périlleux.

11° *Le saut de lion*. — Le saut de lion (fig. 47) ne justifie son appellation que par le premier temps du mouvement, qui en effet rappelle l'allure d'un bond léonin. Le sauteur prend quelque peu d'élan, donne l'appel du pied, et s'élance en avant comme dans la courbette; mais, une fois le corps équilibré sur les mains, au lieu de revenir en arrière, il fait continuer aux jambes leur impulsion primitive de manière à aller retomber en avant sur le sol, les reins étant en souplesse. A ce

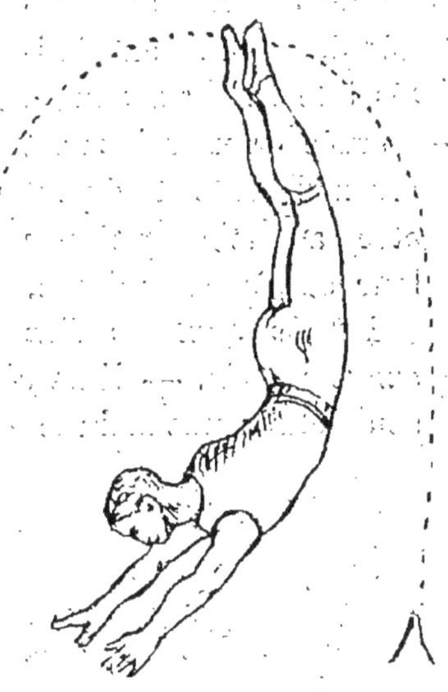

Fig. 47. — Saut de lion.

moment, il repousse le sol avec les mains, et se redresse à la station verticale. Le saut de lion est la contre-partie du saut de singe. Il s'exécute par-dessus des obstacles, par exemple une série de chaises, ou bien encore à travers un cerceau de papier. Les équilibristes le pratiquent parfois en l'écourtant, c'est-à-dire qu'au lieu d'achever la rotation en souplesse, ils demeurent en station sur les mains.

12° *Le saut de lion cambré* (fig. 48). — Le saut de lion

cambré est fort joli, mais demande une souplesse considérable dans les reins. Il faut pour le réussir arriver les bras parfaitement allongés, le corps bien déployé en souplesse, et toucher presque au même moment le sol avec les pieds, de manière à donner aux spectateurs l'impression d'une arrivée simultanée des quatre extrémités à terre. La secousse donnée aux reins est assez violente et ne peut être amortie que par leur extrême souplesse.

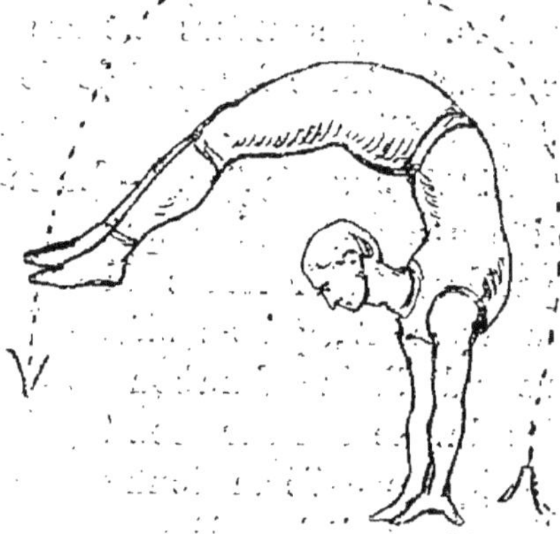

Fig. 48. — Saut de lion cambré.

13° *Le saut de lion sur une main*. — Il ne diffère des précédents que par un seul détail : une main seule porte sur le sol, l'autre restant collée au corps. Il exige également une souplesse peu commune. Ce sont surtout les sauteurs arabes qui me paraissent dignes d'admiration par la sûreté et la légèreté avec laquelle ils pratiquent les divers sauts de lion.

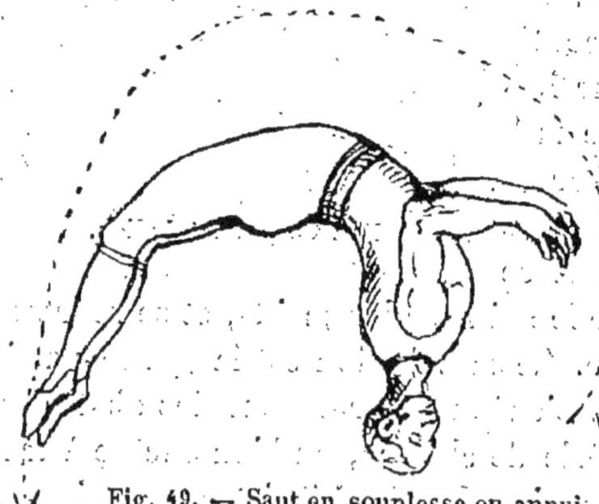

Fig. 49. — Saut en souplesse en appui sur la tête.

14° *Le saut de nuque*. — Le saut de nuque, uniquement réservé aux clowns, ressemble pour le premier temps au saut de lion; seulement, au lieu de porter les bras en avant, on les laisse collés au corps, et, au moment où il semble que la tête va porter sur le sol, on ramène le menton vers la poitrine, de sorte que c'est la nuque, ou, pour parler plus exactement, les muscles de la région cervicale qui amortissent la chute. Celle-ci se continue par une culbute, et on se retrouve debout à la station verticale.

Je rapprocherai de ce saut un autre assez analogue qui consiste à faire tourner le corps en souplesse en avant ou en arrière, en posant la tête sur le sol comme point d'appui (fig. 49).

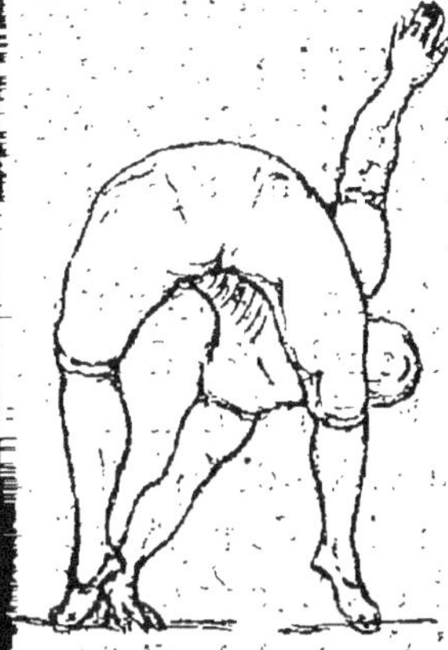

Fig. 50. — Rondade.

15° *La rondade.* — La rondade (fig. 50) est le mouvement appelé vulgairement la roue, que l'on voit exécuter par les gamins de la rue. Il ne présente pas une très grande difficulté, et n'est usité par les artistes que comme prélude à un saut périlleux.

16° *Le rigodon.* — Le rigodon (fig. 51) est un saut dont l'exécution exige deux personnes, un porteur et un cascadeur. Le porteur avance légèrement la jambe droite, et avec ses mains jointes forme une sorte d'étrier sur lequel le cascadeur appuie le pied droit. Le porteur soulève par un léger coup de reins le cascadeur, qui de son côté

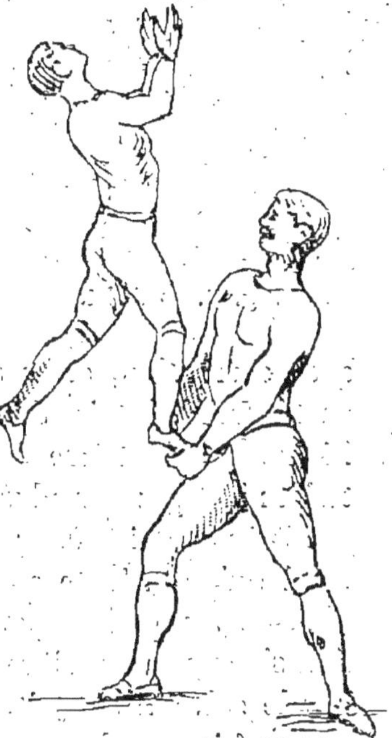

Fig. 51. — Rigodon.

donne le coup de tête en arrière destiné à lui faire accomplir sa rotation dans l'espace. Notez que chacun des deux exécutants doit se renfermer strictement dans ses attributions : le porteur cherche seulement à faire monter perpendiculairement le cascadeur, et ce dernier n'a d'autre préoccupation que de donner le temps dont dépend son évolution.

17° *Le twist.* — Le twist (fig. 52) (en anglais *twist* = contorsion) est un saut fort curieux et malaisé à définir. Il ressemble à la rondade par la direction donnée au corps, avec cette différence que les bras au lieu de reposer à terre, restent collés aux côtés et servent de balancier pour se donner de l'élan. De plus, au lieu d'évoluer en ligne droite, comme dans la rondade, on évolue en cercle, de manière que l'artiste qui exécute cinq ou six twists consécutifs revient à peu près à son point de départ après avoir décrit une circonférence dans l'arène. Le twist est un des sauts les plus difficiles à exécuter

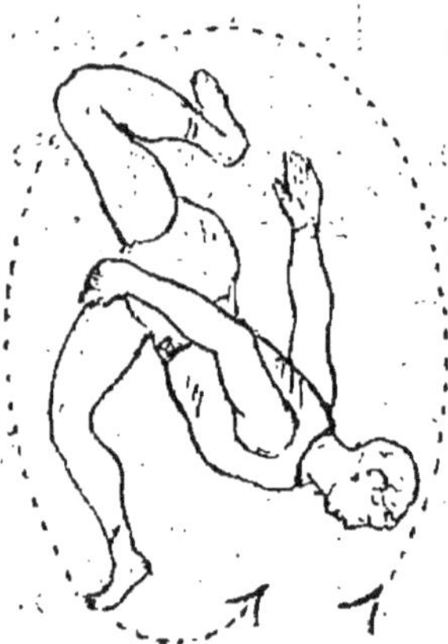

Fig. 52. — Twist.

avec correction, et ne souffre pas la médiocrité. Il fait partie du répertoire des Arabes, qui y excellent particulièrement; peut-être en sont-ils les inventeurs, car le twist n'est pas non plus sans analogie avec le saut arabe.

18° *Le saut à la banquette.* — Le saut à la banquette est celui qu'on exécute en prenant pour point d'appui une plate-forme quelconque élevée au-dessus du sol, et d'où l'on s'élance en arrière pour retomber en saut périlleux sur le sol. On conçoit, sans qu'il soit besoin d'insister sur ce fait, que la différence de niveau facilite singulièrement la rotation dans l'espace, et que plus cette différence est accentuée, plus il est aisé de tourner. Dans ce

genre de saut l'écueil est même précisément là tendance
à tourner plus qu'il ne faut pour retomber en équilibre
sur les pieds. L'excès d'élan vous expose, dans la rota-

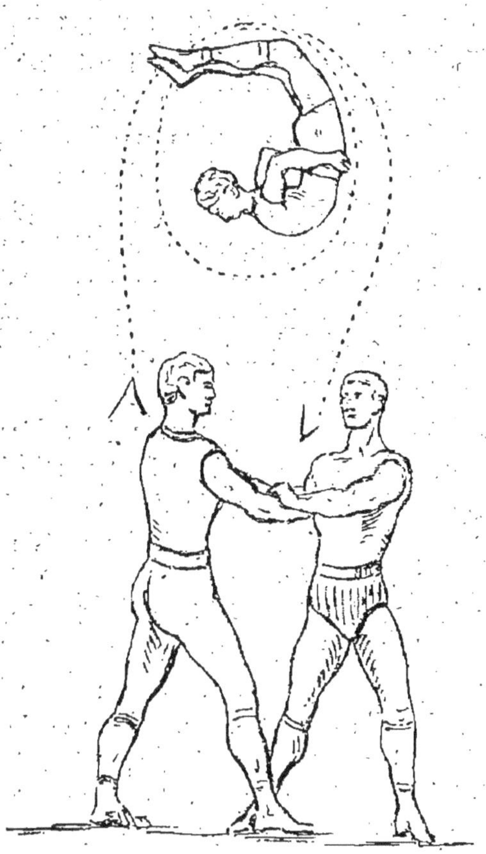

Fig. 53. — Saut à la banquette.

tion en arrière, à retomber sur le dos, et dans la rotation en avant à retomber sur la face, après avoir évolué
un tour et demi. Les sauteurs expérimentés savent cor-
riger l'élan par un coup de tête en avant ou en arrière,
suivant le cas. La banquette peut être représentée par les
épaules d'un porteur ou par les mains jointes *en chaise*

de deux porteurs (fig. 53). Le rôle du ou des porteurs est loin d'être inactif. Dans le premier cas, par une légère détente du jarret, dans le second cas en soulevant les mains croisées en chaise, les porteurs accompagnent le départ du cascadeur, et, faisant ainsi l'office d'un tremplin élastique, ils lui donnent une impulsion infiniment supérieure à celle qu'il pourrait devoir à la seule détente de ses propres jarrets, d'autant plus que les deux détentes se combinent ensemble pour produire un effet unique. C'est ainsi qu'à l'aide de deux porteurs ayant les mains jointes en chaise, le cascadeur, surtout si c'est un enfant, peut décrire un double saut périlleux, avant de retomber soit sur la banquette, soit plus généralement sur l'épaule d'un des porteurs. Le saut à la banquette ainsi pratiqué, est toujours d'un bel effet.

19° *Saut plongeant en arrière avec les tables.* — Tous les sauts que je viens d'énumérer font partie intégrante de l'éducation acrobatique, mais ils ne constituent pas à eux seuls ce qu'on appelle dans le jargon du métier *un numéro*. On les voit exécuter isolément par des clowns qui parfois les entremêlent de lazzi et de chutes comiques. Les grands établissements, et surtout les hippodromes, ont un personnel assez nombreux pour lancer simultanément dans la piste toute une troupe de sauteurs, les uns sérieux, les autres comiques, qui exécutent sur un vaste tapis toutes les variétés de sauts précités, chacun ayant sa spécialité de prédilection. C'est alors un véritable concours de légèreté où chacun, rivalisant avec le voisin, s'efforce de mettre en pratique la devise de Nicolet : « De plus fort en plus fort. » C'est un des spectacles les plus attrayants, mais que l'on voit rarement, parce qu'il est fort dispendieux, obligeant la direction à mettre en ligne quinze ou vingt artistes, qui en somme n'occupent l'attention du public que pendant la durée d'un numéro ordinaire. Il est à remarquer aussi que les sauteurs à terre ne jouissent que d'une célébrité ano-

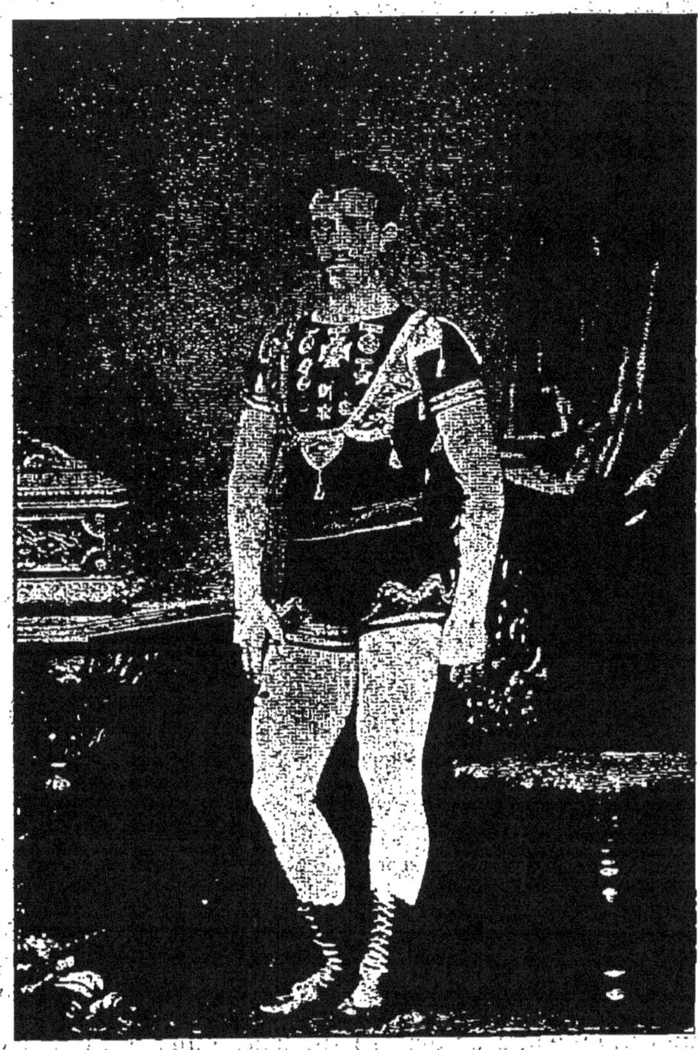

Phot. IV. — Nathan Jackley, le roi des sauteurs.

nyme, leur nom ne figurant même pas au programme, à
moins qu'ils ne rehaussent leur talent de quelque attrac-

tion accessoire, par l'emploi d'un appareil plus ou moins compliqué, ou qu'ils ne fassent partie d'une troupe d'acrobates en colonne ou d'icariens.

J'accorderai pourtant une mention spéciale à un sau-

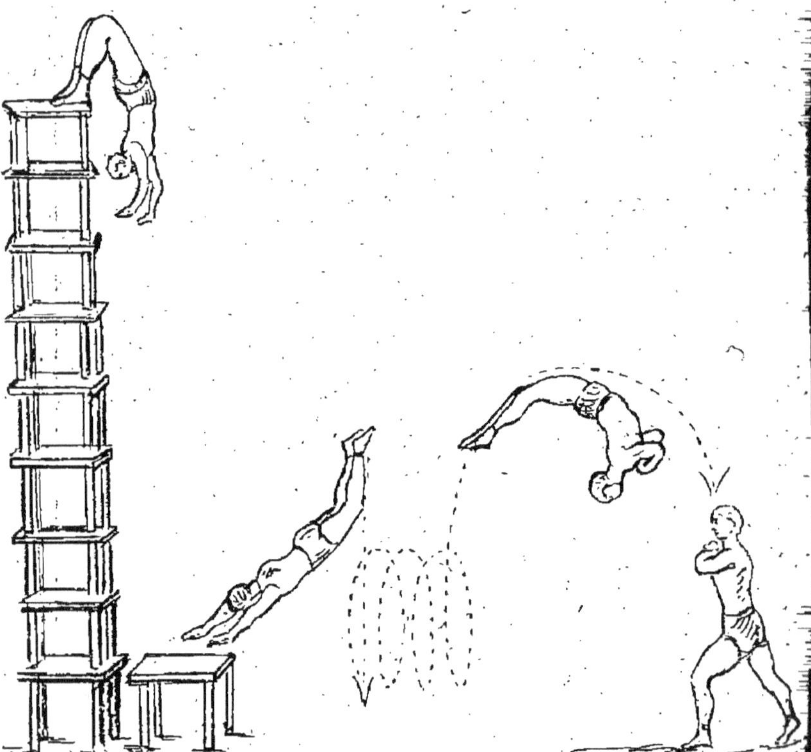

Fig. 54. — Le saut plongeant en arrière du haut de huit tables, par Jackley.

teur, Nathan Jackley (phot. IV), qui d'abord fit partie de la troupe russe Rosinsky, puis travailla pour son propre compte. Il s'était créé un numéro sensationnel par des sauts plongeants en arrière du haut d'une pyramide de tables. Il échafaudait l'une sur l'autre *huit* tables; une neuvième était placée en avant de la pyramide. Nathan Jackley (fig. 54) se hissait sur la plus haute des tables, se plaçait sur le bord extrême, face en arrière, puis il se

laissait partir en souplesse en arrière, la tête la première
dans le vide et les bras allongés en parade. Arrivé au bout
de sa chute, il posait les deux mains sur la table en sail-
lie, et, grâce à ce point d'appui, il
achevait son évolution pour revenir
sur les pieds. Puis, mettant à profit
l'élan, il continuait le mouvement par
une série de flip-flaps, terminée par
un saut périlleux cambré qu'il enlevait avec assez de ressort pour aller
retomber debout sur les épaules d'un
porteur posté à point nommé. C'est
là l'exercice le plus palpitant que
j'aie jamais vu, et c'est un miracle
qu'il ait pu être exécuté pendant une
longue série d'années sans accident.
J'ai perdu la trace de ce vaillant
acrobate, qui depuis quelques années
a dû se retirer de la scène.

20° *Le saut du plongeur.* — Le
saut du plongeur est un mouvement
à effet, mais sans grande valeur
gymnastique, car il est souvent réservé à des femmes, et qui termine
généralement un travail aérien. Un
des voltigeurs se fait hisser au plus
haut point du cirque, et là, se plaçant sur une petite estrade, ou sur

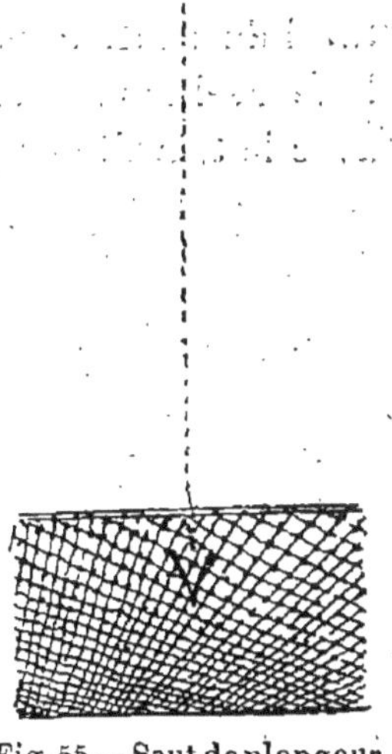

Fig. 55.—Saut de plongeur
en pointes de pieds.

une barre fixe, il se lance la tête la première dans l'attitude du plongeur qui pique une tête, avec cette différence
qu'au lieu de garder jusqu'au bout sa direction initiale,
au moment où il se voit à un mètre environ du filet qui
doit le recevoir, il donne un coup de tête en avant pour
tomber à plat sur le dos.

Le saut du plongeur se fait encore d'une autre manière. Le plongeur se pend par les pointes des pieds à une barre de trapèze et s'abandonne à l'action de la pesanteur, la tête en bas (fig. 55). Nous reparlerons de ce saut à propos de la voltige aérienne. Pour parler plus exactement, c'est une chute plutôt qu'un saut : il ne nécessite aucun effort musculaire, et il est admirable seulement par la hardiesse de l'exécutant, que le filet ne garantit pas toujours du danger. L'espace qu'on peut ainsi parcourir dans le vide ne dépasse guère dix-huit à vingt mètres, dont il convient encore de déduire la hauteur du filet au-dessus du sol.

On voit toutes les variations que l'art des acrobates a su broder sur ce thème en apparence si simple et si naturel du saut. Nous montrerons dans le chapitre suivant le merveilleux parti qu'il en a su tirer en le combinant avec le travail des pyramides.

CHAPITRE VIII

PYRAMIDES ET SAUTS EN COLONNE

On désigne sous le nom de pyramides (fig. 56) un travail acrobatique qui consiste à s'échafauder les uns sur les autres, les plus forts étant à la base et les plus légers au sommet. On a vu dans l'étude sur l'acrobatie à travers les âges qu'il était déjà fort goûté des anciens et pratiqué au moyen âge. Je l'ai vu maintes fois, en mon enfance, présenté par des saltimbanques nomades qui installaient leur tente de toile sur les champs de foire. Aujourd'hui, les sociétés de gymnastique s'y adonnent beaucoup, et il constitue une des principales attractions des fêtes et concours

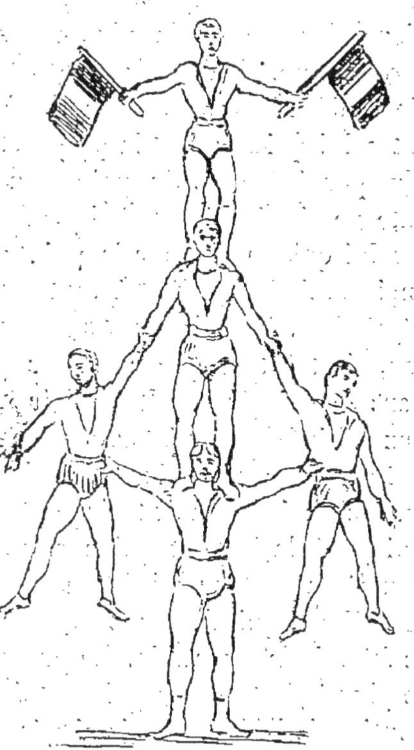

Fig. 56. — Les pyramides humaines.

qui ont lieu par toute la France. Mais, par cela seul que les amateurs exécutent ce numéro et l'exécutent parfois avec une habileté remarquable, les professionnels ont dû renoncer à le présenter en public sous sa forme simple et primitive. Ils l'ont renouvelé, transformé et singulièrement embelli, mais aussi rendu bien plus difficile en le combinant avec diverses sortes de sauts périlleux exécutés non plus sur le sol, mais des épaules d'un porteur à celles d'un autre. De là est né le travail des acrobates en colonne, que l'on appelle ordinairement sur les affiches les acrobates de tapis, ou même acrobates tout court. Ce dernier emploi exclusif de la qualification d'acrobates semblerait indiquer que l'on considère ce genre d'exercice comme la plus parfaite expression de l'art acrobatique. Et l'on n'a pas tort, car, avec les jeux icariens, dont il sera question plus loin, le travail en colonne est celui qui requiert la préparation la plus longue et la plus persévérante. Rappelons en passant que le mot acrobate ne signifie étymologiquement pas autre chose que : « celui qui marche sur la pointe des pieds », et que les anciens l'appliquaient à toutes sortes de baladins, chorégraphes, funambules et sauteurs de profession. En tout cas, c'est à tort que certaines personnes l'interprètent par : « celui qui marche en l'air », et il convient aussi bien aux saltimbanques à terre qu'aux voltigeurs aériens.

Le numéro d'acrobatie en colonne exige, pour être exécuté, un minimum de trois personnes, à savoir un porteur qui est à la base et qu'on appelle premier porteur, un deuxième porteur qui est en même temps sauteur, et un cascadeur, qui n'est que sauteur, et qui occupe toujours le faîte de la pyramide. Le premier porteur est toujours le plus âgé et le plus puissant des trois artistes : il est le soutien de l'édifice, mais n'exécute lui-même aucun saut. Ceci ne veut pas dire que n'importe quel homme fort pourrait remplir ce rôle. Ainsi un fort de la halle ne serait nullement apte à s'improviser porteur acrobatique, car la difficulté réside bien moins dans le poids que l'on soutient, qui ne dépasse guère 250 à 260 livres, que dans, le maintien de l'équilibre de la colonne, rendu plus précaire par les secousses occasionnées par les sauts du cascadeur. Tandis que le coltineur marche les jambes raides et comme ankylosées, le porteur acrobatique a toujours les jarrets légèrement fléchis, pour faire tremplin élastique lorsque le cascadeur doit s'élever, et rétablir l'équilibre quand il retombe. Aussi n'y a-t-il de bon porteur que celui qui a passé par toutes les étapes, qui a été cascadeur dans son jeune temps et qui, avec le déclin de l'agilité et l'augmentation de la force, est descendu (je parle ici sans métaphore) au rôle de porteur-sauteur, puis enfin à celui de premier porteur. Il faut qu'une longue pratique lui ait inculqué le sens instinctif des mouvements, pour qu'il puisse à chaque cascade aller se placer avec cette précision mathématique sous le centre de gravité de la colonne, et rectifier les défauts de position qui en entraîneraient la rupture.

Les porteurs acrobatiques se reconnaissent généralement à une tare professionnelle : ils ont les cartilages de l'oreille froissés et déformés par le frottement des pieds du cascadeur quand celui-ci retombe sur leurs épaules en rasant les deux côtés de leur tête. Quelques-uns, pour protéger leur pavillon auditif, se coiffent d'une calotte de soie noire qui, du reste, ne les garantit qu'imparfaitement. Mais la plupart ne prennent même pas cette précaution et s'endurcissent stoïquement à la douleur.

Le deuxième porteur est placé debout sur les épaules du premier. Il doit être capable d'exécuter tous les sauts périlleux en avant ou en arrière, en prenant pour point d'appui les épaules de celui qui soutient la colonne, et en même temps être assez fort pour enlever le cascadeur de terre avec les mains et le charger au temps sur ses propres épaules, voire même le dresser à la position de l'équilibre de mains à mains (fig. 57). Quant au cascadeur,

qui est le plus agile du trio, et qui est souvent un adoles-
cent de quinze à seize ans, il remplit
en quelque sorte le rôle de projectile
animé.

Il serait oiseux de discuter les mérites respectifs de chacun des trois exécutants. Chacun, dans sa partie, est
tenu de déployer des qualités peu
communes d'adresse, de précision,
d'énergie, de sang-froid et d'endurance. Le rôle du premier porteur est
plus pénible, celui du cascadeur plus
périlleux; celui du porteur-sauteur est
peut-être le plus délicat, à cause de sa
nature hybride.

On n'a pas idée, lorsqu'on n'a pas
assisté aux répétitions des artistes, de
la somme de travail et de courage qui
est nécessaire pour arriver à exécuter
avec cette apparente aisance, que l'on
trouve si naturelle à la scène, des cascades dont chacune est une combinaison admirable de force musculaire,
d'art raffiné et d'intrépidité. Avant de
paraître en public, le sourire aux lèvres, vous ne savez pas combien ces
pauvres acrobates ont sué, peiné,
ahanné; combien de répétitions infruc-
tueuses ont préparé l'acquisition d'un
talent chèrement acheté; combien de
chutes souvent graves, toujours pénibles, ont été le prix de leurs premiers

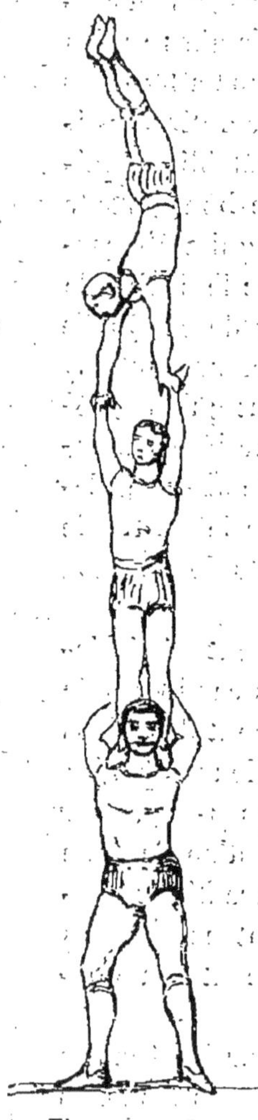

Fig. 57. — Casca-
deur en équilibre
au sommet de la
colonne.

essais. Si vous voulez vous en rendre compte, Messieurs
les amateurs, faites seulement monter quelqu'un debout
sur vos épaules, ou vous-mêmes exécutez cette ascension

sur celles d'une autre personne. Vous verrez avec quelle gaucherie vous accomplirez ce mouvement tout à fait élémentaire. Et pourtant vous êtes forts aux poids et vous travaillez avec quelque virtuosité aux appareils. Les difficultés du travail des sauts en colonne sont telles que lorsqu'une troupe se disloque et se reforme avec d'autres sujets, c'est presque un nouvel apprentissage à faire, tout expérimentés que soient les nouveaux associés, pour régler leur travail et se mettre d'accord. Quelques livres de plus ou de moins chez l'un ou l'autre déconcertent toute l'harmonie de l'ensemble.

Aussi rien n'est-il plus intéressant qu'une répétition acrobatique. C'est à la fois plus et moins que le travail sur la scène : moins par l'absence du décor, des costumes, de la musique, de la lumière, des applaudissements ; plus, parce que là seulement on se rend un compte exact de la difficulté vaincue, et, en voyant décomposer les mouvements, on les apprécie à leur juste valeur. Pour essayer un saut périlleux du deuxième étage au premier, le cascadeur s'adapte à la taille une ceinture de sûreté dont la ficelle passe à une poulie accrochée à quelque traverse élevée et est manœuvrée par un assistant qui en tient l'extrémité. Lorsque le cascadeur tombe en avant ou en arrière des épaules du porteur, — et dans les commencements c'est presque toujours le cas, — l'assistant raidit la cordelette ; et le sauteur reste accroché comme une grenouille au bout d'une ligne. Ce n'est que lorsque ce dernier est absolument sûr de son mouvement mille fois répété, qu'il renonce à la garantie de la corde. L'assistant se tient alors à côté pour parer au besoin une mauvaise chute. S'il est déjà très méritoire de faire un beau casse-cou sur la terre ferme, combien plus périlleux devient le saut exécuté sur cette mince plate-forme de départ et d'arrivée que lui fournissent les épaules du porteur, avec la préoccupation d'éviter l'écueil de la tête ! Aussi quand

vous verrez présenter un beau travail d'acrobatie en colonne, ne ménagez pas aux artistes vos applaudissements.
Tenez pour certain qu'ils les ont bien mérités.

Les figures que peut composer une troupe de sauteurs
sur les épaules sont très variées, et cette variété s'accroît
encore si, au lieu d'être trois, ce qui est, je l'ai dit, le
nombre minimum, les artistes sont cinq ou six. Comme
nous ne prétendons pas faire un manuel
pour les gens de métier, qui n'ont nul
besoin de nos conseils, nous nous conten-
terons de signaler à nos lecteurs les cascades les plus sensationnelles.

Nous avons déjà indiqué plus haut celle
qui consiste dans l'équilibre du cascadeur
sur les mains du deuxième porteur avec
montée en un seul temps en partant du
sol. La figure ci-contre représente la colonne détachée (fig. 58). Au signal donné
par le soutien de colonne, le deuxième
porteur part en avant en casse-cou pour
retomber sur le sol, tandis que le cascadeur part en saut périlleux en arrière pour
retomber sur les épaules du porteur, et

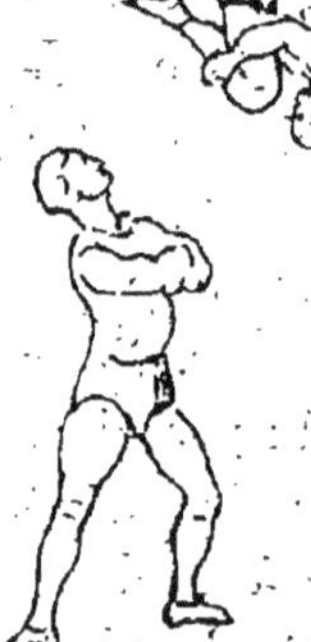

Fig. 58. — Colonne
détachée avec saut
en avant du 2º por-
teur et saut en ar-
rière du cascadeur.

de là, par un nouveau saut périlleux en
arrière, sur le sol. Le signal pour détacher la colonne se donne sans parole, ou
pour mieux dire s'imprime par une simple secousse
d'épaule, qui se communique de bas en haut de l'édifice.

Une des figures les plus originales et les plus inatten-
dues est la colonne brisée (fig. 59). Les trois artistes, étant
en pyramide, se laissent partir en avant, et, au moment où
ils vont toucher le sol, se détachent les uns des autres et
achèvent leur mouvement par un saut de nuque. Les
Stebbing ont fait la colonne brisée à quatre ; toutefois le
quatrième se faisait hisser à son poste par une poulie.

Sans l'aide de ce secours, la montée au troisième étage compromet l'équilibre déjà si instable de la colonne. Pourtant, après les Stebbing, les Craggs et dernièrement les Yuliam's l'ont exécutée ; mais il convient de remarquer que le chef de colonne était un enfant.

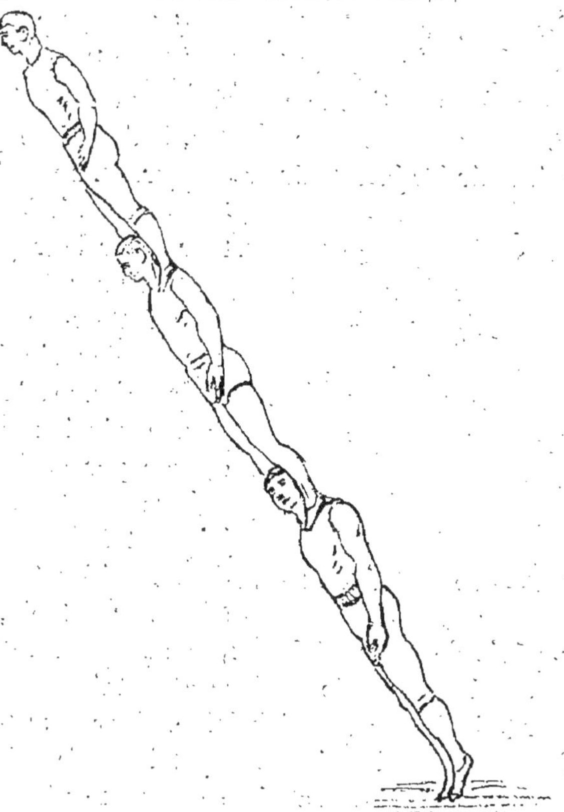

Fig. 59. — La colonne brisée.

On augmente la difficulté, mais non l'effet de cette cascade, en se laissant choir en arrière. Au moment où il semble que les trois artistes vont tomber à plat dos sur le sol, ils se détachent en faisant demi-pirouette, mettent les mains en parade, et achèvent le mouvement par un saut de nuque.

Moins dangereuse, mais plus difficile, est la reconstitution de la colonne brisée (fig. 60). Pour y arriver, les trois artistes se couchent horizontalement à la suite l'un de l'autre la face contre terre, les pieds contre les épaules, comme dans la station debout. Puis le premier porteur se redresse sur ses jambes en saisissant les jarrets du deuxième porteur, qu'il attire à lui jusqu'à ce que celui-ci se retrouve en station sur les épaules du soutien de colonne. En exécutant cette montée, le deuxième porteur a dû maintenir les jarrets du cascadeur, et, une fois affermi à son poste, il l'attire à son tour pour le replacer debout sur ses épaules, aidé dans cette manœuvre par un coup de main du soutien de la colonne, laquelle se trouve ainsi reconstituée comme par enchantement.

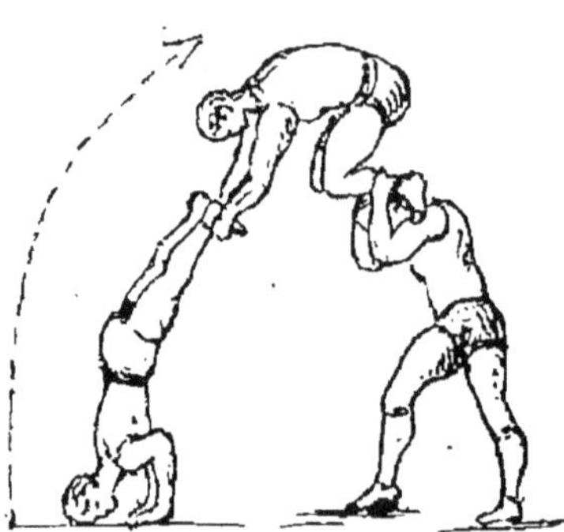

Fig. 60. — La colonne reconstituée.

Les acrobates en colonne joignent à leurs exercices de pyramides des séries de sauts sur le tapis, des flip-flaps suivis de sauts périlleux, et autres évolutions analogues, qui font partie de leur répertoire, tandis que le porteur principal reprend haleine. Pour leur travail, ils ont, outre le grand tapis ornemental que l'administration étale sur la sciure de la piste ou sur le plancher de la scène, un grand matelas de feutre large d'environ 2^m,50 et long de 7 ou 8 mètres, destiné à amortir les chutes.

Le type le plus accompli du travail des acrobates en colonne à trois est celui que présentaient, il y a une vingtaine d'années, les frères Wilson, artistes américains dont le talent était en plein épanouissement vers 1884-85. Ils avaient en outre un second numéro, par les barres fixes ; mais leur triomphe était l'acrobatie de tapis. Le porteur était un homme d'une force et d'une musculature peu communes. Parmi les combinaisons ingénieuses qu'ils avaient imaginées, je citerai le truc sensationnel qui suit et que je n'ai pas vu renouveler depuis. Deux petites banquettes étaient fixées l'une à une hauteur de 2^m,50 du sol, l'autre à une hauteur de 4 mètres. Le soutien de colonne allait se placer d'abord sous la première, d'où le deuxième porteur lui retombait par saut périlleux en arrière sur les épaules. Ensuite la colonne à deux se plaçait sous la seconde banquette; le cascadeur se lançait dans le vide du haut de celle-ci et, par une manœuvre analogue à la précédente, retombait sur les épaules du deuxième porteur (fig. 61). Notez que ledit cascadeur était un garçon de vingt-deux à vingt-cinq ans, et qui devait peser au moins 65 kilos. Ce mouvement d'une hardiesse sans égale était dignement terminé par la colonne brisée.

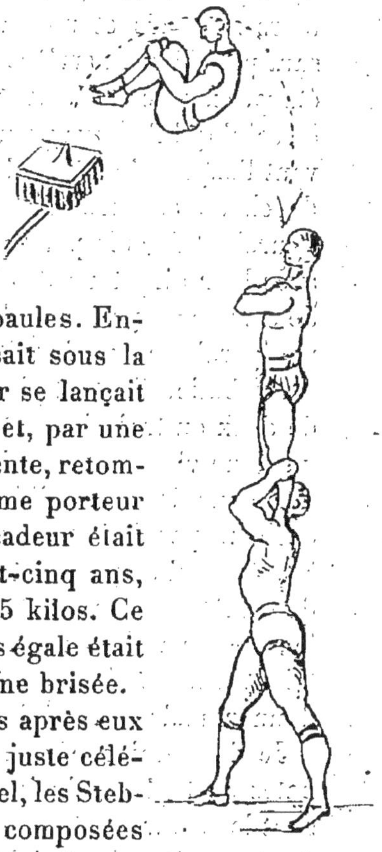

Les Wilson ont disparu. Mais après eux d'autres troupes ont joui d'une juste célébrité, les Mansuy, les Bourbonnel, les Stebbing. Toutes ces troupes sont composées d'éléments cosmopolites, qui n'ont d'autre lien que le lien professionnel, et ne sont nullement apparentées par le sang. Leurs noms mêmes ne sauraient faire illusion sur leur provenance. Ainsi je citerai encore les Glinceretti, acrobates allemands, malgré leur patronymique à désinence italienne, et les Montrose, dont l'appellation française dissimule une origine tudesque.

Fig. 61. — Les Wilson. Saut de la banquette aérienne sur les épaules du 2e porteur.

Avec cette tendance naturelle à tout amplifier, les troupes de sauteurs en colonne sont actuellement presque toujours composées de cinq personnes (quand ce n'est pas davantage) : deux premiers porteurs, deux porteurs-sauteurs et un cascadeur. Ce dernier exécute le saut périlleux en arrière d'épaules à épaules au deuxième étage, exercice tellement audacieux qu'on peut bien dire de celui qui l'essaya pour la première fois, qu'il avait, suivant l'expression énergique d'un poète ancien, « un cœur de chêne entouré d'un triple airain ». Les Héras, qui figuraient dans le personnel de Barnum, et qu'un démêlé avec leur directeur conduisit naguère devant le tribunal de commerce pour une demande en dommages et intérêts, me paraissent avoir dit le dernier mot dans ce genre d'acrobatie, d'autant plus que leur troupe est agrémentée de deux ou trois jeunes porteuses et même cascadeuses, que leur vigueur musculaire permet difficilement de ranger dans le sexe faible, bien que leurs attraits ne les excluent pas du beau sexe. Malheureusement, leurs robes à traîne qui se profilent dans l'espace comme des queues de comètes font un effet grotesque, que les *smokings* de leurs compagnons ne rachètent nullement. Il faut tout le talent transcendant dont ils sont doués pour faire pardonner, mais non oublier, le *ridicule* de cet accoutrement.

Je donnerai une mention à part à une troupe d'acrobates de tapis exclusivement composée de femmes : ce sont les sœurs Daïneff (phot. V), d'origine belge, si je ne me trompe. Elles méritent d'être applaudies sans qu'il soit besoin pour cela de faire appel à l'indulgence qu'on accorde généralement au travail féminin.

Les Héras sont des Allemands. En acrobatie comme ailleurs, l'article allemand devient envahissant. Pourtant jadis c'était l'école piémontaise qui détenait le record dans ce genre de travail, et le professeur Zucca ne nous laisse pas ignorer qu'il y a à Turin une véritable école

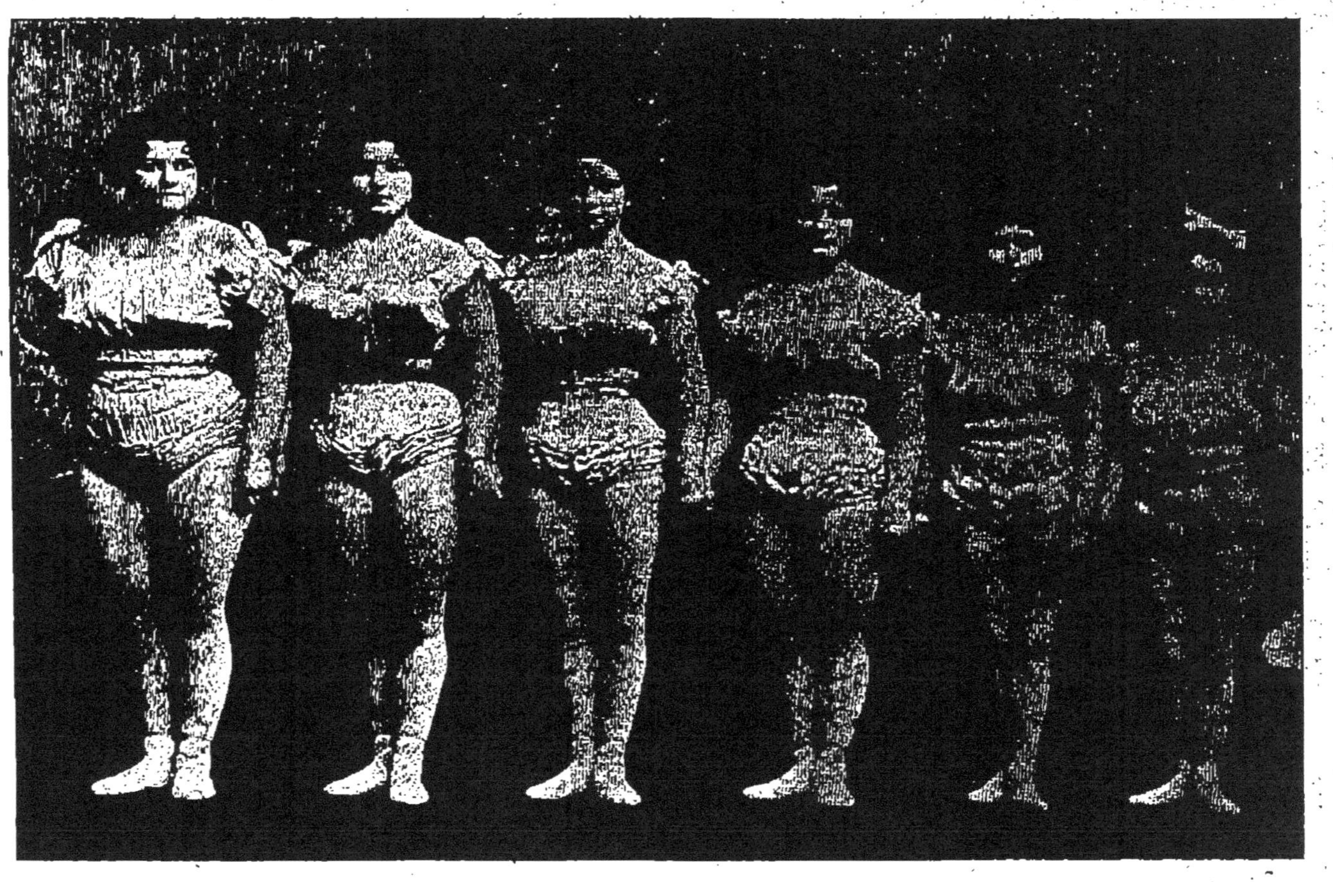

Phot. V. — Les sœurs Daïneff, acrobates du tapis.

où s'opère la sélection et se forment les troupes, parmi lesquelles il cite les Carpini, les Chiesa, les Picchiani; j'en passe... et des meilleurs.

Faut-il mentionner dans ce chapitre ou réserver pour celui des jeux icariens l'incomparable compagnie australienne des Craggs? J'ai déjà cité un de ses membres à propos des sauts cambrés en arrière de pied ferme. Pour les sauts sur les épaules ils sont sans rivaux, et quand on les voit dans le travail icarien, qu'ils pratiquent, mais non exclusivement, on se demande si, en se spécialisant dans ce dernier genre, ils n'eussent pas éclipsé peut-être les rois de l'icarisme, les Scheffer, les Bonhair, les Kremo. Tel qu'il est, leur numéro est une des grandes attractions acrobatiques de l'époque. Ce dut être certes un jour mémorable pour les passagers du transatlantique qui les amenait de Sydney en Europe, que celui où, profitant d'une mer calme et d'un beau temps, ils exécutèrent sur le pont du navire, entre le ciel et la mer, le plus merveilleux répertoire dont l'océan Pacifique ait jamais été le théâtre.

CHAPITRE IX

LES ATHLÈTES DU TAPIS

On appelle athlètes du tapis des gymnastes qui exécutent un travail de pure force, sans aucun saut ni élan, et qui cependant ne font usage ni de poids ni d'appareils quelconques. Ils sont désignés sous cette dénomination caractéristique par opposition aux manieurs de poids, qui se servent d'un petit plancher portatif sur lequel ils laissent tomber brusquement leurs haltères, et dont l'utilité est double : ménager le plancher de la scène sur laquelle ils travaillent, et donner au public une idée *sonnante* de l'authencité de leurs poids. Les athlètes dont nous parlerons en ce chapitre se contentent du tapis dont l'administration a coutume de rehausser la piste pour les exercices où les chevaux ne figurent pas.

Le travail des athlètes du tapis est digne d'admiration à bien des égards. Aucun ne fait mieux valoir une belle musculature et ne donne plus de relief à la beauté plastique. D'autre part, il a cette particularité précieuse de combiner à la fois un travail de poids, mais où les poids sont remplacés par le corps d'un des deux exécutants, — ce qui fait infiniment plus d'effet et ne laisse place à aucun scepticisme sur la réalité du tour de force, — et un travail de gymnastique aux agrès, mais où le point d'appui, au lieu d'être une barre ou des anneaux, est fourni par les bras du porteur. Ajoutons qu'il a encore un grand avantage : c'est qu'il dispense les artistes d'un matériel coûteux et encombrant, dont le montage est compliqué et le transport dispendieux. Les athlètes du tapis peuvent voyager sans surcroît de bagages avec leurs seuls costumes de scène, dont l'austère simplicité, faite d'un maillot largement échancré aux épaules, met en relief leurs avantages physiques, sans occasionner de grands frais. Enfin ils n'ont pas besoin, pour déployer leur talent, d'une vaste scène ou de la coupole aérienne d'un hippodrome. Le plus petit café-concert peut leur donner asile sans diminuer en rien le prestige de leur numéro. Les mouvements dont ce dernier se compose sont tout à fait de la gymnastique éducative, et, malgré leur valeur, ne sont nullement inaccessibles aux amateurs. Ainsi j'ai vu, aux soirées du cirque Molier, un spécimen de ce travail, présenté par MM. Fournier et Lafont, qui, pour n'avoir pas la perfection exigée des professionnels, ne laissait pas de témoigner chez les deux gymnastes qui l'avaient abordé de véritables aptitudes acrobatiques. Pour toutes ces raisons, on comprendra la haute estime dans laquelle nous tenons ce genre de performance, et, bien qu'elle n'assure pas à ceux qui y excellent une célébrité aussi bruyante ni des émoluments aussi élevés que la voltige aérienne ou les jeux icariens, j'ai cru devoir néanmoins lui consacrer un chapitre spécial.

On a déjà marqué cette tendance qu'ont les divers genres acrobatiques à sortir de leurs limites et à empiéter les uns sur les autres. Le travail des athlètes du tapis n'a pu échapper à cette loi et rester dans sa pureté primitive. Il s'est enrichi, mais non perfectionné, par l'adjonction d'exercices empruntés à d'autres répertoires. Nous l'examinerons d'abord sous sa forme la plus simple, la plus exempte d'alliage, en citant deux ou trois noms qui nous ont paru les plus dignes d'attention. Énumération très incomplète sans doute, dans une branche de l'art qui compte tant de représentants distingués !

Deux de nos compatriotes se sont taillé dans le tapis

(pardon de la métaphore!) un fort joli succès. L'un d'eux

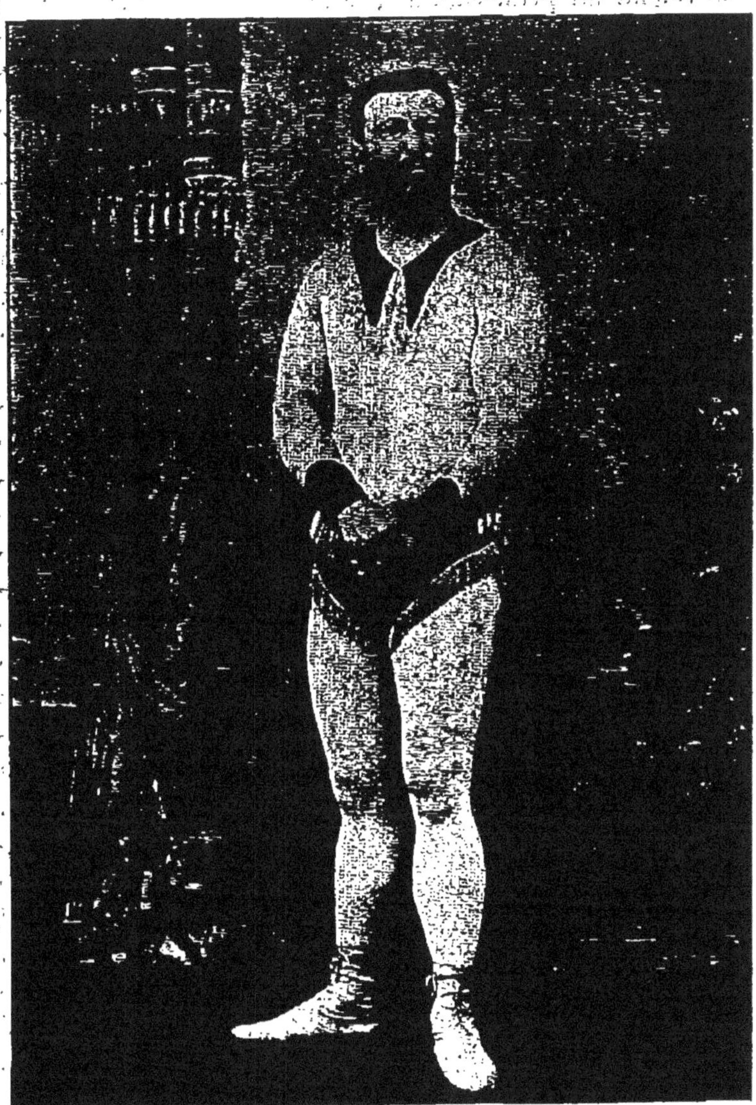

Phot. VI. — Bonnes, athlète du tapis.

est un des plus remarquables champions de la force,

Bonnes (phot. VI), qui s'est malheureusement ôté, en devenant un professionnel, le droit de disputer les prix dans les concours d'amateurs. Heureusement qu'il y a déjà donné sa mesure et établi des records jusque-là inconnus pour l'enlèvement des poids. Il s'est adjoint un gymnaste *di primo cartello*, Payen, avec lequel il exécute son numéro extraordinaire sur les scènes étrangères sous la rubrique de *fratelli* Bonnes, *alias : brothers* Bonnes, ou, suivant le cas, *hermanos* Bonnes, en attendant qu'un changement de région en fasse les *Gebrüder* Bonnes ou *bratya* Bonnes. Ils travaillent actuellement sous la rubrique « les deux Arlequins ».

On doit toujours se défier de ces fraternités acrobatiques : elles ne comportent aucun degré de parenté et ne constituent un droit quelconque à l'hérédité. Il y a toutefois dans ces associations un écueil à éviter : c'est une trop grande disproportion de taille entre l'aîné et le cadet, ou, si vous le préférez, entre le porteur et le gymnaste. Sous ce rapport, nous n'avons pas vu de couple mieux assorti que les frères Serra (phot. VII), qui passèrent il y a quatre ans sur la scène de la rue Richer, tous deux presque de même taille, d'un développement musculaire égal, au point de faire douter à leur entrée en scène lequel des deux serait le porteur et lequel le porté. Ils débutaient par une valse sur les mains, marquaient chacun l'équilibre d'un bras, et seulement alors commençaient à accuser leurs rôles distincts. C'est ainsi que l'un d'eux *dévissait*[1] six fois de suite son camarade en planche. On conçoit combien ce tour de force eût perdu de sa valeur si celui qui jouait le rôle d'haltère humain avait été un gringalet à côté de celui qui le poussait à bout de bras. L'idéal d'un numéro de ce genre serait celui où chaque exercice serait répété en intervertissant les rôles. C'est

---

1. Le dévissé est un truc qui consiste à pousser un poids avec un seul bras en inclinant le corps de côté.

malheureusement un rêve presque irréalisable, et en tout

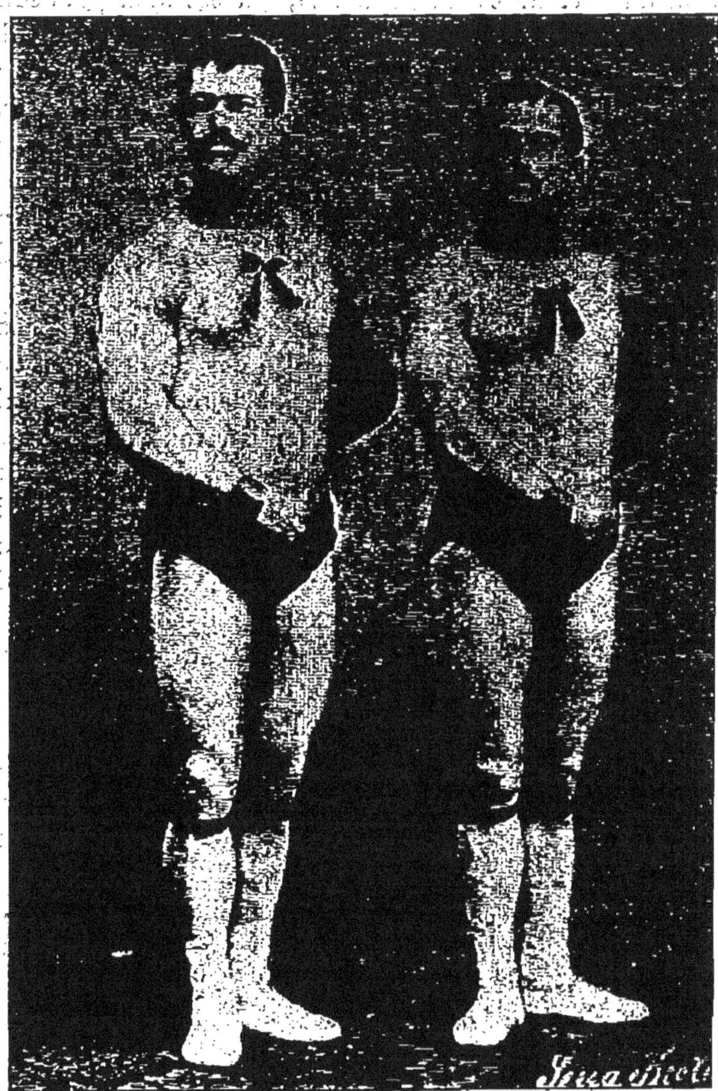

Phot. VII. — Les frères Serra, athlètes du tapis.

cas irréalisé jusqu'ici. Si l'on pouvait faire une critique

au numéro des Bonnes, c'est précisément la disproportion du porteur et du gymnaste, qui est bien plus sensible que celle qui différencie les Serra. Ce défaut est du moins compensé par la difficulté des figures et la perfection irréprochable de l'exécution. J'en citerai deux surtout : l'une (fig. 62) est le saut en profondeur avec le gymnaste en équilibre de mains à mains, et l'autre est la croix de fer de mains à mains redressée à la position de l'équilibre (fig. 63).

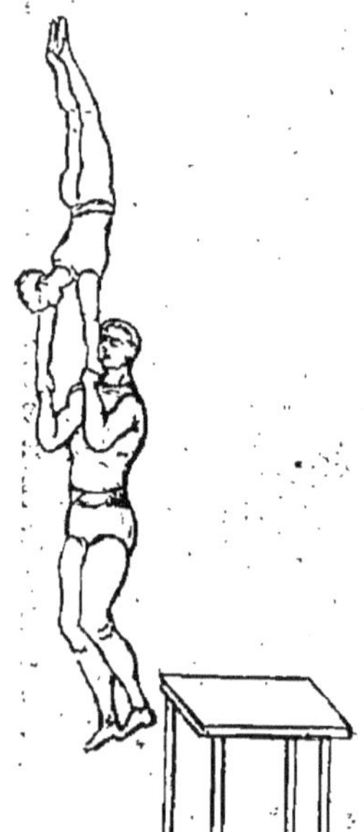

Fig. 62. — Saut en profondeur avec le gymnaste en équilibre de mains.

Contrairement à ce qui se passe dans le numéro des acrobates en colonne, où le porteur a dû nécessairement passer par toutes les étapes avant d'être soutien de la pyramide, pour le travail des athlètes du tapis il n'est pas indispensable que le porteur soit un gymnaste, comme le prouve l'exemple des Attab et des Bonnes; mais il est préférable que les deux artistes soient également gymnastes. Ils pourront alors exécuter des figures plus variées, et l'effet du travail sera bien plus saisissant. Au surplus, les mouvements de force exigés du gymnaste se bornent à trois : la planche libre, l'équilibre de mains et l'établissement simultané. Son répertoire ne comporte ni sauts ni mouvements d'élan.

Les Welton (artistes allemands, en dépit de leur patronymique à forme anglaise) peuvent également compter parmi les rois du tapis. Voici quelques-unes de leurs attractions :

1° Le porteur se place à la station verticale, la jambe gauche légèrement en arrière pour faire contrepoids, les bras dressés en arrière, à demi fléchis, les paumes retournées (fig. 64). Le gymnaste s'établit en prenant les mains du porteur pour point d'appui, par un simultané d'une lenteur admirable, et continue le mouvement par la montée de l'équilibre en force (fig. 65). Après avoir marqué ce dernier un certain temps, il redescend à la planche libre, revient à l'appui tendu, et termine par la descente en force du simultané.

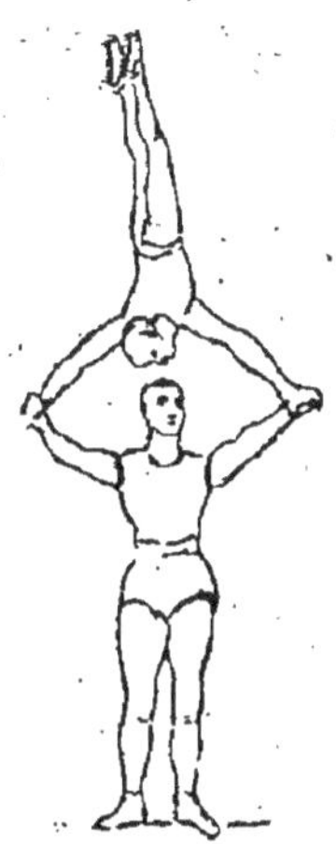

Fig. 63. — La croix de fer de mains à mains redressée à la position de l'équilibre.

2° Le même établissement s'exécute aussi dos à dos. Les mains du porteur et celles du gymnaste étant enlacées, le premier exécute une sorte de circonduction des deux bras pour arriver à les élever au-dessus de sa tête, en maintenant toujours le gymnaste à l'appui tendu. Arrivé à ce point, ce dernier dégage les jambes en arrière, marque la planche libre (fig. 66), l'équilibre et revient en force au point de départ.

Un des rois de la beauté plastique est certainement Bobby Pandour, et il a trouvé dans Wladimir Poppescu un associé digne de lui. Ils ont composé à eux deux un numéro digne de tout éloge et que je ne me lasserais pas de voir reparaître sur nos scènes parisiennes. Jamais peut-être on n'a vu un spectacle plus satisfaisant au double point de vue esthétique et acrobatique. Jamais couple de gymnastes ne fut mieux assorti, car Poppescu ne le cède en rien à son associé pour la beauté des muscles et l'harmonie des formes. Leur travail (fig. 67) s'écarte un peu de la simplicité du type primitif, car ils se servent d'une estrade pour

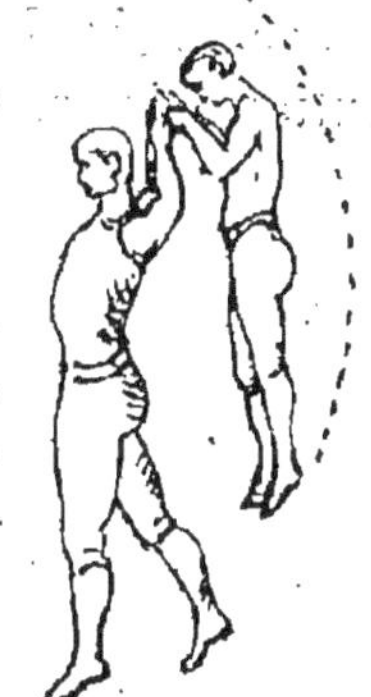

Fig. 64. — Établissement simultané de face sur les mains du porteur continué par l'équilibre de mains.

se mettre en relief, et cette estrade est munie d'un double escalier destiné aux
montées et aux descentes
sur les mains. Tous deux
en effet sont excellents
chirobates (du grec *cheir*
= main, et *batès* = qui
marche), et l'un d'eux
exécute même la descente
en portant sur les semel-
les de ses cothurnes un
petit plateau sur lequel
s'échafaude une gigan-
tesque lampe allumée.
Ils font aussi la montée
et la descente en équili-
bre de mains à mains.
Un de leurs exercices les
plus simples en appa-
rence, mais dont l'exé-
cution demande peut-

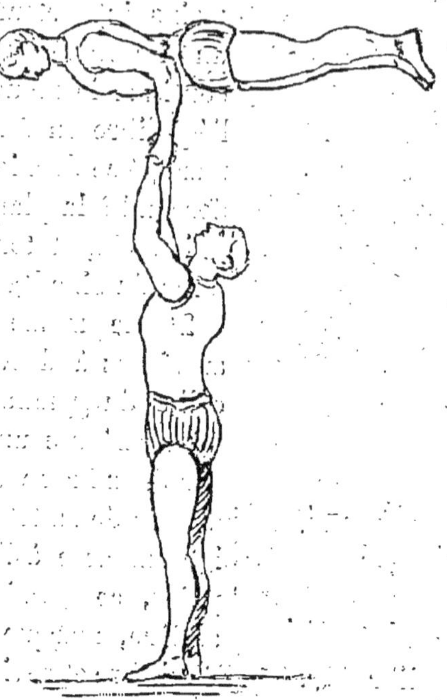

Fig. 65. — Planche libre de mains à mains.

être le plus de force, est le suivant :
Poppescu se couche à plat ventre ;
Bobby Pandour le prend à deux mains
par la ceinture, le soulève avec autant
d'aisance qu'il ferait d'une légère planche de bois, le tient à bras tendus comme
un fusil au port d'armes, le fait chavi-
rer à droite et à gauche comme s'il ma-
niait une poupée en baudruche, et non
un athlète de soixante-dix kilos. Enfin
Bobby Pandour enlève un équilibre de
mains sur deux échelles jumelles, et soutient par la mâchoire un bicycle sur lequel

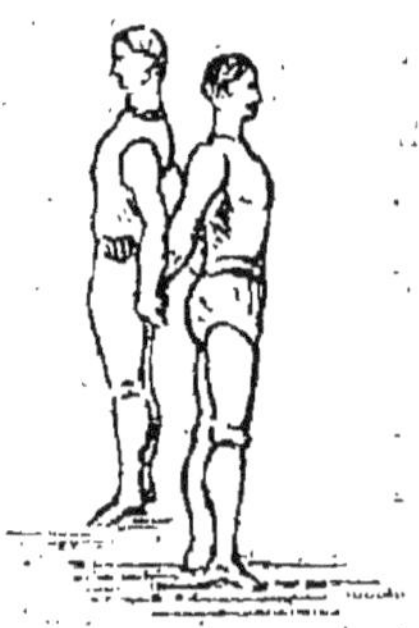

Fig. 66. — Simultané
dos à dos par cir-
conduction des bras
du porteur.

son associé, confortablement assis, pédale dans le vide.

L'escalier est un accessoire dont se servent assez volontiers les athlètes du tapis. Les Braatz, par exemple, font sur un escalier la montée et la descente en équilibre de tête à tête, ou en équilibre d'une main sur la tête du porteur. Ces deux derniers exercices nous reportent au travail des équilibristes, et l'on peut se demander dans

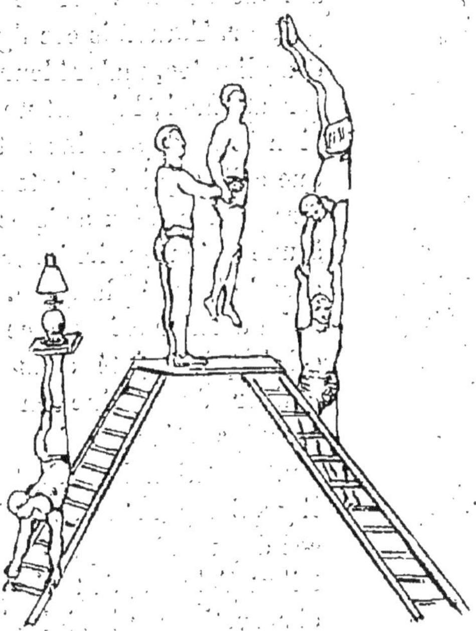

Fig. 67. — Les Bobby Pandour.

laquelle des deux catégories il convient de ranger les Braatz ainsi que les Pantzer, dont le numéro est à peu près identique.

Quelques troupes font aussi usage de barres à sphères, creuses bien entendu, et d'un poids indéterminé. Tels sont, par exemple, les Baltus, athlètes hollandais, dont la figure (fig. 68) ci-contre représente un tour de force assez compliqué. Ces artistes, qui figuraient naguère au cirque Medrano, sont au nombre de quatre. Le premier porteur, courbé en deux, porte sur son dos le deuxième porteur, en position icarienne. Celui-ci soutient sur les plantes des pieds une barre à sphères sur laquelle le troisième gymnaste prend l'équilibre de mains, tandis que le quatrième est en équilibre sur une autre barre à sphères tenue à bout de bras par le deuxième porteur. Toutefois ces figures très compliquées, malgré leur caractère sensationnel, laissent une impression beaucoup moins satisfaisante que celles qui s'exécutent à deux, lorsque les deux artistes joignent à une exécution irréprochable une grande beauté plastique.

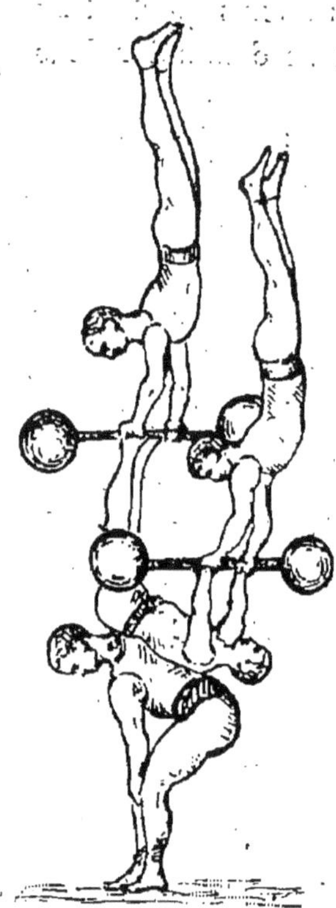

Fig. 68. — Les Baltus.

Le dernier *cri* dans ce genre est celui qu'ont jeté dans la saison d'hiver du Casino en 1902 les incomparables petits Uessems, dont la nationalité m'est inconnue. Il y a lieu pourtant, en décernant à ces deux enfants prodiges un juste tribut d'éloges, de tenir compte des observations physiologiques qui ont été présentées au chapitre IV sur les athlètes lilliputiens. Chacun des mouvements qui composent leur numéro sans précédent mériterait une description particulière. J'en cite deux au hasard, mais les autres, que je passe sous silence, ne sont pas moins extraordinaires.

1° Le porteur fait l'équilibre de mains sur deux échelles jumelles mobiles (fig. 69), en tenant dans les dents l'extrémité d'un trapèze; le gymnaste se suspend à ce trapèze, exécute le simultané en force, et enlève l'équilibre en planche.

2° Le porteur ramasse le gymnaste avec une seule main, l'enlève à la volée; celui-ci exécute la planche

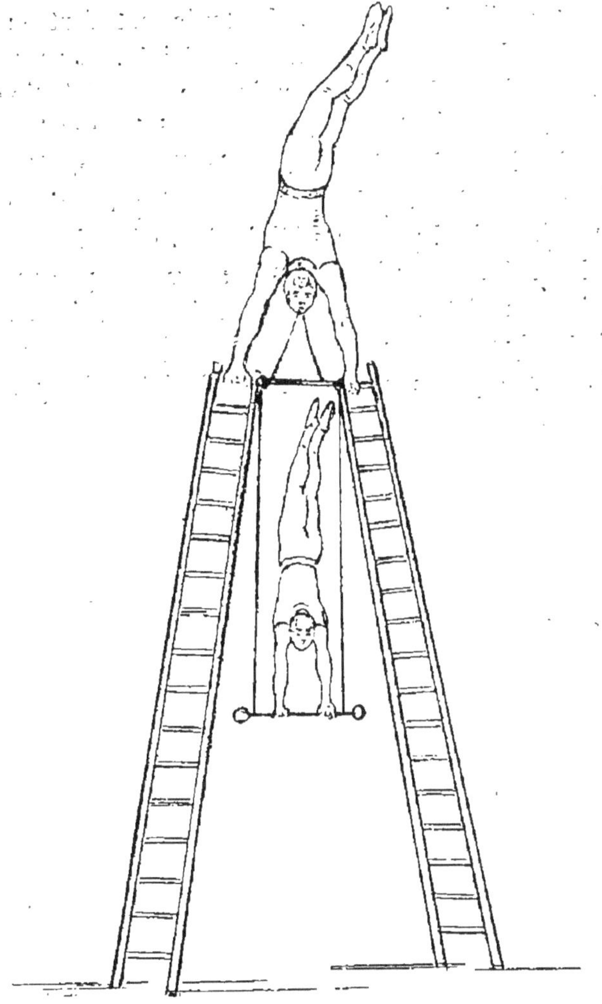

Fig. 69. — Les petits Uessems. Double équilibre sur les échelles
et le trapèze.

libre au bout du bras du porteur, et termine son mouvement par un équilibre monté en planche.

Nous ne pensons pas qu'il soit possible de faire produire à la machine humaine un effort musculaire plus prodigieux.

Le travail des athlètes du tapis est fort en vogue aujourd'hui, et cette faveur est méritée. Durera-t-elle? c'est ce qui est difficile à prévoir, car, en acrobatie comme ailleurs, la mode règne en tyran capricieux et inconstant qui brise le lendemain ses favoris d'un jour. Témoin les trois barres fixes, qui firent fureur il y a quinze ans et sont aujourd'hui presque délaissées. C'est là encore un écueil terrible pour les artistes : devenus par un labeur opiniâtre maîtres d'un appareil, ils se voient soudain obligés d'y renoncer, non parce que leur talent a baissé, mais parce que le vent de la curiosité publique souffle ailleurs.

CHAPITRE X

LES ANNEAUX

Il n'est pas de gymnase qui ne possède parmi ses agrès une paire de *boucles* ou d'*anneaux*. Cet engin d'une simplicité extrême se monte et se démonte en un instant, peut s'accrocher partout, à un plafond un peu haut, à un portique de jardin, et est un instrument de culture physique très précieux, à condition de n'en pas abuser. Car l'emploi exclusif de cet appareil nuirait à l'harmonie des formes du corps, si on négligeait d'en contre-balancer l'effet par d'autres, tels que les barres parallèles. Les anneaux tendent à donner aux muscles trapèzes et aux grands dorsaux un développement disproportionné avec celui des autres groupes de muscles, et notamment de ceux de la région inférieure. Voilà pourquoi certains faiseurs d'anneaux ne m'ont pas laissé une impression esthétique satisfaisante : le colosse péchait par la base.

Le numéro d'anneaux est celui où la distinction entre amateur et professionnel est le plus insignifiante. Je n'ai presque jamais vu exécuter sur les scènes un mouvement d'anneaux dont on ne pût trouver l'équivalent dans tout ce qui se fait journellement au gymnase et aux fêtes de gymnastique. La seule supériorité de l'artiste est d'avoir ce qu'on appelle dans le jargon du métier un numéro bien réglé, c'est-à-dire une série de tours de force formant une gradation ascendante et exécutés dans la durée des huit à dix minutes ordinairement allouées à un travail de cirque. Aussi, comme nous l'avons dit au commencément, la plupart des *annellistes* professionnels sont des acrobates d'occasion, et n'ont pas besoin de commencer leur éducation artistique dès leurs plus tendres années. Le travail aux anneaux ne comporte ni sauts ni élans, n'offre aucun danger, se fait tout près de terre, et ne requiert d'autre qualité spéciale qu'une très grande force

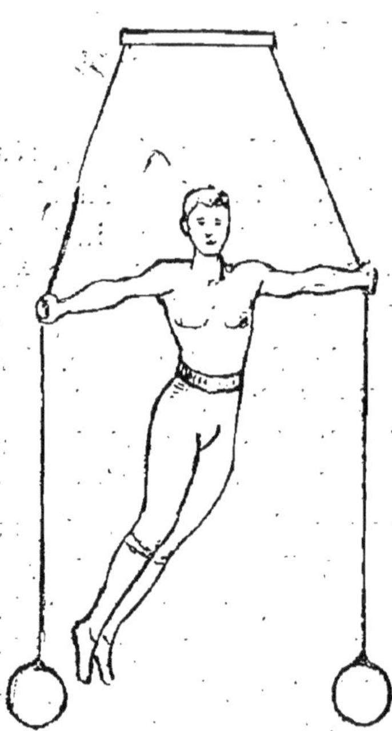

Fig. 70. — Pialra.
Descente en croix de fer.

de bras et d'épaules par rapport aux membres inférieurs. Un bon faiseur d'anneaux sera celui qui aura les flancs grêles, le bassin étroit, les jambes sèches. Celui qui aurait la chance (?), comme Dare, d'avoir une jambe de moins, exécuterait sans la moindre difficulté les mouvements les plus difficiles. Mon intention n'est nullement de dénigrer le numéro auquel est consacré ce chapitre, mais seulement de le mettre à sa place et de le faire priser à sa juste valeur parmi les nombreuses variétés acrobatiques. Du reste, le taux des engagements en dit suffisamment à cet égard, et les music-halls de second ordre, voire même les baraques de la foire, exhibent parfois des artistes d'un réel mérite en ce genre de travail, dont la rémunération ne dépasse pas dix ou quinze francs par soirée.

Le travail des anneaux peut s'exécuter isolément ou en troupes. Isolément, il ressemble trop à une leçon de gymnastique aux agrès pour exciter un vif intérêt, car, en somme, il se réduit à quatre figures : l'établissement simultané, les planches, l'équilibre et la croix de fer. Le plus remarquable spécimen d'acrobate aux anneaux que ma mémoire me permette de citer est un Espagnol nommé Pialra (fig. 70) qui fut, il y a douze ans environ, au Nouveau Cirque, et qui se laissait glisser le long des cordes en croix de fer. Il faisait également bien à droite et à gauche les planches d'un bras remontées en partant de la suspension tendue.

Plus généralement, les annellistes sont au nombre de trois. Le travail est moins fatigant pour chacun des exécutants, qui peuvent alterner, et plus attrayant pour le public par la variété des figures composées.

Je passe rapidement en revue les mouvements les plus marquants du travail aux anneaux.

La croix de fer n'est belle qu'à condition d'être faite la poitrine en avant et le menton relevé, et non pas, comme la font certains gymnastes, en voûtant les épaules, ce qui non seulement est absolument contraire à l'élégance du mouvement, mais encore donne au corps une attitude déformatrice. En d'autres termes, la croix de fer doit être faite avec la poitrine, et non avec le dos. Elle est d'autant plus belle qu'on engage moins les mains. Un

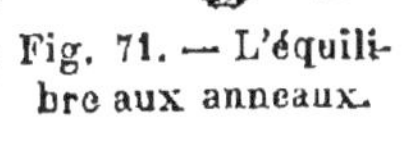

Fig. 71. — L'équilibre aux anneaux.

des champions de la gymnastique française, A. Brunin, l'exécute même appuyé seulement sur les médius, ou encore avec l'addition d'un poids de vingt kilos suspendu aux pieds. Mais je dois confesser ingénument que je rapporte cette prouesse d'après un ouï-dire, et n'oserais me porter garant de son authenticité, tant l'effort qu'elle exige me paraît prodigieux. En revanche, j'ai vu exécuter la croix de fer en se balançant à toute volée, et je peux affirmer que l'effet produit est tout à fait sensationnel.

L'équilibre aux anneaux (fig. 71) est tout différent de l'équilibre sur un plan, parce que, les bras étant engagés dans les cordes, et les épaules appuyées contre celles-ci, la conservation de l'équilibre en devient à la fois plus aisée et plus pénible; je veux dire qu'elle exige moins de science

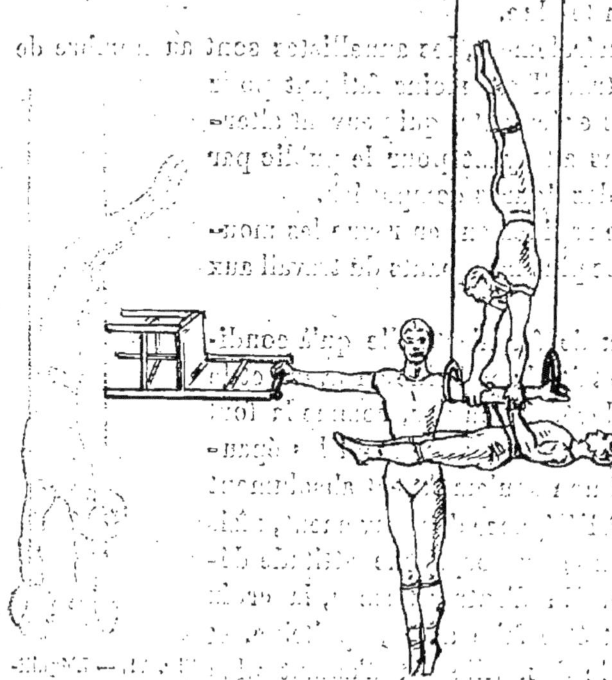

Fig. 72. — Trio Nighton.

et plus d'effort musculaire. C'est ce qui explique que certains gymnastes réussissent mieux l'un ou l'autre de ces mouvements, selon le cas. L'équilibre aux anneaux peut être rendu plus intéressant en imprimant aux cordes un mouvement d'oscillation.

Parmi les mouvements qui produisent encore beaucoup d'effet à cet appareil, citons les tractions d'un bras répétées plusieurs fois, l'établissement simultané par

saccades progressives et lentes, la planche d'un bras re-
montée de la suspension tendue jusqu'à la position dite
roulée, et cela quatre ou cinq fois de suite.

Quant aux figures composées par une troupe, elles peuvent varier à l'infini, et l'imagination des artistes arrive
à des combinaisons tout à fait surprenantes. De tous les

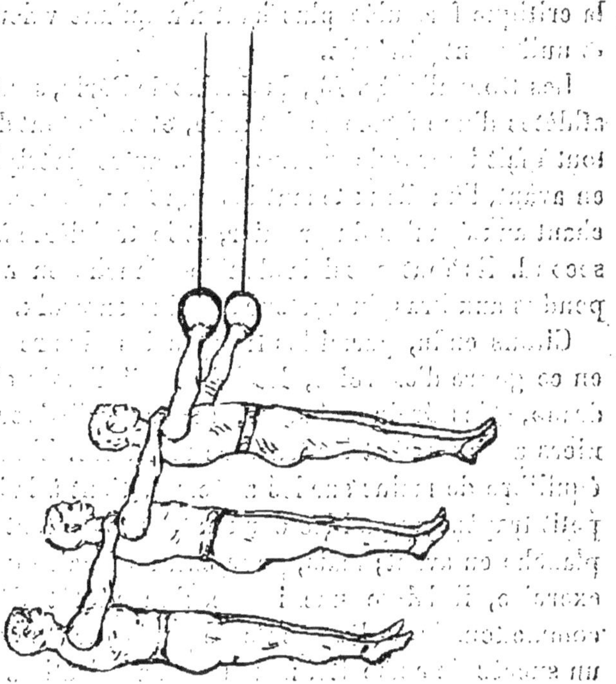

Fig. 73. — Triple planche en avant par le trio Donnal's.

numéros, exécutés en groupe qui se sont produits en ces
dernières années, celui qui m'a le plus impressionné, et
auquel je n'hésiterais pas à donner rétrospectivement la
palme, est celui du trio Nighton (fig. 72). Une de leurs
figures notamment m'a paru extraordinaire : l'un des trois
engage son bras gauche dans les deux boucles jusqu'à
l'aisselle, formant ainsi une sorte de barre de trapèze,
tandis que son autre main tient une lourde chaise de

bois à bras tendu ; le second exécute la planche en avant après le bras du porteur, et sur ce même bras le troisième enlève l'équilibre de mains. Voilà ce qu'on peut appeler un bras de fer ! Ajoutons que ces trois artistes sont irréprochables au point de vue de la plastique, et qu'ils ont les jambes très fortement musclées; ce qui prouve que la critique formulée plus haut n'a qu'une valeur relative et nullement générale.

Les Donnal's (fig. 73), du Casino de Paris, sont aussi des athlètes d'une forme sculpturale, et exécutent des figures tout à fait impressionnantes, entre autres la triple planche en avant, l'un d'eux tenant les anneaux, le second s'attachant aux épaules du premier, et le troisième à celles du second. Ils font aussi la double planche en avant, suspendus aux bras du porteur étendus en croix.

Citons enfin, parmi les troupes les plus remarquables en ce genre d'exercice, les Ricciardini's, du cirque Medrano, et les Greiner-Sandor, du Cirque d'Hiver. Ces derniers affectionnent les trucs de mâchoire. L'un d'eux, en équilibre de mains sur les anneaux, tient à la bouche un petit trapèze auquel les deux autres exécutent la double planche en avant; mais, pour extraordinaire que soit cet exercice, il laisse une impression plutôt défavorable, comme tous les enlèvements de poids par les dents. C'est un succès de curiosité, mais non d'admiration.

Quelquefois le travail d'anneaux exécuté par un artiste seul sert de hors-d'œuvre à un travail de voltige aérienne. Les anneaux sont alors assujettis au plafond de la salle de spectacle, tout en haut, au-dessus du filet protecteur, et l'*annelliste* scande son répertoire de manière à remplir les temps de repos pendant lesquels les voltigeurs reprennent haleine. En pareil cas, c'est un numéro un peu sacrifié. Aussi est-il souvent dévolu à des femmes, qui suppléent à la force par la grâce. Bien entendu, leurs figures sont très simples et d'une médiocre valeur acrobatique : dislocations, balancements, tourniquets avec les cuisses engagées dans les anneaux. Pour peu qu'elles soient jolies et bien faites, le public se montre indulgent

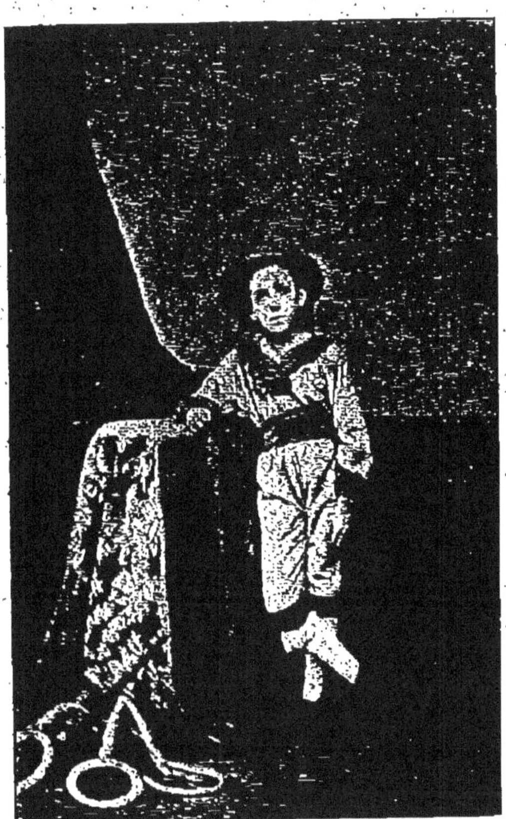

Phot. VIII. — Nathalie Foucart, gymnaste.

pour elles, d'autant plus qu'il a besoin, pour ainsi dire, de se remettre des émotions troublantes que lui procurent les passes aériennes des hommes volants.

En général, les femmes réussissent peu dans la gymnastique de force, et cela par une raison inhérente à leur conformation anatomique. Chez elles, le bassin et les jambes ont un développement disproportionné avec celui des épaules et des bras, juste l'inverse de ce qui convient pour les exercices d'anneaux, où les bras seuls doivent mettre en branle tout le poids du corps.

Il y a pourtant des exceptions. Ainsi les Folies-Bergère ont engagé naguère trois gymnastes allemandes, les sœurs Klaus, qui déployaient une force de biceps bien rare dans leur sexe. Les planches d'un bras remontées ainsi que les tractions d'un bras faisaient partie de leur répertoire.

Je n'oublierai pas non plus de célébrer vos louanges, merveilleuses gymnastes d'une génération déjà presque oubliée, sœurs Foucart (phot. VIII), qui avez montré, malgré la faiblesse inhérente à votre sexe, que l'entraînement peut triompher de tous les obstacles créés par la nature !

Les trois filles Foucart, Nathalie, Marie et Ernestine, ne faisaient point mentir la vieille réputation du sang gaulois. A mon avis, ce sont les seules femmes qui aient réellement pratiqué la gymnastique de force avec autant de succès que les meilleurs artistes de l'autre sexe, et qui aient provoqué des applaudissements où la galanterie n'avait aucune part. Elles étaient nées aux environs de 1848-1851, et étaient filles d'un professeur de gymnastique qui tenait un établissement dans la rue de l'Université. Astreintes par leur père à une discipline sévère, elles étaient arrivées à exécuter avec aisance les mouvements réputés les plus difficiles, tels que planches en avant, traction d'un bras et croix de fer. Leur genre était la gymnastique classique, celle que pratiquent nos sociétés, mais poussée à une perfection rare, même parmi les meilleurs champions. Quand elles débutèrent au Cirque de Paris, l'aînée pouvait avoir quinze à seize ans. Leur numéro ne plairait certainement plus aujourd'hui, car il s'adressait surtout aux connaisseurs, et manquait un peu

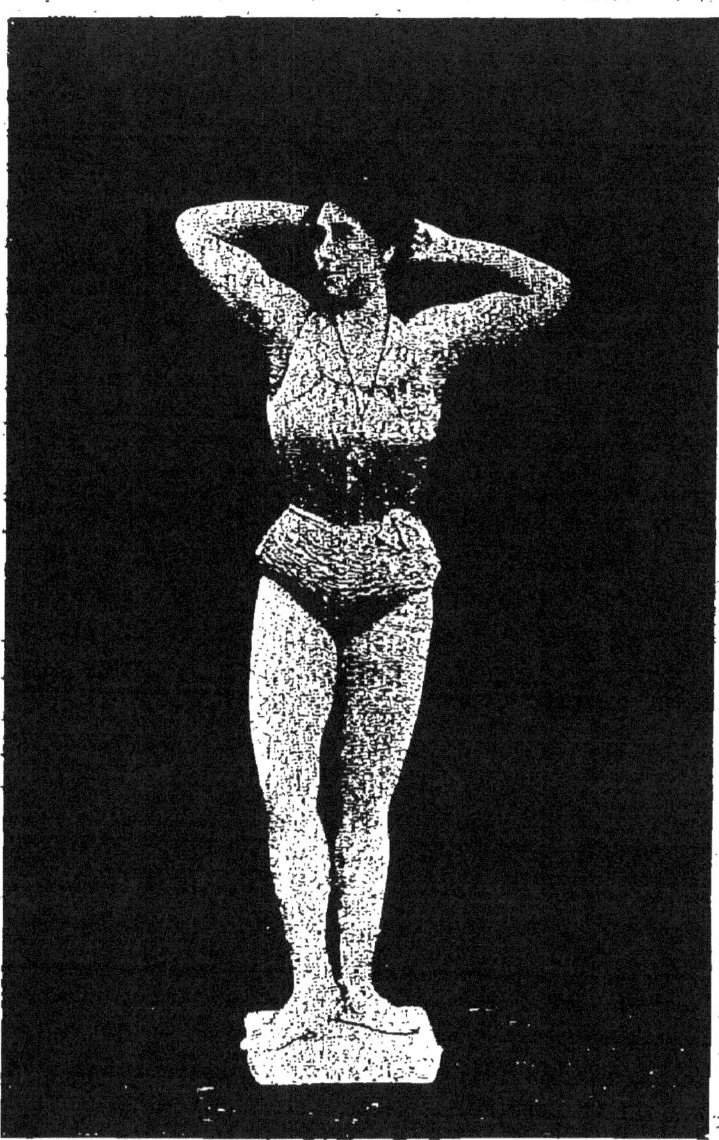

Phot. IX. — Miss Athleta.

d'attraction. Si je puis ainsi m'exprimer, il sentait trop le gymnase, et pas assez le cirque. Mais quelle puissance musculaire il dénotait! Quel merveilleux produit de la culture physique! L'aînée travaillait aux anneaux, la plus jeune au trapèze; la seconde, la plus étonnante peut-être par son endurance, faisait consister tout son travail dans le grimper. Elle débutait par une ascension en tractions de bras d'une corde de 18 mètres environ, suspendue à la coupole du cirque, redescendait de même, et pour se reposer exécutait une planche en se suspendant aux mains de l'aînée, dont les anneaux se trouvaient juxtaposés à la corde, puis elle remontait la corde en s'aidant cette fois des jambes, et jusqu'à la fin du numéro elle n'abandonnait pas son agrès.

On ne s'étonnera pas, après ce qui vient d'être dit, de savoir qu'en Angleterre elle gagna un *challenge cup* contre les meilleurs gabiers de la marine anglaise réputés comme grimpeurs de cordages.

Elles brillèrent au Crystal-Palace de Londres, à l'Hippodrome de l'avenue de l'Alma et dans d'autres établissements importants jusque vers 1882 ou 1883, époque à laquelle le mariage de l'une d'elles, l'ascensionniste, avec un homme de finance, paraît-il, disloqua le trio et marqua le commencement de la décadence artistique des deux autres, restées fidèles à la gymnastique.

En 1894, je revis à Lyon, à la *vogue* (foire) de Perrache, l'aînée, Nathalie, qui tenait avec l'Hercule Barrois une baraque foraine où elle exhibait encore les restes d'un talent en train de déchoir. Depuis, leur trace s'est perdue pour moi.

Leur conformation n'était pas sans doute ce qu'il y avait de moins remarquable en elles, et montrait jusqu'à l'évidence combien la culture physique peut réformer et même contrarier les dispositions naturelles. Elles avaient des biceps énormes, de véritables pectoraux, un bassin étroit et des jambes nerveuses qui ne rappelaient aucunement les contours gracieux, mais indécis, du corps féminin.

Je n'ai vu depuis qu'une seule artiste qui m'ait rappelé à cet égard les sœurs Foucart, quoique dans un travail différent, car il consiste surtout dans l'enlèvement des poids : la célèbre miss Athleta (phot. IX), cette sculpturale virago pour laquelle le poète ancien semble avoir écrit ce vers :

« Quoique jeune fille, elle ne craint pas d'affronter les hommes les plus vigoureux. »

CHAPITRE XI

BARRES ET TRAPÈZES

Nous voici arrivés à un des appareils qui jouent le plus grand rôle dans la gymnastique éducative aussi bien que dans la gymnastique théâtrale : les barres. Je range sous le même titre les barres parallèles, la barre fixe et le trapèze, parce que ces divers agrès reposent sur le même principe, et consistent dans un point d'appui fixe ou mobile, simple ou double, sur lequel le corps s'établit, et autour duquel il pivote en diverses manières.

A quelle époque remonte l'invention des barres comme instrument de culture physique? J'ai émis ailleurs une conjecture d'après laquelle l'instrument appelé de nos jours *reck* ou barre fixe aurait été connu déjà du temps de Rabelais, c'est-à-dire au XVIe siècle. En effet, dans le chapitre de l'éducation de Gargantua, parmi les sports athlétiques que le curé de Meudon fait exécuter à son héros, figure le suivant : « On lui mettoit une perche apoyée à deux arbres; à icelle alloit et venoit, sans des pieds à rien toucher. » Malheureusement la description est un peu vague, et en l'absence d'une figure explicative je n'oserais être trop affirmatif sur l'identification de l'appareil décrit par Rabelais et de la barre fixe moderne.

En tout cas, les barres, sous leurs diverses formes, figurent parmi les engins acclimatés en Suisse et en Allemagne vers la fin du XVIIIe siècle par Pestalozzi, Gutsmuth, Jahn et autres pédagogues. Après avoir été fort en honneur pendant plus d'un demi-siècle, elles furent, vers

1861-1862, l'objet d'attaques assez vives, ayant pour but de contester leur utilité dans l'éducation physique. De là naquit un conflit assez célèbre dans les fastes de la gymnastique allemande, connu sous le nom de *Barrenstreit*. Défendues avec autant d'énergie qu'elles avaient été attaquées, les barres finirent par avoir gain de cause, et elles sont encore aujourd'hui un des agrès où excellent les sociétés de gymnastique suisses et allemandes, aussi bien que les sociétés françaises.

Le trapèze, qu'il est inutile de décrire, puisque tout le monde le connaît, est ainsi appelé parce que, dans l'instrument primitif, les cordes qui soutiennent la barre allaient en s'écartant, ce qui donnait à l'appareil la figure géométrique dénommée trapèze régulier, ayant deux côtés égaux mais non parallèles, et deux côtés parallèles mais non égaux. L'acrobatie, en s'emparant de cet agrès, en a tiré des effets merveilleux.

On sait que c'est à un Français, le fameux Léotard (phot. X), que revient l'honneur d'avoir inventé la voltige au trapèze. Nos lecteurs ne me sauront pas mauvais gré, je l'espère, de parler de lui avec quelques détails et de rendre à ce glorieux chef d'école un juste tribut d'hommages rétrospectifs.

La génération actuelle connaît à peine le nom de ce voltigeur incomparable, dont l'apparition excita pourtant un si vif enthousiasme. Pour moi, je me souviens encore de l'impression qu'il me fit. J'étais bien jeune et je venais pour la première fois à Paris. Le premier spectacle que je souhaitai de voir fut naturellement celui du cirque. Je ne connaissais l'art de l'acrobatie que par des artistes de second ordre, par des troupes nomades qui font la tournée en province et qui, dans des constructions de bois hâtives et peu confortables, exécutent un répertoire médiocre et peu varié. Au reste, les sujets d'élite étaient rares en ce temps-là. Malgré la fameuse devise de Nicolet :

« Toujours de plus en plus fort, » la virtuosité n'avait pas été poussée au point où elle est arrivée aujourd'hui. Point de sociétés de gymnastique; point de ces amateurs qui, rivalisant d'adresse et de force avec les gens de la profession, obligent ces derniers à se surpasser. Peu encouragée par le goût public, il semblait que la vigueur physique n'osât faire parade d'elle-même, et qu'elle eût honte d'étaler toutes ses ressources. Elle restait l'apanage de ceux qui n'étaient bons à rien autre chose.

Imaginez-vous un amateur de musique qui ne serait jamais sorti de sa petite ville et qu'on transporterait au milieu des splendeurs de la scène de l'Opéra. Telle fut la sensation que j'éprouvai en me voyant assis sur les gradins du Cirque d'Hiver (alors Cirque Napoléon). Pourtant on n'avait pas encore inventé ce jet de lumière électrique, auxiliaire puissant de l'illusion, qui enveloppe l'athlète d'une sorte d'auréole et, faisant saillir ses formes dans un relief éblouissant, éveille en vous l'idée d'une apparition surnaturelle, d'une évocation de l'antique, d'un marbre grec animé par le ciseau magique d'un Pygmalion moderne. Combien aujourd'hui elle me paraît terne et mesquine, cette même salle du boulevard des Filles-du-Calvaire! Combien fades et insignifiantes ses représentations! Est-ce le niveau du répertoire qui a baissé? ou n'est-ce pas plutôt mon goût qui est devenu plus difficile?

Si Léotard débutait de nos jours, peut-être serais-je moins émerveillé de son talent. On a tant vu de voltige, on est tellement habitué aux trucs à sensation, tellement blasé sur les productions de l'acrobatie la plus audacieuse et la plus compliquée, que ce météore se perdrait parmi les étoiles de deuxième grandeur. Pourtant il me semble qu'il avait quelque chose de plus que les autres, un je ne sais quoi qui, dans l'exercice le plus simple, distingue l'artiste de marque; une manière d'enlever les

mouvements en dominant ses appareils, de se jouer de la
difficulté, de braver le péril, qui tenait le spectateur sous
l'empire d'un plaisir indéfinissable. Il semblait impos-

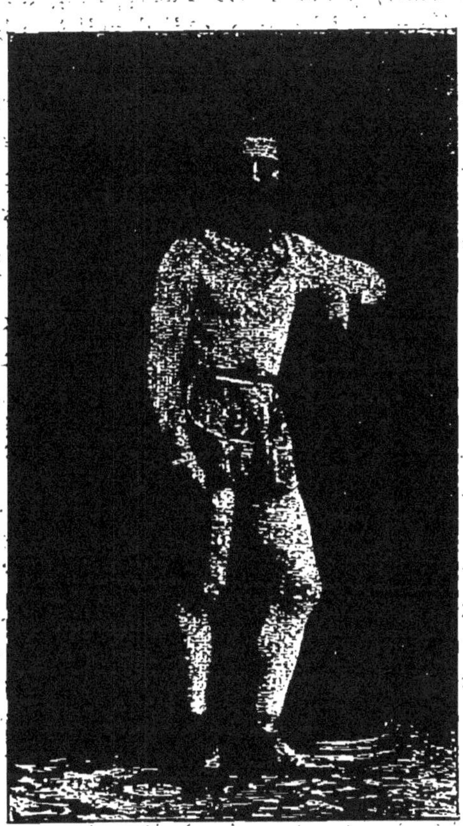

Phot. X. — Léotard, créateur des trapèzes volants.

sible de pousser plus loin l'élégance des passes, la hardiesse des sauts périlleux, l'imprévu des casse-cou. Arri-
verait-il au bout de sa course aérienne? Rattraperait-il
ce trapèze, mince planche de salut, qui se balançait dans
l'espace, et qui, manquée par lui, l'exposait à une chute
grave, sinon mortelle? Tel était le point d'interrogation

qui se lisait dans les yeux du public, fasciné d'une émotion analogue à celle que fait éprouver le belluaire et l'espada.

Léotard était, dans toute l'acception du terme, ce qu'on appelle un bel homme, et il devait à sa beauté plastique une bonne partie de son succès. Il avait ce type qu'on rencontre parfois dans le midi de la France, unissant à la finesse d'attaches de la race espagnole la charpente plus robuste et la taille plus élevée des races du Nord. Brun et frisé, la moustache en pointe, agrémentée d'une mouche, grand, svelte et large d'épaules, bien musclé, mais, en somme, d'une apparence plutôt élégante qu'athlétique, tel est son portrait fidèle. Il portait le costume devenu traditionnel parmi les acrobates, le collant couleur chair, les cothurnes à jour emprisonnant la cheville et le bas de la jambe, le justaucorps de soie noire dont les tons sombres tranchaient crûment sur l'éclat tendre du maillot, et dont la large échancrure laissait apercevoir les saillies de la poitrine. Quand il entrait dans la piste, salué par des applaudissements anticipés, on eût dit quelque gladiateur romain, avec cette différence qu'au lieu de *morituri,* son sourire semblait dire au public : *Saltaturus te salutat.* Puis, au son de quelque valse en vogue, il commençait sa série de sauts d'un trapèze à l'autre : tel un oiseau des tropiques sautant de branche en branche et laissant dans l'œil ébloui l'impression brillante, mais confuse, de son vif plumage.

Ceux qui n'aiment pas la gymnastique ne se figurent guère qu'on puisse éprouver, à voir l'exécution d'un joli travail, autre chose qu'une distraction frivole. Pour moi, j'estime que c'est dans ces athlètes, ces gymnastes, ces acrobates, que se manifestent et se résument pour ainsi parler les aptitudes physiques d'une race. Non que leurs exercices soient du domaine commun ou applicables au grand nombre comme système d'éducation physique : je

suis bien loin de le prétendre. Je reconnais que ces artistes sont et doivent rester une exception, une anomalie si
vous voulez. Mais notez qu'ils ne se produisent que dans
un milieu favorable, parmi un public amateur de la force
musculaire. Tels les ténors qui sont des phénomènes,
mais qui témoignent des dispositions musicales d'un peu-
ple. Toujours est-il que c'est un fait incontestable : les
races les plus adonnées aux exercices du corps sont aussi
celles qui produisent le plus grand nombre d'acrobates
et les meilleurs.

Pour en revenir à Léotard, je n'étais pas le seul que sa
virtuosité émerveillât : ce saltimbanque était le dieu de
la mode. On a peine à se figurer la faveur qui accueillit
ses débuts à Paris. Comme on ne faisait guère de politique, la passion publique éprouvait le besoin de se porter
sur quelque objet. Pour un temps, Léotard fut cet objet.
Il fit fureur tout d'abord : on faisait queue pour entrer au
cirque, on se disputait les places. Bien plus, la réclame
commerciale s'empara du nom de l'artiste en vogue, et
l'on vit paraître les cravates Léotard, les cannes Léotard,
les broches Léotard. Je crois même que l'art de la pâtis-
serie, toujours à l'affût des nouveautés, baptisa de ce
vocable sa dernière création gastronomique. Léotard devint un personnage de roman, un héros de feuilleton; on
donna même au Palais-Royal une pochade intitulée :
l'Amour au trapèze, où le comique célèbre Grassot jouait
le rôle du gymnaste Léotard. Léotard, du reste, a laissé
un petit volume de mémoires, où il a raconté ses origines, ses débuts dans la carrière, ses triomphes sur la
scène, et mainte anecdote piquante dont la place n'est
pas ici.

Mais je m'aperçois que je n'ai encore rien dit de la
biographie de mon héros. Léotard était né le 1er août 1838,
en la bonne ville de Toulouse. Son père était de Pamiers
(Ariège) et était professeur de gymnastique. Il vint se

fixer dans le chef-lieu de la Haute-Garonne, et monta un vaste établissement de gymnastique où il enseignait d'après une méthode à lui. Ce gymnase existait encore, il y a quelques années, sous le nom de Gymnase Léotard : il était situé près des allées Lafayette. En 1886, séjournant trois ou quatre jours à Toulouse, je ne manquai pas d'aller m'exercer dans ce local auquel s'attachait un souvenir si précieux. C'est un hall vaste et bien aéré auquel est adjointe encore une autre grande salle bitumée pour le patinage à roulettes et les leçons de bicycle. Peu de gymnases à Paris ont une pareille largeur d'emplacement. Dans un coin de muraille pend une grande photographie représentant le portrait en pied de Léotard, en tenue de représentation, diverses médailles, diplômes et autres distinctions honorifiques par lui obtenues, ainsi qu'une vaste affiche coloriée figurant son travail tel qu'il l'exécuta au Crystal-Palace de Londres.

C'est dans ce gymnase, fondé et dirigé par son père, qu'il apprit à faire la voltige. A qui revient l'honneur de la création du travail, au professeur ou à l'élève? Je n'en sais rien; mais ce qui est curieux, c'est qu'on ne l'avait nullement dressé en vue d'en faire un acrobate de profession; on avait seulement profité de ses heureuses dispositions pour les développer. Vous apprendrez peut-être avec surprise qu'il avait fait des études, avait été reçu bachelier vers dix-sept ou dix-huit ans, et se destinait à la carrière du droit. Un événement fortuit vint changer la direction de ses dispositions. Il renonça au barreau pour le trapèze,

> Et, laissant de Gaïus l'étude délicate,
> De futur avocat il se fit acrobate.

Quelques artistes de la troupe de M. Maitrejean, le régisseur du cirque Franconi, vinrent en tournée à Toulouse. Ils visitèrent en passant le gymnase. Le jeune amateur exécuta devant eux son répertoire, et ils furent si émerveillés qu'à leur retour ils en entretinrent M. Maitrejean. Celui-ci fit tout exprès le voyage de Toulouse, partagea l'admiration de ses artistes, et engagea immédiatement Léotard au Cirque d'Été. Léotard partit pour Paris, accompagné de son père, qui ne le quittait pas d'une semelle. Son arrivée dans la capitale fut marquée par un contretemps fâcheux. Soit émotion causée par la perspective d'un début, soit toute autre cause, il attrapa la fièvre typhoïde et dut remettre à trois mois son entrée en scène. L'hiver était survenu, et c'est au cirque du boulevard des Filles-du-Calvaire qu'il débuta, le 12 novembre 1859. Son succès fut si étourdissant que tous les artistes, mettant à part toute jalousie, donnèrent en son honneur un banquet qu'il présida — avec son inséparable père à ses côtés — et lui offrirent une médaille commémorative : d'un côté étaient les noms des organisateurs de cette fête ; l'autre côté figurait le cirque pendant la représentation de Léotard.

Dès lors sa supériorité était consacrée, et il n'avait plus qu'à se laisser conduire doucement par la vogue. Sa courte carrière ne fut qu'une série d'ovations et de triomphes. Toujours accompagné de son père, qui lui servait de barnum, de secrétaire, de régisseur et de fourrier, nous le voyons successivement parcourir toutes les capitales du monde civilisé. Les principaux cirques se l'arrachaient ; ses engagements atteignaient des prix fabuleux pour l'époque, cinq cents francs par soirée en moyenne. Mais de temps à autre il venait se retremper dans son Paris, point de départ de sa fortune artistique. Partout où il allait, à Berlin, à Saint-Pétersbourg, à Londres, à Madrid, il récoltait des applaudissements et des ducats.

Le séjour de l'Espagne devait lui être funeste. Dans le courant de l'année 1870, quelques mois avant la guerre (je ne saurais préciser la date), il fut pris de la petite vérole noire et emporté en peu de jours.

Ainsi disparut brusquement ce brillant artiste qui avait, durant quelques années, occupé l'attention publique. Il avait trente-deux ans à peu près, l'âge d'Alexandre, et comme lui il avait conquis le monde, mais par des moyens moins violents. Il ne lui a pas été donné d'accomplir une longue carrière et de survivre à sa gloire comme Auriol, qui mourut à près de soixante-dix ans, ou Blondin (de son vrai nom Gravelet), qui, après avoir pendant des années joué sa vie au-dessus des abîmes, est mort retiré des affaires, comme un bon rentier, dans un des faubourgs de Londres, en sa villa Niagara. Léotard n'a même pas eu la chance de mourir en artiste, je veux dire dans l'exercice de son périlleux métier.

Du moins il a laissé un souvenir dans l'esprit des amateurs de gymnastique : il a donné son nom au travail qu'il avait créé, et à une sorte de justaucorps qu'il avait été le premier à mettre à la mode.

Bien que Léotard ait eu de nombreux imitateurs à l'étranger, j'ai le plaisir de constater que c'est chez nous que la tradition du créateur s'est conservée le plus vivace, et je n'exagère pas en disant qu'il y a une école française pour la voltige au trapèze, comme il y a une école piémontaise pour l'acrobatie du tapis, une école roumaine pour les barres fixes aériennes, et une école allemande pour les jeux icariens.

La raison de la préférence des artistes français pour la voltige aux trapèzes n'est pas seulement une raison de tradition. La voltige demande plutôt des qualités naturelles que des qualités acquises. On naît voltigeur, on ne le devient pas. Tel fera plus de progrès en trois mois qu'un autre en trois ans. Celui qui est *traqueur*, qui manque de coup d'œil, qui n'a pas en quelque sorte l'intuition du temps à donner pour passer d'un trapèze à l'autre, ne réussira jamais en ce genre d'acrobatie. On comprend donc qu'il convienne particulièrement à notre tempérament vif et prime-sautier, mais dépourvu de persévérance.

Le travail de Léotard, qui excita à son apparition une admiration universelle, paraîtrait aujourd'hui bien simple et bien fruste. Les passes ordinaires aller et retour, les passes avec demi-pirouettes, passes de reins, passes en jarrets, passes en sursaut, passes debout et passes en saut périlleux simple, tel était le répertoire dans lequel il se renfermait. C'est précisément ce que l'on voit exécuter aujourd'hui dans les gymnases par de bons amateurs. Ajoutons quelques détails techniques sur ses appareils. Il avait trois trapèzes. Son père lui lançait d'abord le second au moment où il devait quitter l'estrade, puis le troisième tandis qu'il se balançait suspendu au second. Parvenu au bout de la course, il faisait le changement de mains, revenait et lâchait le trapèze par un échappement quelconque. Sous les trois trapèzes, comme on peut le voir dans la figure ci-jointe, s'étendait un plancher volant, recouvert d'un tapis matelassé destiné à amortir les chutes, et dont le montage durait un temps interminable. Quelquefois aussi Léotard se servait de poignées triangulaires au lieu de trapèze, ce qui rendait le passage plus difficile. Mais si les passes de Léotard étaient peu compliquées, en revanche leur exécution était caractérisée par une perfection impeccable, et les grandes distances qui séparaient un appareil de l'autre donnaient une sensation bien plus vive de l'homme volant que ne l'eussent fait des passes plus savamment combinées avec des distances plus courtes.

Les imitateurs immédiats de Léotard furent d'abord Alexandre et Théodore Loyal, issus d'une famille d'artistes dont le nom fut longtemps populaire dans le monde des cirques, et qui est aujourd'hui en train de s'éteindre.

Puis dans le même travail s'illustra l'*intrépide* Bonnaire, célèbre aussi par ses ascensions répétées en ballon, au cours desquelles il exécutait des tours de force sur un trapèze suspendu à la nacelle. Bonnaire, en exécutant son travail au cirque de Madrid, fut, dit-on, victime d'un accident dû à la malveillance : un confrère jaloux aurait jeté de la fleur de savon sur le trapèze que devait rattraper l'artiste ; l'instrument rendu ainsi plus glissant lui échappa des mains, et il se brisa la jambe dans sa chute. Aujourd'hui Bonnaire, plus que sexagénaire, s'il n'est pas encore mort à l'heure où nous écrivons ces lignes, tient au Point-du-Jour un gymnase en plein air, où se sont formés plusieurs artistes. Les frères Léol, dont l'un dirige actuellement un gymnase à Paris, ont encore présenté en 1875 aux Folies-Bergère le travail de Léotard sous sa forme originale, avec le plancher volant et les chutes en échappement par terre, tandis qu'à l'étranger Alexandre Stéchel, le seul que cite en ce genre le professeur Zucca, continuait la tradition du créateur de la voltige.

Si Léotard avait été un Japonais, nul doute que son travail se serait cristallisé dans sa forme première, et que nous le verrions encore de nos jours absolument tel qu'il fut applaudi en 1863 au Cirque Napoléon (fig. 74). Mais pour bien s'expliquer l'inutile complication d'appareils qu'il employait, il ne faut pas oublier la genèse de ce numéro imaginé et créé dans le vaste établissement que dirigeait à Toulouse le père de l'artiste : Léotard était habitué à terminer ses passes par une chute dans l'arène, au lieu de revenir sur l'estrade de départ, comme cela se pratique aujourd'hui. De plus, l'emploi des trois trapèzes nécessitait la présence d'une personne occupée à les lancer l'un après l'autre. Au lieu de modifier son travail pour l'adapter à la scène du cirque, il l'y avait transporté tel quel, et imaginé ce lourd et disgracieux plancher qui remplaçait pour lui la piste du gymnase paternel.

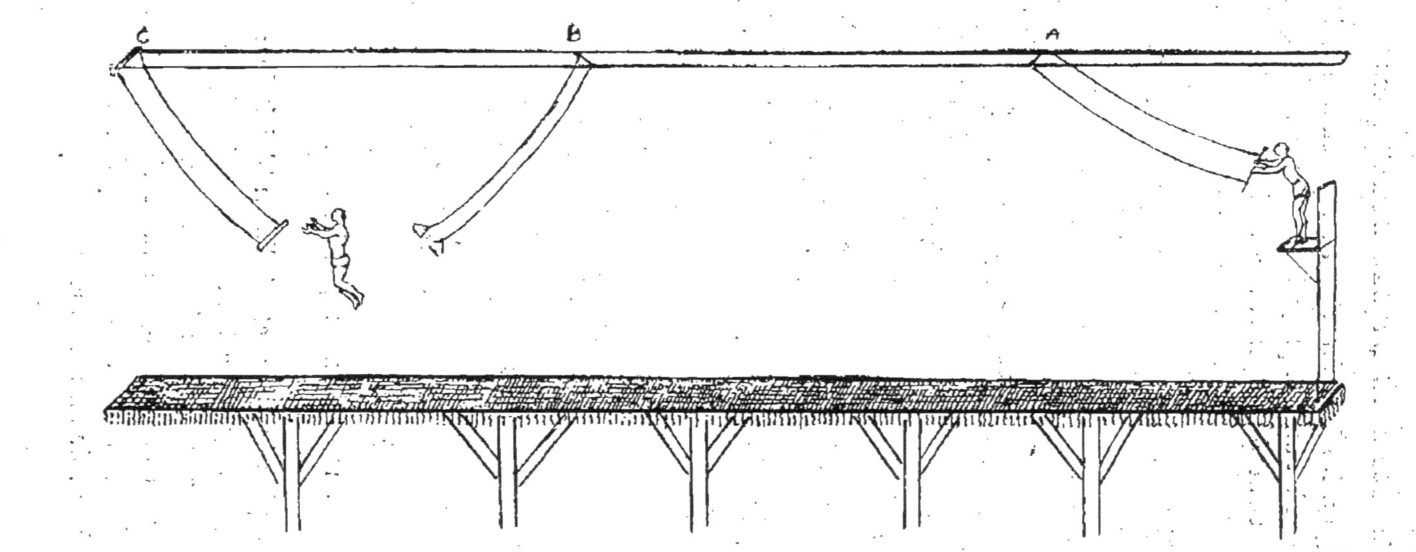

Fig. 74. — Le travail original de Léotard avec les poignées et les deux trapèzes.

La voltige a été transformée et a reçu sa forme définitive du jour où l'on remplaça le plancher volant par un filet, permettant d'essayer avec moins de danger des

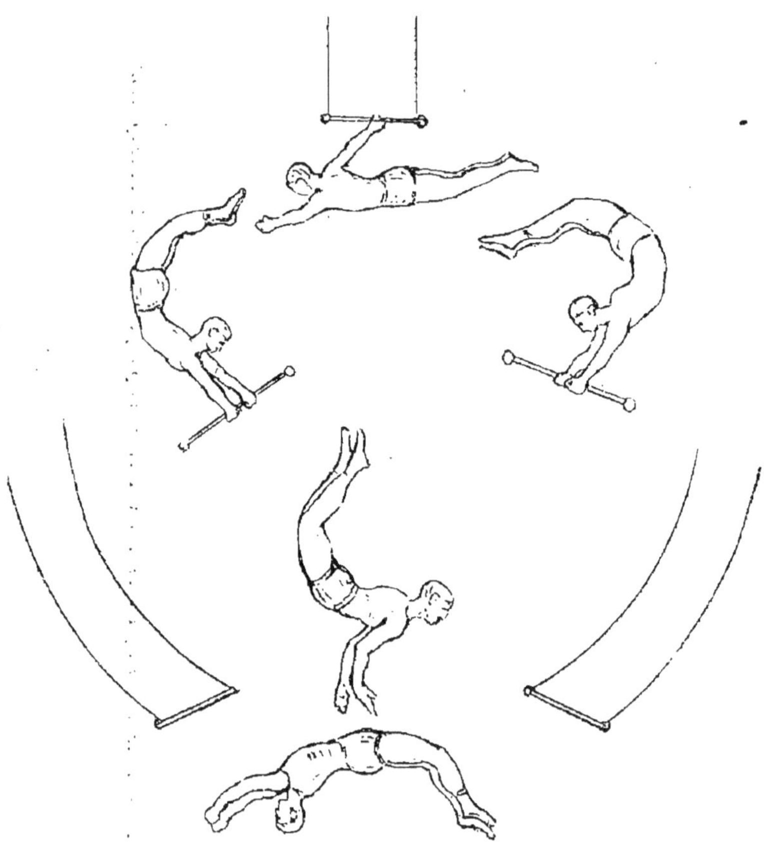

Fig. 75. — Les cinq Hanlon-Volta.

passes bien plus hardies, et où l'on réduisit le nombre des trapèzes à deux, avec deux estrades de départ au lieu d'une, situées aux extrémités de la course, et occupées chacune par un artiste, dont le va-et-vient perpétuel ne laisse jamais les agrès retomber au point mort, et dispense ainsi d'avoir un lanceur.

C'est sous cette forme que la voltige a été portée à son

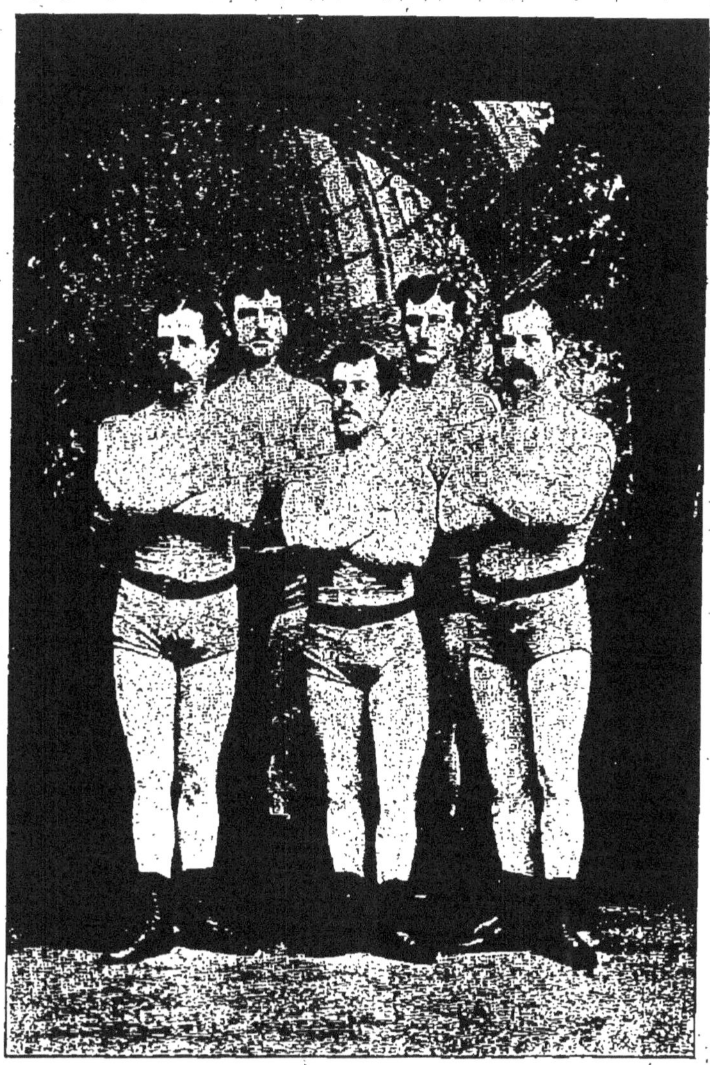

Phot. XI. — Les Hanlon-Volta, gymnastes aériens.

plus haut degré de perfection, il y a vingt-cinq ans, par les
Hanlon-Volta (fig. 75, phot. XI), qui nous paraissent mé-

riter plus qu'une simple mention, et sur lesquels on nous
pardonnera de nous arrêter avec quelques détails. L'Hippodrome de l'avenue de l'Alma, le Nouveau Cirque, les
Folies-Bergère, ont tour à tour prêté leurs vastes scènes
aux évolutions surprenantes de ces incomparables gymnastes. Leur numéro avait ce mérite particulier de syn-
thétiser les divers exercices qu'on peut exécuter dans
l'espace. Figurez-vous au plan inférieur, au-dessus du
filet, deux trapèzes de voltige auxquels se balançaient
deux des Hanlon, partant chacun d'une estrade opposée ;
au plan supérieur, deux barres fixes symétriques tenues
par les jumeaux Volta ; enfin, tout en haut de la coupole,
un trapèze fixe avec un *bras de fer*, le plus jeune des Hanlon, exécutant planches, tourniquets, échappements, et
finalement le saut du plongeur du cintre de l'édifice dans
le filet. Les exercices des voltigeurs, des barristes et des
bras de fer tantôt alternaient, tantôt étaient simultanés.
Ajoutons que les Hanlon-Volta avaient des appareils très
simples, presque grossiers : coquetterie d'artistes supérieurs qui veulent devoir leur succès non à une mise en
scène luxueuse, mais à leur seul talent.

Le groupe ci-joint présente nos artistes juste dans l'ordre inverse de celui où ils travaillaient. En avant, le plus
petit est le *bras de fer ;* au deuxième plan, les jumeaux Volta
sont aisément reconnaissables à leur similitude de traits ;
derrière enfin sont les voltigeurs Hanlon, à droite Bob.
Tous les cinq étaient merveilleusement bâtis, mais les Hanlon surtout étaient remarquables par leur musculature
athlétique. Ils étaient élèves des fameux Hanlon-Lee, qui
créèrent aux Folies-Bergère quelques pantomimes déso-
pilantes. C'est vers 1872 que les jeunes Hanlon débutèrent
sur la scène de la rue Richer, dans un numéro de barre fixe
à terre avec batoude. Quelques années après, en Amérique, ils faisaient connaissance des Volta, avec lesquels ils
combinèrent le travail que nous avons décrit plus haut.

« Les Volta, si nous en croyons une indiscrétion de
Hugues Leroux, avaient fait des études classiques dans

Phot. XII. — Les Alex, voltigeurs aériens.

un collège provincial de l'Angleterre, et lisaient Homère
dans le texte. Peu importe d'ailleurs l'authenticité de ce
dernier détail, car ce n'est pas « pour l'amour du grec »
que nous leur adressons ici un tribut rétrospectif d'ad-

miration. Employés dans une banque, ils faisaient des barres en amateurs, quand un *manager* qui les vit par hasard leur proposa d'échanger leurs maigres appointements de bureaucrates contre un brillant engagement.

Pendant une quinzaine d'années, la troupe des Hanlon-Volta eut le plus grand succès dans toutes les capitales du monde civilisé. Puis, comme c'est le sort de toutes ces associations acrobatiques, elle finit par se disloquer, après la chute mortelle de l'un d'eux tombé hors du filet. Il nous a été donné pourtant de revoir encore, il y a six ans, Bob Hanlon au Cirque d'Hiver, faisant la voltige avec un Français dont le nom ne figurait pas sur l'affiche, et qu'il avait recruté à la société la Gauloise. Son numéro très simplifié, puisque les barres et le trapèze fixe n'y figuraient plus, avait cependant encore le plus grand succès. Hanlon a été le roi incontesté de la voltige pendant toute cette longue période. Ce qui charmait en lui, c'était moins la difficulté ou la complication de ses passes (on fait plus fort aujourd'hui) que la grâce et la sûreté de son exécution. Je crois que maintenant l'âge, et un accident dont il a été dernièrement victime, en montant ses appareils, ont interrompu sa carrière artistique, et ce brillant météore disparaît sans laisser d'autres traces que le souvenir des instants agréables qu'il a fait passer aux connaisseurs dans l'art du trapèze volant.

Un digne émule de Léotard a été aussi dans ces derniers temps Icare, qui serait peut-être le premier en son genre, si deux troupes n'avaient surgi récemment, qui détiennent sans conteste, à l'heure actuelle, le record de la voltige aérienne : j'ai nommé les Alex (phot. XII) et les Rainat's. Le titre de *Rois de l'air* que s'arrogent sur les affiches ces merveilleux gymnastes, n'est nullement usurpé. Les Rainat's, comme les Alex, sont des Français, et ceci n'est pas pour nous déplaire, car nous avons constaté, non sans quelque regret, que les étrangers, princi-

palement les Allemands et les Anglo-Saxons, fournissent
à la phalange des acrobates son principal contingent.

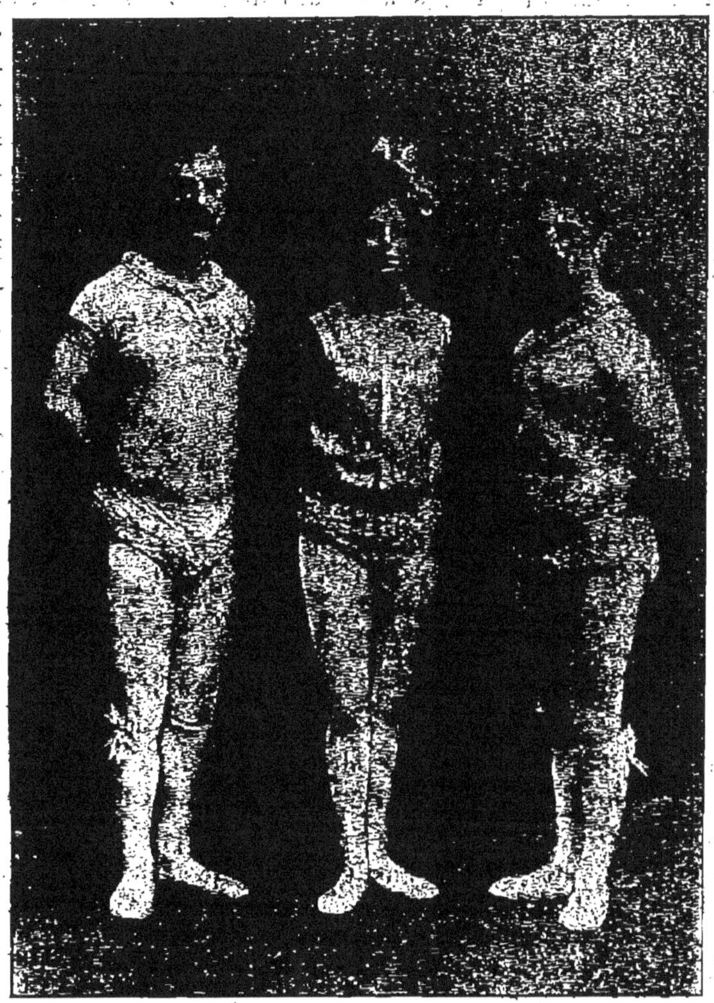

Phot. XIII. — Les Rainat's, voltigeurs aériens.

C'est donc avec un sentiment d'orgueil patriotique que
nous décernons à nos compatriotes la palme qu'ils ont si
bien méritée. Les Alex, de leur vrai nom Ducouray, ont

été, pour ainsi dire, élevés sur le trapèze, puisque leur père tenait au Point-du-Jour un gymnase fréquenté dans la belle saison par les amateurs de gymnastique aux agrès. Il me serait difficile de me prononcer définitivement en faveur des uns ou des autres, si je voulais décerner la primauté, non seulement parce que j'ai l'avantage de connaître personnellement les Alex aussi bien que les Rainat's (phot. XIII), mais encore parce que, avec des mérites différents, ils résument la perfection du genre dont ils sont les plus illustres représentants. Je dirai, si l'on veut, que les Alex ont plus d'élégance, et les Rainat's plus de puissance dans leur exécution. Mais comme ils font à peu près les mêmes passes, c'est toujours aux derniers vus que je serais tenté d'accorder la préférence, parce que l'impression plus récente fait pâlir l'impression plus ancienne. Parmi les figures les plus sensationnelles de leur répertoire, je citerai le casse-cou en arrière, le sursaut de ventre croisé dans l'espace avec le casse-cou, la double pirouette, le double saut périlleux de trapèze à trapèze, exercice non seulement inconnu avant eux, mais même réputé impossible. Edmond Rainat a même poussé la hardiesse jusqu'à compliquer le double saut périlleux d'une pirouette intercalée. Ce dernier exercice est une création toute récente, dont il m'a été donné d'être spectateur à la répétition. En résumé, ce sont de merveilleux artistes, et je ne saurais mieux marquer les progrès qu'ils ont fait réaliser à l'art de la voltige aérienne, qu'en disant qu'ils commencent leur numéro avec des passes par lesquelles leurs devanciers eussent été fiers de pouvoir terminer.

Pour tous les connaisseurs, la plus belle voltige est celle qui s'exécute de trapèze à trapèze, sans aucune autre complication ni accessoire. C'est ici le cas d'appliquer l'adage bien connu : « Le mieux est ennemi du bien. »

La troupe Mayol, disloquée depuis quelques années, terminait ses exercices aériens par un truc à effet consistant dans un grand tube de bois simulant un gigantesque canon. Un des voltigeurs s'y introduisait, et plaçait ses pieds sur une plaque à ressort qui garnissait le fond du tube. Une détente du ressort, accompagnée d'un pétard pour corser l'illusion, projetait dans le vide l'homme-obus, qui allait se raccrocher aux mains d'un porteur. Ce truc, toutefois, ne modifiait pas le caractère général du travail, qui restait conforme à la tradition.

Mais le besoin de la nouveauté et le désir de réveiller la curiosité publique firent inventer diverses variantes au travail de Léotard, entre autres la voltige en batoude et la voltige au porteur.

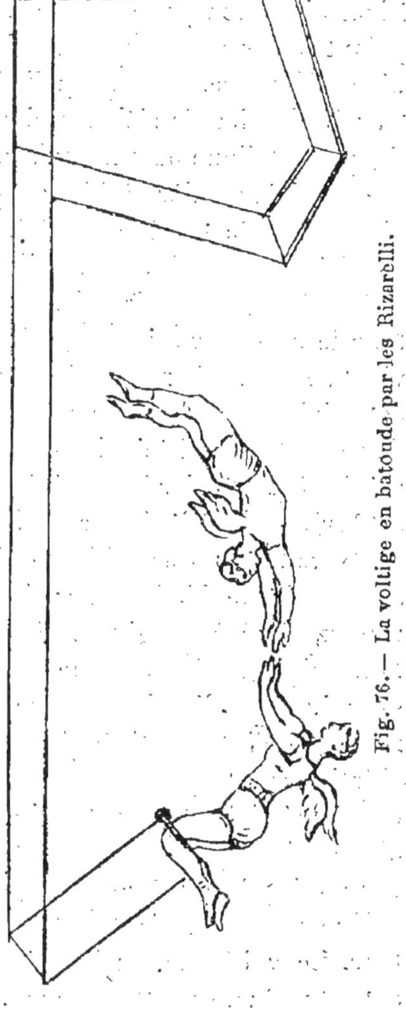

Fig. 76. — La voltige en batoude par les Rizarelli.

La voltige en batoude fut créée il y a quelque trente ans par deux gymnastes espagnols, les frères Rizarelli (fig. 76). Leur travail fit fureur à l'Exposition universelle de Vienne en 1873, et n'eut pas moins de succès à Paris. Ils avaient pris sur l'affiche le nom d'*hommes volants,* que justifiait la hardiesse de leurs sauts dans l'espace, et, pour mettre leurs costumes en harmonie avec leur appellation, ils avaient adapté à leurs justaucorps une paire d'ailes en carton doré, rappelant celles que la mythologie prête au messager des dieux, Mercure. Voici en quoi consiste la nouveauté de ce travail. Au lieu de s'élancer d'un trapèze, le premier voltigeur part d'une batoude ou tremplin aérien, en calculant sa course de manière à faire coïncider l'appel du pied avec l'instant où le trapèze oscillant est au point le plus rapproché du tremplin. Quand il a attrapé le trapèze, il s'y suspend en porteur dans les jarrets ou autrement, et à son tour le second voltigeur, s'élançant du même tremplin, vient se raccrocher aux poignets du porteur. Chaque passe est suivie d'une chute dans le filet, et le voltigeur est obligé de remonter par l'échelle de corde au tremplin. Pour remédier à ce dernier inconvénient, car la chute dans le filet est toujours une finale et coupe désagréablement la teneur du travail, les Hernandez, qui figuraient il y a quatre ans au cirque Medrano, avaient imaginé un trapèze de retour, situé à un niveau plus bas que le premier, qui ramenait le voltigeur à une estrade établie juste en dessous du tremplin. Le numéro que l'on vient de décrire nécessite l'intervention d'un *lanceur* qui imprime l'oscillation aux trapèzes par le moyen d'une cordelette dont une extrémité est dans sa main, et dont l'autre est garnie d'une paire de bagues glissant à frottement doux le long des cordes du trapèze.

Une seconde variante est fournie par la voltige en porteur. Le voltigeur, au lieu de passer d'un trapèze à un autre trapèze, se rattrape aux poignets d'un second gymnaste accroché lui-même à la barre d'un trapèze en oscillation. Le trapèze du porteur est plus court que celui du cascadeur, de manière que les bras allongés du premier soient juste de niveau avec la barre de l'autre trapèze. Le porteur met en branle l'agrès qui le supporte par un mouvement de bascule, et quand l'oscillation est suffisante, il se pend la tête en bas, en ayant soin d'entretenir et d'activer le balancement par des mouvements du tronc en avant et en arrière.

Il y a diverses manières pour les porteurs de s'accrocher au trapèze :

1° La plus naturelle est la suspension par les chevilles (fig. 77), le talon s'appuyant contre la barre de l'agrès, le cou-de-pied passé en dedans de la corde, et la pointe tournée en dehors. Elle a l'inconvénient d'être très douloureuse par la compression des os de la cheville, qui, n'étant protégés par aucune masse charnue, ressentent vivement les secousses que leur imprime chaque fois

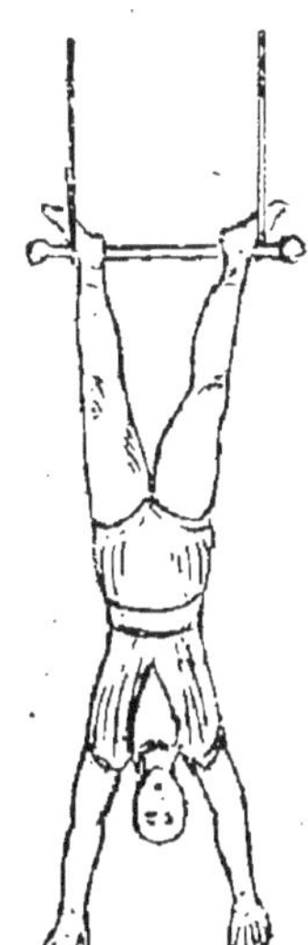

Fig. 77. — Suspension par les chevilles.

l'arrivée du voltigeur.

2° La suspension à l'anglaise (fig. 78) se fait en engageant les cuisses dans les cordes, avec la barre du trapèze appuyée au-dessus des genoux. C'est la moins élégante, car c'est celle qui diminue le plus la longueur du corps, mais c'est la plus sûre, car elle agit à la façon d'un nœud marin : plus le poids qu'on porte est lourd, moins les jambes ont de facilité à se dégager. Comme la précédente, elle a l'inconvénient d'être très douloureuse, par suite de la pression des cordes.

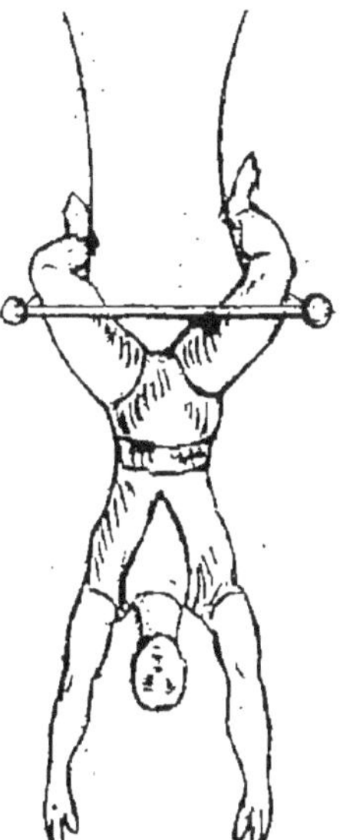

Fig. 78. — Suspension à l'anglaise.

3° La suspension simple dans les jarrets est plus élégante et plus naturelle, mais elle est dan gereuse par le risque de détendre les jarrets en arrivant à l'extrémité de la course, à moins d'avoir une barre supplémentaire sous laquelle on engage la pointe des pieds (fig. 79).

4° La quatrième suspension, qui est la plus usitée aujourd'hui, se fait à l'aide de crochets de fer adaptés au talon ou au cou-de-pied de la bottine (fig. 80), et avec lesquels on s'accroche à la barre du trapèze. Le public peu au courant des trucs du métier se figure que l'artiste fait preuve d'une force extraordinaire dans les pieds, alors que tout l'effort est supporté par une tige de fer garnie de courroies qui emprisonne la cheville à l'intérieur du brodequin. Tout le mérite revient donc au mécanicien qui a fabriqué l'appareil, et qui, tout en assurant sa solidité, a eu l'art de lui donner le moins possible d'apparence extérieure.

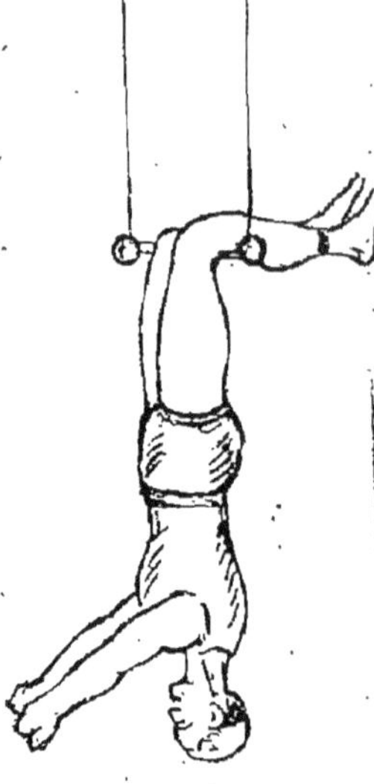

Fig. 79. — Suspension simple dans les jarrets.

L'avantage de la voltige faite avec l'aide d'un porteur consiste en ceci : le porteur, en allant au-devant des mains du voltigeur et en les saisissant avec force, diminue d'autant les chances que celui-ci a de manquer la rattrape. En outre, pour la passe en retour, le porteur, par une vigoureuse traction de bras, communique un surcroît d'élan au voltigeur. Mais ce qui diminue la difficulté de l'exercice lui ôte aussi de son mérite. Il ne faudrait pas comparer, par exemple, une passe en double saut périlleux exécutée de trapèze à trapèze, et la même exécutée à l'aide d'un porteur. On remarquera aussi que certaines rattrapes par les aisselles ou par les jambes du voltigeur, avec lesquelles les artistes essayent de varier leurs cas-

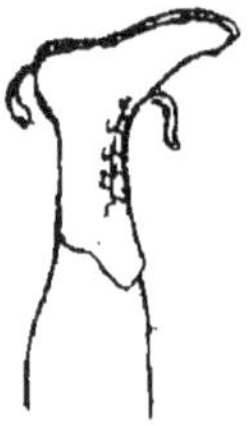

Fig. 80.—Bottines truquées pour porteur en voltige.

cades, sont d'un effet plutôt disgracieux, défaut dont les passes de trapèze à trapèze sont toujours exemptes. Ce qui prouve qu'en acrobatie comme ailleurs, changement n'est pas toujours synonyme de progrès.

Parmi les troupes qui ont le plus marqué dans ce genre de voltige, citons, par ordre chronologique, les Américains Silbons, qui furent engagés en 1878 à l'Hippodrome de l'avenue de l'Alma. Leur troupe se composait de deux adultes et de deux adolescents. L'un de ces derniers fut victime d'un accident dont j'ai eu le regret d'être témoin. Le porteur l'ayant rattrapé d'une seule main, le trapèze dévia, et l'infortuné cascadeur, lâché au bout de la course, alla choir d'abord sur le rebord du filet; ensuite il rebondit dans le vide, et se cassa le pied en tombant sur un des employés, qui lui-même fut assez gravement contusionné.

Le même établissement posséda aussi les sœurs Castagna, deux robustes Piémontaises dont les formes sculpturales, quoique un peu viriles, se déployaient merveilleusement dans leurs cascades aériennes; puis les deux Américains Romah et Gonza, ce dernier d'origine aristocratique, s'il en faut croire les affiches, qui l'annonçaient comme *el marques de Gonza*. Gonza est le premier que j'aie vu porter au moyen de bottines truquées, comme il a été dit plus haut.

Enfin, il y a quelques années, les Eugene's, artistes anglais, ont également obtenu aux Folies-Bergère un légitime succès. Le porteur était d'ailleurs un gymnaste de premier ordre, car, entre temps, il montait à la barre d'écartement, à laquelle était accroché son trapèze, et, à une hauteur vertigineuse, il exécutait le soleil avec changement de mains, en marquant l'équilibre toutes les fois qu'il passait par la verticale. Les Lockford (phot. XIV), dont le nom anglais cache un artiste espagnol et un Polonais (Lopato), tiennent depuis nombre d'années l'affiche :

leur numéro est remarquable non seulement par la hardiesse de leurs passes, mais par la grande distance qui sépare leurs trapèzes. C'est là, ne l'oublions pas, un mérite de premier ordre, qui se fait un peu rare depuis l'époque de Léotard, et qui contribue singulièrement à l'esthétique du mouvement. Lopato est un athlète de taille élevée, d'une musculature très puissante, et qui doit à sa force extraordinaire de pouvoir offrir à son voltigeur le luxe des grandes distances. En citant encore les Américains Clarke, actuellement au Nouveau Cirque, les Meteor's, Allemands, qui ont figuré chez Medrano naguère, et les Secchi, de l'Hippo-Palace, j'aurai complété cette revue, qui n'a pas la prétention d'être complète : du moins suis-je sûr de n'avoir oublié aucun des grands noms.

Quel que soit le genre de voltige aérienne que l'on présente au public, la finale obligée est le saut dans le filet. Chacun des exécutants lâche à tour de rôle son appareil, et descend soit par un saut de plongeur, soit par un double ou triple saut périlleux même. A l'un d'eux est dévolu la tâche d'exécuter le plongeon sensationnel du haut de la coupole du cirque. Il se fait hisser au moyen d'une poulie jusqu'à une petite plate-forme, d'où il exécute sa descente vertigineuse. Il ne faudrait pas se figurer, malgré la largeur et la solidité du filet, que l'exercice soit absolument sans danger. Si l'artiste, au moment de toucher le filet, n'a soin de donner le coup de tête en avant pour retomber à plat dos, il risque de se rompre la colonne vertébrale, ou du moins de s'estropier pour toujours. Parmi les accidents survenus au cours de ce saut, le professeur Zucca cite une artiste, miss Zœo, qui se cassa les dents antérieures et se mutila le nez de telle manière qu'elle ne pouvait plus paraître en public sans un savant maquillage. J'ai vu, pour ma part, un ancien gymnaste qui avait eu tous les doigts des mains retournés par les mailles du filet; un autre qui avait conservé un torticolis résultant

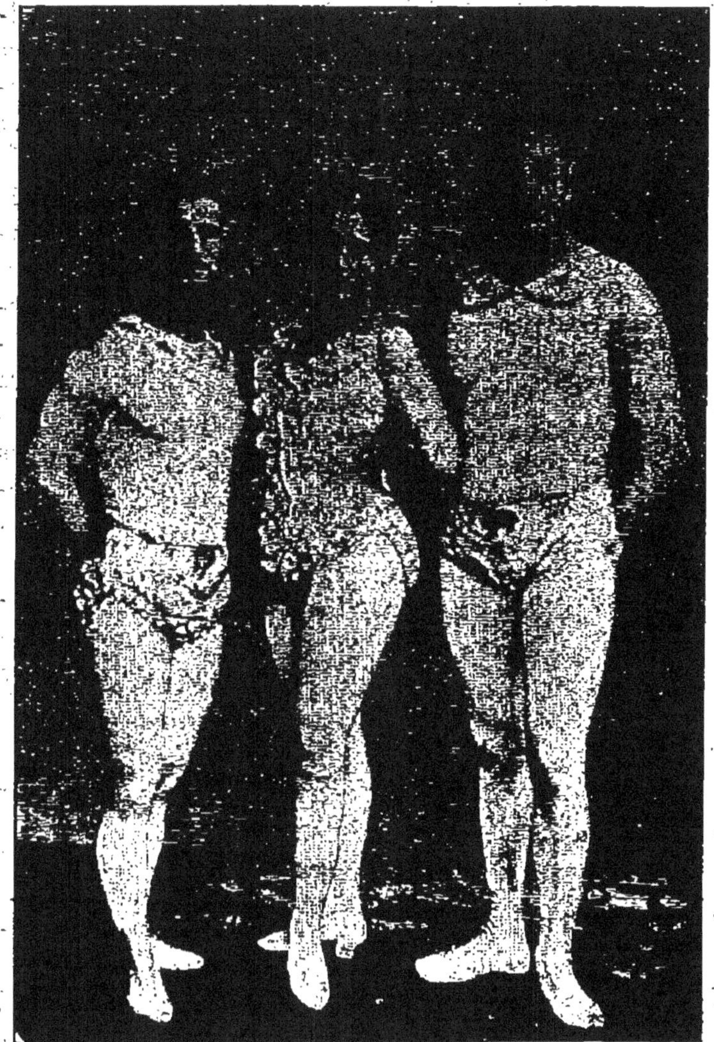

Phot. XIV. — Les Lockford. — Voltige aérienne en porteur.

d'une rupture d'un tendon du cou : tous deux avaient été
obligés de renoncer à la carrière artistique. Mais le plus

tragique accident est celui qui coûta la vie à la gracieuse Olga, que j'aurais dû citer plus haut à côté des sœurs Castagna, car elle faisait exception à l'incapacité acrobatique de son sexe en exécutant avec une perfection relative un travail qui dépasse de beaucoup les aptitudes corporelles de la femme. Olga faisait la voltige en porteur avec une négresse Kaïra, et les habitués du hall de l'avenue de l'Alma ont pu l'y applaudir à diverses reprises. Engagée au Cirque royal de Munich, où elle devait clore son répertoire par le fameux saut du plongeur, elle rencontra, en traversant l'espace, un fil de fer qui la fit dévier de la perpendiculaire, et fut projetée en dehors du filet. La vaillante voltigeuse se brisa la colonne vertébrale et expira peu d'heures après.

Nous allons maintenant énumérer les diverses passes usitées en voltige, heureux si l'audace inventive d'un Rainat ou d'un Alex rend plus tard cette énumération incomplète.

Je les diviserai en deux catégories : les passes ordinaires, que je considère comme accessibles à tout gymnaste, et les passes extraordinaires, que seuls les artistes d'élite peuvent affronter.

A. *Passes ordinaires.* — 1° Passe simple : elle se fait au premier temps; le voltigeur, arrivé au bout de la course du trapèze, lâche l'engin avec un mouvement de traction de bras et saisit l'autre trapèze. Arrivé au bout de la course du deuxième trapèze, il fait le changement de mains pour revenir face en arrière et rattraper le premier trapèze, à l'aide duquel il remonte sur l'estrade de départ. Pour bien exécuter cette passe, comme aussi toutes les autres d'ailleurs, il y a deux principes à observer : l'un est de partir à point, c'est-à-dire au moment précis où le deuxième trapèze commence à redescendre du point le plus élevé de sa course; l'autre est de ne pas *courir* après l'agrès, ce qui n'arrivera jamais si l'on donne bien la traction de bras en quittant le premier trapèze. De plus, il faut avoir la tête droite, la poitrine en avant, les reins cambrés et les jambes réunies. Mieux vaut manquer le deuxième trapèze et faire la chute dans

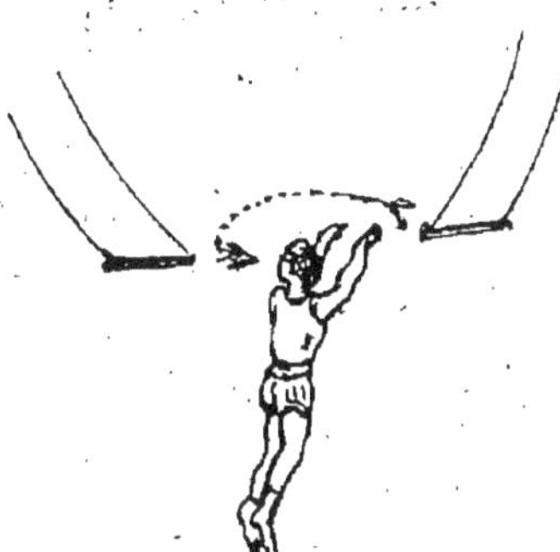

Fig. 81. — Passe demi-pirouette.

la piste que de le rattraper du bout des doigts, en portant le corps en avant, ce qui non seulement est disgracieux, mais encore expose, si la prise est insuffisante, à lâcher malgré soi l'agrès et à tomber là face en avant. D'une façon générale, et quelle que soit la passe qu'on exécute, on remarquera que l'esthétique du mouvement se trouve toujours en parfaite conformité avec sa bonne exécution.

2° La passe demi-pirouette (fig. 81) : au lieu de quitter le premier trapèze face en avant, on fait le changement de mains au bout de la course, on se balance encore une fois en activant l'oscillation par une forte traction de bras, donnée au moment où l'on revient vers l'estrade de départ, puis, arrivé de nouveau à bout de course, on lâche l'agrès

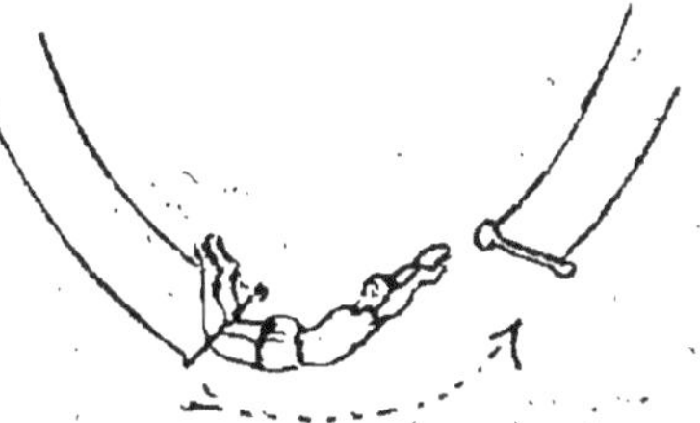

Fig. 82. — Passe en jarrets.

en imprimant aux épaules une secousse de gauche à droite, pour rattraper le deuxième trapèze face en avant. Le retour à l'estrade se fait de même.

3° La passe en jarrets (fig. 82) : elle se fait soit au premier balancement, soit au deuxième. Dans ce dernier cas, il faut partir à contretemps de l'estrade, par suite de la différence de durée des oscillations du trapèze libre et du trapèze occupé. Arrivé au point mort, le voltigeur place les jarrets sur la barre, et, à bout de course, il les dégage par un fort coup de tête pour aller rattraper le second trapèze. Le retour s'effectue de même.

4° La passe en sirène : elle s'effectue en lâchant le trapèze dans la position dite en sirène.

5° La passe en planche (fig. 83) : le volti-geur passe les jambes entre les bras et se met à la position de la plan-che dorsale ; arrivé à bout de course, il lâche l'agrès avec un temps de

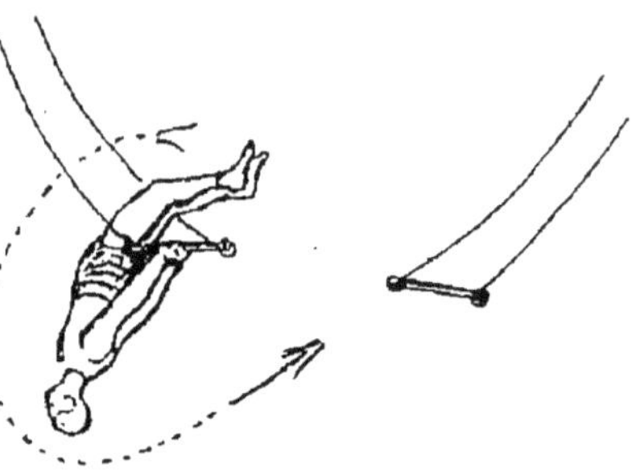

Fig. 83. — Passe en planche.

tête et porte les bras en avant pour saisir le second trapèze. Il y a une deuxième manière d'exécuter cette passe, plus élégante, mais plus difficile. Le voltigeur s'établit sur le trapèze à la position assise, puis, un peu avant d'ê-tre à bout de course, il exécute le mouvement de l'échappement assis, les bras au corps, et sans tenir le trapèze autour duquel il pivote ; puis, quand il se retrouve face au deuxième trapèze, il porte les bras en avant pour le saisir.

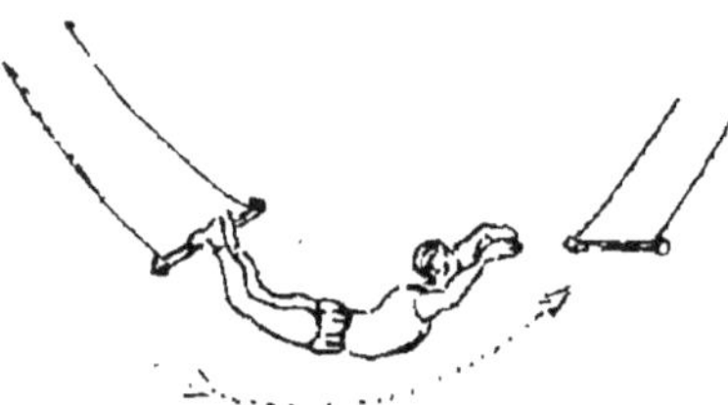

Fig. 84. — Passe en pointes de pieds.

6° Passe en pointes de pieds (fig. 84) : le voltigeur, un peu après avoir passé le point mort, se met en suspension par les pointes des pieds, et en même temps il déploie le corps par un fort temps de poitrine qui, combiné avec l'oscillation du trapèze, le ramène à la position normale, c'est-à-dire face au deuxième trapèze.

7° La passe debout (fig. 85), une de celles du répertoire

primitif de Léotard, est aujourd'hui délaissée. Le voltigeur s'établit sur le trapèze à la station debout et se laisse
partir en avant de toute sa hauteur pour rattraper le second trapèze.

8° La passe en saut périlleux simple (fig. 86) est la plus
jolie de celles que j'ai rangées dans la première catégorie.

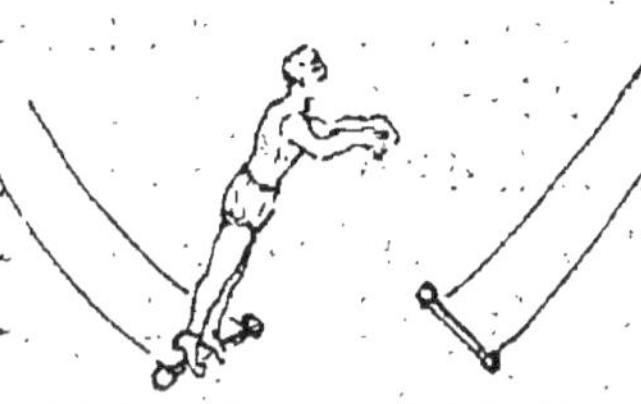

Fig. 85. — Passe debout.

Le voltigeur, arrivé à bout
de course, lâche le trapèze,
le corps parfaitement dé-
ployé, et par un temps de
tête il imprime à son corps
le mouvement du saut périlleux en arrière. Après avoir
évolué une fois dans l'espace, il se retrouve face en avant
et saisit le deuxième trapèze.

Les huit passes que nous venons d'énumérer sont les
premières qu'on ait risquées en voltige aérienne; elles
composaient le répertoire du créateur des trapèzes volants. Aujourd'hui elles constituent le domaine accessible
aux amateurs, et je les ai
vu maintes fois exécuter,
dans des fêtes et des concours, par des membres
de nos sociétés de gym-
nastique, notamment par
ceux de la Gauloise, de

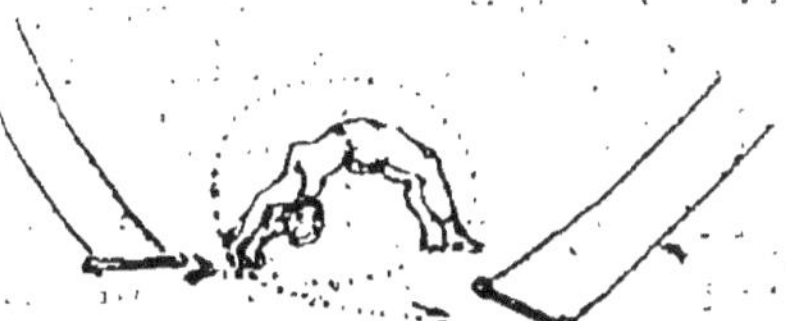

Fig. 86. — Passe en saut périlleux.

Paris. Elles ne suffiraient donc plus, même exécutées
avec une perfection irréprochable, pour permettre à un
artiste de figurer honorablement dans un cirque soucieux
d'offrir à son public des attractions sensationnelles.

Les suivantes, au contraire, classent un artiste hors
pair et lui assurent un rang plus ou moins élevé, suivant
qu'il en exécute une partie ou qu'il les possède toutes.
C'est ainsi que les joueurs d'échecs sont classés en catégories bien tranchées, suivant le nombre de coups qu'ils

peuvent calculer à l'avance ou le nombre de parties qu'ils sont capables de jouer à la fois. Les passes que nous avons qualifiées d'*extraordinaires* méritent cette dénomination, tant à cause de l'effort musculaire qu'elles exigent que du danger qu'elles présentent.

B. *Passes extraordinaires.* — 1º La passe en sursaut fig. 87) : elle s'exécute au deuxième balancement. L'artiste, au retour du premier, s'établit le ventre à la barre du trapèze et, arrivé à bout de course, il détache le corps du trapèze par un vigoureux fouettement de jambes en arrière, comme s'il voulait monter à la position de l'équilibre; mais en même temps il repousse le trapèze avec les

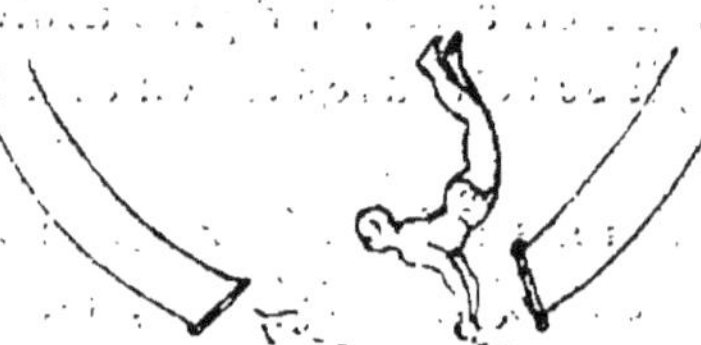

Fig. 87. — Passe en sursaut.

deux mains en relevant la tête, comme dans le saut de Blavette cambré, et porte les mains en avant pour saisir le second trapèze. Cette passe est d'un merveilleux effet et donne la sensation d'une grande puissance musculaire dans celui qui l'exécute. Elle a un caractère encore plus saisissant lorsque le deuxième voltigeur, parti de l'estrade opposée, fait en dessous la passe simple, ou mieux encore la passe casse-cou. La combinaison de ces deux mouvements simultanés exige une précision et une sûreté incomparables.

2º Passe pirouette entière, pirouette et demie et double pirouette : le mouvement est celui qui a été décrit pour la demi-pirouette, avec cette différence qu'il exige une progression croissante d'énergie. Dans la double pirouette, le corps du voltigeur donne l'impression d'une hélice tourbillonnant à toute vitesse sur son axe. Si difficile que soit ce mouvement, il ne produit pas, à mon avis, autant d'effet que d'autres plus aisés, et il faut être connaisseur pour l'apprécier à sa juste valeur.

3° Passe casse-cou en arrière (fig. 88) : elle se fait au deuxième balancement. Le voltigeur, après avoir exécuté le changement de mains à l'extrémité du premier balancement, pour se trouver face en arrière, lâche l'agrès à l'extrémité du deuxième, en fouettant les jambes en arrière et en donnant un fort coup de tête en avant, qui imprime à son corps le temps du saut périlleux en avant. Après avoir évolué un tour dans l'espace, il se retrouve sous la barre

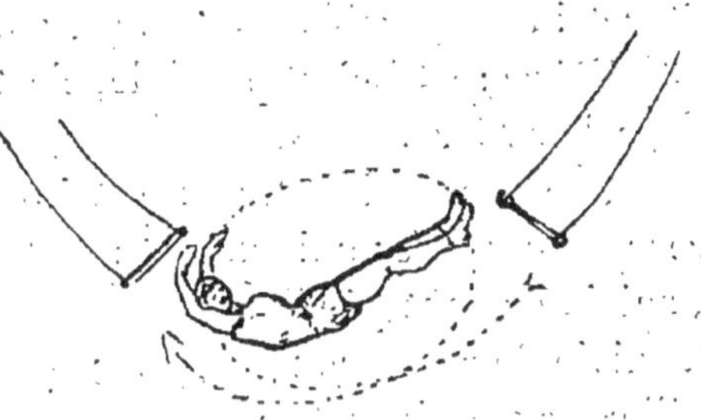

Fig. 88. — Passe casse-cou en arrière.

du deuxième trapèze et le saisit avec les mains.

Le temps du casse-cou est fort curieux en ce qu'il est la résultante de deux impulsions contraires, un mouvement giratoire en avant, et un mouvement de translation en arrière.

4° Passe casse-cou en avant (fig. 89) : ce temps est encore plus contrarié que le précédent, et seule une photographie cinématographique, à défaut de l'exécution elle-même, en pourrait donner un idée exacte. Le voltigeur lâche le trapèze, face en

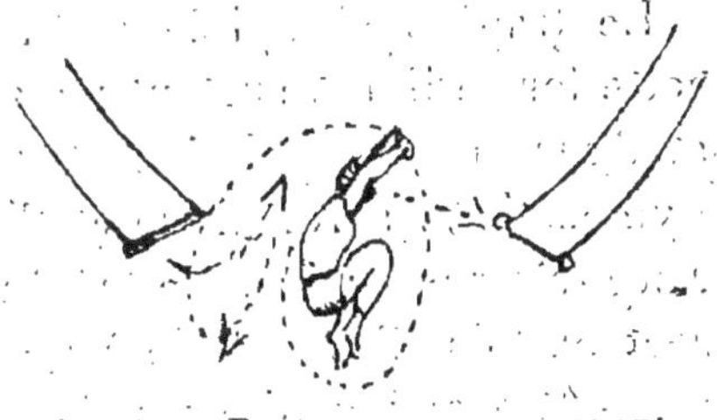

Fig. 89. — Passe casse-cou en avant.

avant, comme pour le temps du saut périlleux ; mais brusquement, par un fort coup de tête et de poitrine en avant, il imprime à son corps le temps du saut périlleux en avant, et, l'évolution finie, se retrouve en face du deuxième trapèze, qu'il saisit.

5° La passe en double saut périlleux est la même que celle en saut périlleux simple, pour la direction à donner au corps, sauf que le voltigeur tourne deux fois sur lui-même avant la rattrape. Rainat est le premier qui l'ait osée, et après lui les Alex. On dit même qu'il rêve la passe en triple saut périlleux, sans être encore parvenu à la régler. S'il y réussit, il aura accompli un prodige; mais quand on connaît cet incomparable artiste, on est tenté de répéter un mot célèbre : « Si c'est possible, c'est fait; si c'est impossible, cela se fera. »

Les passes précédentes, en se combinant, peuvent donner lieu aux très intéressantes figures qui suivent :

a) Passe en jarrets, suivie de saut périlleux;

b) Passe en sursaut, suivie de casse-cou en avant;

c) Passe en saut périlleux avec pirouette;

d) Passe en casse-cou avec pirouette, etc.

Il n'y a d'autres limites à ces combinaisons que celles que leur imposent l'adresse et l'audace des exécutants.

Toutes les passes décrites ci-dessus font également partie du répertoire de la voltige en porteur; mais, comme nous l'avons déjà dit, elles sont plus élégantes et plus méritoires faites de trapèze à trapèze.

Le trapèze s'emploie aussi comme engin fixe. Sous cette forme il est surtout un engin de culture physique et figure comme tel dans tous les gymnases. Dans la gymnastique acrobatique et théâtrale, il n'occupe qu'un rang très accessoire. Le trapèze fixe à un seul exécutant sert parfois d'accessoire à un numéro de voltige, pour permettre aux voltigeurs de prendre haleine sans que l'attention du public soit réduite à chômer. Il est souvent tenu par une femme chez qui la grâce supplée à la force. Mais lors même que l'artiste à qui est dévolu ce numéro aurait une valeur réelle, comme le plus jeune de la troupe des Hanlon-Volta, c'est forcément un numéro sacrifié.

Il y a aussi un autre emploi du trapèze, dont nous reparlerons avec plus de détail au chapitre des équilibristes aériens.

Pour donner plus d'intérêt au travail du trapèze, on a imaginé de le faire à deux, voire même à trois places. De là est sorti un numéro acrobatique qui eut beaucoup de vogue il y a trente ou trente-cinq ans, « le trapèze double », et qui est aujourd'hui délaissé comme trop simple et trop facile (fig. 90). L'engin en question se compose d'une barre de fer d'environ un mètre cinquante, soutenue par trois cordes, l'une au milieu de la barre, les deux autres à chaque extrémité, et présente ainsi deux sièges. L'un des deux gymnastes se place dans la position du porteur en jarrets, et empoigne les mains de son confrère, qui se laisse glisser dans le vide, retenu seulement par le porteur; arrivé au point de suspension, il exécute en prise de mains diverses figures, telles que sirène, suspension par les chevilles, planche

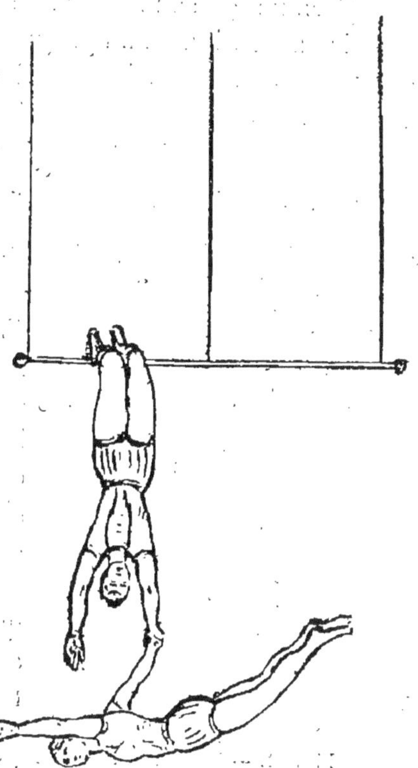

Fig. 90. — Trapèze double.

d'un bras, etc., après lesquelles il remonte, en ceinturant avec ses jambes la taille du porteur, sur le trapèze, et les deux exécutants se trouvent à la position assise. Le numéro complet se compose de sept ou huit cascades, et se termine par une descente de corde en tractions de bras, ou, quand il est exécuté par des femmes, par une descente *en ange* (fig. 91), c'est-à-dire avec la corde enroulée autour d'une jambe. J'ai vu jadis à l'hippodrome de

Passy (brûlé en 1868) ce travail présenté avec un grand succès par les frères Togam, plus tard par les frères Depersano, qui l'avaient perfectionné en le faisant à trois, et dernièrement encore il figurait aux représentations de Barnum, où sa médiocrité se perdait dans la multiplicité des attractions d'un programme trop chargé. En somme, il n'offre aucune difficulté d'ordre supérieur, et il est à la portée d'un gymnaste amateur bien entraîné. Aussi a-t-il fait à diverses reprises les délices du cirque Mólier, et je l'ai moi-même exécuté dans les séances d'amateurs, sans m'y être autrement préparé que par une douzaine de répétitions préalables. C'est un travail de force, dont le principal mérite consiste dans la rapidité et le brio de l'exécution.

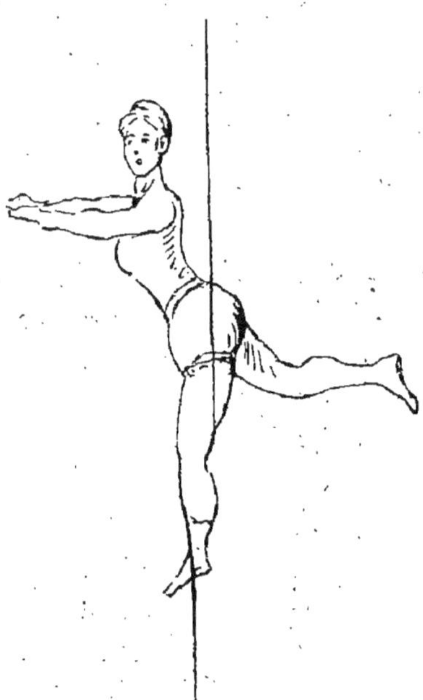

Fig. 91. — Descente de corde en ange.

J'aurai tout dit sur le trapèze quand j'aurai décrit un appareil assez compliqué que je vis fonctionner pour la première fois en 1858, dans un cirque de province, et pour la dernière fois, il y a quatre ou cinq ans, aux Folies-Bergère, où il était tenu par deux gymnastes américaines, très jolies et très gracieuses dans leurs évolutions, les sœurs Vaïdis. A parler franchement, la valeur artistique du travail est loin de compenser la complication d'un appareil dispendieux et encombrant. Il se compose d'un cadre rectangulaire pivotant autour d'un axe, à la façon des *comètes* de nos champs de foire (fig. 92). A chaque extrémité est accroché un trapèze après lequel un

ou une gymnaste exécute diverses figures de suspension,
pendant que la comète, mue par un ressort d'horloge,

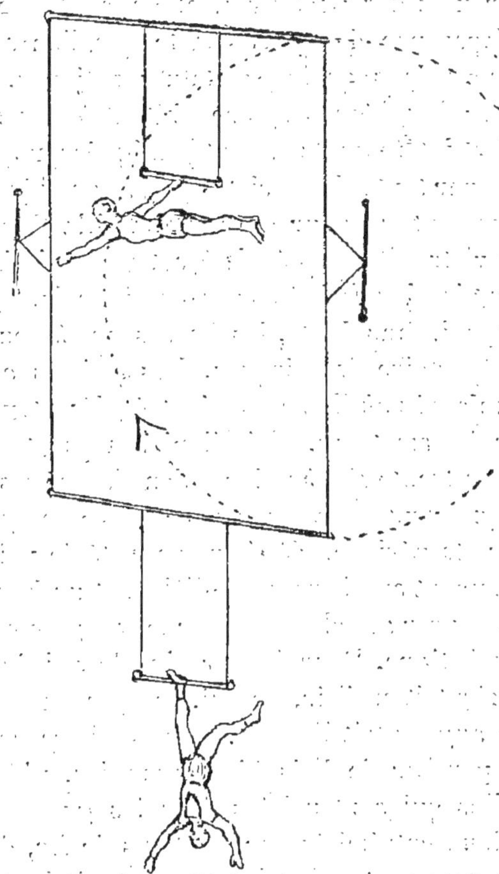

Fig. 92. — Trapèzes comètes.

décrit sa révolution dans l'espace de manière que chacun
des deux exécutants se trouve tantôt à l'apogée, tantôt
au périgée.

BARRES PARALLÈLES

Les barres parallèles constituent un des instruments
de culture physique les plus appréciables par leur effica-

cité et les plus répandus. Les barres à fond, notamment, exercent une influence très énergique sur le développement du thorax et des pectoraux, et donnent à la poitrine cette apparence de gynécomaste que l'on admire particulièrement dans quelques statues antiques, entre autres le *Mars* Borghèse. Elles se prêtent à des séries d'exercices fort intéressants et sont pratiquées avec goût et avec succès par toutes les sociétés de gymnastique. Les Suisses notamment ont pour elles une prédilection marquée, et leur virtuosité sans égale à cet appareil n'a rien à envier à l'art le plus raffiné des professionnels.

Voilà pourquoi, sans doute, les barres ont à peu près disparu du répertoire des cirques. Les artistes ont dû renoncer à un agrès où ils se voyaient égalés et parfois dépassés par des amateurs. Mais il n'en a pas toujours été ainsi. Il y a trente ans à peine qu'en France les fêtes de gymnastique nous ont gâtés dans ce genre de production. Avant cette période, c'était une rareté de voir travailler élégamment aux barres parallèles, et un bon barriste pouvait figurer avec honneur sur le programme d'un spectacle acrobatique. Pour donner plus de relief au numéro, on l'exécutait en l'air, ce qui, sans en aggraver la difficulté, en augmentait l'attrait. L'appareil se composait de deux perches de bois bien arrondies, plus longues que celles qui sont usitées dans les gymnases et jointes aux deux extrémités par des tiges de fer, de manière à figurer un rectangle ; les supports étaient remplacés par des haubans fixés à la toiture de l'édifice. On y exécutait deux sortes d'exercices : les uns au-dessus, consistant dans des équilibres sur les mains, des planches libres, des couronnements ; les autres en dessous, consistant dans des progressions par élan à la suspension tendue, des planches et des établissements. L'appareil se trouvait monté à quatre ou cinq mètres environ au-dessus du sol, et ne permettait pas l'emploi du filet protecteur,

ce qui nécessitait de la part de l'exécutant une grande
sûreté et beaucoup d'audace.

Un des plus anciens souvenirs que j'aie conservés relativement à ce genre de numéro, est celui de Mariani,
dont la nombreuse famille a joui d'une grande réputation
dans le monde des cirques. Un de ses fils, déjà d'un certain âge, est actuellement écuyer au Cirque d'Hiver. Mariani faisait les barres parallèles vers 1860, au cirque

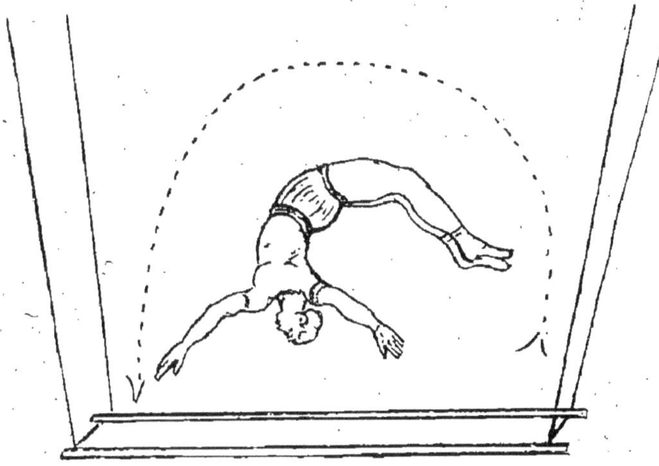

Fig. 93. — Barres parallèles aériennes par Gustave de Ponthière.
Le saut périlleux.

Loyal, à Strasbourg, et je me rappelle assez nettement
son travail. C'était de la belle gymnastique de force, et
l'artiste lui-même était un superbe type d'athlète; mais
nos gymnastes modernes n'auraient rien à y apprendre.
Quelques années plus tard, j'ai vu exécuter un numéro
analogue avec plus de *maestria* par un gymnaste *di primo
cartello,* qui eût laissé une gloire durable dans son art si
ses habitudes irrégulières n'avaient gâté sa carrière.
Gustave de Ponthière (fig. 93) (un vrai marquis, s'il vous
plaît, et dont la noblesse était authentiquement établie par
des papiers de famille, qu'il se plaisait à étaler devant

quelques-uns de ses amis, lorsqu'il était en gaieté) était un
des plus hardis et des plus forts virtuoses aux agrès que
j'aie jamais connus. Voici notamment un tour qu'il exécutait aux barres parallèles : debout avec un pied sur
chacune des deux barres, il partait en saut périlleux en

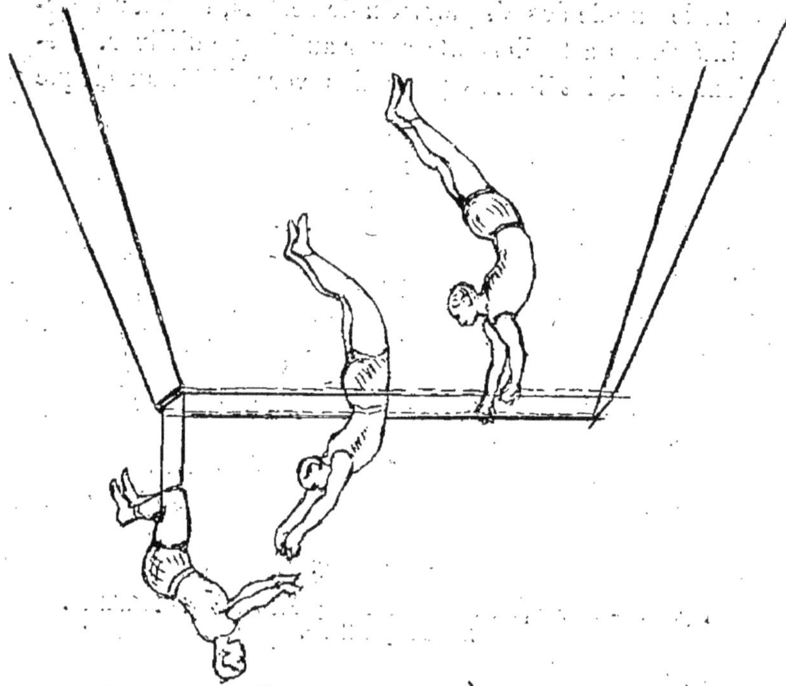

Fig. 94. — Le Pont de la mort.

arrière et retombait de toute sa hauteur les bras écartés
en croix de fer. Malheureusement, un soir qu'il voyait
double, il manqua un de ses exercices et tomba sur le sol,
où il se brisa une jambe et un poignet. Vers 1873 aussi,
les Hanlon, encore jeunes alors, présentèrent aux Folies-
Bergère un numéro de barres parallèles où l'on pressen-
tait déjà les merveilleux artistes qui devaient plus tard,
dans leur association avec les jumeaux Volta, conquérir
une si brillante et si durable célébrité.

Le travail des barres parallèles aériennes a été agrémenté par l'adjonction du trapèze, et a donné naissance à un numéro aujourd'hui bien oublié, mais qui florissait jadis sous le nom un peu ambitieux de (fig. 94) « Pont de la mort ». A l'extrémité des barres est accroché un petit trapèze de porteur, dont la tige est à un mètre environ au-dessous du niveau des barres. Un des gymnastes (il en faut trois pour ce genre de travail) s'accroche dans les jarrets ; les deux autres exécutent sur les deux barres diverses figures qui se terminent par le *leap for life,* c'est-à-dire par un saut dans le vide entre les deux barres pour aller rattraper les mains du porteur. A la dernière figure, les deux cascadeurs doivent se trouver suspendus au porteur, et former la *grappe humaine,* échelonnés l'un sous l'autre en ceinture de jambes. C'est sous cette forme que j'ai applaudi, en 1874, ce travail exécuté par les trois frères Depersano, au cirque Ciotti à Saint-Étienne, et plus tard aux Folies-Bergère par les trois Brésiliens Ferrando. Depuis, il a disparu du répertoire acrobatique, et c'est regrettable, car il fait de l'effet, et, malgré sa dénomination effrayante, il ne présente, exécuté au-dessus d'un filet, aucun danger. Peut-être reviendra-t-il à la mode, le jour où l'invention industrieuse des artistes aura définitivement épuisé l'arsenal des nouveautés acrobatiques.

BARRE FIXE

Le reck ou barre fixe, qui figure dans tous les gymnases, a été longtemps un instrument d'une simplicité toute primitive. C'était une simple tringle de fer supportée par deux montants de bois plantés en terre. C'est sous cette forme qu'il figure encore dans beaucoup de jardins de restaurants rustiques, et la rouille qui le couvre généralement atteste que les consommateurs ont plus de propension pour le jeu de vide-chopines que pour la gymnastique athlétique. Pour en faire le merveilleux instrument acrobatique dont on a tiré dans ces vingt-cinq dernières années des effets si extraordinaires, il a fallu lui faire subir un perfectionnement important : la barre de fer a été rémplacée par une barre en bois tourné, parfaitement lisse et polie, et évidée en son centre pour recevoir une tringle en fer qui garantit la solidité de l'appareil et lui permet de subir sans se briser de terribles pressions. Les montants lourds et massifs des premiers temps ont fait place à d'élégants supports en tubes de fer creux, nickelés à l'extérieur, et simplement posés sur le sol, avec un système de haubans auxquels une corde à poulie permet de donner le degré voulu d'élasticité : car il importe que l'agrès rende bien, qu'il vibre à chaque sursaut, à chaque échappement, et que cette vibration se combine avec l'élan du gymnaste pour le rendre plus puissant. La barre en bois est plus favorable que la barre en fer aux prises de mains. Je n'ai vu qu'un seul artiste, Fabre, engagé il y a quelque vingt-cinq ans au Cirque d'Été, se servir à la scène d'une barre en fer, et encore celle-ci était-elle entourée dans toute sa longueur d'un ruban de toile enroulé en spirale, destiné à absorber la moiteur des mains. Car la grande préoccupation d'un virtuose du reck est d'avoir les mains en bon état, c'est-à-dire sèches, de manière à empoigner solidement l'agrès et à ne pas le lâcher au milieu d'un soleil, sous l'action de la force centrifuge. Aussi voit-on pendant toute la durée du travail les artistes essuyer continuellement leur engin avec une cordelette dont ils tirent alternativement les deux bouts, pour enlever les moindres traces d'humidité qui pourraient s'y être condensées par suite de l'état hygrométrique de l'air, et prendre à diverses reprises du bout des doigts de petites doses discrètes de résine, qui assurent la solidité de la prise sans empêcher les mains de tourner avec aisance. Un autre fléau redoutable pour les barristes, ce sont les durillons, que le frottement répété de la barre tend à arracher de la paume des mains, en laissant à leur place une plaie vive qui rend le travail très douloureux, sinon impossible. Pour obvier à cet inconvénient, beaucoup ont recours à un procédé ingénieux consistant dans l'adaptation d'un petit triangle de cuir qui s'enchâsse dans le médius et l'annulaire, et garantit toute la partie renflée de la paume de la main, qui supporte le plus de frottement. Toutes ces précautions, qui paraissent sans doute minutieuses et exagérées aux profanes, sont pourtant la condition indispensable de l'exécution sûre et impeccable d'un travail qui peut être considéré comme un des plus dangereux du répertoire acrobatique.

L'usage du reck en bois creux s'est introduit chez nous vers 1868. C'est une société suisse fonctionnant à Paris qui le mit à la mode, et depuis lors tous les gymnases qui se respectent (pour ne rien dire des artistes) n'en ont plus d'autres. A l'époque de l'apparition de cet agrès perfectionné, les moniteurs de l'école de Joinville se cotisèrent pour en doter le gymnase de la Faisanderie.

Mais ce qui acheva surtout de donner au reck un rang distingué parmi les engins acrobatiques, ce fut la substitution d'une double et d'une triple barre à la barre unique dont s'étaient d'abord contentés les professionnels. Jusqu'aux environs de 1878, on se contentait dans les cirques d'un seul artiste exécutant à une seule barre une série de tourniquets et d'établissements, terminés par quelques tours de soleil. C'est avec ce répertoire modeste que se firent applaudir, il y a trente ans, Blavette (fig. 95), dont le nom est resté attaché à un échappement dit « saut de Blavette »[1]; Fleury, le roi du reck; Fabre, dit l'homme-

---

1. Le saut de Blavette se fait comme il suit : en position d'équilibre sur les mains, on repousse vivement la barre en laissant perdre le corps en avant; en même temps on donne un fort coup de

hélice. Mais ceux qui ont assisté au championnat international disputé à Vincennes en 1900, et qui ont vu les merveilles exécutées à la barre fixe par des amateurs français et étrangers, comprendront pourquoi l'on est devenu singulièrement plus exigeant à l'égard des professionnels.

« Il fait le *soleil!* disait-on il y a une quarantaine d'années, quand on voulait mettre un gymnaste hors pair. Le *soleil,* c'était le dernier cri de l'art, la finale éblouissante couronnée par des applaudissements frénétiques, le bouquet du feu d'artifice dont les autres tourniquets étaient les fusées initiales. Le *soleil* (fig. 96), c'est par là que débutent aujourd'hui les barristes de profession, en le faisant suivre d'un échappement en double saut périlleux, mouvement dont on ne soupçonnait même pas jadis la possibilité.

Bien que le *soleil* ait perdu de son éclat (je parle par métaphore), il n'en reste pas moins un mouvement très esthétique, plus dangereux d'ailleurs que difficile. Aussi les amateurs qui le possèdent sûrement ment sont-ils, malgré tout, assez rares, et dans les fêtes de gymnastique les sociétés montrent avec un certain orgueil ceux de leurs membres qui savent le faire correctement. Il consiste, comme nul ne l'ignore, à tourner autour de la barre le corps et les bras parfaitement allongés, en décrivant un grand cercle dont le reck est le centre, dont

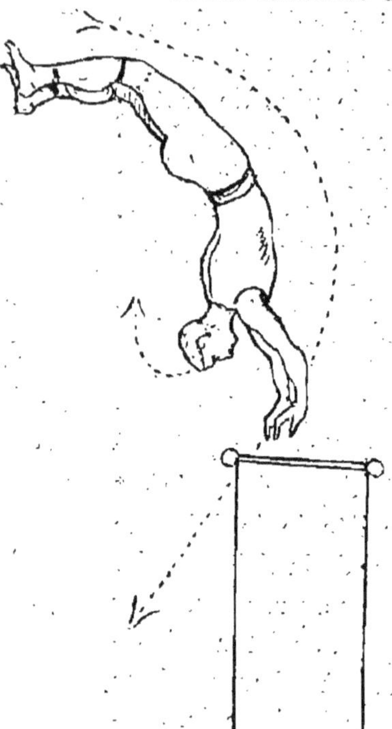

Fig. 95. — Saut de Blayette.

tête en arrière, et on ramène les jambes sous soi pour retomber
sur les pieds.

le corps est le rayon, et dont les pieds décrivent la circonférence. Le danger sérieux qu'il offre, c'est qu'au moment où l'on a passé le point mort, et où le corps commence à remonter, en vertu de la force centrifuge il se
produit sur les mains qui tiennent l'agrès une pression

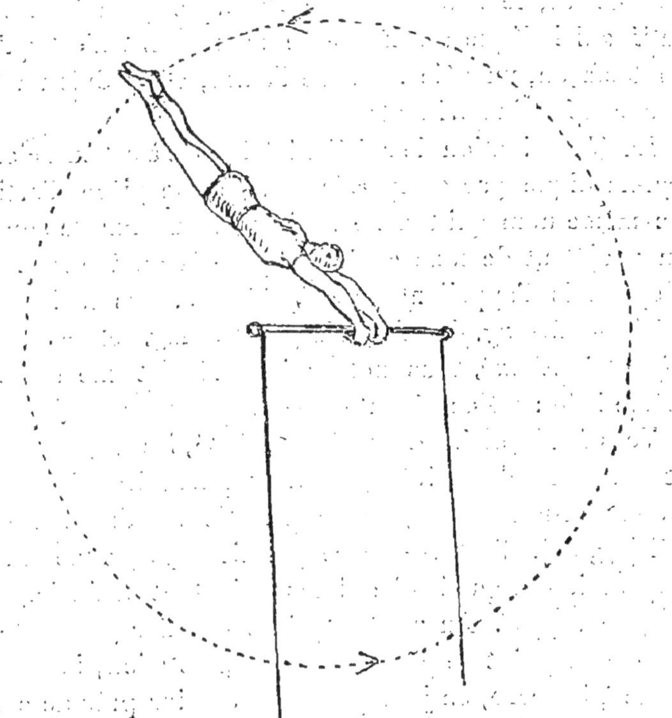

Fig. 96. — Le soleil.

égale environ à quatre fois et demie le poids du corps,
soit, pour un gymnaste de soixante-dix kilos, une pression de trois cent quinze kilos. Cette effroyable pression
ne dure, il est vrai, qu'un temps heureusement fort court,
car, si elle se prolongeait, aucun gymnaste, quelle que
soit sa force, n'y pourrait résister. Mais pour peu que
les mains faiblissent, ou que la sueur les ait rendues glis-
santes, il se produit une tendance invincible à lâcher

l'agrès, en vertu de laquelle l'on décrit un demi-saut périlleux, et l'on va retomber perpendiculairement sur la nuque. Cette chute est parfois mortelle, parfois déformatrice pour la vie des vertèbres de la région cervicale. Exécuté en sens inverse, c'est-à-dire en arrière et les mains retournées, le soleil est appelé la *lune,* qualificatif péjoratif qui indique assez que ce mouvement n'est qu'une contrefaçon, un pâle reflet de l'autre, et produit un effet beaucoup moins brillant.

La dénomination de *soleil* a été donnée à cet exercice de gymnastique par comparaison avec une pièce d'artifice du même nom qui tourne rapidement autour de son axe en projetant de tous côtés des gerbes lumineuses. Les Espagnols l'appellent *molino gigante,* les Allemands *Riesen-Schwung,* les Anglais *giant swing,* et les Grecs *giganteia rhymè,* tous mots qui expriment une seule et même idée : « élan gigantesque ».

Vers 1876 environ, au Cirque d'Été, les frères Samuel et Ernest Lockard inaugurèrent un travail de barre fixe à deux, et notamment le truc sensationnel du double soleil (fig. 97). C'est une figure qui fait toujours une grande impression et que les barristes exécutent ordinairement comme *rappel.* Au moment où le premier gymnaste se trouve au point le plus élevé de sa rotation, le second saute à la barre, en juxtaposant ses mains près de celles de son confrère, et tourne le soleil dans la même direction. Il en résulte une sorte de poursuite vertigineuse autour du reck comme pivot, au cours de laquelle chacun est alternativement à l'apogée et au périgée de son élan circulaire. Tels les deux gémeaux de la Fable, Castor et Pollux, dont l'un était au ciel pendant que l'autre était aux enfers, chacun à tour de rôle.

En 1878, au Skating, aujourd'hui Casino de Paris, les frères (?) Lauck et Fox, gymnastes américains, mirent à la mode le jeu des trois barres, qui ne tarda pas à faire fureur. Certes, le numéro de Lauck et Fox n'était pas le dernier mot de l'art. Mais si d'autres après eux ont fait plus fort, nul n'a possédé une science plus parfaite de l'exécution, unie à plus de grâce artistique et à plus d'élégance plastique. Tous deux étaient des *gentlemen*

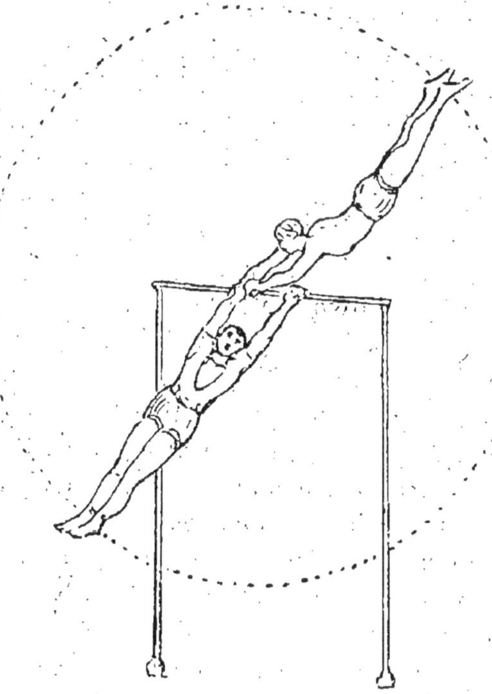

Fig. 97. — Les Lockard dans le double soleil.

dans toute l'acception du terme, dont l'aristocratique distinction semblait faite pour briller dans les nobles salons non moins que sur la scène d'un music-hall. Quelle révélation que leur passe en pointes de pieds ! Et cette passe debout dans laquelle, avec la légèreté d'oiseaux au brillant plumage, ils bondissaient de toute leur hauteur d'un agrès à l'autre ! Et la passe en casse-cou, dont l'inattendu faisait courir par tout le corps un frisson de curiosité mêlée d'angoisse! Et la majestueuse passe en soleil, où le corps déployé, se détachant brusquement du reck, était projeté par la force centrifuge comme un météore dans l'espace!

Lauck et Fox eurent bientôt des émules dans les trois Boysset's, et, comme il arrive presque toujours en pareil cas, les imitateurs dépassèrent les originaux. Mais le travail des nouveaux rois de la barre, bien qu'enrichi de trucs inédits, ne fit pas oublier celui de leurs devanciers; car s'il leur était supérieur par les difficultés vaincues, il était moins satisfaisant au point de vue esthétique. Les Boysset's avaient introduit un élément nouveau, et qui, à mon sens, n'est pas des plus heureux : l'élément comique. L'un des trois, et le meilleur, Hugosset (ou plutôt Hugo), était costumé en clown. Cette tentative de parodie devait aboutir plus tard à la création des *barres grotesques,* qui rentrent dans le genre pantomime et que, pour ma part, je considère comme une profanation. Du moins, dans le numéro des Boysset's, la note burlesque était-elle discrète; mais, si atténuée qu'elle fût, elle était encore de trop. De même qu'un mélomane s'indigne d'entendre un contorsionniste râcler dans une position abracadabrante ce divin instrument qui s'appelle le violon, ainsi un admirateur éclairé de l'acrobatie ne saurait admettre qu'on dégrade par une indigne parodie ce merveilleux agrès qu'est la barre fixe. Heureusement que la voltige aérienne, grâce sans doute à la hauteur où elle plane, a toujours échappé à de pareils attentats. Puissent les barristes, conscients de la beauté de leur travail, s'en tenir toujours aux saines traditions du début!

Pour en revenir aux Boysset's, ils imaginèrent l'échappement en double saut périlleux, qui est devenu une des figures obligatoires d'un beau numéro de barres fixes. Après eux je citerai encore Rœmer et Mora; Harmand, Stéphane et Marcou; les Poppescu, dont voici une fort belle photographie (phot. XV); les Fernandez; et dans ces derniers temps enfin trois paires de merveilleux bar-

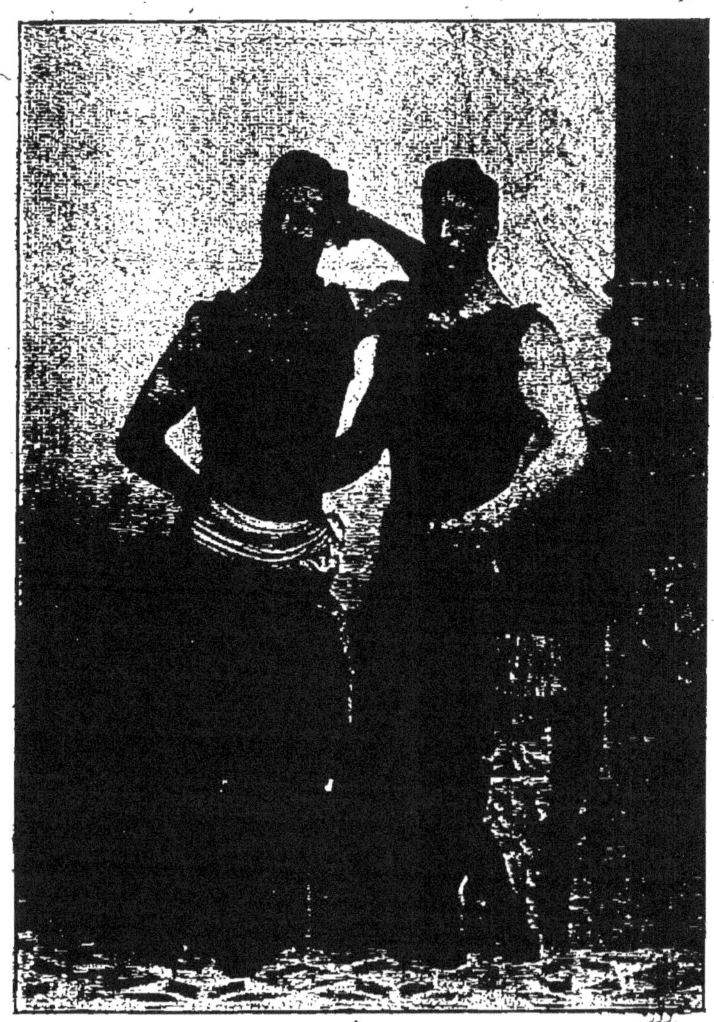

Phot. XV. — Les Poppescu, barristes.

ristes auxquels appartient sans conteste le record de la virtuosité en ce genre, les Avolos, les O'Bryen et Stack-

Milton. Entre les trois j'hésite à décerner la palme. Malheureusement le public semble blasé sur ce travail, qui fut

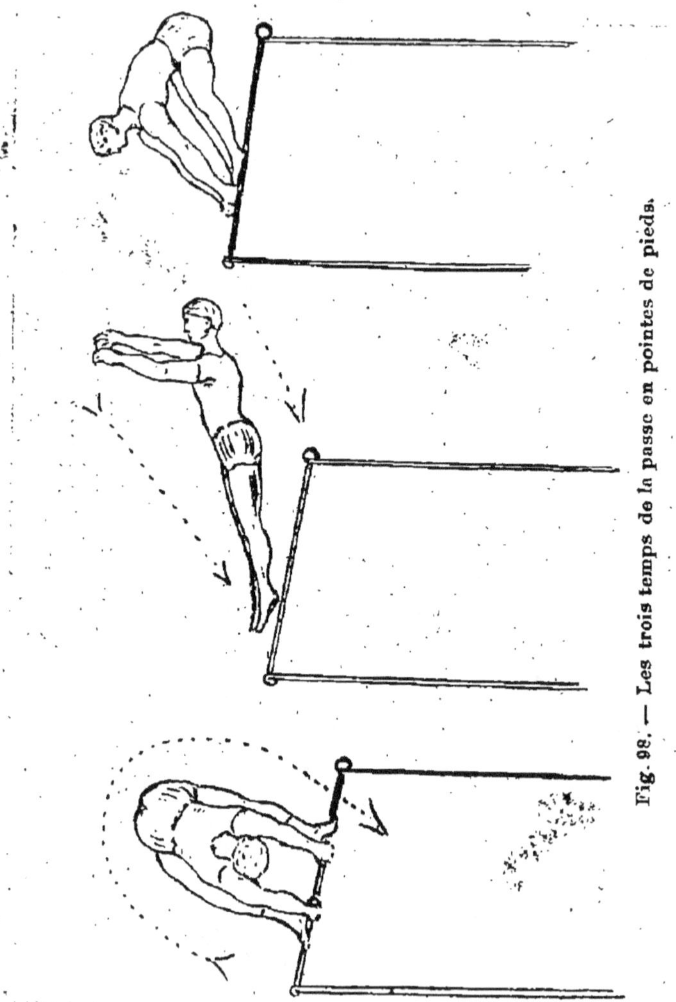

Fig. 98. — Les trois temps de la passe en pointes de pieds.

l'objet d'un engouement prodigieux à son apparition, et il devient de plus en plus rare sur nos scènes. C'est regrettable pour les connaisseurs, qui savent ce que l'exécution d'un beau numéro de triples barres demande de force musculaire, d'intrépidité et de persévérante pratique. Mais avant de passer en revue les divers essais qu'on a tentés pour donner du renouveau aux barres, indiquons sommairement les passes les plus brillantes qu'on peut exécuter sur cet agrès.

1° La passe en pointes de pieds (fig. 98) : le barriste

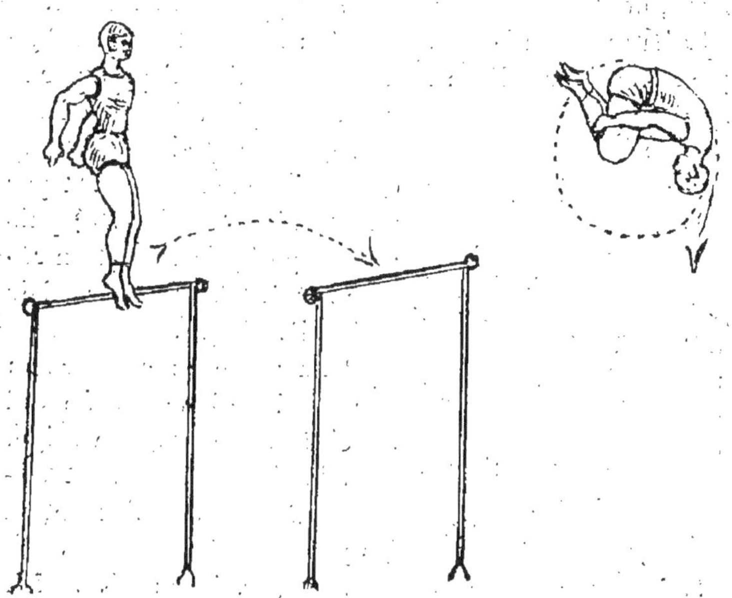

Fig. 99. — Passe debout.

exécute d'abord un ou deux tourniquets autour de la première barre, le corps plié en deux en avant, les plantes des pieds appuyées contre le reck, les deux mains placées entre les deux pieds; après avoir passé en dessous de l'agrès, il déploie brusquement le corps dans toute sa longueur, les jambes les premières, et va poser les deux pieds contre la seconde barre, qu'il saisit aussitôt après avec les deux mains, et exécute de nouveau le même mouvement pour aller saisir la troisième barre. Il se redresse debout sur celle-ci, fait demi-pirouette pour se retrouver face en arrière, et exécute le retour au point de départ par deux autres passes en pointes de pieds.

2° La passe debout (fig. 99) : elle consiste à sauter à pieds joints, dans la position de la station verticale, d'une barre à l'autre. Arrivé à la dernière, le barriste fait demi-pirouette et revient par le même temps à la première barre, dont il descend par un saut périlleux en avant.

3° La passe en jarrets engagés : le départ est le même que pour la première; seulement, au lieu d'appliquer la plante des pieds à la deuxième barre, on engage les jarrets, et on continue le mouvement par un tourniquet de jarrets; puis on dégage les jarrets et on répète la même passe pour saisir la dernière barre.

4° La passe en casse-cou : elle est identique à celle qui se fait aux trapèzes de voltige. Certains barristes en sont tellement sûrs qu'ils l'exécutent les yeux bandés.

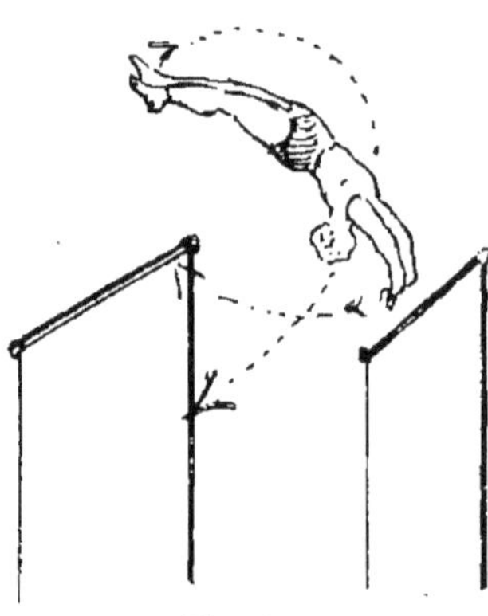
Fig. 100.
Passe en saut de Blavette.

5° La passe en saut de Blavette (fig. 100) : elle se fait à l'aide d'un saut de Blavette très cambré.

6° La passe glissée dans les reins : cette passe, création de l'éminent barriste roumain Trojan Luppu, est d'un effet saisissant, parce qu'elle donne la sensation d'un temps manqué, corrigé par une rattrape imprévue. Le barriste fait d'abord le même départ que pour la passe en jarrets engagés, mais, au lieu de s'arrêter en jarrets, il continue à glisser sur la barre le long des reins, comme si l'élan lui avait fait dépasser le but; au moment où il semble qu'il va être précipité sans retour dans le vide, il se retourne en demi-pirouette et se rattrape avec les mains. Le cinématographe seul peut analyser ce truc sensationnel, qui arrache toujours aux spectateurs des applaudissements enthousiastes.

7° La passe en saut périlleux (fig. 101) : le barriste tourne le soleil à la première barre, lâche l'agrès au moment où le corps a un peu dépassé, en avant, la ligne horizontale, décrit un saut périlleux déployé, et rattrape la deuxième barre. Il répète le mouvement du soleil, et lâche de même pour saisir la dernière barre. Cette passe, la plus esthétique de toutes, se termine par un échappement en double saut périlleux. La passe en double saut pé-rilleux n'a jamais été exé-cutée, et je doute qu'elle puisse l'être, le barriste n'étant pas aidé, comme dans la voltige aérienne, par l'élan dû à l'oscillation des trapèzes.

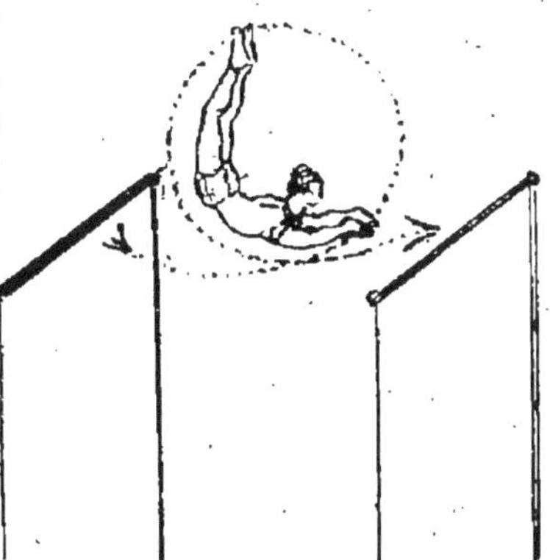

Fig. 101. — Passe en saut périlleux.

8° La passe en saut péril-leux retourné : elle s'exé-cute en lâchant le soleil très tard, de manière à décrire dans l'espace une parabole au-dessus de la deuxième barre ; au moment où le barriste se trouve juste dans la verticale au-dessus de celle-ci, il fait demi-pirouette et saisit le reck avec les mains ; après quoi il continue par un mouvement de soleil et revient à la première barre par le même temps.

9° La passe en saut périlleux de la première barre à la troisième, en passant par-dessus la seconde (fig. 102) : cette passe, que je n'ai vu exécuter que par les Avolo et les O'Bryen, confond l'imagination par sa difficulté, et la terrifie par son excès d'audace. L'échappement du soleil doit se faire environ à 45° de la verticale, pour monter le plus haut possible en l'air. Une erreur d'un dixième de seconde expose le barriste, s'il lâche trop tôt, à être projeté droit contre le deuxième agrès, et s'il lâche trop tard, à retomber perpendiculairement sans avoir décrit la parabole nécessaire pour pouvoir atteindre le troisième agrès.

Je ne mentionne que sommairement quelques autres passes, telles que : en dislocation de bras, — en échappement de jarrets suivi de saut périlleux, — en pirouette, — en sursaut, — en casse-cou retourné, — qui sont communes au travail des barres fixes et à celui des trapèzes volants, et qui d'ailleurs sont moins émouvantes que celles que nous avons décrites. On conçoit que la fixité des agrès nécessite dans le numéro des barres un effort musculaire plus considérable que dans la voltige aérienne, où l'oscillation des trapèzes donne au corps une forte impulsion, amortit les chocs, et n'expose qu'à des chutes généralement anodines dans le filet.

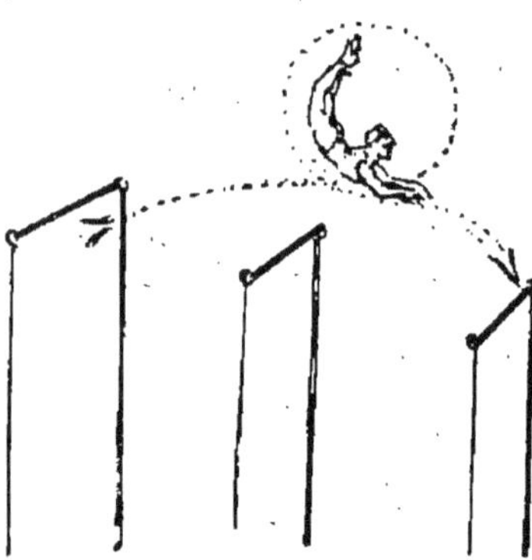

Fig. 102. — Passe en saut périlleux de la 1re à la 3e barre.

Voici maintenant quelques-unes des modifications qu'on a fait subir au travail des trois barres pour le renouveler et le rendre plus attrayant.

Déjà, vers 1878, Avolo, dont les fils ont suivi la carrière et perpétué la célébrité, présentait aux Folies-Bergère un numéro de barres aériennes. Son répertoire n'était d'ailleurs pas supérieur à celui de Lauck et Fox, sur lesquels il n'avait que l'avantage de la hauteur, et, après cet essai isolé, la faveur resta pour longtemps aux barres fixes à terre.

Mais, depuis quelques années, l'école roumaine, dont

nous avons déjà dit un mot, a mis à la mode le travail en

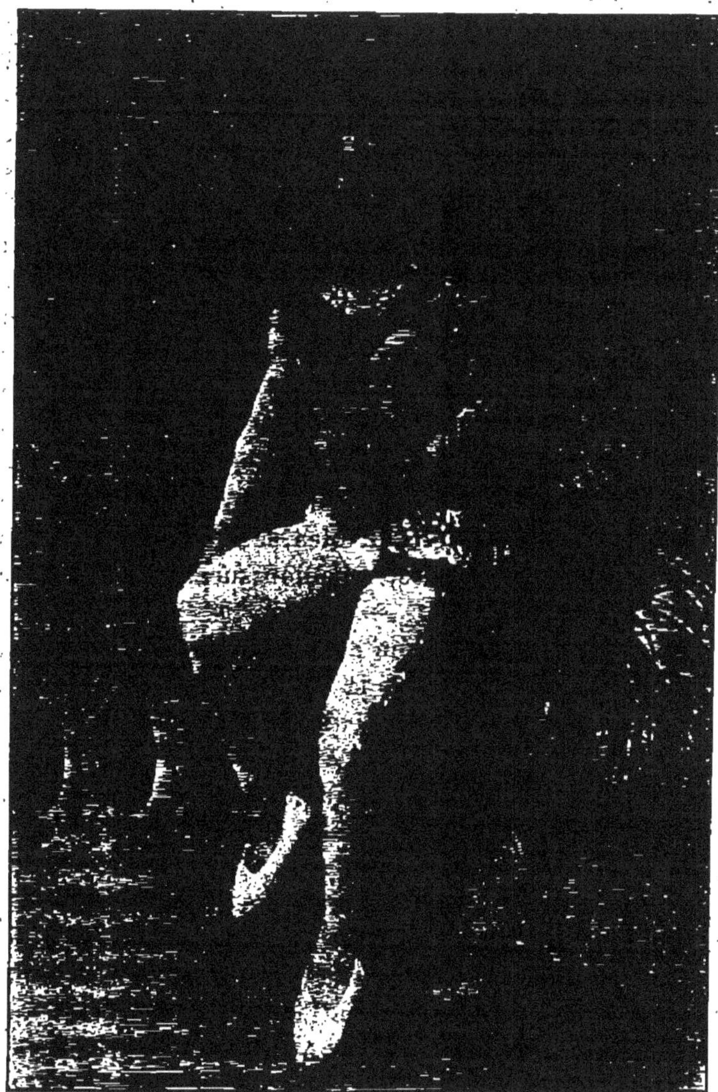

Phot. XVI. — Trojan Luppu, barriste aérien.

l'air, avec, non plus trois barres, mais six, sept, neuf

même, dont deux au moins sont à un niveau plus élevé que les autres. L'honneur d'avoir inauguré ce travail merveilleux revient aux Luppu, troupe qui porte le nom de son chef Trojan Luppu (phot. XVI). Elle a d'abord figuré au Cirque d'Hiver avec six recks de niveau et à chaque extrémité une batoude pour les échappements finaux exécutés comme dans le travail à terre. Depuis lors, les Luppu font des apparitions périodiques au cirque Médrano, et ils ont légèrement modifié le numéro original par l'addition de deux barres plus hautes et la suppression de la batoude. Aujourd'hui leur travail est arrivé à un tel degré de perfection que je n'hésite pas à le déclarer le *nec plus ultra* du genre : heureux d'ailleurs si quelque gymnaste plus adroit ou plus hardi vient bientôt donner à mon affirmation un éclatant démenti. Pour le moment, les Luppu sont les rois du genre ; ils ont trouvé dans quatre de leurs compatriotes, les Dummitrescu, des émules qui les ont imités, mais non surpassés, ni même égalés.

Les barres aériennes ne diffèrent, comme on le voit, des barres à terre que par la hauteur et la suppression des chutes finales sur le sol, qui sont un des grands attraits du travail.

Mais une modification plus importante, et qui dénature complètement le caractère de ce numéro, consiste dans l'emploi des *porteurs*.

Le premier essai de ce genre, à ma connaissance du moins, fut tenté il y a quelque vingt-cinq ans au Cirque d'Été par les frères Poirier et miss Olga, dont le nom féminin cachait un gymnaste imberbe dissimulant son sexe sous un costume indécis. Au moyen de brodequins à courroies, les deux porteurs se suspendaient la tête en bas à des barres séparées par une distance d'environ cinq mètres. Dans cette position ils se renvoyaient de l'un à l'autre le cascadeur, qui exécutait au passage des

pirouettes, des sauts périlleux et des casse-cou en prises
de mains. Quelques années plus tard, je vis à Vienne, à
l'établissement Ronacher, le même numéro perfectionné
par les Hegelmann (fig. 103), grâce à l'addition d'une barre
fixe située à un niveau plus élevé que celle des porteurs,

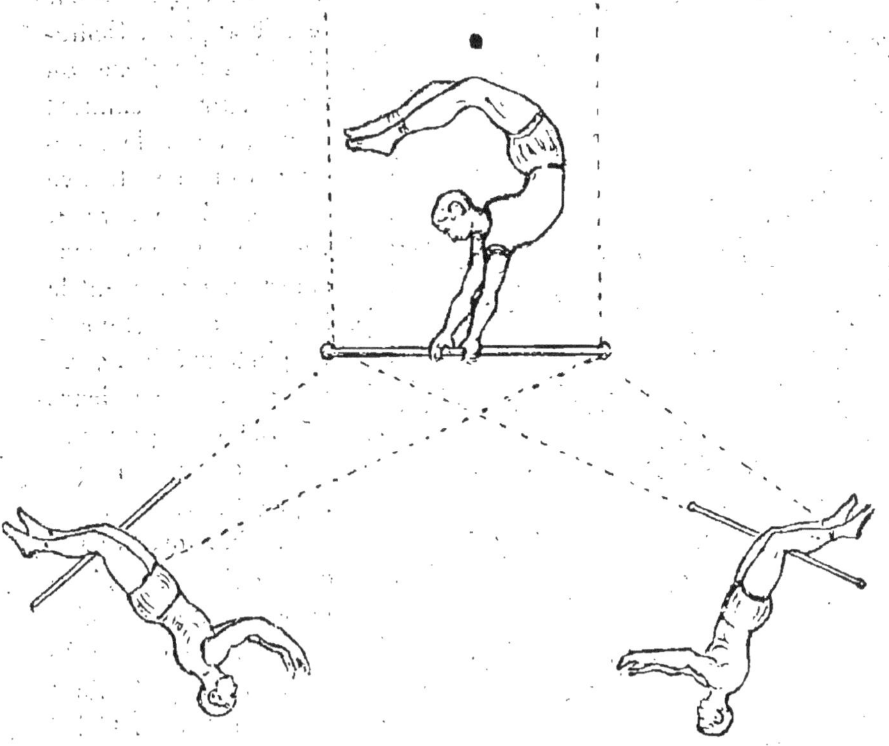

Fig. 103. — Le trio Hegelmann dans les barres aériennes au porteur.

et où le cascadeur exécutait les divers trucs usités à cet
agrès, les terminant par des échappements pour aller se
rattraper en prise de mains à l'un ou l'autre des porteurs.
Celui-ci, après une oscillation en arrière et en avant,
renvoyait par un prodigieux effort le cascadeur soit sur
la barre intermédiaire, soit au deuxième porteur. Les
Hegelmann sont des gymnastes d'une musculature très

puissante, et le cascadeur paraît entre leurs mains une balle légère que deux raquettes se renvoient sans effort apparent.

Un numéro analogue a été créé à terre par le trio Jupiter. Seulement, à l'inverse du numéro précédemment décrit, c'est le porteur qui se trouve plus élevé de niveau. Les cascadeurs passent alternativement de la barre au porteur et du porteur à la barre, pour terminer leurs évolutions par des échappements en double saut périlleux.

Voici encore une récente création due à un barriste de premier ordre, à un gymnaste fin et distingué, dont le jeu est caractérisé par un mélange de grâce et d'énergie, d'élégance et de force. J'ai eu le plaisir de voir la primeur du travail de Labattut (fig. 104) au gymnase Piazza, il

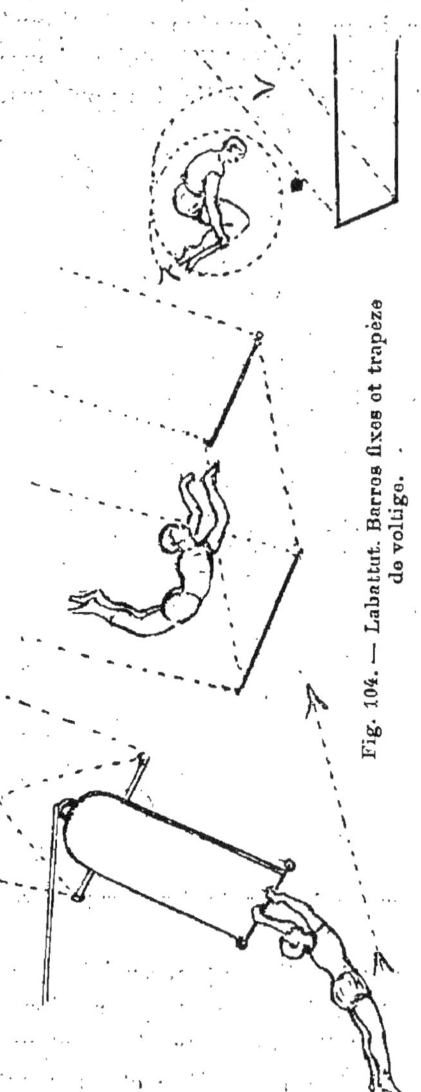

Fig. 104. — Labattut. Barres fixes et trapèze de voltige.

y a quelques mois. L'appareil se compose de deux barres aériennes, avec batoude pour le départ ; la troisième est remplacée par un reck oscillant à la manière d'un trapèze, à cette différence près que les cordes sont remplacées par des tringles d'acier, formant un cadre que met en mouvement une ficelle adaptée à son sommet. Ce truc

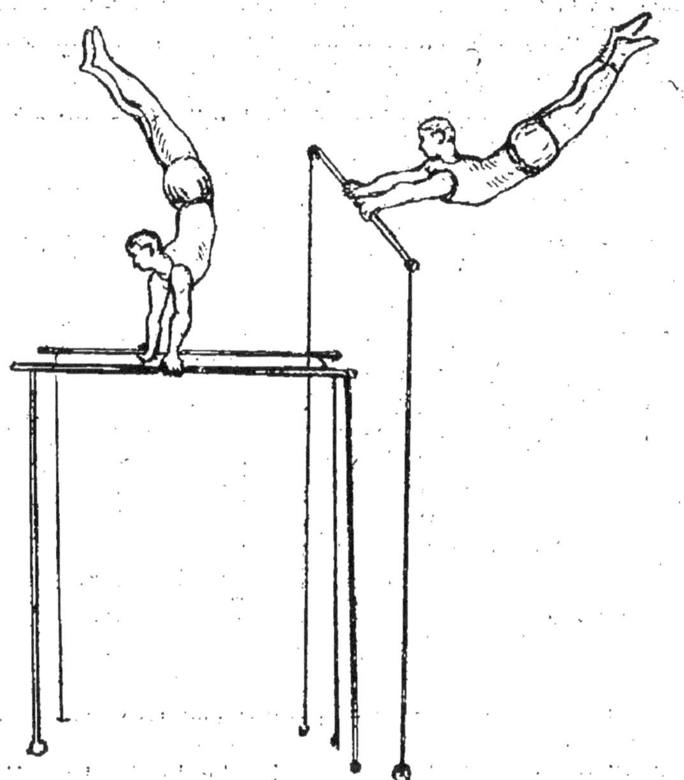

Fig. 105. — Milota et Dagmar, barres fixes et barres parallèles combinées.

ingénieux permet de combiner certaines passes de voltige avec celles qui sont usitées aux barres. Le retour s'effectue par les deux barres, avec échappements en sauts périlleux simples ou doubles sur la batoude.

Un numéro hybride de barres parallèles combinées avec la barre fixe a été présenté dernièrement au cirque Medrano, mais sans grand succès, par les Roumains Mi-

Iota et Dagmar (fig. 105). Les barres parallèles sont situées à un niveau inférieur d'un mètre environ à celui de la barre fixe, qui a elle-même des montants élevés de trois mètres. La nouveauté du numéro consiste en ceci : les élans à la barre fixe sont terminés par des échappements suivis d'une rattrape aux parallèles, soit en équilibre de mains, soit en croix de fer, etc.

Enfin, un numéro plus original qu'intéressant est celui

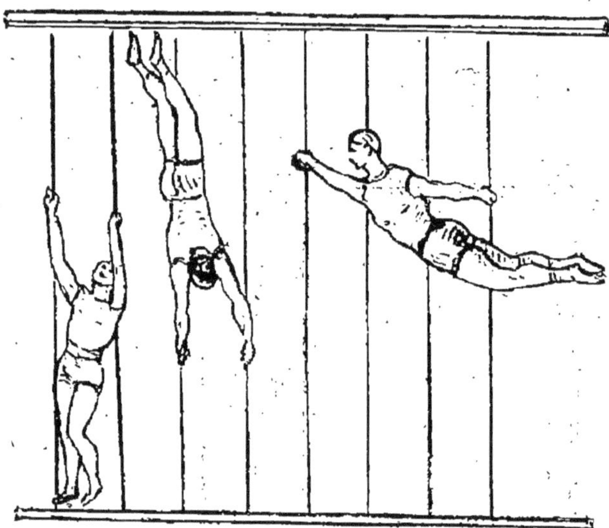

Fig. 106. — Les barres verticales par les Avolo.

des barres verticales créé par les Avolo (fig. 106). Il consiste en un jeu de sept ou huit barres de bambou, plantées comme les cordes d'une lyre, autour desquelles les barristes font des passages en suspension de mains et même en *soleil,* si l'on peut ainsi qualifier une espèce de grand élan circulaire exécuté les bras allongés avec changement de mains, et terminé par l'échappement en saut périlleux. Ce numéro fut d'abord présenté par eux à l'Hippodrome de l'avenue de l'Alma, en costume simiesque : à vrai dire, leurs évolutions rappellent assez exactement celles des singes grimpeurs. Plus tard ils ont adopté l'habit de soirée; l'un des trois est d'ailleurs costumé en femme.

Inutile et vaine complication d'appareils, tu ne sers souvent qu'à masquer la pauvreté de l'invention, et ta bizarrerie n'a rien de commun avec la vraie originalité ! La perfection a ses limites : en voulant les dépasser, on manque le but. Tous les connaisseurs souhaiteront avec nous que les artistes s'en tiennent aux saines traditions du genre, et que le travail des trois barres, tel qu'il fut créé par Lauck et Fox et perfectionné par leurs imitateurs, jouisse toujours dans nos cirques de la vogue méritée qu'il avait conquise à ses débuts.

CHAPITRE XII

FUNAMBULES ET ÉQUILIBRISTES AÉRIENS

Le funambulisme a été pendant des siècles la forme la
plus populaire et la plus goûtée de l'acrobatie. N'est-ce
pas parce qu'il répondait à ce rêve, que l'homme caresse
depuis tant de siècles sans avoir encore pu le réaliser, de
traverser les airs avec les ailes de l'oiseau ? Aujourd'hui
il est tombé dans un discrédit complet. Y a-t-il lieu de
s'en applaudir ou de le regretter ? Pour ma part, je n'hésite pas à dire que sa disparition n'est nullement une perte
pour l'art. Tout son mérite consiste dans le danger auquel
il expose l'ascensionniste. Supprimez la hauteur, et il
cesse de nous intéresser. On admirait Mme Saqui traversant un câble tendu en travers des tours Notre-Dame ;
mais on regarde aussi avec curiosité un couvreur traversant une corniche au sommet d'un édifice. Il y a toujours,
dans la pensée qu'un de nos semblables peut se rompre
le cou sous nos yeux, quelque chose qui n'est pas pour
nous déplaire. C'est ce sentiment si finement analysé dans
les vers fameux du poète Lucrèce : « Il est doux, quand
la mer est agitée, de voir du rivage les matelots en dé-
tresse. » En somme, c'est une curiosité de mauvais aloi
qui nous fait courir au spectacle d'une ascension. Je ne
veux pas plus longtemps piétiner sur une tombe : le
funambulisme est mort. Paix à sa cendre ; mais qu'on ne
nous le ressuscite pas !

Le dernier artiste qui ait conquis une gloire durable en
ce genre d'acrobatie est le fameux Blondin. Blondin (de

son vrai nom Émile Gravelet) était né en 1821 à Saint-Omer, et mourut dans les dernières années du dix-neuvième siècle à Londres. On l'avait surnommé le héros du Niagara, pour avoir passé sur un câble tendu en travers de la célèbre cataracte. Il fit également sensation à Sydney en Australie, où il exécuta une traversée au-dessus d'une carrière de pierres de 100 mètres de profondeur.

Afin que la hauteur et l'éloignement n'empêchassent pas les spectateurs de le distinguer, il avait adopté un costume voyant, bien fait pour attirer l'œil. Par-dessus son maillot de soie rose, il avait des espèces de molletières et une cotte de satin rouge à paillettes, avec, sur la tête, un casque de cuivre étincelant surmonté d'un vaste panache multicolore : tel ceux des chevaliers du moyen âge. C'est dans cet accoutrement que je le vis exécuter sa périlleuse traversée au-dessus de la Seine, en 1867, lors de l'Exposition universelle. Depuis cette époque, le règlement de police qui impose aux artistes aériens l'emploi du filet l'avait éloigné de son pays natal, et il semble lui avoir gardé rancune, puisqu'il est allé mourir en terre étrangère : « Ingrate patrie, tu n'auras pas mes os ! » Je le revis en 1873 à la Weltaustellung de Vienne, toujours aussi maître de lui, toujours aussi dédaigneux du danger et inaccessible au vertige.

Blondin sentait avec raison que tout ce qui diminuait le risque de son travail lui ôtait presque toute sa valeur. En effet, il portait un balancier très long et très flexible, aux deux extrémités duquel était coulé du plomb, le tout pesant soixante livres ; de sorte que ledit balancier décrivait un véritable arc de cercle dont les extrémités se trouvaient plus bas que la corde, ramenant ainsi le centre de gravité au-dessous du point d'appui. Le plus léger mouvement du balancier à droite ou à gauche suffisait donc à rétablir l'équilibre ; la difficulté artistique de la traversée était presque nulle. Il est vrai qu'il rehaussait ses exercices par quelques trucs accessoires, tels que la confection d'une omelette au milieu de la corde, ou encore le transport de son domestique soit sur ses épaules, soit dans une brouette, dont les brancards étaient attachés à sa ceinture et dont la roue était faite en gorge de poulie, pour ne pas dérailler de la corde. N'êtes-vous pas de mon avis, lecteur, que le véritable héros était l'obscur mercenaire qui se prêtait, pour un salaire modeste, à cette émouvante expérience, sans être soutenu par l'espoir, qui provoqua la folie d'Empédocle, de voir son nom passer à la postérité? Une des plaisanteries habituelles de Blondin consistait à proposer à ses *interviewers* de les promener dans sa brouette aérienne. Et à ce propos je me souviens d'une anecdote qui circulait alors. Je ne garantis pas son authenticité, mais *se non e vero, e ben trovato.* Blondin avait été présenté au célèbre caricaturiste Cham (comte de Noé), dont l'infatigable crayon inonda de croquis mordants les journaux illustrés du second Empire et des années qui suivirent la guerre de 1870. Blondin ne manqua pas de rééditer sa facétieuse proposition, que le dessinateur s'empressa de refuser. « Vous avez peur, Monsieur Cham? demanda avec une nuance de dédain le funambule. — Moi, pas du tout, répondit le caricaturiste, et la preuve c'est que je vais vous faire une proposition : vous vous mettrez dans la brouette, et c'est moi qui la pousserai. — Ah! mais non, par exemple. — Vous voyez donc bien que c'est vous qui avez peur, et non pas moi. »

Cham n'avait pas tort. Il est bien plus méritoire de braver froidement le danger dans lequel on joue un rôle purement passif, que celui dans lequel on joue un rôle actif. C'est que dans ce dernier on est soutenu par l'excitation physique, par le point d'honneur, par la confiance dans sa propre habileté, qui vous empêchent de fixer l'attention de votre esprit sur le point capital, je veux dire le risque auquel on s'expose

Blondin a eu un imitateur, il y a une vingtaine d'années, dans un Espagnol qui lui avait même emprunté son nom, Arsens Blondin, et qu'on a vu figurer dans quelques fêtes foraines des environs de Paris. Mais sa vogue fut de courte durée, et il mourut misérablement à l'hôpital, ce qui prouve que le « métier n'allait plus ». Il y a encore un Indien, Djelmako (que je soupçonne fortement d'être un Marseillais bruni au jus de noix), qui s'exhiba naguère sur la grande place de Charenton : il exécutait sa traversée de nuit, au milieu d'un feu d'artifice, et portait sur ses épaules un petit canon, qu'il faisait partir dans l'espace.

Un travail beaucoup plus artistique, par la difficulté vaincue, est celui dont je fus spectateur en 1886 au Tivoli de Copenhague. Le héros en était un Italien, dont malheureusement le nom ne s'est pas gravé dans ma mémoire. Le Tivoli est un grand jardin d'été où l'on donne dans la belle saison des fêtes de nuit rehaussées par diverses attractions acrobatiques. Le funambule en question avait audacieusement substitué le fil de fer au câble, et ce fil était tendu entre deux grands mâts, analogues à ceux qu'on dresse devant les maisons en construction, à une hauteur de quinze à dix-huit mètres, autant que j'en pus juger. Sur cet étroit sentier, que la pénombre de la nuit, insuffisamment éclairée par des feux de Bengale et des projections lumineuses rendait invisible aux yeux du public, il exécutait un vrai numéro acrobatique, d'abord avec balancier, puis à mains libres, passant à travers un cerceau, le ramenant avec les pieds au fur et à mesure de la progression, enfin avec les yeux bandés et la tête dans un sac, et dans cette dernière condition il faisait le simulacre de mettre le pied à faux dans le vide et de perdre l'équilibre, qu'après une violente oscillation du fil de fer durant trois ou quatre secondes, il rétablissait par un brusque arrêt du corps. Cet exercice, que l'absence de filet rendait mortellement dangereux, me causa une impression plutôt pénible qu'agréable, et j'éprouvai une véritable satisfaction à voir l'artiste revenu sain et sauf sur son estrade.

La danse sur la corde exécutée à deux mètres du sol offre plus d'intérêt au point de vue gymnastique. Elle fut jadis très à la mode dans les foires et sur les places publiques, et je vois encore, vers 1867, une famille de saltimbanques, les Bertrand, exécuter leur répertoire sur la place de l'Observatoire, à l'endroit même où se dresse aujourd'hui le héros de la Moscowa, récemment exproprié par les travaux de chemin de fer de Sceaux. Le travail des Bertrand, comme tout ce qui se fait sur les places et dans les rues, était plutôt médiocre. D'ailleurs il y a longtemps que la danse de corde est un genre démodé. Elle a cependant encore un représentant d'un talent merveilleux, qui a réussi dans ces dernières années à la ressusciter en la modifiant. J'ai nommé le Mexicain Juan Caïcedo, *the king of the wire*, comme il s'intitule à bon droit. Caïcedo a substitué le fil à la corde : il travaille d'abord avec balancier, puis à mains libres, chausse des bottes vernies avec d'énormes éperons mexicains dont les mollettes ont dix centimètre de diamètre. Il exécute dans ces conditions des sauts périlleux à cheval, et même debout sur le fil, ainsi que des pirouettes entières : il travaille en l'air, au-dessus d'un filet.

La corde a été aussi appropriée à un autre genre de travail acrobatique, connu sous le nom de corde volante, et dont l'exhibition est devenue une véritable rareté. Je me souviens d'avoir vu dans mon enfance certains saltimbanques nomades établir leur câble entre deux fenêtres du second étage en travers de la rue principale de ma petite ville natale. Voici en quoi consiste ce numéro. Une corde de la grosseur du pouce ou un peu plus, et d'une longueur de six mètres environ, est accrochée par les deux extrémités sans être tendue, de manière à décrire un demi-cercle. Le gymnaste se met à califourchon sur elle, en la tenant avec les deux mains, la face tournée en avant. Dans cette position, il se balance à toute volée, tout en exécutant des tourniquets en avant et en arrière, comme une personne sur l'escarpolette, des rétablissements, des suspensions dans les jarrets, ou la tête en bas, retenu par des *staffes* ou nœuds coulants

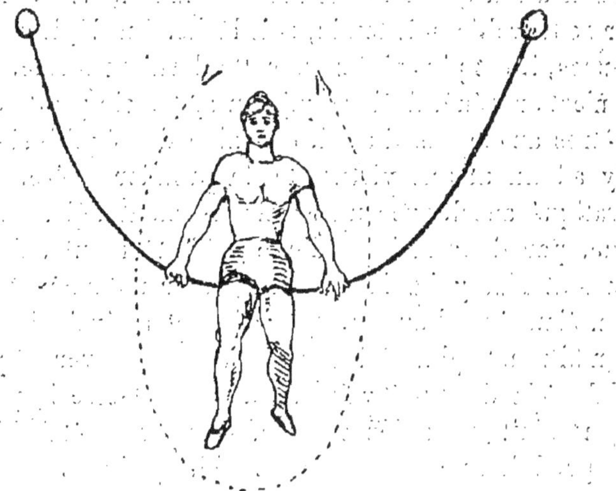

Fig. 107. — La corde volante.

serrés à ses chevilles; enfin, couché transversalement sur la corde, il imprime à son corps un mouvement très rapide qui rappelle le tournoiement d'une hélice à vapeur. Ce travail n'est pas sans analogie avec la voltige au trapèze, qu'il a d'ailleurs précédée en date et dont il a peut-être suggéré l'idée. Ce qu'il y a de certain, c'est que sa disparition coïncide avec l'apparition dans les cirques des trapèzes volants et de la barre fixe. Pourtant l'Hippodrome de l'avenue de l'Alma en présenta un fort beau spécimen exécuté par l'Algérien Geretti (fig. 107), et il a reparu plus récemment au cirque Medrano. Il est encore

assez en vogue en Algérie, où des saltimbanques espagnols et mulâtres l'exécutent en plein air. Il est ingrat et
fait peu d'effet; de plus, la nature de l'engin ne se prête
pas à de nombreuses variations, ce qui justifie le discrédit
où il est tombé.

Comme instrument d'équilibre, la corde a décidément
cédé la place au fil de fer, d'un travail plus élégant et
plus délicat. La ténuité du fil donne, à quelque distance
la sensation que l'artiste marche dans le vide. Le fil de
fer se travaille soit tendu, soit lâche. En dépit des apparences, il est plus aisé sous cette dernière forme. Comme
il n'est en général élevé qu'à un mètre cinquante ou deux
mètres au-dessus du sol, on exige des équilibristes qui
s'y adonnent une virtuosité de premier ordre. Il a été
pratiqué aussi, avec un assaisonnement d'élément comique, par deux artistes d'une habileté inouïe, Austin et
surtout Harry La More. Ce dernier notamment prenait
son élan du sol avec une perche, et arrivait debout sur
son fil non tendu, où il réussissait à conserver l'équilibre
Malgré la difficulté vaincue, dont peut-être le public ne
se rendait pas assez compte, ce numéro était bien loin
de produire un effet sensationnel. Quelques artistes ont
essayé, sans grand succès d'ailleurs, de lui donner plus
d'attraction en y adjoignant la jonglerie. Enfin, il y a une
dizaine d'années, le Nouveau Cirque a exhibé un très gracieux couple d'enfants, les petits Delevanti, exécutant
leurs figures sur deux fils parallèles, parfois en se tenant
la main. Le plus souvent, les équilibristes sur fil de fer
s'aident d'une ombrelle japonaise, qui sert de balancier
tout en ayant l'air d'un ornement.

La facilité relative de ce travail, qui n'exige du reste
aucune force de bras, en a fait un domaine fort accessible
aux femmes; quelques-unes y ont acquis une certaine
notoriété. Qui n'a applaudi, il y a vingt-cinq ans, la ravissante Océana Renz, qui faisait les délices des soirées

select du Cirque d'Été? Ce n'est pas manquer à la galan-

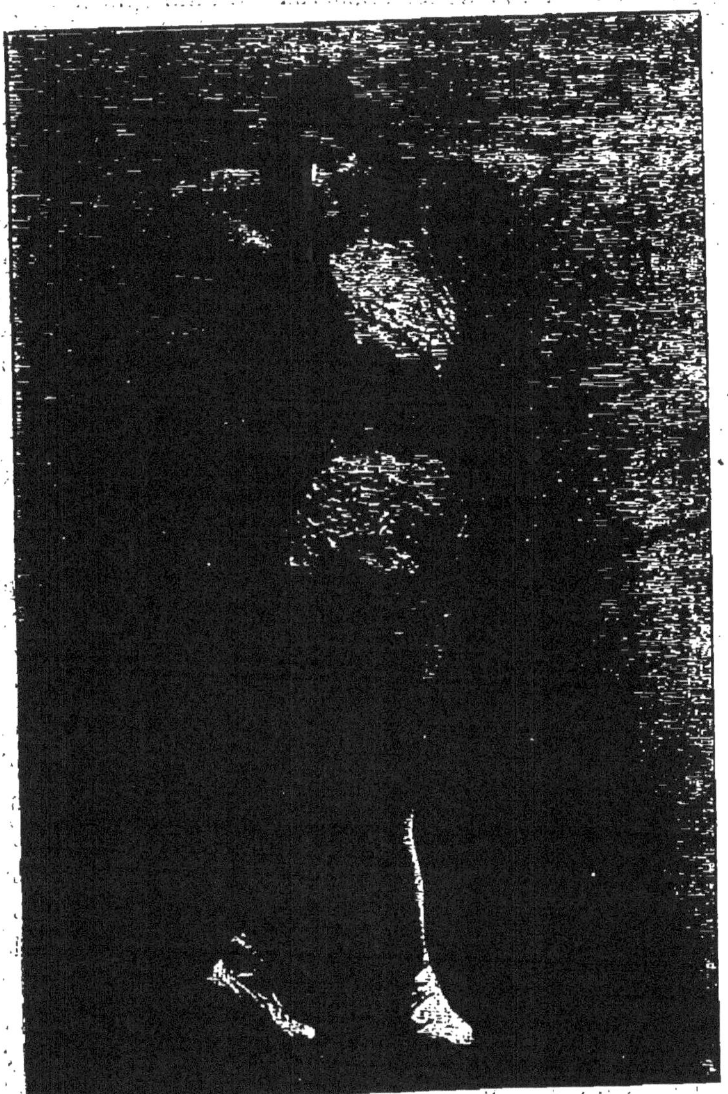

Phot. XVII. — Miss Ida Ibrahim, équilibriste sur le fil de fer.

terie que de confesser qu'elle devait son succès à sa beauté et à ses formes plastiques, infiniment plus qu'à son talent d'artiste. En revanche, miss Ida Ibrahim (phot. XVII), quelques années plus tard, fut une équilibriste hors ligne. Elle augmentait la difficulté de ses exercices en plaçant une planche entre le fil de fer et la semelle de ses brodequins. C'est elle que je vis pour la première fois exé-

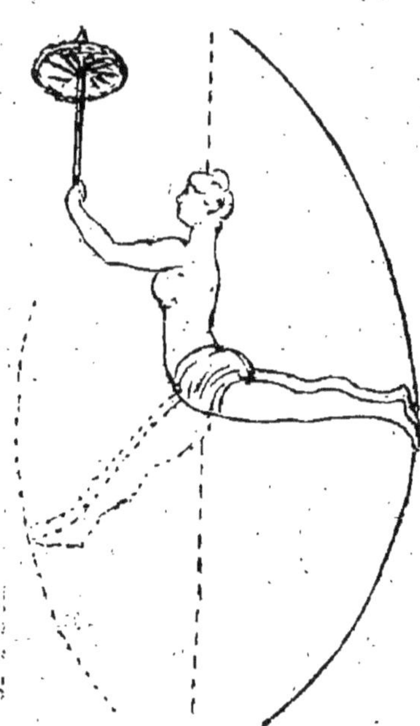

Fig. 108. — Le fil de fer oscillant à toute vitesse.

cuter le déplacement simultané des deux jambes en avant et en arrière, le tronc ne quittant pas la ligne verticale (fig. 108), et arrêter brusquement l'oscillation par une détente sèche, pour ramener le corps d'aplomb à la station verticale. En ce moment-ci le record du fil de fer me paraît détenu par miss Aragon, dont le talent fait oublier les formes un peu épaisses et ramassées.

Lorsque les gymnastes du sexe masculin présentent un numéro de fil de fer, ils en rehaussent le mérite en y joignant l'élément athlétique. Ainsi, les Omer's font la traversée du fil tendu, l'un portant l'autre debout sur les épaules; ils font sur l'agrès des rondades, des planches pectorales ou dorsales; ils débutent d'ailleurs par des sauts acrobatiques à terre. On a fait, au Casino de Paris, l'équilibre de mains à mains sur le fil de fer (les Austin's); mais le porteur était un homme, et l'équilibriste un enfant. Enfin, il y a quelques années, le Cirque d'Hiver a présenté un numéro très original d'un Allemand, Liflon, fort bel athlète du reste, qui sur un fil tendu faisait les bras tendus avec des poids et des chaises, développait des haltères volumineux, et même se couchait et se relevait avec une grosse barre à sphères à bout de bras. Les poids, ai-je besoin de le dire, étaient *truqués*, et l'on n'annonçait pas leur exacte valeur; mais, les ayant soupesés dans le couloir du cirque, j'ai pu constater qu'ils étaient assez lourds. Étant donnée la nature instable du point d'appui sur lequel se tenait l'athlète, leur enlèvement devait présenter une très grande difficulté.

Une curieuse adaptation du trapèze aux équilibres instables sur les pieds a donné naissance à un numéro parfois désigné dans les cirques sous le nom de trapèze à la Washington (fig. 109) (du nom de l'Américain qui, sans doute, a le premier imaginé cet exercice). C'est, comme le fil de fer, un travail très accessible aux femmes : l'une d'elles, l'Italienne Erminia Chelli, y a excellé. Elle

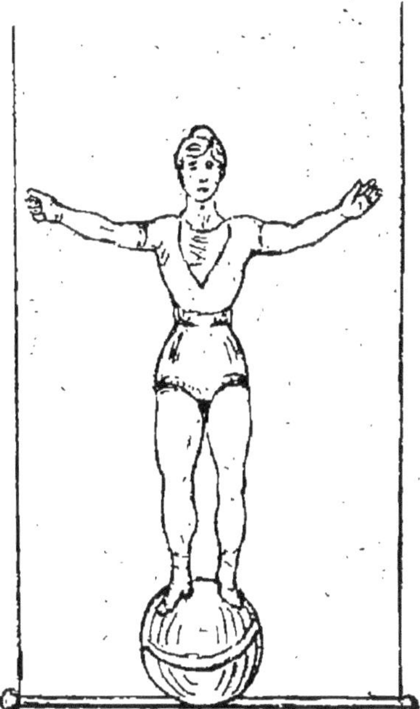

Fig. 109. — Trapèze d'équilibre ou trapèze à la Washington.

augmentait le mérite de ses équilibres en interposant une boule assez volumineuse entre ses pieds et la barre du trapèze. On se sert aussi, comme accessoire dans ce genre de travail, de chaises ou d'échelles. Les trapèzes d'équilibre sont toujours plus ou moins truqués : la barre en est aplatie en son milieu, pourvue de creux favorables à la fixité des engins qu'on y échafaude, et terminée à ses extrémités par des ornements massifs qui, rendant tout l'appareil plus lourd, facilitent beaucoup l'équilibre. Une des plus grandes difficultés de ce genre d'exercice consiste à sauter perpendiculairement et à retomber à pieds joints et même en demi-pirouette sur l'agrès. Malheureusement, seuls les connaisseurs apprécient tout le mérite de ce mouvement, qui fait beaucoup moins d'effet qu'un balancement à toute volée.

Lorsque ce numéro est présenté par un gymnaste, il s'agrémente généralement de mouvements de force, tels que planches, équilibres de mains, etc. Enfin on a essayé quelquefois de le rehausser par l'adjonction de la jonglerie. Mais cette combinaison hybride a peu de succès, parce qu'elle condamne à la médiocrité dans l'un et l'autre genre : ni chair ni poisson, jongleur insuffisant et équilibriste sans valeur, ce sont deux ficelles qui ne font qu'une pauvre corde.

Dans la même catégorie d'exercices (équilibres en station verticale sur un point mobile), nous ferons rentrer encore celui de la boule. A vrai dire, marcher sur la boule est un exercice médio-

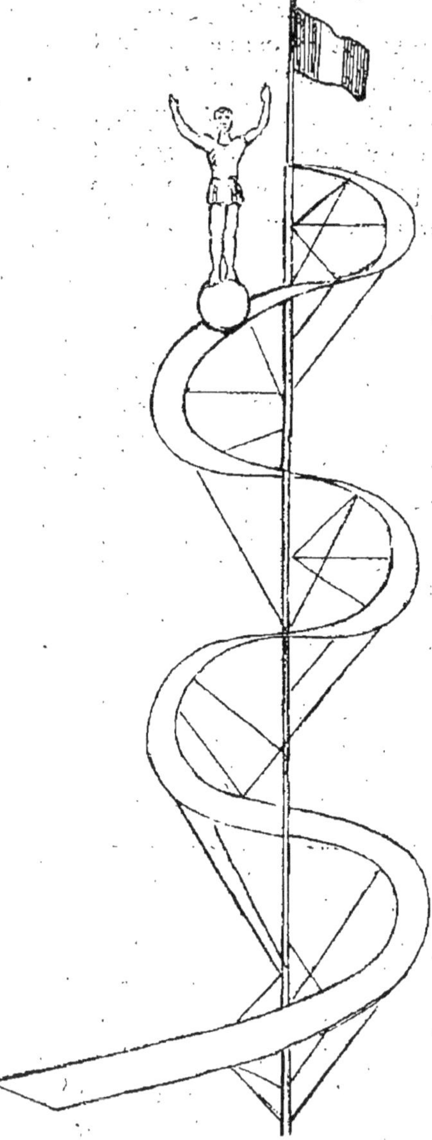

Fig. 110.
Ethardo. La boule en spirale.

crement difficile, tant que l'on se contente de rouler sur
un plancher. Pourtant le célèbre Ethardo en avait fait un
numéro sensationnel par la hauteur (fig. 110). Il faisait
sur la boule l'ascension d'une planche en spirale qui montait jusqu'à la coupole du splendide hall de l'avenue de
l'Alma; puis il redescendait sur la même voie périlleuse,
à reculons, marquant, au milieu de sa descente, un temps

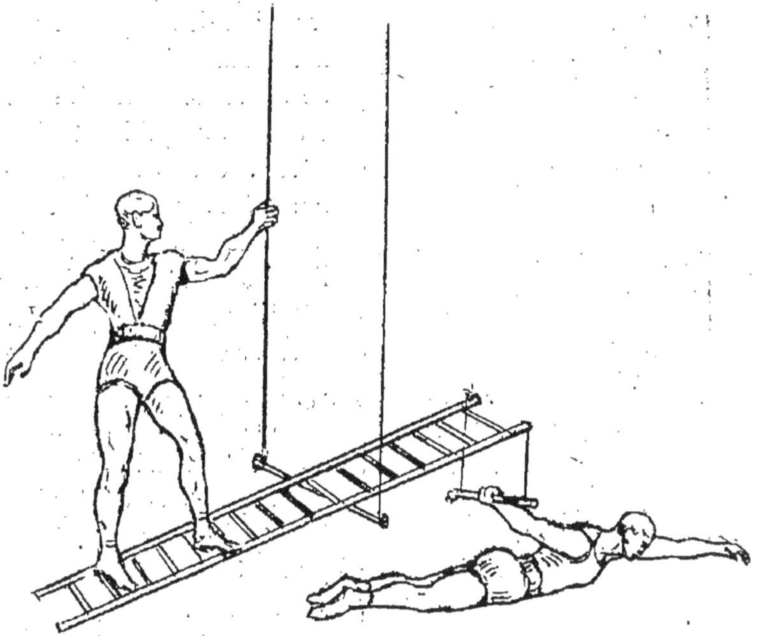

Fig. 111. — L'échelle du diable par les frères Marty.

d'arrêt avec flexion des genoux. Le caractère ultra-dan-
gereux de ce travail, accompli sans filet, faisait éprouver
une sensation d'angoisse perpétuelle, qui ne cessait qu'au
moment où l'intrépide artiste revenait au niveau du sol.

Je ne parle que pour mémoire de la boule mystérieuse,
inventée il y a une quinzaine d'années par Lepère, et
rééditée naguère chez Barnum. Cette boule a l'aspect
d'une bonbonnière percée de trous : elle s'ouvre en deux,
et l'artiste, au lieu de marcher sur elle, s'y enferme;

là, au moyen d'un procédé assez malaisé à définir, il la met en branle et escalade un chemin en spirale. Il est à remarquer que cette boule est relativement assez petite, de sorte que c'est tout juste si l'ascensionniste peut s'y tenir pelotonné sur lui-même. Il y a là un secret, sur lequel j'ai ouï émettre bien des hypothèses; mais comme le gagne-pain de l'inventeur en dépend, on conçoit qu'il est bien gardé. On frémit d'ailleurs à la pensée de l'effroyable chute à laquelle l'exposerait la moindre défaillance.

Nous terminerons cette rapide revue par un mot sur les échelles mobiles; elles ont donné naissance à deux numéros d'équilibres : l'*échelle du diable* (fig. 111 et 112) : et l'*échelle animée* (fig. 113).

L'échelle du diable consiste dans une échelle placée transversalement sur la barre du trapèze. A l'une des extrémités, un

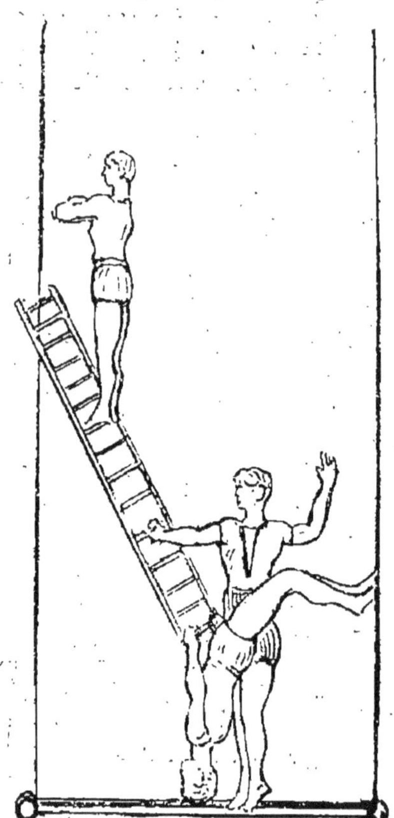

Fig. 112.
Le trio Garrigio dans l'échelle du diable.

des artistes se tient debout, et fait contrepoids à un autre artiste en train d'exécuter des mouvements de force et de suspension à un petit trapèze accroché à l'autre extrémité. Ce numéro, dans lequel excellèrent naguère les frères Marty, au Casino de Paris, est un de ceux qui sont accessibles au sexe faible, à condition de remplacer le

temps de force au trapèze par des mouvements de grâce
et de souplesse. Je l'ai vu présenté d'une façon tout à fait
sensationnelle au Palais d'Été de
Bruxelles par les trois Garrigio (fig.
112). Les figures qu'ils exécutaient
étaient des plus compliquées, et le
dessin ci-contre en donnera une idée
approximative. Le porteur, en équilibre sur la barre du trapèze, porte,
ceinturé par les jambes autour de sa
taille, le premier cascadeur, qui, la
tête en bas, supporte à bout de bras
les deux pieds d'une échelle, maintenue simultanément par le bras
droit du porteur, et au sommet de
laquelle le deuxième cascadeur est
perché dans la position du génie de
la Bastille.

L'échelle animée (fig. 113) est une
échelle de cinq à six mètres de hauteur, placée verticalement sur une
table dont le niveau est soigneusement réglé, et qui n'est maintenue
par rien. L'ascensionniste l'escalade soit en avant, soit en arrière,
en conservant l'équilibre de l'appareil au moyen d'une constante trépidation des hanches. Arrivé au
sommet, il enjambe le dernier éche-
lon, et alors, tel un échassier landais, il tourne lentement en tout
sens, se tient à l'appui tendu sur
les montants, avec les jambes en

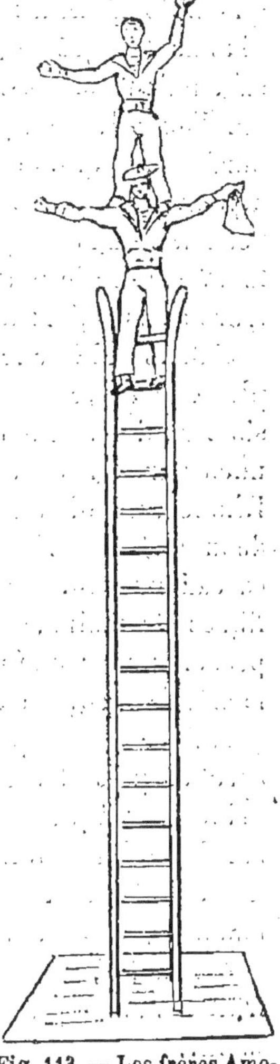

Fig. 113. — Les frères Amoros dans l'échelle animée
à deux.

équerre marque un instant l'arrêt fixe, et enfin se fait
présenter un instrument de musique sur lequel il joue

un solo. Le travail type a été créé par les Price (voir au chapitre des *Clowns*), perfectionné par Rapoli, dont l'échelle avait au moins le double de la hauteur de celles qu'employaient les créateurs, et porté dernièrement à son plus haut degré de perfection par les frères Amoros, qui exécutaient au Casino de Paris leur ascension l'un portant l'autre[1]. Ce numéro, excessivement risqué, ne comporte l'emploi d'aucun filet. On se contente de tendre un fil transversal à une certaine hauteur, pour empêcher l'échelle, dans le cas où elle viendrait à basculer, d'aller tomber, avec le poids vivant qu'elle porte, sur les spectateurs assis à l'orchestre.

J'allais oublier les échelles jumelles, travail assez simple et accessible aux amateurs. Il se fait à trois, et consiste en deux échelles dressées parallèlement et maintenues par un porteur dans la position du colosse de Rhodes, un pied sur un barreau de chacune d'elles. Les deux côtés extérieurs des échelles sont occupés par deux cascadeurs qui y font diverses figures, drapeaux, équilibres de mains, etc. Les Frederiks, les Stahélo, l'ont présenté avec une maestria qui ne dissimulait pas assez le mérite secondaire de ce genre d'exercice.

Malgré leur apparente diversité, tous les numéros acrobatiques décrits dans ce chapitre reposent sur un principe unique : équilibre du corps en station verticale sur un point mobile. La force, la légèreté, la souplesse, n'y jouent qu'un rôle très accessoire. Voilà pourquoi les femmes y déploient une virtuosité presque égale à celle des hommes, car cette virtuosité n'est autre chose que le fruit d'une longue patience et d'un laborieux entraînement.

---

1. Récemment l'Olympia a présenté un travail de ce type dans lequel un enfant fait l'équilibre de tête à tête et de mains à mains sur un porteur adulte.

CHAPITRE XIII

LA TRINKA ET LES JEUX ICARIENS

Nous rangeons dans un même chapitre la jonglerie antipodiste ou trinka et les jeux icariens, parce qu'en dépit des divergences qui séparent ces deux genres d'acrobatie, ils ont une origine commune, ou, pour mieux dire, le second est issu du premier, comme on le montrera tout à l'heure. Les jeux icariens sont à la trinka ce que le chêne majestueux, roi des forêts, est à l'humble arbrisseau que le passant foule aux pieds.

Les jeux icariens me paraissent l'expression la plus parfaite de l'art acrobatique dans ce qu'il a de plus savant et de plus raffiné. Quelque heureusement doué qu'on soit pour les exercices gymnastiques, il ne faut pas se figurer qu'on puisse jamais produire quelque chose qui ressemble même de loin à un véritable travail icarien, sans un labeur opiniâtre et un entraînement persévérant. Les champions de la gymnastique aux agrès que nous applaudissons dans les séances d'amateurs et dans les concours fédéraux peuvent nous faire illusion sur leur valeur, à côté des acrobates de profession, tant qu'il ne s'agit que de pratiquer les barres, le trapèze ou les anneaux; mettez-les au pied du mur icarien, ils seront aussi désorientés qu'un joueur d'orgue auquel on mettrait un violon entre les mains.

Mon intention n'est nullement de diminuer le mérite des amateurs qui tirent vanité de leur adresse aux agrès usités dans les gymnases. Étant de ces derniers, je serais plutôt porté en leur faveur. Loin de moi la pensée de calomnier un saint pour lequel j'ai tant prêché. Mais la gymnastique éducative doit avoir pour but le développement harmonieux des formes plastiques, et non une virtuosité théâtrale aussi longue à acquérir que dénuée d'utilité pratique. Elle doit donc surtout s'attacher aux mouvements qui favorisent le plus l'augmentation rapide de la force et de la musculature, et dont la pratique n'absorbe qu'une petite partie du temps qui doit être consacré aux occupations de la vie ordinaire. Je ne conseillerai donc jamais aux amateurs de s'essayer à l'icarisme : ils n'arriveraient qu'à se dégoûter de la gymnastique.

Mais, comme historiographe de l'acrobatie contemporaine, je parlerai autrement que comme apôtre de l'éducation physique. Et voilà pourquoi j'ai cru devoir attirer l'attention de mes lecteurs sur ce fait qu'en matière d'acrobatie la place d'honneur revient sans conteste aux jeux icariens. La rareté relative des bonnes troupes, le taux élevé de leurs engagements, leur présence limitée aux music-halls de premier ordre, ce sont là des indices sûrs de la haute valeur de ce travail. Il n'en est point qui demande une plus longue préparation, qui exige un entraînement plus précoce, une sélection plus rigoureuse des sujets, une adaptation plus intime des porteurs et des cascadeurs, une coordination plus savante des moindres mouvements, une possession plus complète de tous ses moyens, en un mot une virtuosité plus impeccable. Si les jeux icariens n'ont point ces envolées superbes de la voltige aérienne, si les émotions qu'ils procurent sont moins poignantes, elles sont, en revanche, moins fugitives et plus pénétrantes. Si je ne craignais d'employer une comparaison un peu ambitieuse, je dirais que la voltige c'est l'épopée majestueuse effleurant de son aile les nuages, tandis que l'icarisme c'est la poésie lyrique, moins grandiose d'inspiration, mais plus riche d'art, qui fait mieux vibrer les fibres les plus délicates de notre cœur. Aussi n'est-ce pas sans une sorte d'émotion attendrie que j'évoquerai vos noms, merveilleux Scheffer, Bonhair, Kremo, troupes incomparables dont le spectacle excite, même chez un public médiocrement connaisseur, un enthousiasme qui tient du délire. Les instants trop courts que j'ai passés à vous contempler sont de ceux qu'on n'oublie pas, et qui comptent parmi les émotions artistiques les plus agréables que j'aie éprouvées en mon existence. Pourquoi faut-il que, parmi les coryphées de l'art icarien, je n'aie à citer que des noms étrangers? C'est que la méthode et la persévérance ne sont pas les qualités caractéristiques de notre tempérament. Où nous ne réussissons pas d'emblée, nous nous décourageons d'abord, et, contents d'avoir frayé la voie ou de l'avoir seulement indiquée, nous ne savons pas la poursuivre jusqu'au bout. Voilà pourquoi, dans ce chapitre, je n'aurai guère à louer que des troupes allemandes. Les Allemands ont véritablement créé une école en ce genre d'acrobatie, école qui a ses traditions, sa méthode et de glorieux représentants. Si la virtuosité dans les jeux icariens s'achète au prix d'un long apprentissage, du moins la faveur du public ne lui fait-elle pas défaut et récompense-t-elle largement les efforts qu'elle a coûtés à acquérir. Les ovations par lesquelles j'ai vu si souvent accueillir les rois du genre, les rappels six ou sept fois répétés que provoquent leurs exercices, les applaudissements prolongés, accompagnés de cris et de trépignements, d'une salle transportée d'admiration, disent avec assez d'éloquence qu'on est en présence d'une des manifestations les plus saisissantes d'un art porté au suprême degré de la perfection.

Avant de parler des jeux icariens, je vais toucher quelques mots de la trinka, dont ils sont en quelque sorte une dérivation naturelle et un développement logique, par addition de l'acrobatie du tapis.

Le mot *trinka* est un mot slave et désigne la réunion de trois objets : c'est le même que le russe *troïka,* qui désigne, comme chacun sait, un attelage à trois chevaux. La trinka est ainsi désignée parce que ceux qui font ce genre de travail acrobatique emploient trois objets de forme différente, dont chacun constitue par son maniement une des phases du numéro. L'étymologie nous fait conclure, non sans vraisemblance, à l'origine slave de cet exercice.

Pour exécuter le travail de la trinka, l'artiste se sert d'une espèce de selle ou bât (fig. 114), dont la partie inférieure, parfaitement aplanie, repose sur le sol ou est solidement adaptée à un support destiné à mettre l'appareil en vedette. La partie supérieure consiste dans un renflement sur lequel l'équilibriste, couché sur le dos, appuie la région coccygienne de manière à la tenir à un niveau sensiblement plus élevé que les omoplates. En même temps, deux petites oreillettes rembourrées, entre lesquelles reposent le cou et la tête, maintiennent solidement les épaules qui s'appuient contre elles. Le but de cette différence de niveau entre les reins et les omoplates est de favoriser le maintien des jambes allongées à la position verticale, et des plantes des pieds à la direction horizontale. Malgré son apparente incommodité, cette position, qui, du reste, ne laisse pas d'être très fatigante à ceux qui n'y sont pas accoutumés, facilite le libre jeu des jambes et leur donne le maximum de force pour supporter des poids lourds. Il faut avoir vu des jongleurs antipodistes pour se rendre compte de la merveilleuse adresse qu'on peut acquérir dans les pieds. Les mains elles-mêmes ne leur sont point supérieures en agilité, tout en leur étant fort inférieures en force.

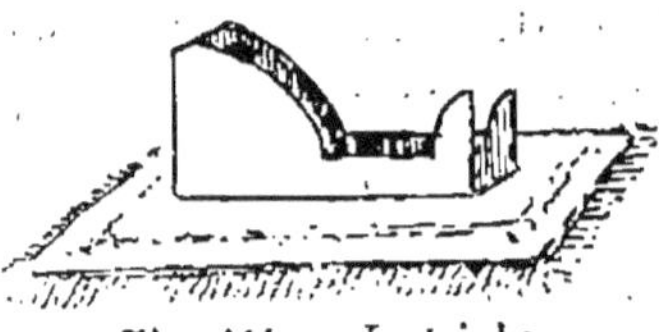

Fig. 114. — La trinka.

La *trinka* (ce nom désigne à la fois la selle qu'on vient de décrire et l'exercice lui-même) doit reposer sur un niveau parfaitement horizontal, et être solidement fixée par des tendeurs, dans le cas où elle est mise au bout d'un support : c'est une condition indispensable à la sûreté du travail. J'ai vu pourtant un essai de *trinka* instable : celle-ci était au bout d'une perche, tenue en équilibre par un porteur au moyen d'une forte ceinture de cuir. Mais la jonglerie antipodiste souffrait nécessairement de cette instabilité, et ce surcroît de difficulté me paraît inutile dans un travail déjà très méritoire sous sa forme naturelle.

Les trois objets les plus généralement usités dans le travail de la *trinka* sont une boule, un tonneau et une croix de Malte. Ces appareils sont creux et fort légers. Quelquefois le tonneau affecte la forme d'une bouteille de champagne gigantesque. Ce qui produit un effet prodigieux dans cette jonglerie à rebours, c'est que, lorsque le mouvement s'accélère, le jongleur semble courir le grand galop, au son d'une musique endiablée, tandis que le tronc reste absolument immobile. Quand la croix de Malte arrive à sa vitesse maxima, l'œil ébloui ne perçoit plus qu'un orbe brillant,

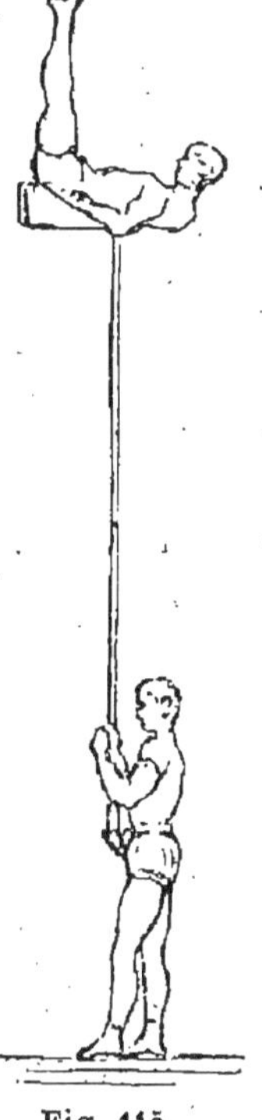

Fig. 115.
La trinka au porteur.

dans lequel il lui est impossible de distinguer les quatre branches.

Nombreux sont les jongleurs antipodistes sur la *trinka* : je ne retiendrai ici que quelques noms, les plus marquants.

Le plus ancien dans mes souvenirs est Eleyantine, qui figura, il y a plus de vingt ans, au Cirque d'Été et à l'Hippodrome. Ses trois agrès étaient un tonneau, une grande chaise carrée et une table rectangulaire de deux mètres de longueur au moins. De ce dernier objet, il tirait des effets absolument indescriptibles : non seulement il la tenait en équilibre sur une pointe, lui faisait exécuter des pirouettes et des rotations complètes, la recevant chaque fois en équilibre au bout de ses pieds, mais encore il courait sous elle en avant et en arrière, d'une incroyable rapidité, lui imprimant ainsi un double mouvement de roulis et de tangage qui rappelait le plancher d'un navire par une grosse mer (fig. 117). La perfection de ce numéro n'a pas été surpassée depuis; à peine a-t-elle été égalée par le Mexicain Frank Maura, qui, il est vrai, agrémentait son numéro de

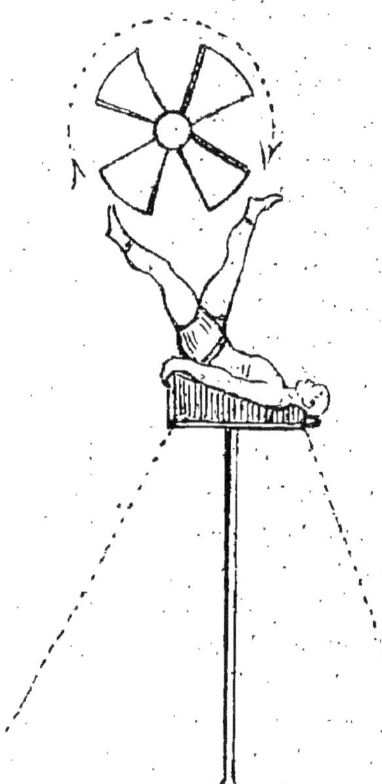

Fig. 116. — La croix de Malte en trinka.

quelques sauts de tapis. John Patty, connu aussi comme équilibriste de tête, a essayé de donner un cachet de nouveauté à un numéro qui semblait ne plus comporter aucun perfectionnement, en remplaçant la table classique par un grand mannequin d'osier figurant un éléphant. A ce sujet, il me revient une anecdote qui prouve jusqu'où peut aller la naïveté du public. Patty était engagé au cirque de Madrid. Pour lui faire de la réclame, on apposa

sur les murs de la capitale de grandes affiches représentant un homme qui jonglait avec un éléphant. Mais quand
les Madrilènes virent que ledit pachyderme, au lieu d'être
en chair et en os, était en osier, ils se livrèrent contre

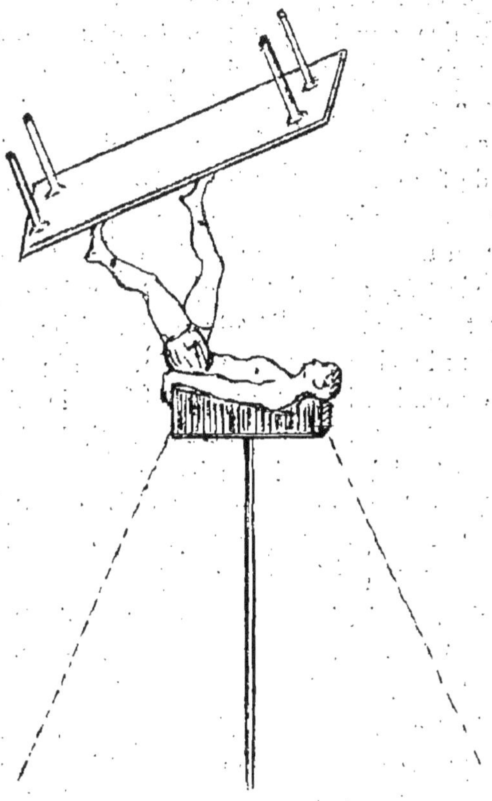

Fig. 117. — La table en trinka, par Elevantine.

le malheureux artiste à une de ces bruyantes manifestations dont les *plazas de toros* sont parfois le théâtre. Il
fallut, paraît-il, résilier l'engagement.

Enfin une femme s'est rencontrée, équilibriste raffinée
autant qu'habile antipodiste, qui a porté ce genre de jonglerie à des limites qu'il ne me paraît pas devoir être appelé à dépasser. Quand j'aurai dit qu'elle s'appelle Suzanne

Scheffer, et qu'elle appartient à cette famille renommée, pour qui l'art acrobatique n'a aucun secret, on croira sans peine que je n'exagère point en disant que son talent tient du prodige. L'originalité de son travail consiste à avoir remplacé les objets spéciaux qui servent d'accessoire ordinaire aux jongleurs antipodistes, par d'autres dont la forme inattendue intrigue et déconcerte le spectateur : une grosse lampe allumée avec globe et abat-jour, un canapé en osier tendu de velours, et enfin un grand lit de fer où M. et Mme Denis en carton reposent conjugalement sur le même oreiller.

Le jour où un acrobate eut l'idée de remplacer, dans le numéro de la *trinka,* l'objet inanimé auquel ses pieds imprimaient toutes sortes d'évolutions variées, par un enfant, les jeux icariens furent trouvés. Quelle est l'origine de cette dénomination étrange? Vient-elle d'un artiste nommé Icare ? Est-ce une allusion mythologique au fils infortuné de Dédale, à qui son imprudence coûta la vie ? En effet, les enfants qui figurent dans ce travail semblent voler dans les airs, au risque de trouver, comme leur fabuleux devancier, une fin tragique.

Quoi qu'il en soit, le premier artiste qui ait laissé un souvenir précis dans les fastes de l'acrobatie icarienne s'appelait Risley. Ce nom éveille la mémoire d'un lamentable accident comme il en arrive heureusement fort peu. Au cours d'une représentation, un des deux enfants avec lesquels il jonglait fit une chute mortelle, et l'artiste, soit par remords, soit pour éviter les responsabilités (l'enfant n'était pas à lui), se brûla la cervelle. Il paraît d'ailleurs qu'il employait dans le dressage de ses élèves la brutalité, méthode aujourd'hui complètement abandonnée dans l'école de l'acrobatie. Cette anecdote est assez répandue, car je l'ai retrouvée dans une charmante nouvelle du romancier russe Grigorowitch, intitulée l'*Enfant caoutchouc.*

Le rôle des enfants que l'on lance avec les pieds n'est pas purement passif, comme celui des objets inanimés qu'ils remplacent; il est aussi, suivant le cas, actif. La grande difficulté pour eux est de savoir se prêter successivement à ces divers rôles, et, selon le mouvement qui est en cours d'exécution, d'avoir tantôt la rigidité d'une planche de bois, tantôt l'élasticité d'un morceau de caoutchouc. Parfois ils doivent combiner leur propre élan avec l'impulsion qu'ils reçoivent des pieds du porteur, pour faire saut périlleux, pirouette, casse-cou. Ai-je besoin d'ajouter que ces enfants doivent être des gymnastes consommés, avoir parcouru toutes les étapes de l'entraînement acrobatique, être également équilibristes sur les mains et sur la tête, et posséder à fond tous les sauts à terre? Car les jeux icariens sont toujours agrémentés d'éléments empruntés à l'acrobatie du tapis. Quand le porteur fatigué se redresse sur son séant pour se décongestionner, les petits cascadeurs entretiennent l'attention des spectateurs par des séries de flip-flaps, de sauts périlleux, d'équilibres, voire même d'élévations en colonne. Cette dernière partie du travail prend quelquefois une place si prépondérante, qu'on en est à se demander si le numéro dont on est spectateur doit être rangé sous la rubrique icarisme ou acrobatie de tapis; c'est le cas notamment pour les Craggs.

Ce qui rend la constitution d'une bonne troupe icarienne tout à fait difficile, ce qui en fait un joyau inestimable dans l'écrin acrobatique, c'est qu'il ne suffit pas que chaque membre qui le compose ait passé par tous les degrés d'un long apprentissage; il faut encore que l'apprentissage ait été fait en commun. Et c'est en quoi une troupe icarienne peut être comparée à ces êtres qui ne prospèrent qu'en vivant d'une vie commune, et qui dépérissent isolés. Les enfants doivent être, autant que possible, d'une même famille, et être pris très jeunes, non seulement parce que l'éducation acrobatique devient plus difficile à un certain âge, et que, pour n'éprouver aucune appréhension dans ces évolutions périlleuses, il faut les avoir pratiquées avant d'en soupçonner le danger, comme si elles étaient naturelles à l'homme, mais encore parce que le cascadeur qui sert de projectile ne doit pas dépasser un certain poids. Aussi le travail icarien peut-il être appelé à bon droit une acrobatie familiale, exigeant une cohésion parfaite, une discipline rigoureuse, une subordination absolue au chef. On peut, sans exagération, affirmer qu'il y a de l'hérédité, presque de l'atavisme, en cette matière, et qu'il faut trois générations pour arriver à la perfection de l'ensemble. Ainsi ces cascadeurs en miniature que vous voyez figurer à la représentation en qualité de projectiles, ne laissent pas, au cours des répétitions, de s'entraîner déjà à la jonglerie antipodiste, d'abord avec un mirliton ou un petit mannequin; puis, devenus d'une certaine adresse, et sentant croître leur force, ils apprennent à faire pirouetter sur leurs petits pieds un bambin plus jeune et plus léger qu'eux-mêmes. Quand l'âge les aura rendus trop lourds pour le métier de volants, c'est-à-dire vers la quinzaine, ils passeront à la dignité de deuxièmes porteurs, et enfin, quand ils auront acquis tout leur développement, ils renonceront aux cascades pour être uniquement porteurs. Ces trois périodes correspondent, dans la carrière d'un acrobate icarien, à celles de l'enfance, de l'adolescence et de l'âge mûr, soit de six à quinze ans, de quinze à vingt, et de vingt à quarante, ou au delà si faire se peut.

Et la loi Talon? me direz-vous. Eh bien, on la tourne, voilà tout. Les artistes, étant, comme on sait, des cosmopolites, ont toujours des actes de naissance plus ou moins authentiques pour les enfants qu'ils exhibent sur la scène, soit qu'ils leur appartiennent, soit qu'ils les aient loués à leurs parents. Philistins qui jouez l'indignation, ne

vous est-il jamais arrivé de mentir sur l'âge de votre progéniture, pour lui faire payer demi-tarif dans les chemins de fer? Vous avez menti en deçà, les acrobates
mentent au delà. Allez donc savoir si ce petit équilibriste
japonais a dix ou douze ans, et si le porteur de l'échelle est
son père ou un étranger? Les Japonais n'ont pas d'âge et
se ressemblent tous. D'ailleurs la loi Talon ne vise que
le cas où l'exercice fait par un enfant présente quelque
danger, et il est aisé de démontrer que l'enfant ne court
aucun risque, puisqu'il ne s'est pas encore rompu le cou.

Enfin

Il est avec le Ciel des accommodements,

et pourvu que le music-hall soit un établissement bien
tenu, en règle avec l'autorité et que le commissaire de
police n'ait pas de grief contre le directeur, il est rare
que les actes de naissance soient l'objet d'une indiscrète
curiosité. Hâtons-nous de rassurer les âmes sensibles.
Ces petits artistes ont si bonne mine, ils ont l'air si gais,
ils sont si fiers de leur maillot rose, et si flattés des applaudissements dont on récompense leur virtuosité, qu'on
songe à les envier plutôt qu'à les plaindre. En fait, ils ne
sont pas malheureux. Aujourd'hui, la douceur est à la mode
dans toutes les branches de l'éducation, et les jeunes saltimbanques ne reçoivent pas plus de coups que les écoliers de férules. L'expérience a prouvé que la persuasion
et l'exemple produisent de meilleurs résultats que l'intimidation. L'enfant chez lequel on veut vaincre une appréhension par une autre appréhension demeure toujours
peureux. Il faut qu'il aime son métier, sous peine de ne
jamais devenir un sujet d'élite. Sans doute la discipline
à laquelle les petits artistes sont soumis est inflexible.
Mais si vous tenez compte de leurs origines, généralement très humbles (car ce n'est pas dans les familles de
millionnaires, je n'ai pas besoin de le dire, que se recrutent

les futurs acrobates), vous en conclurez, comme je l'ai fait moi-même, qu'ils sont infiniment plus fortunés que de pauvres apprentis condamnés à passer huit heures par jour dans l'atmosphère fétide d'un atelier; voire même peut-être que certains écoliers auxquels on fait apprendre, malgré Minerve, l'histoire, les mathématiques et les langues, et pour qui la vie de collège représente une suite ininterrompue de réprimandes, de pensums et de retenues. Car l'enfant est sensible à l'aiguillon de l'amour-propre, et les applaudissements du public lui font oublier toutes les fatigues et tous les déboires de l'apprentissage.

Les jeux icariens, dans leur primitive simplicité, comportaient un porteur adulte et deux enfants. Tels ils étaient présentés par Risley. Tels on les voit figurés, assez gauchement du reste, dans une des peintures murales qui ornent le pourtour du Cirque d'Hiver, et qui, d'après certains indices fournis par le costume, me paraissent remonter au règne de Louis-Philippe. Tels je les ai vu pratiquer, il y a plus de quarante années, par Mariani et ses fils au cirque Loyal, à Strasbourg. Toutefois, ces souvenirs un peu effacés ne me permettent pas de prononcer un jugement motivé sur la valeur du travail que j'applaudissais alors avec toute l'ardeur d'un néophyte encore inexpérimenté dans les secrets de l'art. A une époque plus récente, c'est-à-dire dans ces vingt-cinq dernières années, je citerai les Lenton (fig. 118), les Nagel, les Dayton, comme des artistes de mérite qui auraient été les premiers dans leur genre, si leur étoile n'avait nécessairement pâli devant ces astres de première grandeur qui s'appellent les Scheffer, les Bonhair, les Kremo.

L'addition d'un deuxième et même d'un troisième porteur a singulièrement perfectionné les jeux icariens, en permettant des combinaisons plus variées et des figures dont l'audace dépasse l'imagination. Les cascadeurs de-

viennent de véritables volants, lancés par les pieds
comme par des raquettes animées, décrivant dans l'espace les paraboles les plus gracieuses et se croisant même
dans des passes qui rappellent celles de la voltige aux
trapèzes. Il serait d'ailleurs impossible d'analyser par le
menu un numéro de ce genre. Le cinématographe seul

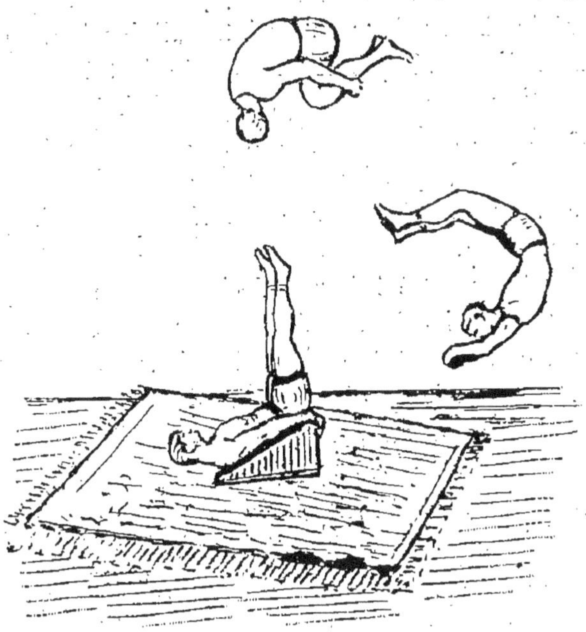

Fig. 118. — Jeux icariens par les Lenton.

pourrait en rendre un compte exact. Les cascadeurs,
propulsés par les pieds des porteurs, tournent une fois,
une fois et demie, deux fois et même trois fois (création
des Kremo) avant d'être repris au vol. On les reçoit tantôt
debout, tantôt en souplesse sur les reins, tantôt en équilibre de mains ou de tête, tantôt allongés en planches,
tantôt pelotonnés en boules. Parfois accolés l'un à l'autre,
de toute leur longueur, mais en sens inverse, comme les
poissons du zodiaque, ils forment un ballot inerte que les

pieds font évoluer en tout sens à la manière des accessoires de la *trinka* (fig. 119). La rapidité de ces évolutions est telle que l'œil en est ébloui, comme par un brillant feu d'artifice où cent gerbes lumineuses se croisent et se succèdent, effaçant au fur et à mesure les impressions déjà perçues par de nouvelles impressions plus vives encore. Aussi n'est-ce pas à première vue qu'on peut comprendre et apprécier à sa valeur un vrai travail icarien. Ce n'est pas une mélodie simple et à la portée de tous, c'est une orchestration savante et compliquée qui s'adresse de préférence aux connaisseurs et dont on ne goûte toutes les beautés qu'après plusieurs auditions. La répétition du spectacle, loin d'engendrer la satiété, ne fait qu'augmenter l'admiration.

Les Scheffer ont été durant de longues années les rois incontestés de l'icarisme. C'est une curieuse famille d'acrobates, artistes de père en fils depuis trois générations, et chez lesquels les aptitudes sont devenues en quelque sorte héréditaires. En quelque genre qu'ils se soient essayés, ils ont toujours conquis la première place. Leur nom seul, figurant au programme, suffit à assurer une salle comble à l'heureux directeur qui a su s'assurer leur concours. Aussi sont-ils toujours engagés plusieurs mois à l'avance. Le chômage n'existe pas pour eux. Jadis ils avaient plusieurs cordes à leur arc. Mais dans les derniers temps ils semblent s'être cantonnés uniquement dans le numéro qui a fait leur principale gloire et auquel ils ont donné toute la perfection dont il est susceptible. En dehors des jeux icariens, ils ont pratiqué le tir de précision avec cible humaine, à la mode d'Ira Paine; la jonglerie athlétique avec des boulets, à la mode d'Holtum, sous la rubrique un peu étrange de jeux spartiates; l'échelle articulée et les baquets à la mode des Japonais (voyez plus loin au chapitre XIV). Une de leurs sœurs, citée par nous précédemment, excelle dans la jonglerie antipodiste;

un de leurs frères, Sévérus, s'est acquis une réputation sans égale comme jongleur équilibriste. Voici, du reste, l'arbre généalogique de cette étonnante lignée :

Scheffer (Jean-Charles), né le 18 février 1825 à Prague ;

Sylvester, fils du précédent, chef de la troupe actuelle, né le 31 janvier 1860 à Vienne ;

Sidonia Scheffer, sœur du précédent, équilibriste sur

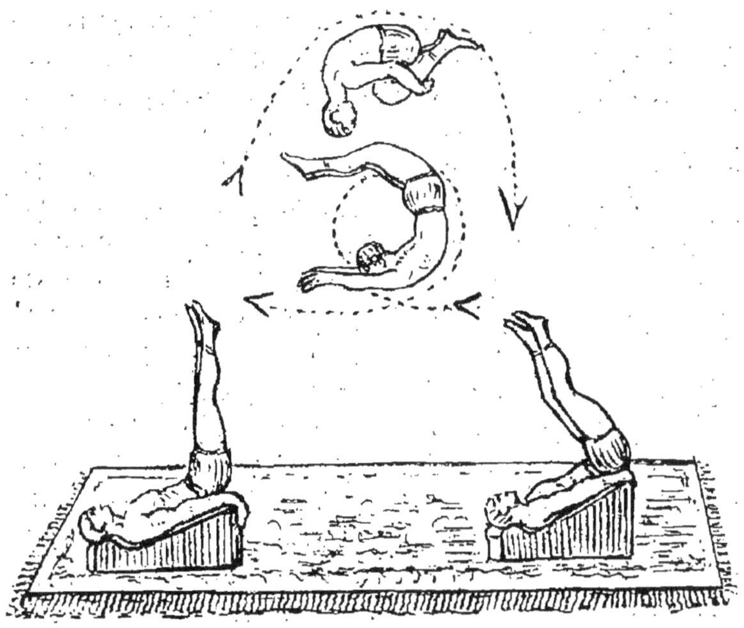

Fig. 119. — Jeux icariens à deux porteurs par les Bonhair.

pieds, née le 8 avril 1865 à Vienne, et mariée au ventriloque Segommer ;

Sévérus, frère de Sylvester, jongleur, né le 10 janvier 1867 à Vienne ;

Suzanne Scheffer, sœur du précédent (fig. 120), antipodiste, née le 20 mai 1869 à Vienne ;

Sébaldus Scheffer, jongleur athlète, né le 10 mars 1870, à Vienne.

Sans parler de toute une pléiade de petits Scheffer de tout âge, de toute taille et de tout poil, aux joues roses et aux cheveux bouclés, qui évoluent dans les airs avec tant d'aisance et de grâce, qu'il semble que la nature les ait créés pour cette fonction, comme elle a fait l'oiseau pour voler, le poisson pour nager. Ai-je besoin d'ajouter qu'ils ne fréquentent que les établissements de premier ordre et les grandes capitales, et qu'ils sont aussi connus dans le nouveau monde que dans l'ancien? Ils ont actuellement une mise en scène spéciale, un décor complet figurant une arène espagnole; eux-mêmes ont des costumes de toréadors. Ils ont trois porteurs en *trinka,* cinq enfants cascadeurs, et des doubles poneys gris-pommelé sur lesquels, à la fin de certaines figures, les enfants vont retomber à califourchon, des grands chiens danois, et un domestique en livrée. Bien plus, leur entrée en scène s'accompagne d'une marche d'allure martiale composée en leur honneur, le *Scheffer-Marsch.* Ils mènent une vie patriarcale, sont mariés régulièrement, jouissent d'une belle aisance, et sont propriétaires à Bruxelles. Bref, ils représentent l'aristocratie de la corporation, et sont aux saltimbanques vulgaires ce que Potin est à un petit épicier de village. Pourtant, je ne saurais m'en taire, il me sembla, la dernière fois que je les vis, qu'ils s'endormaient un peu sur leurs lauriers, qu'ils étaient moins impeccables que jadis. A vrai dire, le principal porteur a quarante-deux ans, âge redoutable pour un acrobate et qui marque un tournant dans son existence. Bref, je me suis demandé si cette somptueuse mise en scène n'était pas destinée à masquer un commencement de décadence, comme les artifices de toilette par lesquels une reine de beauté sur le retour dissimule les rides naissantes. Peut-être Sylvester ferait-il bien de passer la main à ses frères cadets et de renoncer à la scène, avant qu'une décroissance de la faveur publique ne

l'avertisse qu'il est temps de songer à la retraite. Cette
réflexion m'est venue, en dépit de mon admiration pour

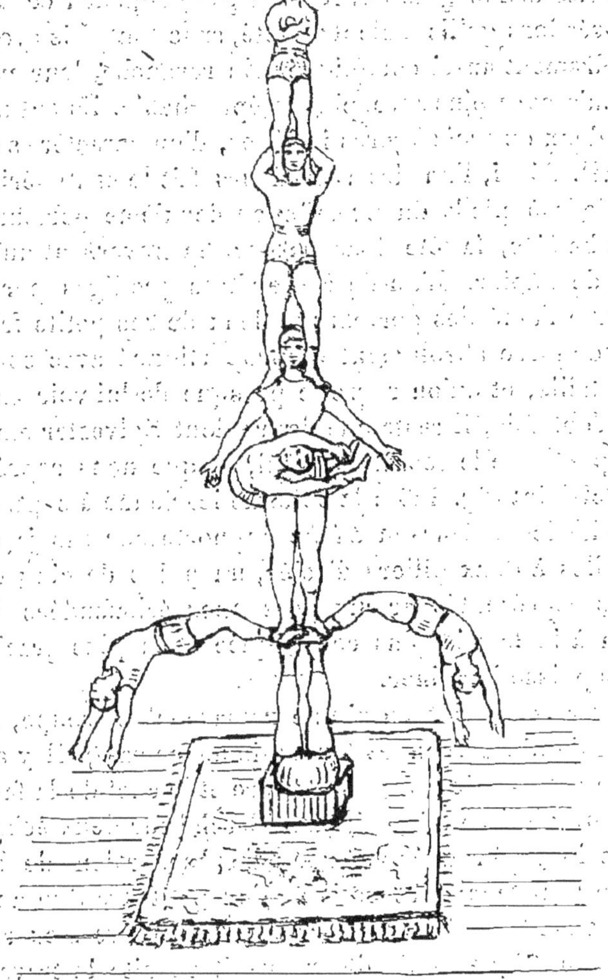

Fig. 120. — Les Scheffer. La colonne icarienne à sept personnes.
Poids approximatif, 500 livres.

lui, lorsque j'ai assisté aux représentations d'une troupe
nouvelle, les Bonhair, qui est loin d'avoir la réputation de

la précédente et qui pourtant vaut les Scheffer, je dis les Scheffer de la meilleure époque. Les Bonhair ont, du reste, copié le numéro de leurs devanciers, et n'ont pas le mérite de l'originalité. Il n'est pas jusqu'aux costumes de toréadors qu'ils n'aient adopté, sans toutefois avoir un encadrement aussi compliqué. En revanche, leur exécution m'a paru plus sûre, plus irréprochable. Ils ont même créé deux ou trois figures inédites, d'un caractère sensationnel. Ainsi, l'un des cascadeurs fait le saut périlleux de pieds à pieds du premier au deuxième porteur, les yeux bandés, la tête dans un sac, en traversant un cerceau de papier. L'un de ces enfants prodiges porte en colonne l'aîné des porteurs et deux de ses petits frères, tour de force absolument disproportionné avec son âge et sa taille, et qu'on regrette presque de lui voir exécuter. Toutefois, il reste une figure dont Sylvester emportera peut-être le secret avec lui, et que nous représentons ci-joint (fig. 120) : la colonne icarienne à sept, dans laquelle le porteur en *trinka* supporte sur ses jambes, pareilles à deux piliers d'acier, un poids de cinq cents livres représenté par six personnes échafaudées de la façon à la fois la plus compliquée et la plus gracieuse qu'on puisse imaginer.

Les Kremo sont aussi une remarquable troupe, composée de dix personnes toutes du même sang. Il y a une douzaine d'années, Kremo le père et le chef de la famille avait un numéro très original. Perché sur deux échasses d'une longueur phénoménale (elles mesuraient de $4^m,50$ à 5 m.), il tenait les cordes d'un petit trapèze auquel deux enfants exécutaient simultanément divers exercices de gymnastique. L'un d'eux faisait ensuite le travail de la perche japonaise (voyez chapitre XIV) à l'une des échasses qui soutenaient son père. Enfin le travail se terminait par un tour extraordinaire, effrayant même. Kremo détachait une des échasses, et, resté en équilibre sur l'autre, il se laissait choir en avant, décrivant dans l'air une parabole terminée par une chute sur un matelas, dans laquelle tout le poids du corps portait sur l'unique jambe désentravée. Cette descente, bien qu'en apparence moins vertigineuse que le saut du plongeur dans le filet, présentait plus de danger. Aujourd'hui Kremo se repose, en se consacrant au dressage de sa nombreuse progéniture. Il possède aux environs de Cologne une petite propriété dans laquelle il a installé un gymnase. C'est là le nid acrobatique d'où ces oiseaux icariens émigrent annuellement vers les diverses capitales de l'Europe. C'est là qu'ils répètent; c'est là qu'ils se forment, et c'est là qu'ils viennent se retremper lorsque, après avoir touché de brillants engagements, ils ont quelques semaines de répit, non pour se reposer, mais pour combiner de nouvelles figures. Les Kremo font le travail icarien à trois porteurs, auquel ils adjoignent dans une assez forte proportion les sauts du tapis et l'acrobatie en colonne. Ils sont les premiers qui aient tenté le triple saut périlleux du cascadeur lancé avec les pieds : les Scheffer et les Bonhair n'avaient point dépassé le double. Aussi ont-ils soin d'annoncer au public la difficulté de cet exercice. Malgré leur virtuosité peut-être supérieure à celle de leurs émules, les Kremo m'ont laissé moins enthousiaste, pour les raisons que je vais expliquer. D'abord les enfants qui participent à leur numéro sont plus petits, soit parce qu'ils sont plus jeunes, soit parce qu'ils sont de moindre structure, ce qui naturellement diminue le mérite des cascades. En outre, le côté esthétique de leur troupe est moins satisfaisant. Les Scheffer et les Bonhair sont décidément plus élégants de forme et plus jolis de figure; dans la famille Kremo, quelques-uns des artistes en miniature sont un peu exigus, et ont même les jambes d'une ligne douteuse, par suite sans doute d'un entraînement forcé et trop précoce. Or, si l'on peut faire abstraction des satisfactions

esthétiques quand il s'agit d'un musicien ou d'un poète,
en revanche on ne saurait les reléguer au second plan

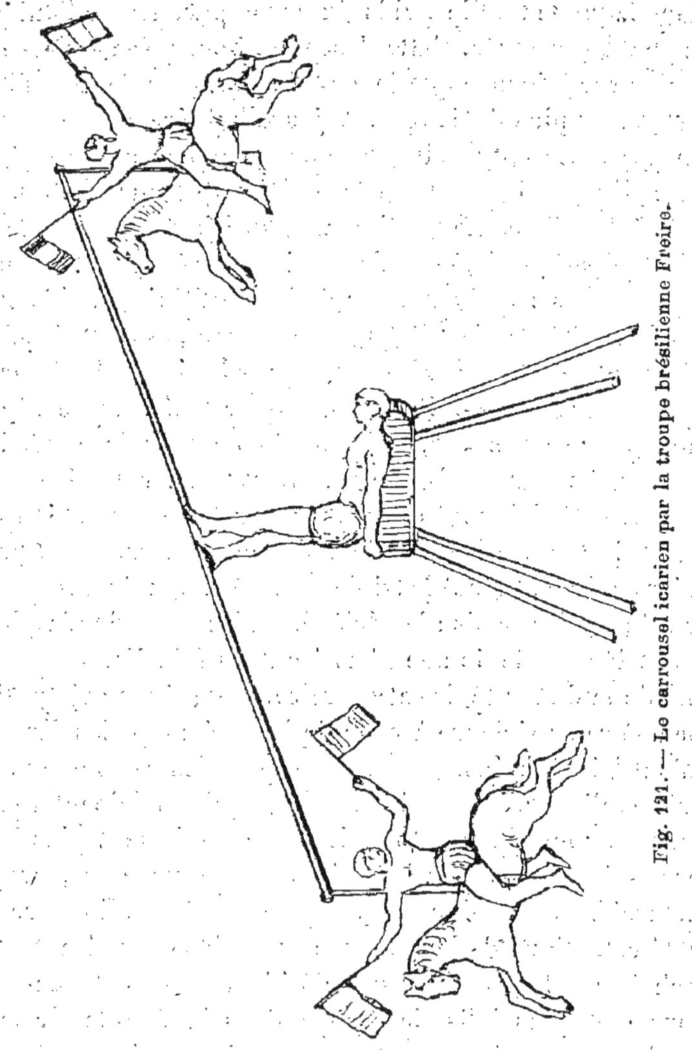

Fig. 121. — Le carrousel icarien par la troupe brésilienne Freire.

dès qu'il s'agit d'un spectacle qui, comme l'acrobatie,
s'adresse uniquement aux yeux. Voilà pourquoi les
Kremo n'effaceront pas le souvenir de leurs rivaux. Leurs

productions sont d'un art plus raffiné peut-être, mais moins élégant, et pour fixer notre jugement par un seul mot, nous dirons qu'ils plaisent moins.

La troupe Freire (fig. 121), que possède périodiquement le cirque Medrano, est un peu inférieure à celles dont nous venons de détailler les mérites, mais elle occupe un rang très honorable. Elle a moins de cohésion, car les artistes qui la composent ne sont pas membres d'une même famille et se renouvellent parfois. Le premier porteur est Brésilien, les cascadeurs et sauteurs sont Anglais, Français, un peu de tous les pays. Elle possède un sauteur extraordinaire, qui est en même temps deuxième porteur en *trinka*. L'ensemble de son travail est très satisfaisant, mais je ne puis dire que j'y aie remarqué aucune figure inédite, sauf peut-être le carrousel final qui sert pour le rappel. Le porteur fait tourner rapidement sur la plante de ses pieds une grande perche aux extrémités de laquelle sont accrochés des chevaux de bois, servant de monture à deux enfants, qui agitent dans leur course circulaire des étendards franco-brésiliens. Ce truc a un succès prodigieux, sans être peut-être la figure la plus difficile du travail.

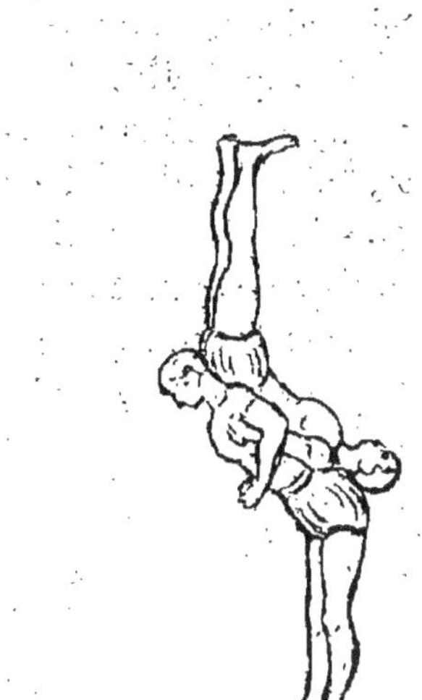

Fig. 122. Les Craggs. Jeux icariens sans trinka. Porteurs dos à dos.

Il serait injuste de ne pas rappeler ici les incomparables Craggs, bien que nous en ayons déjà parlé au chapitre de l'acrobatie du tapis, et que l'icarisme n'entre dans leur numéro que comme élément secondaire. Ce qui constitue leur originalité, c'est qu'ils exécutent leurs figures icariennes sans l'aide de la *trinka* (fig. 122), se contentant de se coucher sur le tapis, les jambes en l'air. Bien que leur corps ne soit maintenu par rien, ce qui constitue une grande augmentation de difficulté, ils semblent avoir autant de solidité dans cette position incommode que les artistes qui font usage de la *trinka*. Parfois aussi l'un des porteurs se place dos à dos sur un autre porteur qui est debout sur ses jambes, mais dont le dos s'incline en avant, de manière à présenter un plan incliné analogue à celui d'une *trinka*.

Bien qu'il soit téméraire de vouloir fixer des limites à un art que nous avons vu progresser d'une façon si extraordinaire dans l'espace d'une génération, nous pensons jusqu'à nouvel ordre que les jeux icariens ont dit leur dernier mot avec les troupes que nous avons mentionnées, et qu'il ne reste plus que quelques maigres épis à glaner dans le champ qu'elles ont si héroïquement moissonné.

CHAPITRE XIV

LES JEUX JAPONAIS

Il y a trente-six ans que je vis pour la première fois
sur une scène parisienne une troupe japonaise. Il y a
quelques mois à peine que j'ai assisté pour la dernière
fois à cette exhibition exotique. Or, dans un si long espace de temps, j'ai constaté que l'art japonais était resté
parfaitement immuable et stationnaire. Je n'y ai pu dé-
couvrir ni progrès ni décadence. Bien plus, son contact
avec l'Occident a été tout à fait sans influence sur lui. Ses
traditions sont restées identiques ; ses formes, cristalli-
sées pour ainsi dire dans un moule invariable, sont de-
meurées pures de tout mélange. Et s'il y a quelques
points de ressemblance entre les exercices japonais et
les exercices européens, ou bien l'analogie est due au
hasard, ou bien l'imitation est venue des Occidentaux, toujours en quête d'inspirations nouvelles. Ce fait n'est pas
pour nous surprendre : il y a là un trait de race. Nous y
retrouvons l'esprit de l'Orient avec sa routine et son im-
passibilité. Voilà pourquoi toutes les troupes japonaises
se ressemblent. Qui en a vu une les a vues toutes. Si elles
diffèrent, c'est par le nombre des figurants ou par la qualité des artistes, mais non par la nature de leur travail. Je
ne parle d'ailleurs que des Japonais qui parcourent nos
régions. Je suppose, et cette induction n'a rien de téméraire, que les acrobates qui s'expatrient sont les plus distingués dans leur genre. Il serait inadmissible, et en tout
cas tout à fait contraire à ce qui se passe chez nous, que

les coryphées de l'art demeurassent confinés dans le cercle étroit de leur pays d'origine, et qu'on ne destinât à l'exportation que les artistes de rebut. Ce n'est donc pas faire injure à l'acrobatie japonaise que de la juger par les spécimens qu'elle nous envoie périodiquement, et de considérer ces derniers comme les représentants les plus autorisés et les plus remarquables. Et si le jugement que nous portons sur elle pèche en quelque point, c'est plutôt par un excès de bienveillance résultant d'observations qui ne portent que sur un nombre restreint de sujets, mais tous sujets d'élite. Tenons pour certain que l'acrobatie japonaise a ses *ratés* comme la nôtre; et si nous notons de si grandes différences entre les grands artistes des cirques et les piètres saltimbanques des baraques foraines, comment croire que la race orientale présenterait une telle égalité d'aptitudes chez tous ceux qui s'adonnent à la gymnastique théâtrale? Les médiocrités doivent exister là-bas comme chez nous; mais le spectacle nous en est heureusement épargné, parce que les frais considérables d'un voyage à travers le monde imposent aux impresarii le devoir d'une sélection rigoureuse. Les produits qu'on envoie à une exposition internationale ne sauraient nous faire illusion sur la pacotille qui se débite dans chaque pays. Il y a, il est vrai, une autre hypothèse que je ne suis pas en état de vérifier : y aurait-il au Japon des corporations d'acrobates étroitement fermées, conservatrices vigilantes et gardiennes sévères des grandes traditions de l'art, jalouses de maintenir son niveau et excluant impitoyablement toutes les incapacités? Quelle qu'en soit la véritable cause, l'uniformité dans le choix des exercices et dans la manière de les exécuter, est le caractère prédominant du travail japonais, et la description que j'en vais faire conviendra, sans nul doute, non seulement au passé et au présent, mais encore à l'avenir. De tous les chapitres que nous avons écrits dans ce livre, celui-ci est sans doute le seul qui n'aura besoin, d'ici à quelques années, ni d'additions ni de corrections.

La gymnastique acrobatique des Japonais, quelle que soit sur certains points sa haute perfection, a un grave défaut : c'est d'être incomplète. Elle se divise en deux branches : le grimper et l'équilibre. (Je laisse de côté la jonglerie, dont il sera question dans un chapitre spécial consacré à ce divertissement.) Elle semble absolument ignorer l'art du saut. Je dirais volontiers qu'il y a là une affaire de constitution physique, que les jambes courtes et grosses des Japonais, déformées en outre par l'habitude de s'accroupir durant de longues heures, les rend impropres au saut, si d'ailleurs je n'avais vu quelques sujets isolés de cette race, égarés dans des troupes européennes et sans doute façonnés par elles, qui exécutaient fort convenablement les diverses variétés du saut acrobatique. Les Japonais ignorent également nos appareils de suspension et d'appui, tels que barres et trapèzes.

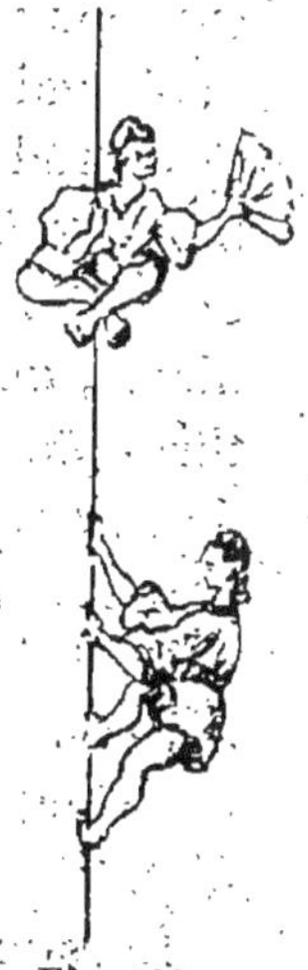

Aussi leur gymnastique a-t-elle, pour toutes les raisons ci-dessus énumérées, un caractère spécial, qui nous impose le devoir de la ranger dans une catégorie à part. Cependant nous parlerons, à la fin de ce chapitre, de quelques numéros européens qui ont été imités des Japonais ou qui ont de telles analogies avec leurs exercices, que nous avons jugé inutile de leur consacrer une étude à part, pour éviter les répétitions fastidieuses.

Fig. 123. — La corde japonaise.

1° *Grimper.* — Le grimper japonais a cela de particulier qu'il s'exerce avec l'aide des mains et (fig. 123) des pieds agissant simultanément. Les Japonais ont les doigts des pieds très préhensiles, à la manière des quadrumanes. Ils enserrent la corde ou la perche entre le gros orteil et le second doigt, et se reposent au milieu d'une ascension en croisant les jambes à la mode des tailleurs, la plante des pieds appuyée contre l'agrès après lequel ils grimpent. Aussi jouent-ils à la perfection le rôle de Pongo ou l'homme-singe, et je me rappelle encore avec plaisir un numéro de ce genre présenté il y a plus de vingt-cinq ans à l'Alcazar de Lyon. Le Japonais Kotaki (fig. 124) était un pithécanthrope fort réussi sous la peau de chimpanzé qui le recouvrait entièrement, à l'exception des mains et des pieds noircis au cirage. La brièveté de ses jambes, caractère prédominant de sa race, contribuait à compléter l'illusion et à faire douter si le quadrumane qui opérait devant le public n'était pas l'anneau tant cherché par les darwinistes, qui doit réunir dans la chaîne évolutionniste l'anthropoïde à l'homme. Il paraissait d'abord dans une cage, dont, après quelques contorsions simiesques, il s'échappait soudain, et grimpait jusqu'au sommet du théâtre à une corde fixée par les deux extrémités; puis il sautait après une petite perche accrochée au plafond, à laquelle il exécutait divers tours de gymnastique, le tout sans filet.

Lorsqu'un gymnaste européen a fait en tractions de bras l'ascension d'une corde de douze mètres, il est presque à bout de force. La corde du grand portique de l'école de Joinville n'a pas une longueur supérieure, et les moniteurs qui la grimpent correctement à la force des biceps sont très considérés. Mais le grimpeur japonais, se servant des quatre membres, a une facilité bien plus grande pour escalader une corde de n'importe quelle longueur, sans plus de fatigue que s'il s'agissait de monter à une échelle. En 1878, un acrobate de cette nation, Torikata, offrit de tenir le pari qu'il ferait l'ascension du câble retenant le ballon captif de l'Exposition. Cette gageure n'eut pas de suites, peut-être par suite d'une intervention de la police qui l'interdit. J'ignore si Torikata aurait réussi dans son entreprise hasardeuse, mais elle ne me paraît pas absolument impossible, avec la faculté de se reposer tous les quinze ou vingt mètres par le procédé ci-dessus expliqué.

Le grimper japonais exige, bien entendu, que la corde soit fixée au sol par l'extrémité inférieure, de manière à ne pas se dérober sous la pression des jambes. Un autre exercice analogue est celui de la perche, avec cette différence que la perche est accrochée seulement par le haut,

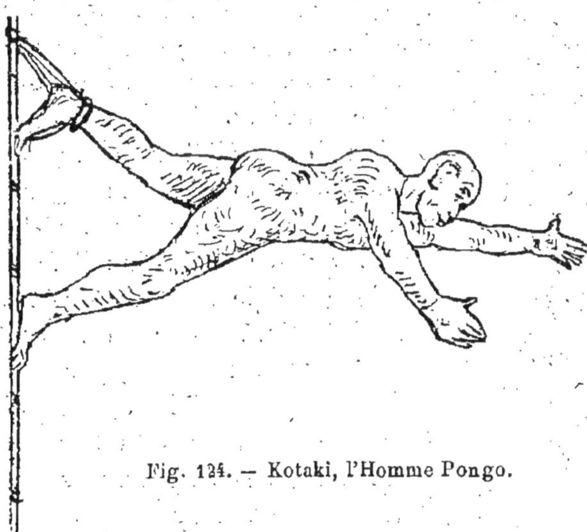

Fig. 124. — Kotaki, l'Homme Pongo.

et libre par le bas. Sa rigidité naturelle suffit à permettre l'appui des jambes, dont le seul effet est de la faire dévier de la verticale. La plus remarquable adaptation de ce travail fut présentée à l'Hippodrome de l'avenue de l'Alma par la troupe Torikata-Kosanniski (fig. 125). Le porteur, suspendu en jarrets crochetés (ou croisés l'un sur l'autre), la tête en bas, tenait avec les poignets, au moyen d'une forte *staffe*, un triangle horizontal aux trois sommets duquel étaient accrochées des perches. A chacune de celles-ci, un petit gymnaste exécutait la série des mouvements que comporte ce genre de travail, drapeau avec les bras, drapeau avec les jambes, grimper et se laisser glisser comme une flèche, dans la position d'un Bouddha, jusqu'à l'extrémité de la perche. Ce numéro durait une dizaine de minutes, pendant lesquelles le porteur gardait cette position fatigante et malsaine, ce qui prouve qu'on peut s'habituer à tout. J'avoue pour ma part que je n'ai jamais goûté cette figure dans laquelle un gymnaste, parfois une femme même, sert de point de suspension pour y accrocher les agrès auxquels travaillent d'autres gymnastes. Cette situation éveille en moi l'idée de la souffrance, quoique en réalité l'accoutumance la rende anodine, et me fait songer malgré moi à l'infortuné Damiens. Cela suffit pour me gâter le plaisir : il faut qu'un acrobate éveille l'admiration, et non la commisération. Pour en revenir aux Torikata, ils furent engagés aussi aux Folies-Bergère, où ils avaient disposé leur appareil au-dessus des fauteuils d'orchestre sans se prémunir d'un filet, que la sûreté de leur travail faisait considérer comme une précaution inutile.

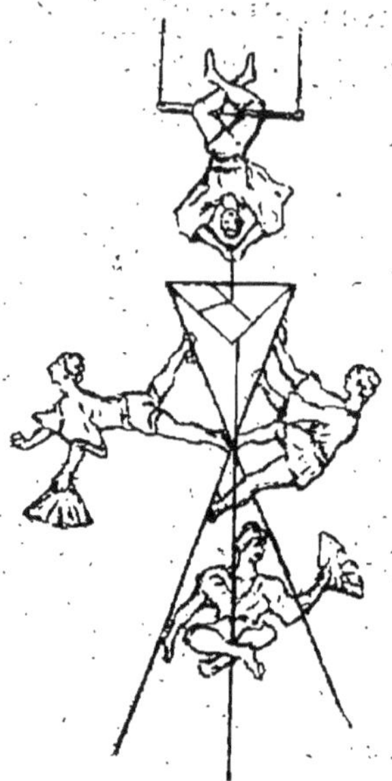

Fig. 125. — Le triple bambou japonais aérien par les Torikata.

Or il arriva qu'un des enfants, en opérant sa glissade le long de la perche, oublia de s'arrêter au bout de l'engin. Le hasard, qui quelquefois est l'ami des acrobates, le fit choir juste sur la poitrine d'une grosse dame qui, la tête levée et la bouche béante, contemplait, non sans une certaine inquiétude, les évolutions aériennes en train de s'accomplir au-dessus d'elle. Il paraît que le matelas improvisé était bien rembourré, car le petit Japonais ne se fit aucun mal. Quant à la spectatrice, auteur de cet acte involontaire de sauvetage, j'ignore quelles suites eut pour elle la chute de cet aérolithe humain.

Les Japonais exécutent tous ces exercices les pieds nus ou chaussés de bas spéciaux qui laissent le libre jeu des orteils, et un éventail dans les dents, dont ils font le simulacre de s'éventer dans les temps de repos. Leurs jambes sont emprisonnées dans un maillot, mais leur buste disparaît dans les plis d'une ample jaquette de soie à manches bouffantes. La richesse de ce costume flottant dissimule la médiocrité plastique de leurs formes, en même temps que son caractère exotique prévient en faveur des artistes les spectateurs, toujours avides de nouveautés étrangères.

2° *Équilibres; funambulisme.* — Le funambulisme japonais diffère du nôtre en ce que le câble sur lequel ils exécutent leur ascension (fig. 126), au lieu d'être tendu horizontalement, est tendu obliquement, du sol à un point élevé, de manière à former un chemin incliné à 45°. L'ascensionniste grimpe, soit en avant, soit à reculons, en serrant le câble entre le gros orteil et le deuxième doigt du pied, qui est nu ou chaussé de brodequins sans semelles doigtés comme des

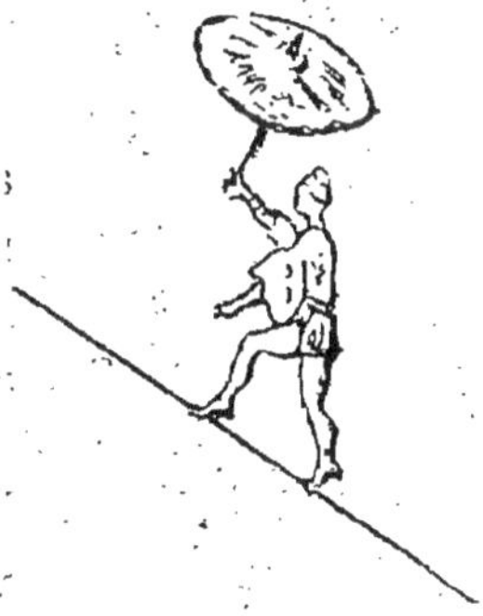

Fig. 126.
Ascension incliné.

gants, et a pour balancier une large ombrelle en papier. Arrivé en haut, il se laisse glisser tout d'un trait, soit accroupi sur une jambe, soit les jambes écartées à la façon des escrimeurs. Cette descente vertigineuse est toujours d'un effet saisissant, et je ne saurais la comparer, pour l'impression qu'elle produit sur le public, qu'au saut du plongeur. C'est un trait d'audace plutôt qu'un tour de force.

Les Japonais pratiquent aussi, comme les artistes européens, les équilibres sur les mains, et ils y excellent. Mais ce qui fait leur originalité, ce qui caractérise surtout leur travail, et leur a valu la réputation d'équilibristes hors pairs, ce sont leurs équilibres *composés*.

Voici ce qu'il faut entendre par équilibres *composés*. Il y a deux sortes d'équilibres : l'un consiste à se tenir dans la position de l'équilibre instable sur un point d'appui fixe ou mobile, par exemple : marcher sur un fil de fer ; l'autre consiste à tenir au-dessus de soi, dans la position de l'équilibre instable, un objet auquel on sert de point d'appui, par exemple : porter sur le front un échafaudage de verres. Les équilibres *composés* sont la résultante des deux précédents : un porteur tient en équilibre sur l'épaule une perche, sur laquelle un autre acrobate se tient lui-même en équilibre.

Nous allons énumérer rapidement les attractions les plus sensationnelles du répertoire japonais, et nous y joindrons les imitations qui en ont été faites par des artistes européens.

Le numéro le plus simple est celui de la perche sur l'épaule (fig. 127). Figurez-vous un bambou flexible reposant sur le creux de l'épaule d'un porteur : un gymnaste y grimpe à la façon des quadrumanes, s'arrête à la position sédentaire, les

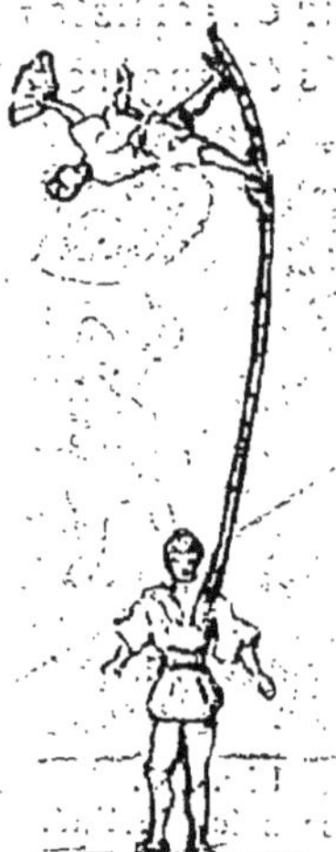

Fig. 127. — La perche sur l'épaule.

jambes croisées, exécute le drapeau par les bras ou les jambes, à l'aide d'une *staffe*, ou nœud coulant, solidement assujettie au sommet de la perche. Dans ce dernier exercice il se produit un phénomène fort curieux, dont la figure ci-jointe donne une idée. Le bambou, par suite de la position du corps formant comme un bras de levier, se courbe en cercle, et le porteur, par une légère flexion des jarrets, lui imprime une oscillation qui donne l'impression que l'agrès va se briser en deux. Ce sont là des exercices poignants, qui procurent au spectateur ce qu'un poète ancien appelle si bien « une volupté divine mêlée de frisson ». Et pourtant il y a une figure encore plus périlleuse de fait, sinon d'apparence, qui consiste à se placer sur les reins en souplesse au sommet du bambou (fig. 128).

L'échelle brisée ne diffère guère du numéro précédent que par l'ingéniosité de l'appareil. Le porteur tient en équilibre soit sur le creux de l'épaule, soit sur la plante des pieds en position icarienne, une échelle après laquelle le cascadeur grimpe, en passant comme une anguille entre les barreaux. Arrivé au sommet de l'agrès, il se place en équilibre sur l'un des montants, celui qui appuie sur l'épaule du porteur. Un ressort qu'il touche fait que l'échelle se sépare en deux tronçons. Le montant extérieur avec tous les barreaux tombe dans le vide. L'autre se trouve réduit à la condition de simple perche, sur laquelle on exécute les figures ordinaires qui composent le répertoire précédemment énoncé.

L'échelle articulée antipodiste (fig. 129) est composée de trois échelles d'inégale longueur montées ensemble de manière à faire un zigzag. L'une d'elles, la plus grande, est dressée verticalement; les deux montants en sont garnis à leur base de plates-formes ou consoles en bois qui s'adaptent à la plante des pieds du porteur couché sur le dos à la façon icarienne. Il est à remarquer que les Japonais ignorent la *trinka* et la remplacent par un simple coussin en forme de rouleau, qui maintient leurs reins dans une position plus élevée que les omoplates. La deuxième échelle s'adapte à la première transversalement, c'est-à-dire dans une direction parallèle au sol. La troisième, toute petite, se dresse verticalement au-dessus de la seconde, et elle est fixée à l'extrémité de celle-ci. L'en-

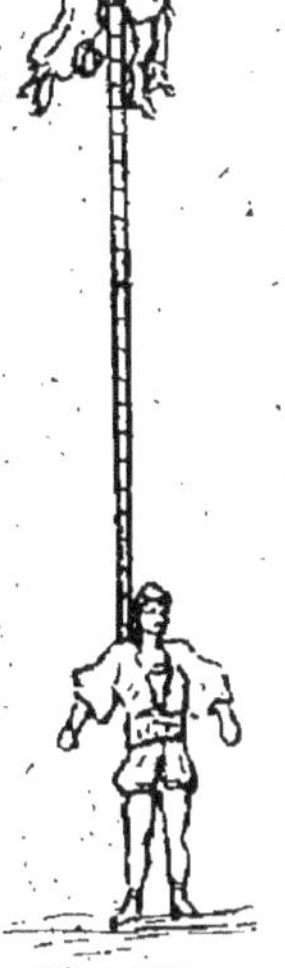

Fig. 128.
Equilibre
sur les reins
en souplesse
sur le bambou
japonais.

fant grimpe d'abord le long de l'échelle verticale, puis, avec une sage lenteur, il s'avance sur l'échelle transversale, et c'est là que commence la péripétie poignante de l'exercice. A mesure qu'il s'éloigne de la verticale, le porteur, pour rétablir l'équilibre, est obligé de raccourcir la jambe extérieure et d'incliner en dehors l'échelle droite, de manière à ce que l'enfant soit toujours placé perpendiculairement au-dessus de lui. Ce dernier escalade enfin la troisième échelle et se dresse debout de toute sa hauteur sur les consoles qui en garnissent l'extrémité.

La double perche antipodiste est un agrès formé d'une traverse avec deux consoles destinées à reposer sur la plante des pieds du porteur. De cette traverse émergent dans une direction parallèle deux bambous au bout desquels deux petits gymnastes exécutent le répertoire ordinaire de la perche japonaise (fig. 130).

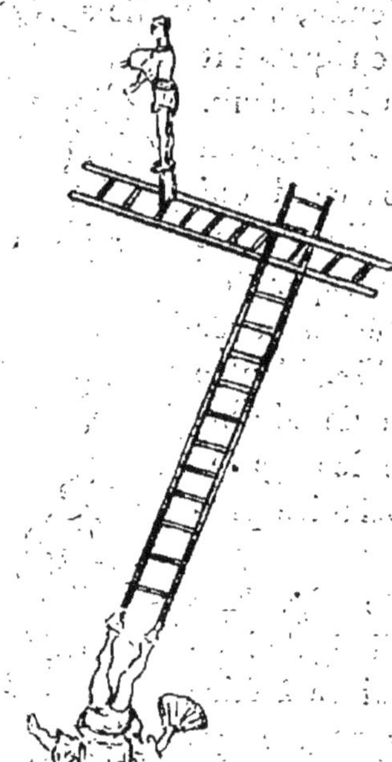

Fig. 129. — L'échelle articulée antipodiste.

Le châssis japonais (fig. 131) est un appareil des plus bizarres et des plus compliqués. Il se compose d'un énorme châssis, recouvert de papier en couleur, reposant en station verticale sur les pieds d'un porteur antipodiste. Au sommet du châssis est adapté un grand vase en carton, imitant ceux que l'on voit dans les collections de chinoiseries. L'enfant grimpe le long du châssis, passe à travers les croisées, dont il crève le papier, s'établit sur la plateforme supérieure, entre dans le vase, en ressort et redescend par la même voie, c'est-à-dire le long du châssis.

L'exercice des baquets et de la cuve est encore plus intéressant. Un enfant, les jambes et les bras en croix, s'arc-boute dans la circonférence d'une grande cuve plate (fig. 132), dont le fond seul est visible aux spectateurs, de manière à leur laisser ignorer que cette cuve renferme un être animé. Le porteur, en position icarienne, tient la cuve droite en équilibre sur ses pieds. Sous la cuve il échafaude l'un après l'autre une demi-douzaine de petits baquets qui doivent lui servir de piédestal. Pour placer les baquets successivement sous la colonne, il est obligé d'opérer une manœuvre des plus délicates, consistant à porter le

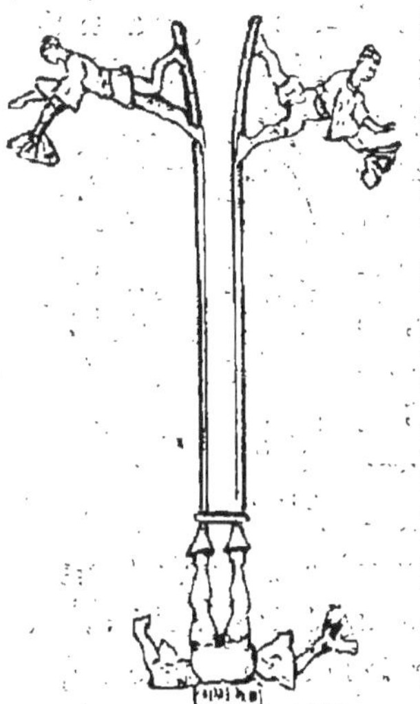

Fig. 130. — La double perche antipodiste.

branlant édifice en équilibre alternatif au bout de ses pieds ou au bout de ses bras (fig. 133). Quand la colonne est édifiée, l'enfant, dont la présence n'était pas soupçonnée dans la grande cuve, s'établit par un renversement sur la plate-forme supérieure et y exécute (fig. 134) le poirier fourchu. Puis il redescend avec des précautions infinies pour reprendre sa place au fond de la cuve. Alors, par une saccade, le porteur chasse tous les baquets dans le vide et reçoit sur le plat la grande cuve, qu'il fait tournoyer avec une inconcevable rapidité comme une roue de potier (fig. 135).

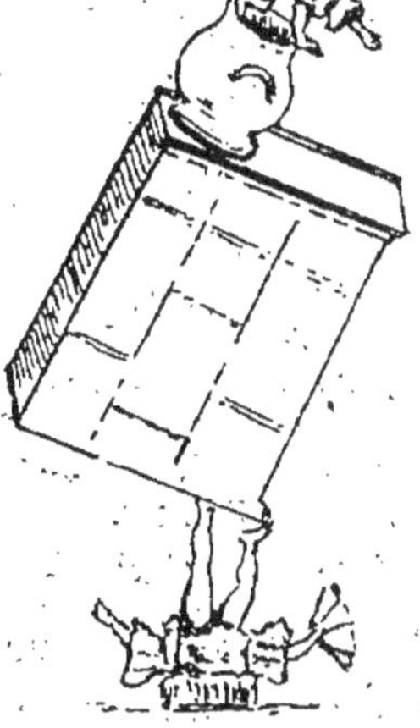

Fig. 131.
Le chassis japonais.

Si j'ajoute que les Japonais pratiquent aussi en maîtres la jonglerie antipodiste, avec cette

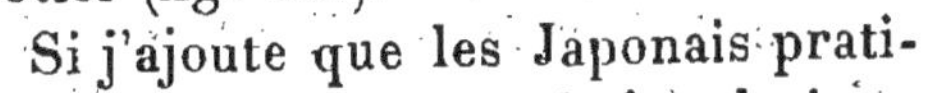

particularité qu'ils se servent pour jongler d'objets particulièrement légers, tels qu'une ombrelle ou un paravent en papier à grands ramages, qu'ils sont d'incomparables jongleurs avec les mains (voyez au chapitre XVIII), j'aurai épuisé la liste de leur répertoire artistique. Je me résumerai en disant que leur travail est surtout une œuvre d'admirable patience, le fruit d'un labeur persévérant et d'une méthode très savante. Il porte en lui la marque d'une école dont les traditions doivent être fort anciennes. Mais, quelque merveilleux que soient leurs exercices, ils ne sont pas inaccessibles aux acrobates de nos régions. Ils ont eu chez nous des émules qui les ont égalés comme adresse,

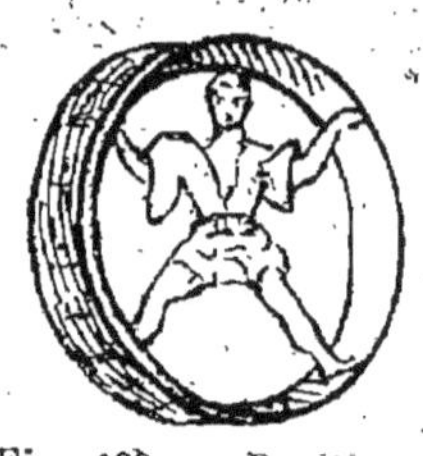

Fig. 132. — Position de l'enfant dans la cuve.

et surpassés comme force, car la race japonaise est généralement plutôt chétive et d'une structure qui n'a rien d'athlétique.

Dans le genre des équilibres composés, nous avons vu, en 1878, exécuter à l'Hippodrome de Paris la perche sur l'épaule par deux gymnastes italiens, les Martini, qui rehaussaient l'attrait de ce numéro par un duo de violon exécuté par le porteur et le cascadeur, ce dernier en drapeau au moyen d'une *staffe* qui emprisonnait sa cheville. En général pourtant les artistes européens portent la perche sur le ventre à l'aide d'une forte ceinture de cuir, où elle est retenue par une languette de fer, invisible aux yeux du spectateur. C'est ainsi que ce numéro était présenté il y a plus de trente ans par deux artistes attachés aux Cirques d'Hiver

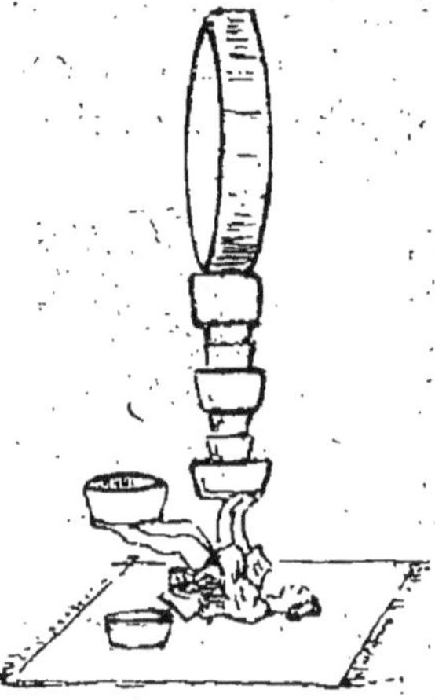

Fig. 133.
Empilement des baquets.

et d'Été, Ducros et Buislay. Un peu plus tard, les gymnastes espagnols frères Teresas (fig. 136) augmentèrent la difficulté en plaçant au bout de la perche une chaise sur laquelle le cascadeur faisait un demi-équilibre de mains, c'est-à-dire un bras raccourci sur le dossier, l'autre allongé sur le rebord du panneau.

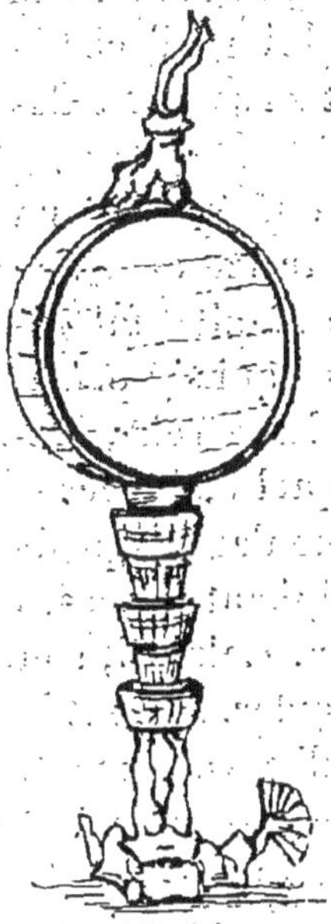

Mais ce travail fut singulièrement perfectionné par l'addition d'une échelle horizontale fixée au sommet de la perche, et munie à son extrémité d'un petit trapèze auquel un gymnaste, ou plus souvent une femme, exécute des planches, des suspensions de pieds et de jarrets et des tourniquets. L'échelle d'argent (fig. 137), créée par William Star avec sa fille, il y a vingt ans environ, était un numéro d'autant plus intéressant que l'appareil, tout en métal nickelé, pesait un poids considérable,

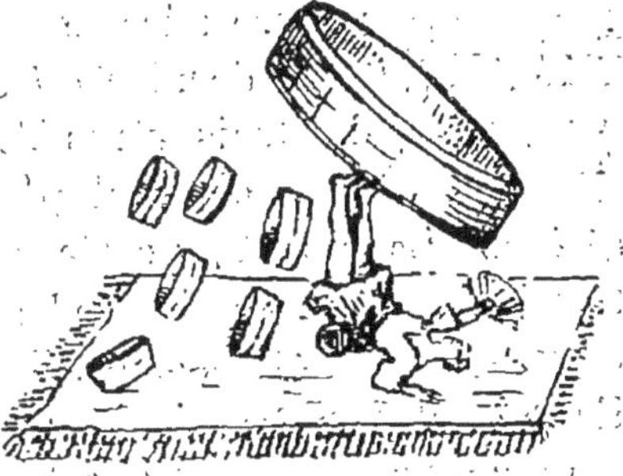

Fig. 134.
La colonne debout.

et que la gymnaste qui planait audacieusement en planche d'un bras au-dessus de la tête du porteur était, non pas une frêle enfant, mais une superbe créature aux formes athlétiques. Ce qui est tout à fait digne de remarque, c'est que William Star ne maintenait la perche avec les mains qu'au moment de l'ascension ; le reste du temps il avait les bras ballants ou même croisés derrière le dos, et les yeux fixés sur le point de mire qui était à l'extrémité

Fig. 135. — La colonne brisée.

de l'appareil, sans voir aucun des mouvements qui s'accomplissaient juste au-dessus de sa tête et dont il n'était averti que par les trépidations imprimées à l'échelle. J'ai revu avec la même impression d'intérêt palpitant l'échelle d'argent présentée naguère par Auriol et sa sœur au Casino de Paris.

Le désir de redonner du lustre à un numéro déjà un peu usé fit imaginer, il y a treize ans, une combinaison étrange, dont le résultat fut désastreux pour l'artiste aérienne qui s'y prêta. Voici en quoi elle consistait. La perche, munie à son sommet d'un Y auquel était accroché le trapèze, était maintenue dans la position verticale par un des éléphants dressés du dompteur nègre Thompson. Celui-ci, son fouet à la main, fixait le pachyderme dont la trompe enlaçait l'appareil. Malheureusement, le dompteur eut un instant de distraction, et l'animal, n'étant plus fasciné par l'œil du maître et n'ayant d'ailleurs nulle conscience de sa responsabilité, desserra aussitôt sa trompe. L'appareil vacilla et s'abattit lourdement sur l'arène de l'hippodrome, où la pauvre miss se brisa un ou deux membres.

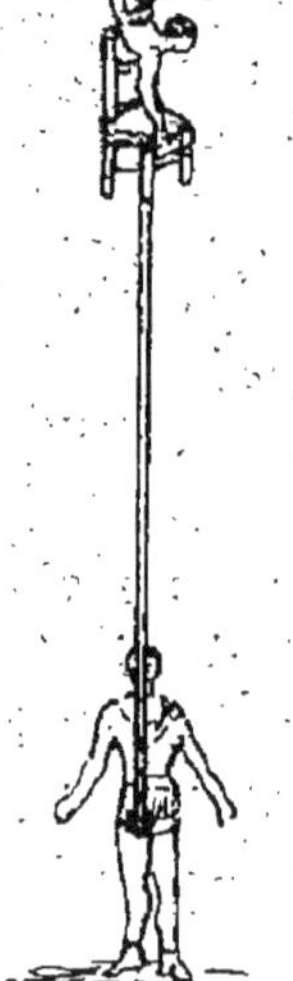

Fig. 136. — La perche sur le ventre par les Teresas.

Le dernier *cri* en ce genre a été le travail des trois frères Teresas déjà cités plus haut, avec un seul porteur et deux gymnastes aériens. La perche, portée sur le ventre (fig. 138), se terminait par un Y avec une barre fixe, à laquelle deux des frères exécutaient planches, établissements et tourniquets. Ils finirent par être victimes de leur imprudente audace. Un jour, ils donnaient une *audition* (sic) au directeur des Folies-Bergère où ils sollicitaient un engagement. La salle étant vide, on avait négligé de tendre en travers des avant-scènes le fil de fer protecteur, destiné en pareil

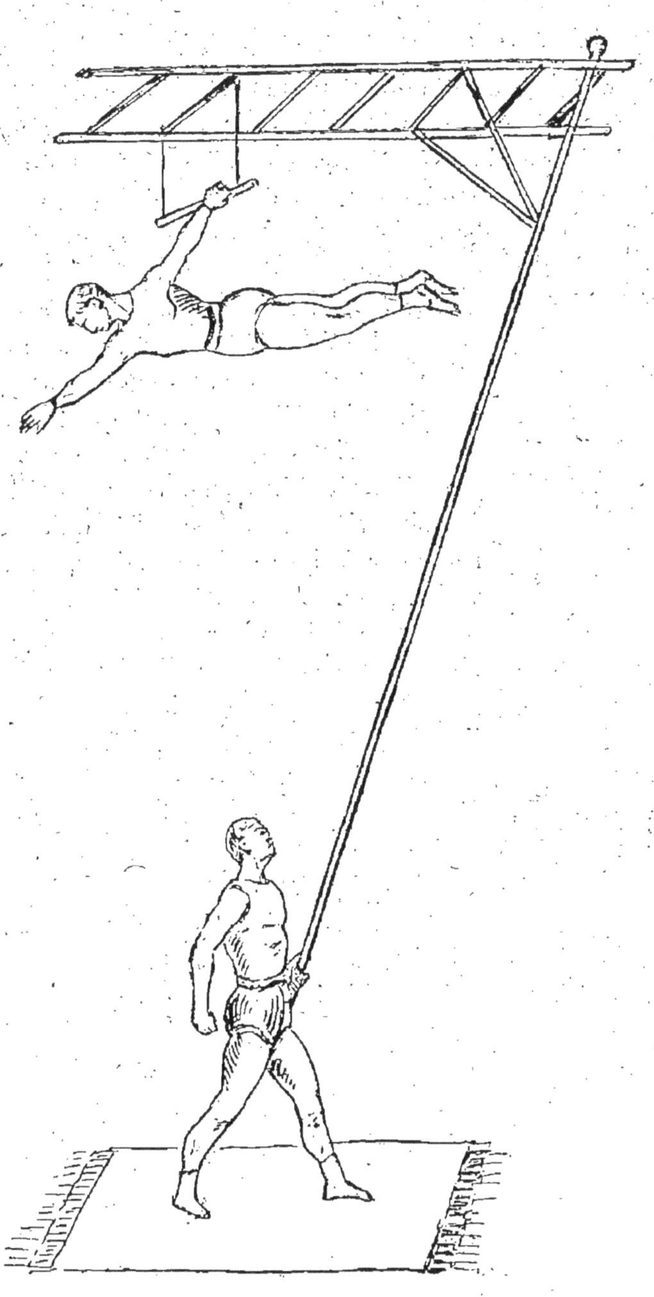

Fig. 137. — L'échelle d'argent.

cas à empêcher la colonne d'aller s'effondrer sur les spectateurs. Le porteur, en se reculant pour rétablir l'équilibre de la perche, vint heurter des jarrets la boîte du souffleur; ses jarrets fléchirent, il s'assit brusquement, et l'appareil, décrivant une parabole, tomba sur les fauteuils dégarnis heureusement (ou malheureusement, selon le point de vue auquel on se place), avec les deux gymnastes qu'il portait. L'un d'eux en fut quitte pour des contusions, mais l'autre, que sa légèreté avait fait surnommer Papillon, fut si grièvement estropié qu'il dut renoncer à la carrière artistique. Ces vaillants acrobates ont cessé depuis longtemps de briller sur nos scènes parisiennes, mais j'ai ouï dire qu'ils ont monté un cirque ambulant, avec lequel ils font des tournées en Algérie.

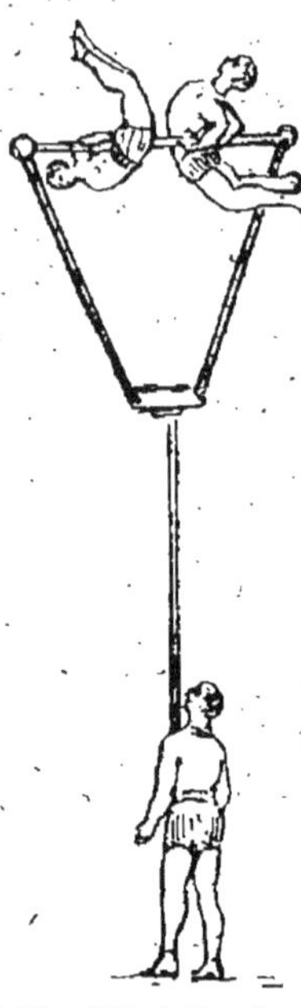
Fig. 138. — Les trois Teresas. Barre fixe à deux sur la perche.

En somme, quelle que soit la virtuosité des Japonais dans leur propre domaine, nous n'avons rien à leur envier, tandis qu'ils auraient beaucoup à prendre chez les Occidentaux. Et ainsi s'affirme d'une manière éclatante la supériorité incontestée de la race blanche dans tous les exercices athlétiques.

CHAPITRE XV

JEUX ARABES

L'acrobatie, étant un art, reflète assez fidèlement les divers caractères des nations où elle est pratiquée. Gracieuse et hardie en France, elle est savante et méthodique en Allemagne, pleine de vigueur et d'endurance chez les Anglo-Saxons, impétueuse chez les Italiens, fine et légère chez les Espagnols. Chez les Japonais, elle affecte un caractère solennel et presque hiératique : un prêtre de l'extrême Orient, célébrant une messe bouddhiste, n'a pas plus de gravité qu'un artiste japonais s'apprêtant à faire des équilibres. Tout autre elle apparaît chez les Arabes. Chez eux, elle revêt un caractère de feu : le vent brûlant du Sahara semble l'animer. Loin d'être compassée et silencieuse, elle est toute de brusques élans, soulignés par des cris sauvages. Les Fils du Désert, comme ils s'intitulent, rappellent par instants les fauves avec leurs bonds félins accompagnés de rugissements.

L'Algérie et la Tunisie sont parcourues en tout sens par des troupes nomades de saltimbanques. Ces troupes diffèrent entre elles par le nombre et la valeur de leurs éléments, mais non par la nature de leur travail. Quelques-unes, et non les plus mauvaises assurément, se décident à franchir la Méditerranée sous la conduite d'un impresario levantin, et voilà comment, sans avoir jamais visité nos belles colonies africaines, j'ai pu me former une idée de l'acrobatie arabe. C'est en 1874 que je vis pour la première fois, à Saint-Étienne, une troupe musulmane,

qui comptait une trentaine de membres, hommes et enfants (les femmes, bien entendu, n'en faisaient point partie), et celles qui depuis lors ont attiré mon attention
n'ont aucunement modifié le jugement que j'avais porté
alors sur leur mérite. Chez les Arabes comme chez les
Japonais, on se trouve en présence de traditions fixes et
immuables, susceptibles d'un degré plus ou moins grand
de perfection, mais réfractaires au progrès et à la nouveauté. C'est le plat exotique toujours le
même, qu'on aime à savourer de temps à
autre, mais qui lasse par son uniformité,
si éloignée de la variété savante de la
cuisine française.

L'acrobatie arabe est une acrobatie de
plein air, à laquelle il suffit d'une place
publique autour de laquelle se massent
les badauds. Elle semble étonnée de se
voir emprisonnée dans l'enceinte de nos
music-halls. Elle ignore d'ailleurs nos
appareils compliqués, dont l'installation
exige des murs et un toit. Elle dédaigne
même les poids, dont le transport est
encombrant au désert. L'acrobate arabe
peut dire, comme le philosophe antique :
« Je porte tout avec moi. »

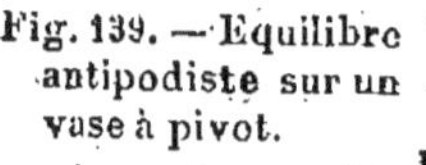

Fig. 139. — Équilibre
antipodiste sur un
vase à pivot.

On peut diviser le travail arabe en trois
parties :

1° Équilibres ;

2° Sauts à terre ;

3° Pyramides.

1° *Équilibres.* — Cette partie du programme est toujours exécutée par des enfants et ne diffère pas beaucoup des numéros analogues pratiqués par nos artistes :
équilibres sur le fil de fer, et équilibres sur les mains
en souplesse et en dislocation. J'attribuerais volontiers

aux Arabes l'invention de l'équilibre sur un petit pivot tournant (fig. 139), auquel on imprime un mouvement giratoire au moyen d'une légère saccade des épaules. Le pivot sert de couvercle à une espèce d'amphore, d'un aspect décoratif, que l'on place au sommet d'un échafaudage plus ou moins compliqué. Nous renvoyons pour cette partie à ce qui a été dit au chapitre V des Algériens Abachi et Mazus. Une autre figure consiste à se placer sur le pivot dans la position du génie de la Bastille (fig. 140), en ramenant la jambe restée libre en souplesse au-dessus de la tête, et à tourner lentement de manière à faire les quatre faces.

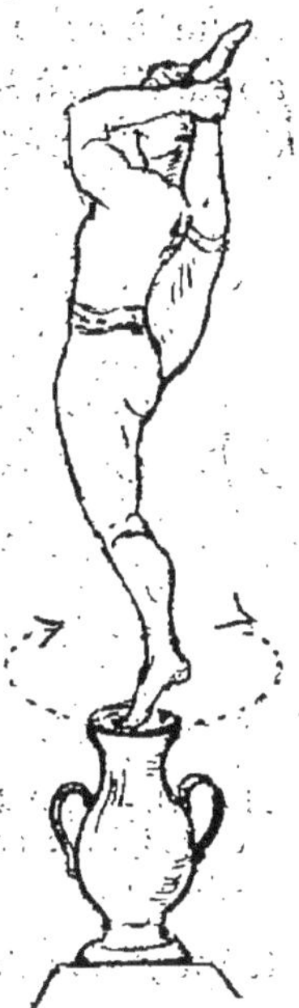

2° *Sauts.* — Au point de vue du saut, les Arabes sont particulièrement originaux et intéressants. Ils ont donné leur nom à une espèce de saut périlleux exécuté de côté (voyez chapitre VII). Ils excellent aussi dans les *twists*, les triples pirouettes sur la pointe d'un pied, dont l'exécution est si preste qu'elle donne l'impression d'une toupie actionnée par le fouet d'un écolier, et enfin dans le saut de lion en souplesse, exécuté avec une seule main (fig. 141). Pour ce dernier saut, je crois

Fig. 140. — Equilibre tournant sur un pied.

qu'ils détiennent le record : au moins ne l'ai-je vu exécuter que par eux avec cet emportement et cette *furia* qui fait que, lorsqu'ils retombent en souplesse, on croit toujours qu'ils vont se briser les reins. Il n'en est rien toutefois, car leurs membres ont l'élasticité de ceux des félins du désert, comme leurs cris gutturaux en ont les rauques accents, et leur échine est aussi flexible que le caoutchouc. Ils pratiquent tous les sauts acrobatiques, mais affectionnent de préférence ceux qui s'exécutent obliquement. Tantôt ils font l'appel de pied ferme, et, pour augmenter l'intérêt du saut, ils franchissent des rangées de chaises toujours de plus en plus fournies ; tantôt ils se servent d'un tremplin particulier, consistant dans une dalle oblongue, dont l'extrémité porte sur deux moellons de pierre, qui lui donnent une inclinaison analogue à celle de nos tremplins de bois. A l'aide de cet appareil d'une construction rudimentaire, ils décrivent des sauts périlleux latéraux par-dessus des faisceaux de

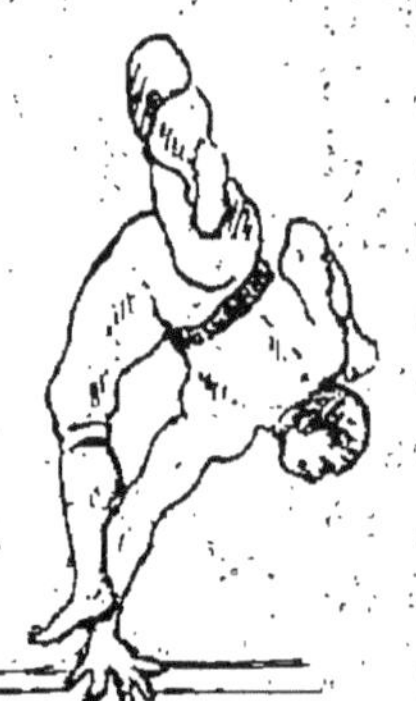

Fig. 141. — Saut de lion en souplesse sur une main.

baïonnettes croisées. Enfin, ce qui achève de donner à leur exhibition le caractère le plus pittoresque et le plus fantastique, c'est l'impétuosité sauvage avec laquelle ils bondissent, et les exclamations frénétiques dont ils accompagnent leurs évolutions. Les *finales* surtout sont enlevées avec une verve endiablée, et toute la troupe y prend simultanément une part active, même les plus vieux, qui esquissent encore des rondades et encouragent les plus jeunes de la voix et par des trépignements, des battements de mains. Ce vacarme, cette cacophonie, c'est la véritable musique du désert, qui étouffe presque le son de l'orchestre, sous ses clameurs assourdissantes.

3° *Pyramides*. — Les pyramides sont une des principales attractions du répertoire arabe, et je dois dire qu'elles donnent des figures d'un ensemble saisissant. La troupe possède toujours un Samson, qui dans le groupe final arrive à porter, échafaudés sur ses épaules, ses bras et ses reins, une dizaine de personnes, hommes ou enfants, ce qui représente un poids de huit cents à neuf cents livres, sans parler des difficultés de l'équilibre.

Les Arabes exécutent tous leurs sauts à pieds nus : tel

est du moins l'usage qu'ils observent dans leur pays.
Pourtant, le contact avec les Européens leur a fait adop-
ter dans ces derniers temps le maillot de jambes et les
brodequins à semelle molle. Leur costume consiste dans
une sorte de pantalon bouffant et une blouse à demi-
manches, dont les pans sont rattachés entre les jambes.
Suivant la situation pécuniaire de la troupe, le costume
est en simple toile blanche avec des bordures de ruban
rouge, ou en soie. Tous ces détails ne sont pas indiffé-
rents, car ils contribuent à exciter la curiosité par l'o-
riginalité de la mise en scène, qui est loin d'être sans
influence sur le succès des artistes.

Il serait difficile de porter un jugement sans appel sur
la valeur relative des troupes arabes comparées aux troupes européennes. Quoique leur acrobatie soit moins
compassée et moins monotone que celle des Japonais,
elle est loin pourtant d'avoir cette variété de numéros
qu'exige un public comme le nôtre, pour lequel le spectacle est un besoin journalier. Les sauteurs arabes plai-
ront à condition de ne pas se prodiguer longtemps dans
le même milieu. Les abonnés du cirque en seraient d'a-
bord rassasiés, si durant un mois ou deux on ne leur
offrait d'autre divertissement. Quand on veut apprécier
une exhibition exotique, il faut toujours se défier d'une
prévention involontaire en sa faveur. La nouveauté du
spectacle, l'étrangeté des types, la bizarrerie des costumes, que dis-je? l'idée seule que ces saltimbanques ont
traversé les mers pour venir contribuer à notre distraction, nous fait trouver une saveur imprévue à des exercices que nous avons contemplés cent fois ailleurs, et sur
lesquels nous sommes déjà blasés. C'est le cas d'appliquer le proverbe populaire : « La sauce fait avaler le poisson. » La seule exhibition d'une peuplade étrange attire la
foule au Jardin d'acclimatation. Le peu d'adresse qu'elle
déploie par surcroît dans des exercices d'une grande

médiocrité acrobatique, suffit à provoquer les élans immo-
dérés d'une admiration qui ne demande qu'à éclater.
Aussi ne croyons-nous pas être injustes en rejetant franchement au second plan les artistes exotiques, qui, sauf
quelques exceptions et certaines spécialités, ne sauraient
soutenir une comparaison d'ensemble avec ceux de
l'Europe et de l'Amérique. Les causes de ce phénomène
sont multiples. Il y a d'abord la supériorité de la race,
qui est indéniable; ensuite les méthodes meilleures et
moins entachées de routine; enfin la concurrence plus
âpre, qui oblige à s'ingénier pour mettre en pratique la
fameuse devise de Nicolet : « De plus fort en plus fort, »
et qui a, comme on l'a montré à diverses reprises au
cours de cette étude, tout à fait renouvelé, transformé et
perfectionné l'acrobatie dans le dernier demi-siècle. Si
agiles que soient les Arabes, que sont-ils auprès des
Graggs? Et que peuvent leurs mollets grêles à côté des
jambes anglo-saxonnes qui ont établi pour le saut en
hauteur et en largeur des records invraisemblables?
Les Japonais sont, j'en conviens, de merveilleux équilibristes. Mais, outre qu'ils ont raison de dissimuler leur
chétive anatomie sous les plis flottants de leurs robes de
soie, ils n'ont fait, en somme, aucune prouesse que n'aient
pu égaler certains artistes de la race blanche : les Scheffer
ne leur ont cédé en rien pour le travail de l'échelle articulée antipodiste et des baquets. En revanche, je doute
qu'ils disputent jamais la palme de la voltige aux Alex et
aux Rainat's, des barres fixes aériennes aux Luppu, sans
parler des sauts, pour lesquels ils professent un dédain
qui ressemble singulièrement à un aveu d'impuissance.

 Les Japonais et les Arabes sont, du reste, les seuls
peuples exotiques qui aient une école acrobatique à citer.
Les autres méritent à peine d'être nommés. Ainsi, les
Malabars, qui s'exhibèrent naguère au Jardin d'acclimatation, confirment d'une façon éclatante ce verdict sévère,

Rien de plus insignifiant que leur marche sur la corde
raide, à laquelle une sorte de potiche en carton, porté
en équilibre sur la tête, ne donne qu'un bien médiocre
relief. Leur ascension à un mât flexible n'a aucune valeur
gymnastique. La perche en équilibre sur le ventre d'un
porteur, avec un gymnaste au sommet, est exécutée d'une
façon rudimentaire, qui est l'enfance de l'art. Et quant à
leurs sauts à terre et leurs flip-flaps, bien qu'ils témoignent de certaines aptitudes à la souplesse, ils laissent
trop constater leur langueur et leur manque d'énergie.
Leurs formes, qu'une nudité presque complète permet
d'apprécier, sont élégantes plutôt qu'athlétiques. On est
en présence d'une race qui, sous un autre climat et avec
un meilleur entraînement, pourrait ajouter une page nouvelle au livre d'or de l'acrobatie. Tel qu'il est, leur art
est fruste et primitif. Il n'offre qu'un intérêt de pure curiosité et sert de repoussoir à la supériorité du nôtre.
C'est ainsi que dans un musée de peinture on s'arrête
devant les Albert Dürer et les Cimabue, moins par un sentiment de véritable admiration pour les productions ar-
chaïques de ces précurseurs des grands maîtres, que pour
constater par quels tâtonnements l'art a dû passer avant
d'enfanter les chefs-d'œuvre de la Renaissance et des
siècles qui l'ont suivie.

CHAPITRE XVI

ACROBATES A CHEVAL

Jadis, le cirque était par excellence le temple de l'équitation sous toutes ses formes. Le cheval y régnait en maître incontesté. Dressage, haute école, voltige, voilà ce qui composait presque exclusivement le programme d'une représentation chez Franconi. Une vieille planche coloriée de l'imagerie populaire à cinq centimes, publiée par Pellerin, à Épinal, et reproduite ici, nous représente les diverses attractions du Cirque Olympique situé sur l'ancien boulevard du Temple. Le travail à cheval en fait presque tous les frais. Le clown, réduit à un rôle des plus modestes, n'y paraît que comme simple unité derrière l'homme à la chambrière. Quant au gymnaste, il brille par son absence, car il n'a pas encore obtenu droit de cité dans le manège. Pour varier un peu la monotonie du répertoire équestre, on y ajoutait pourtant quelques pantomimes militaires, fort goûtées du public chauvin de l'époque, toujours prêt à vibrer aux échos encore récents de l'épopée napoléonienne.

Depuis lors, les choses ont changé. C'est un fait digne de remarque que le cheval tend à disparaître du cirque, chassé par le gymnaste, le clown, voire même par l'artiste de café-concert. Le Cirque d'Hiver possède, il est vrai, encore, par tradition, une quarantaine de chevaux qui sommeillent dans les écuries, mais ne paraissent guère dans la piste. Adieu les quadrilles équestres, les troupes d'étalons fringants évoluant dans le cercle étroit sous la chambrière de M. Lô-yal, suivi de son inséparable Chadwick. Le Nouveau Cirque n'a qu'une quinzaine de chevaux, et le cirque Medrano n'en a plus un seul, du moins qui lui appartienne en propre. Les cinq ou six coursiers qui habitent sa modeste écurie sont la propriété des écuyers et voyagent avec eux.

N'étant pas homme de cheval, je ne me plaindrais qu'à moitié du délaissement de la haute école, dont les finesses m'échappent un peu, si elle était remplacée par de la gymnastique pure et de l'acrobatie proprement dite, qui, je le confesse, me passionnent davantage. Pourtant, je ne puis m'empêcher de regretter le temps où j'applaudissais le merveilleux travail d'un James Fillis, aujourd'hui devenu premier écuyer des écuries impériales de Russie, surtout quand je vois l'arène envahie par des grotesques qui ne font pas toujours rire, par des clowns parleurs qui ne savent pas faire un saut périlleux, par des illusionnistes, des magnétiseurs, des imitateurs d'animaux, etc.; et, dernière décadence, par des artistes en rupture de café chantant. Alors je me sens prêt à crier à la profanation et à quitter brusquement la salle. Si la haute école est bannie de nos cirques, si l'art des Bauchez, des Lalanne, des Fillis, des Gaberel, est incompris du public, que du moins on nous rende la voltige et l'acrobatie à cheval, devenues presque un mythe, tant elles se font rares.

Cette transformation du programme du cirque a une raison économique. Le bon écuyer est un régal fort cher. Avec ses trois chevaux qu'il faut nourrir et faire voyager, sans parler du palefrenier nécessaire au pansement des bêtes, on conçoit qu'il ne peut exister qu'à condition de recevoir des engagements rémunérateurs. De plus, il ne signe de contrat qu'à la saison : c'est la tunique de Nessus, dont on ne se peut plus défaire quand on l'a revêtue, tandis que le cabotin de passage, avec son numéro de *variétés*, travaille pour quinze francs par soirée et tient autant de place dans le programme. Puisque le public a la bonté de l'applaudir, au lieu de s'insurger, ou du moins de protester par un silence significatif contre la présence de cet intrus, le directeur aurait vraiment tort de se priver d'une ressource si commode et si peu coûteuse.

La pantomime prend aussi dans le programme une place encombrante, et pour les mêmes raisons économiques expliquées ci-dessus. Les figurants sont à vil prix; les principaux rôles sont d'ailleurs tenus par les artistes et les employés de l'établissement, obligés qu'ils sont par leur contrat à faire tous les métiers qu'il plaît à l'administration de leur imposer. Or c'est dans la pantomime qu'on peut dire avec raison :

> Il n'est point de degré du médiocre au pire.

Qu'on me donne les Hanlon-Lee, les Martinetti, les Lauri-Lauri's, ou sinon qu'on me fasse grâce de ces fantaisies incohérentes qui ne sont ni cirque ni théâtre. Rien que la vue des préparatifs pour inonder la piste de la rue Saint-Honoré me met en fuite.

La décadence de l'acrobatie équestre (car, à l'inverse des autres branches de l'acrobatie, celle-ci est loin d'être en progrès) a d'autres causes encore que les spéculations commerciales des directeurs de cirque. Le travail à cheval est pénible et ingrat. Il demande un long apprentissage commencé de bonne heure, car il faut être un parfait acrobate à terre avant d'être un acrobate à cheval. Et malheureusement le public ne saisit pas toujours tout le mérite d'un tel numéro. Un acrobate à cheval, c'est un gymnaste doublé d'un écuyer, deux artistes en un seul. Eh bien ! les trois quarts des spectateurs se figurent à peine qu'un saut périlleux à cheval est infiniment plus difficile et plus dangereux qu'un saut périlleux de pied ferme. Ajoutons que l'acrobate à cheval est déjà une sorte de capitaliste : il ne lui faut pas moins de deux ou trois chevaux, qui, dans les périodes de chômage, non seulement ne rapportent rien, mais encore sont d'un entretien dispendieux.

Toutes ces considérations sont de nature à détourner du travail à cheval les artistes qui auraient envie de s'y vouer. Aussi bien, les représentants de l'acrobatie équestre sont-ils tous des enfants de la balle, dont les parents, les grands-parents peut-être, ont déjà cultivé cet art à l'époque où il était florissant, et où, les cirques voyageant à petites journées de ville en ville, comme dans le *Roman comique,* la cavalerie servait à toutes fins, non seulement dans les représentations, mais encore dans les parades, voire même pour le transport du matériel roulant.

Nous ne dirons rien de la haute école, et par un juste sentiment de notre incompétence, et parce qu'elle n'appartient pas à proprement parler à l'acrobatie. La haute école, c'est l'équitation raffinée et portée à son plus haut point de perfection; elle a sa place au manège et à l'école de Saumur.

Quant aux acrobates à cheval, on peut les diviser en cinq catégories :

1º Voltigeurs;

2º Acrobates sur panneau ou sans selle;

3º Jockeys;

4º Pas de deux et pyramides;

5º Variétés à cheval (jonglerie, métamorphoses, etc.).

1º *Voltigeurs.* — La voltige à cheval est un exercice de gymnastique accessible aux amateurs. On la pratique avec plus ou moins d'adresse dans les manèges militaires. Aussi n'est-elle pas un numéro très estimé au cirque. Elle y occupe une place peu en vue sur le programme, soit au début, soit à la fin de la représentation. Les artistes de marque la dédaignent et la laissent aux débutants, enfants ou jeunes filles. Le cheval de voltige est simplement pourvu d'un *filet* et d'une sangle à poignées.

Le voltigeur saisit les poignées, et, tandis que le cheval galope sur le pourtour de la piste, il met pied à terre, remonte sur la bête, franchit avec elle des barricades, quelquefois se pend en travers de la monture, la tête en bas, le pied droit retenu par une *staffe* adaptée au côté extérieur de la sangle, et dans cette position ramasse des mouchoirs à terre (fig. 142). On rehausse quelquefois la simplicité de ce travail par une mise en scène,

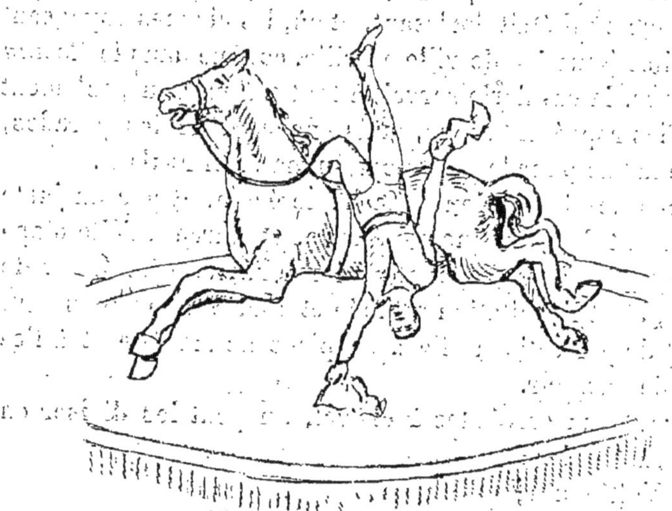

Fig. 142. — Voltige équestre. Le mouchoir ramassé.

ou bien en prenant un costume de sauvage, de Cosaque du Don, etc. Mais le fond de ce numéro sacrifié reste toujours le même, et les applaudissements du public ne sont le plus souvent qu'un témoignage d'indulgence et une marque d'encouragement pour de jeunes artistes qui font leurs premières armes.

2° *Le panneau.* — Le véritable travail de cirque est celui qui se pratique sur le *panneau*. On appelle ainsi une espèce de plate-forme matelassée, revêtue d'une housse de soie enrichie de paillettes et de franges, et ordinairement marquée aux initiales de l'artiste, que l'on

place en guise de selle sur le dos du cheval. Le cheval
est tenu très court au moyen du filet, de manière à contrarier son allure naturelle et à lui faire prendre un
petit galop, particulièrement approprié aux évolutions
de l'écuyer. Quelquefois, mais plus rarement, le cheval
va au trot. Cette dernière allure n'est usitée que dans le
travail féminin.

Les mouvements qui s'exécutent sur le panneau sont

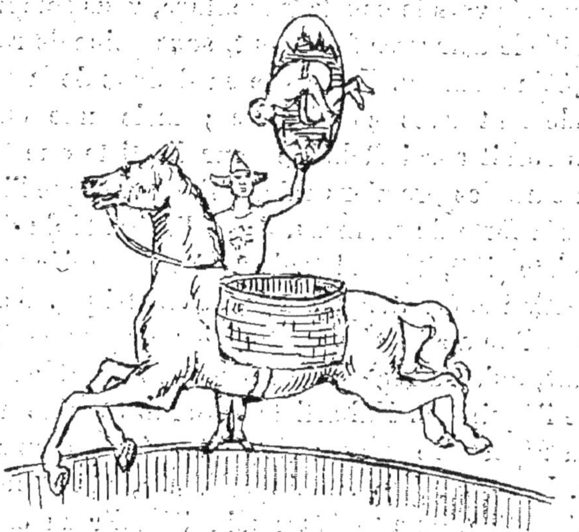

Fig. 143. — Saut périlleux en avant à travers un cerceau de papier.

les suivants : sauts simples, sauts d'obstacles (oriflammes,
cerceaux de papier) (fig. 143), sauts périlleux en avant
et en arrière, pirouettes, courbettes, équilibres sur les
mains, et même flip-flaps non redoublés.

Le travail de l'acrobatie à cheval peut être rendu encore
plus difficile par la suppression du panneau. En pareil
cas, le dos de l'animal est largement saupoudré de résine,
pour donner plus d'adhérence aux pieds du sauteur. On
a soin de choisir, pour tourner dans la piste, des chevaux
très larges de dos et de croupe, qui offrent par là une
plus grande surface d'appui.

La simple voltige à cheval n'a jamais suffi à donner un nom célèbre à un acrobate équestre. En revanche, certains écuyers ont joui d'une grande réputation pour leur adresse sur le panneau ou dans le travail sans selle. Et c'est justice. Le saut périlleux en lui-même n'est rien. Toute la difficulté consiste à combiner l'appel du pied avec le temps ascendant du galop du cheval. Si vous considérez en outre que le saut périlleux en arrière se fait la face tournée vers le cou de la monture, vous comprendrez qu'il faille le *tracasser* fortement, sous peine de retomber en deçà du panneau. Une chute en dedans de la piste est généralement sans conséquence; mais une chute en dehors serait aussi fâcheuse pour l'artiste que pour les spectateurs des premiers rangs. Il est vrai que l'inclinaison assez forte du panneau, due à l'exiguïté du diamètre de la piste ($13^m,50$) tend toujours à rejeter l'écuyer dans la direction concentrique, et non excentrique. C'est pour cela que l'on a adopté dans tous les cirques ce diamètre constant, qu'on a reconnu être le plus favorable au maintien de l'équilibre. Nul artiste ne serait capable d'exécuter son répertoire sur son cheval lancé au galop en ligne droite. Lorsque, dans les hippodromes, on fait de l'acrobatie équestre, on a toujours soin d'établir au centre de la grande arène une piste démontable. C'est à peine si le remarquable jockey Gilbert arrivait à faire un tour d'arène dans la vaste enceinte de l'Hippodrome de l'avenue de l'Alma, en station verticale, sans exécuter le moindre tour de force accessoire : le seul maintien de l'équilibre debout en était déjà un de la plus haute difficulté.

Les enfants qui abordent le travail au panneau sont maintenus par une ceinture de sûreté dont la ficelle joue sur une poulie fixée à un windas tournant, et est tenue à son autre extrémité par l'écuyer dresseur. Lorsque le débutant est plus maître de lui, on supprime le windas tutélaire, et l'on se contente d'une ficelle attachée à la ceinture, à la manière d'une longe de dressage, et qui prévient les chutes excentriques, les seules périlleuses. Les chevaux, eux aussi, subissent une éducation pour s'habituer à courir en rasant le rebord de la piste. En outre, le filet est plus serré en dedans qu'en dehors. Le galop se fait toujours de gauche à droite en partant de la porte d'entrée.

Parmi les gloires de l'acrobatie équestre, je citerai en premier lieu la belle et nombreuse famille des Loyal. Les gens de ma génération n'ont pas oublié, à coup sûr, celui qui pendant tant d'années tint la chambrière au Cirque d'Hiver et au Cirque d'Été, et fut une des physionomies parisiennes les plus populaires, M. Lô-yal, comme l'appelait le clown Chadwick, qui dut sa position inamovible et sa notoriété à cette simple exclamation : « Miousic! » comme Médrano à son cri de « Boum-Boum ». M. Loyal, dis-je, était grand, large, ventripotent même comme un maître d'hôtel, mais décoratif au suprême degré, et tenait son fouet avec autant de majesté qu'un empereur romain son sceptre. Il se bornait d'ailleurs au rôle peu fatigant de dresseur en liberté, et je ne l'ai jamais vu personnellement à cheval, ni en haute école ni autrement. En revanche, ses frères Théodore, Auguste, Alexandre, Arsène, furent de vaillants écuyers, et de brillants gymnastes émules de Léotard. Ses fils Paul et Lucien occupèrent longtemps des postes inamovibles au cirque Franconi, grâce à la protection de leur père, et passèrent avec lui au Nouveau Cirque en 1887. M. Loyal mourut en 1889 de l'influenza. Depuis lors, l'étoile de cette famille a pâli, et cette dynastie d'écuyers semble prête à s'éteindre, bien que récemment encore Lucien Loyal ait figuré dans la troupe de l'Hippo-Palace.

Parmi les artistes dont le souvenir s'est conservé fidèlement dans ma mémoire, je citerai encore Philippe Tourniaire, d'une vieille famille d'écuyers disséminée aux quatre coins de l'Europe; Philippe travaillait sans selle, et franchissait un tunnel d'osier d'environ 3^m,50 de long. Il convient de remarquer que dans ce genre d'exercice la longueur de l'obstacle est singulièrement diminuée par la complaisance avec laquelle le porteur de l'appareil le dérobe sous le sauteur. Je citerai aussi Pfau, et surtout Renz, dont le nom est populaire en Allemagne comme celui de Loyal l'était en France. Renz a attaché son nom à quatre cirques : ceux de Berlin, Breslau, Hambourg et Copenhague. Actuellement, les deux meilleurs écuyers sur panneau qu'il ait été donné aux Parisiens d'applaudir sont l'Italien François, attaché depuis plusieurs années au Cirque d'Hiver, et l'Anglais Clarke, qui a fait toute une saison chez Medrano. François exécute les sauts périlleux par-dessus les obstacles, et fait deux tours de piste en équilibre sur les mains. Quant à Clarke, c'est, à mon avis, le maître du genre : son répertoire comporte, entre autres trucs sensationnels, double pirouette, saut périlleux en avant retourné, et flip-flap précédé d'une courbette. Et pourtant ces merveilles d'acrobatie équestre passeraient sans doute inaperçues, si la direction n'avait soin de les faire annoncer au public par un clown parleur qui fait les entr'actes du travail au panneau.

Les sauts d'obstacles sont plutôt démodés à l'heure actuelle. Jadis, les écuyers augmentaient la difficulté en tenant à la main droite un petit cerceau qu'ils faisaient passer autour de leur corps tout en exécutant les sauts périlleux à travers les tonneaux de papier. On ne crève plus de papier au cirque. Les écuyères enjambant les oriflammes sont une rareté. On n'en voit guère faire des grâces avec des guirlandes de fleurs artificielles, en lançant au public des premiers gradins des petits bouquets, vers lesquels les jeunes gens naïfs tendent les mains. Au reste, ce travail sort rarement des bornes d'une insipide

médiocrité, et son succès dépend uniquement des attraits
de l'exécutante : triomphe de femme, mais non d'artiste.
C'est ainsi que, sous le second Empire, Cora Pearl jouit
d'une célébrité équivoque, qu'elle essaya de ressusciter
en publiant sur la fin de sa carrière des *Mémoires* remplis d'anecdotes piquantes sur certains personnages en
vue à l'époque. Elle finit, dit-on, en pécheresse repentie.
C'est aussi une célébrité un peu scandaleuse qui s'attache
au nom de la baronne de Rahden. Le cirque où elle faisait de la haute école se trouvait en séjour à Clermont-
Ferrand quand il fut le théâtre d'un drame de jalousie
qui coûta la vie à l'un de ses soupirants, le lieutenant sué-
dois Castenskiœld. Peut-être convient-il d'assigner une
place distinguée à miss Powel, qui s'est révélée une véritable artiste dans son travail au trot, et qu'on a pu applaudir au cirque de la rue Saint-Honoré.

Le travail au panneau ne se fait jamais d'une seule haleine, à cause de son caractère fatigant. Il est scandé en
trois ou quatre morceaux et entrecoupé par des entrées
de clowns.

3° *Le jockey* (fig. 144). — Un numéro qui est devenu
fort à la mode, au point de détrôner presque le panneau,
est celui qu'on appelle le jockey d'Epsom ou simplement
le jockey. Sa dénomination provient du costume porté
par l'écuyer qui l'exécute, et il est caractérisé par l'absence de tout saut acrobatique. Le cheval paraît d'abord
avec une selle légère pareille à celles qui sont usitées
aux courses. Au cours du travail, le jockey la dessangle
et simule, debout sur la croupe, les diverses phases du
début d'une course, l'entrée au pesage, etc. Le reste du
numéro consiste dans des sauts du cheval sur la piste et
de la piste sur le cheval. Pour exécuter ces derniers, l'é-
cuyer coupe la piste en diagonale, tandis que le cheval
galope en cercle, et arrive sur la croupe tantôt à califourchon, tantôt debout, tantôt même sur un seul pied ou

à reculons. Le travail du jockey est quelquefois présenté
par des écuyères en costume masculin. Mais, pour compenser leur infériorité de taille et de muscles, elles pla-

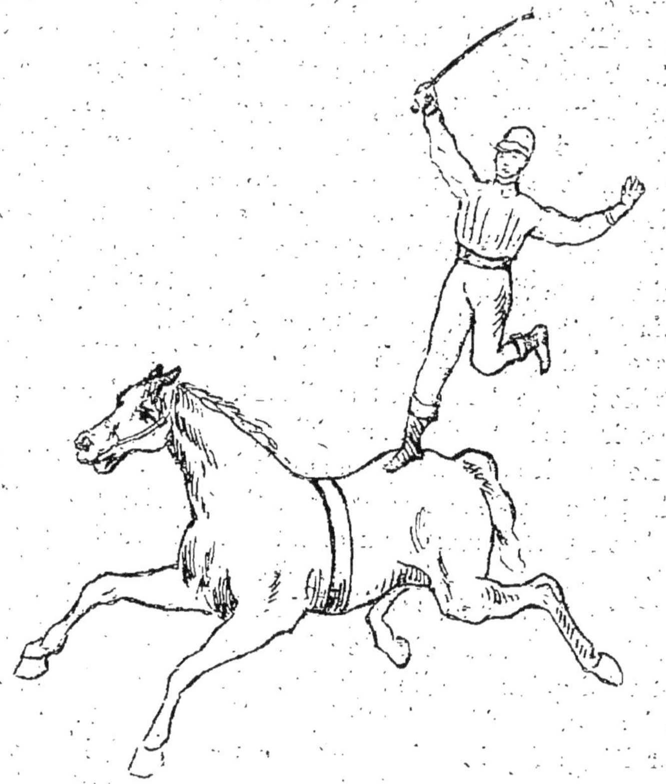

Fig. 144. — Le jockey d'Epsom.

cent dans la piste, à portée du cheval, un petit tremplin,
sur lequel elles font l'appel pour enlever leurs sauts.

Un bon écuyer peut exceller simultanément dans le travail du panneau et dans celui du jockey, et il en est ainsi
pour les deux artistes cités plus haut, François et Clarke.
C'est le cas de dire : « Qui peut le plus peut le moins. »
Le travail du jockey est certainement inférieur, comme
valeur artistique, à l'autre, et la preuve en est qu'il est

abordé par des femmes, et non sans succès. D'ailleurs,

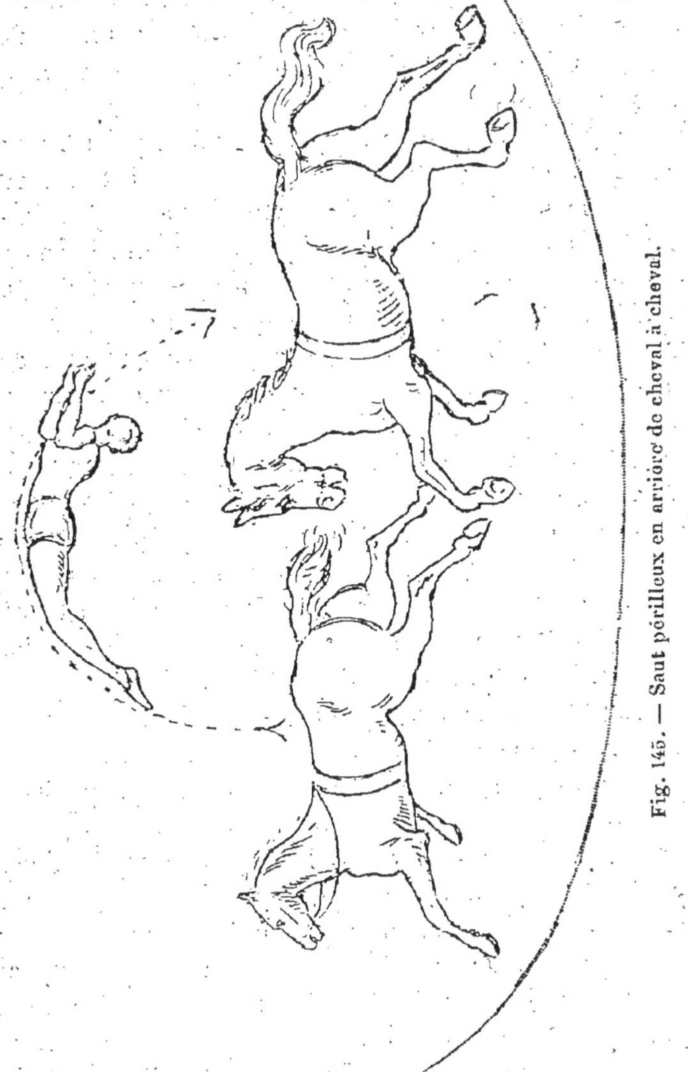

Fig. 145. — Saut périlleux en arrière de cheval à cheval.

quelle que soit sa valeur intrinsèque, il est tellement
enfermé dans son cadre étroit et immuable, il se prête si
peu à des combinaisons nouvelles, qu'il ne passionne

guère le public et n'assure pas à celui qui le pratique, même avec perfection, une célébrité retentissante. Il est rare qu'il enlève la salle et provoque ces ovations délirantes qui accueillent parfois les jeux icariens ou la voltige aérienne.

On a essayé de renouveler l'acrobatie équestre en ces derniers temps par la multiplication des artistes et la mise en scène. Un numéro sensationnel a été présenté à l'Hippo-Palace, il y a deux ans, par les quatre Lécusson. Leurs exercices tiennent à la fois du jockey et du panneau. Trois d'entre eux sont costumés en *copurchics,* habit rouge et culotte de soie, le quatrième en dame avec une robe à traîne. Ils font galoper deux chevaux sans selle, l'un derrière l'autre, et exécutent le saut périlleux en arrière de la croupe du premier à celle du second (fig. 145). Ils font aussi les sauts debout de la piste sur la croupe du cheval, tantôt l'un après l'autre, tantôt deux ensemble, et enfin, dans la dernière figure, ils arrivent tous les quatre à la fois sur le même coursier : tels les quatre fils Aimon de la légende poétique chevauchant l'infatigable destrier Bayard (fig. 146). Ils renouvellent plusieurs fois leur monture au cours du travail et ont des chevaux d'une grande puissance, à croupe très large, surtout celui qui fait le galop final avec son quadruple fardeau humain.

4° *Pas de deux.* — Le pas de deux et les élévations à cheval sont un numéro fort gracieux, exécuté par un écuyer et une écuyère. L'écuyer, qui joue naturellement le rôle de porteur, est debout dans la position du colosse de Rhodes sur deux chevaux galopant côte à côte (fig. 147). De la droite il tient deux fausses rênes, qui ne tirent point sur la barre du cheval et qui servent simplement à maintenir l'équilibre; de la gauche il retient l'écuyère par la ceinture et l'enlève du panneau tantôt sur ses hanches, tantôt sur son épaule, etc. Exécuté par deux hommes, le même numéro s'appelle les Hercules à cheval et, rendu plus difficile, il comporte des stations debout sur les épaules du porteur. Le dernier *cri* du genre a été poussé par trois écuyers italiens au Nouveau Cirque, les frères Frediani (fig. 148), qui ont exécuté la pyramide humaine à trois étages, exploit inouï dans les annales de l'acrobatie équestre. Le danger de cet exercice était tel qu'au moment de son exécution la direction du cirque

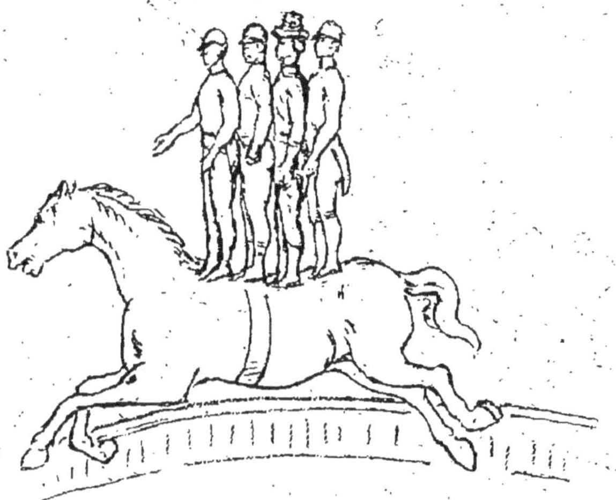

Fig. 146. — Les quatre Lécusson sur un seul cheval.

faisait évacuer les deux premiers rangs des fauteuils. Ce numéro reste, avec celui des Lécusson, une de ces attractions hors ligne qu'on ne voit qu'une fois dans une génération, et dont les créateurs sont à peu près garantis contre toute contrefaçon.

Le travail des Hercules à cheval a longtemps figuré avec succès au répertoire ordinaire du cirque Franconi, et les frères Lucien et Paul Loyal lui ont dû de beaux triomphes. Il est toutefois inférieur comme mérite à l'acrobatie sur le panneau, parce qu'il ne comporte aucun saut périlleux à cheval, ce qui est, comme on sait, le *nec plus ultra* du genre. Il n'est pas inaccessible aux amateurs, et nous ne croyons pas être indiscrets en disant que notre ami M. Molier, le sympathique organisateur des soirées d'acrobatie mondaine de la rue Benouville, a exécuté, plusieurs années durant, le pas de deux avec quelques-unes de ses charmantes élèves, et déployé dans ce

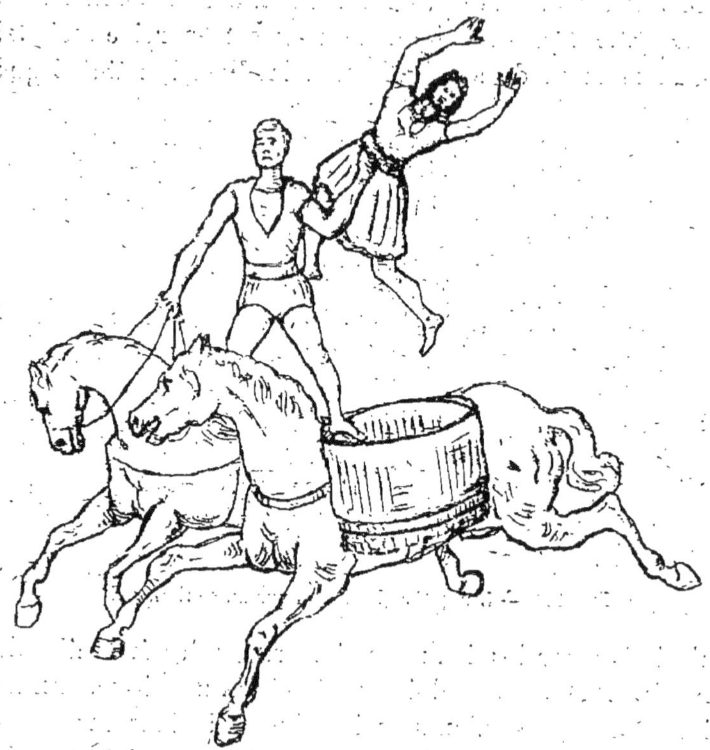

Fig. 147. — Le pas de deux.

numéro autant de virtuosité que bien des professionnels applaudis dans les cirques.

5° *Variétés à cheval.* — Les variétés à cheval sont la partie la moins intéressante de l'acrobatie équestre. Les numéros de ce genre sont des numéros sacrifiés et sans relief. Ils ne comportent aucun exercice à sensation, et ne demandent de la part de l'écuyer qui les présente d'au-

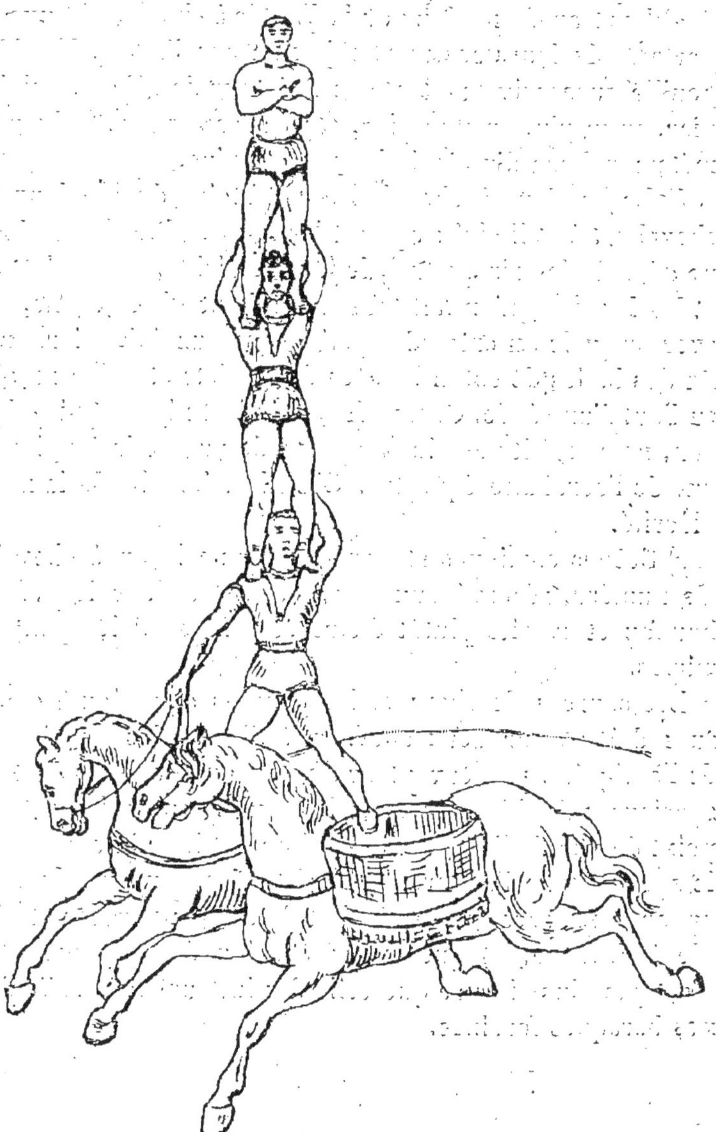

Fig. 148. — Les Frediani. Pyramide équestre à trois.

tre talent que celui de conserver l'équilibre debout sur
un cheval. Les plus populaires sont :

a) Les transformations ou le Protée à cheval. L'écuyer, portant plusieurs costumes mis l'un sur l'autre, les dépouille successivement et paraît à tour de rôle en cuisinier, en marin, en nourrice, etc., accompagnant chaque métamorphose d'une mimique expressive.

b) Le jongleur à cheval. Le répertoire du jongleur à cheval est fort limité : ce sont les boules (dont le nombre ne dépasse jamais quatre), le jeu du diable, les assiettes et les bassins qu'on fait tourner au bout d'une canne, et avec lesquels on crève des petits cerceaux de papier, enfin des balles de coton lancées de la piste et qu'on reçoit au bout d'une épée. Ce numéro, qui n'est ni chair ni poisson, ne satisfait pas plus au point de vue de la jonglerie que de l'acrobatie équestre. C'est le triomphe de la médiocrité.

c) Scènes comiques et parodies d'une leçon à cheval. Ce numéro, réservé aux clowns, rentre dans le genre bouffon et mérite plutôt d'être classé parmi les pantomimes.

Les courses de chars et les courses olympiques courues debout sur deux chevaux, à l'instar des *desultores* de l'antiquité, ne peuvent avoir lieu que dans les pistes spacieuses des hippodromes. Elles n'ont aucun intérêt au point de vue de l'art, et ne passionnent le public que par le spectacle de l'apparente rivalité des écuyers. Je dis apparente, parce que le résultat de chaque course est réglé à l'avance, et que la compétition des concurrents n'est pas plus sincère que celle des lutteurs *à la colle* de nos baraques foraines.

CHAPITRE XVII

CYCLISTES ACROBATES

C'est sous le Directoire qu'un certain Jean de Drais, garde forestier badois (mort en 1851), inventa un instrument de gymnastique récréative qui s'appella de son nom la draisienne, et qui devait attendre un siècle entier avant de recevoir son dernier perfectionnement. La draisienne se composait de deux roues légères en bois, placées l'une devant l'autre et reliées par une planchette de bois (fig. 149). En avant de l'instrument se trouvait une espèce de guidon inamovible, qui servait à le maintenir, mais non à le diriger ; on se mettait à califourchon, et l'on imprimait aux roues l'impulsion en repoussant la terre alternativement du pied gauche et du pied droit.

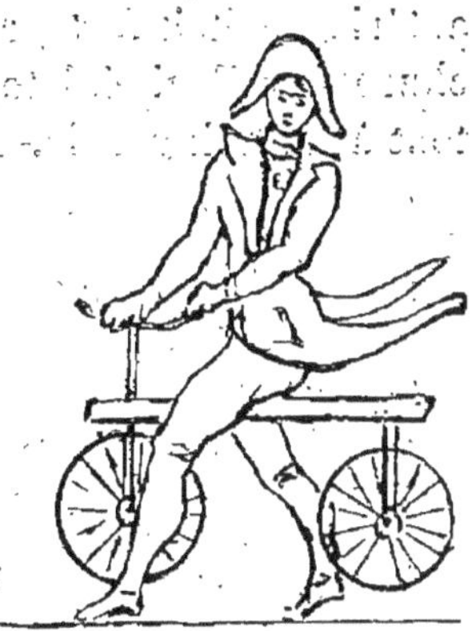

Fig. 149. — La draisienne.

Ce jouet eut un instant de vogue et fut bientôt délaissé.

En 1868, l'invention fut reprise par Michaud, qui créa le vélocipède (fig. 150). Le vélocipède se composait de deux roues en bois, fort légères d'ailleurs, de dimension égale, reliées par une bande d'acier sur laquelle était vissée une selle à glissette pouvant être avancée ou reculée à volonté, suivant la longueur des jambes. Mais les deux innovations qui devaient assurer l'avenir du bicycle étaient les suivantes : 1° le guidon était mobile et permettait de diriger l'instrument dans tous les sens; 2° la roue antérieure était actionnée par des pédales en forme de bobines. La fourche du guidon était perpendiculaire sur le moyeu de la roue motrice. Quelques années plus tard, les roues en bois furent remplacées par des roues en métal, dont les rayons étaient des tiges d'acier fort minces, et la jante un boudin de caoutchouc plein (fig. 151). La roue

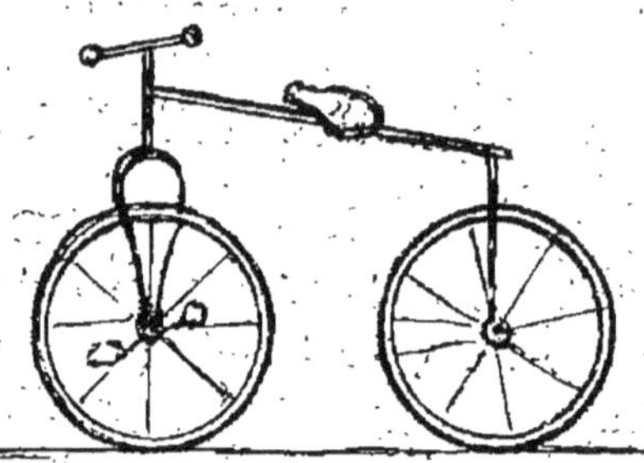

Fig. 150. — Vélocipède Michaud.

antérieure était fort grande, et proportionnée à l'enfourchure du vélocipédiste; la roue de derrière, en revanche, tout à fait minuscule. Enfin, vers 1888, un dernier perfectionnement, dont est sorti l'instrument actuel, dit *bicyclette,* mit le sport vélocipédique à la mode et lui donna une vogue extraordinaire, qui semble devoir être de longue durée.

A peine le vélocipède Michaud avait-il paru, que l'acrobatie, toujours à l'affût des nouveautés, s'en empara. Nos lecteurs, qui ont vu les merveilles d'adresse qu'on exécute de nos jours sur la bicyclette, souriront sans doute de pitié à la description d'un numéro de vélocipédie acrobatique présenté pour la première fois en 1869 sur la scène de l'Eldorado. L'artiste, après diverses évolutions exécutées sur le plancher, escaladait une petite planche inclinée, appuyée sur

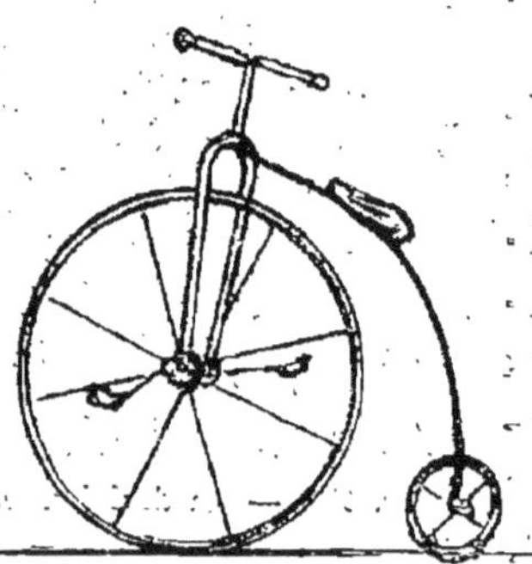

Fig. 151. — Vélocipède à grande roue.

une traverse à la hauteur de cinquante centimètres environ, de manière à pouvoir basculer au moment où le poids
du cycliste avait dépassé la ligne médiane de la planche.
Enfin, comme *clou,* on ~~disposait~~ par terre quelques bouteilles rangées comme les quilles d'un jeu de boules, et
le cycliste évoluait à droite et à gauche sans les renverser avec son instrument. Si l'artiste qui présenta, il y
a trente-quatre ans, ce numéro rudimentaire,
est encore de ce monde, il doit éprouver un
sentiment plus voisin de la confusion que de
l'orgueil en se rappelant les faciles prouesses
qui lui valurent alors un succès éphémère.

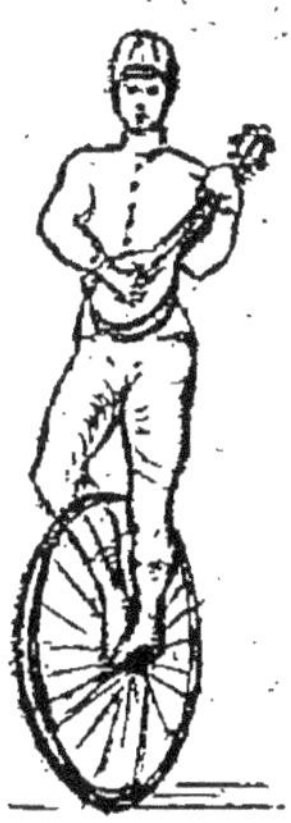

Le perfectionnement de la machine amena
un progrès rapide dans le travail. C'est en
1881 que j'ai vu le premier numéro d'acrobatie cycliste vraiment digne d'attention.
L'artiste était un Italien, Alfredo Scuri, à qui
revient, je crois, l'honneur d'avoir inauguré
le monocycle. La locomotion sur une seule
roue avait d'abord paru un rêve irréalisable,
et elle avait trouvé ses négateurs comme longtemps auparavant la locomotion à vapeur.

Fig. 152.
Harry French.
Mandoliniste
sur
monocycle.

Pourtant Scuri se rendit si bien maître de ce
mouvement que non seulement à la scène il faisait toutes
sortes d'évolutions, et sautait même d'une table par terre,
mais encore accomplissait au dehors d'assez longues ex-
cursions sur son monocycle. Depuis lors, la locomotion
sur une seule roue fait partie intégrante du répertoire
cycliste, et on en augmente la difficulté en retirant successivement le guidon et la fourche, et ne gardant plus
que la roue et les pédales. Il ne faudrait pas croire d'ailleurs que ce mouvement soit sans difficulté, parce qu'on
le voit exécuter avec tant d'aisance apparente par tous les
acrobates cyclistes. Il faut plusieurs mois à celui qui manœuvre déjà bien le bicycle pour se rendre maître du mo-

nocycle. Cependant, si j'en juge par le grand nombre d'artistes excellents et, j'ajouterai, d'un mérite sensiblement égal, que j'ai vu défiler depuis une vingtaine d'années sur nos scènes parisiennes, je ne crois pas m'avancer en disant que l'acrobatie cycliste, lorsqu'elle ne sort pas de son cadre spécial, présente des obstacles beaucoup moins

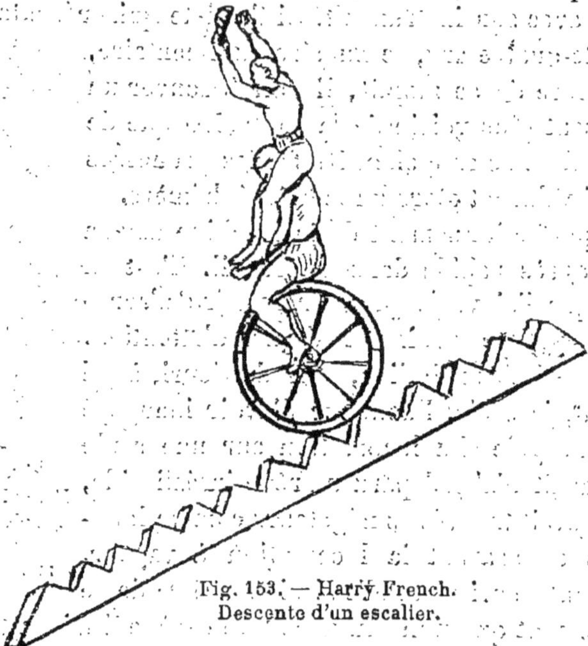

Fig. 153. — Harry French.
Descente d'un escalier.

insurmontables que l'acrobatie icarienne ou que les sauts du tapis. Aussi n'ai-je point la prétention d'offrir à mes lecteurs une énumération complète de tous les virtuoses qui ont captivé par ce genre de travail la faveur du public.

Les exigences croissantes de la curiosité publique ont fait substituer à l'artiste unique des premiers temps la troupe de plusieurs personnes, hommes, femmes et enfants. C'est surtout de ces familles de cyclistes qu'il sera fait mention ici, car les étoiles solitaires ont rarement brillé d'un éclat assez vif pour avoir laissé une traînée lumineuse dans les fastes acrobatiques.

La troupe French, dont l'apparition remonte à une vingtaine d'années, a figuré dans tous les grands établissements de Paris, à l'Hippodrome, à l'Eden-Théâtre aujourd'hui disparu, aux Folies-Bergère. Un de ses rejetons, qui s'intitule modestement *the great Harry French*, présentait naguère à l'Olympia un numéro à transformations qui rappelle le genre popularisé par Frégoli, l'inimitable mime italien. Entre les artistes qui composaient cette troupe, une mention toute spéciale est due à son chef Harry French, premier du nom, dont la performance tenait du prodige. Parmi les merveilles d'adresse dont il fut le créateur, citons les suivantes : évolutions sur une roue unique, sans guidon ni fourche, en jouant de la mandoline (fig. 152); descente d'un escalier à pic sur une roue, avec son frère cadet (fig. 153) sur les épaules; enfin, comme rappel, un pati-

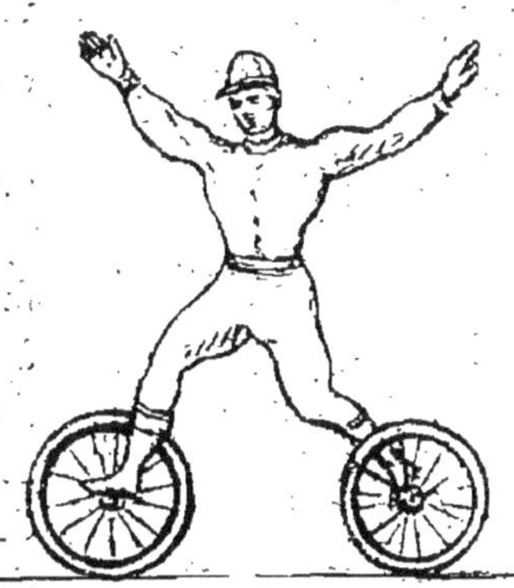

Fig. 154. — Harry French.
Patinage sur roues.

nage des plus gracieux à l'aide de deux roues d'environ cinquante centimètres de diamètre, fixées à ses chevilles par des courroies à la manière d'une paire d'échasses. On eût dit le Mercure (fig. 154) de la mythologie, fendant l'espace de ses talonnières, pour aller porter les messages des habitants de l'Olympe. Toutes les grandes capitales se sont disputé ce grand artiste, qui vit aujourd'hui retiré aux environs de Paris (à Asnières, je crois), après avoir cédé la main à son fils, héritier de ses talents.

Vers la même époque, les Américains Leister et Willmotte se firent applaudir à l'Hippodrome dans un travail du plus haut intérêt. Il serait inutile de chercher à le décrire, car il est de ceux dont seul le cinématographe peut donner une idée exacte et complète. Ces deux artistes exécutaient leurs équilibres conjointement sur une machine unique. Leur truc le plus remarquable était le suivant : l'un d'eux prenait son confrère à califourchon sur ses épaules, et, sans être le moins du monde embarrassé d'un tel fardeau, il exécutait une locomotion tout à fait originale, les deux pieds placés à droite et à gauche du moyeu d'une roue de carrosse, qu'il faisait tourner en manœuvrant la jante avec les deux mains (fig. 155).

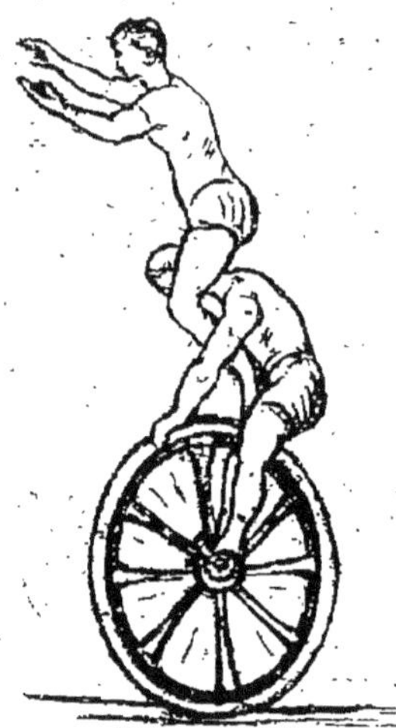

Fig. 155. — Willmotte et Leister sur une roue de voiture ordinaire.

Mais la troupe par excellence, celle qui a su faire de l'acrobatie cycliste un travail génial, qu'il faut renoncer à surpasser et même à égaler, c'est la famille italienne Ancilloti. Quelque éloge que nous en puissions faire, nous craindrons toujours d'être en dessous de la vérité. La raison de la supériorité incomparable qui caractérise cette vaillante phalange, est que les Ancilloti ne sont pas seulement des cyclistes, mais avant tout des acrobates *di primo cartello*. Ils auraient pu être les rois du tapis s'ils s'étaient cantonnés exclusivement dans ce genre d'exercices. Ils ont eu l'idée originale de les combiner avec la manœuvre du cycle. De là un numéro tout à fait exceptionnel, réunissant les attractions de deux branches de l'acrobatie, pratiquées avec une égale virtuosité par ces merveilleux artistes.

La troupe Ancilloti est composée de neuf personnes : deux hommes, des femmes et des enfants. Les enfants, qui sont des sauteurs excellents, varient agréablement la monotonie des évolutions cyclistes par toutes sortes de sauts

acrobatiques sur le plancher, et même par la descente
d'un escalier sur les mains. Ils font de la barre fixe sur
un reck portatif que tiennent en travers de leurs épaules
deux des cyclistes, tout en manœuvrant circulairement
sur la piste. Mais ce qui est particulièrement émouvant,
ce sont des équilibres de tête à tête, ou des sauts d'é-
paule à épaule (fig. 156), dans lesquels les porteurs, au

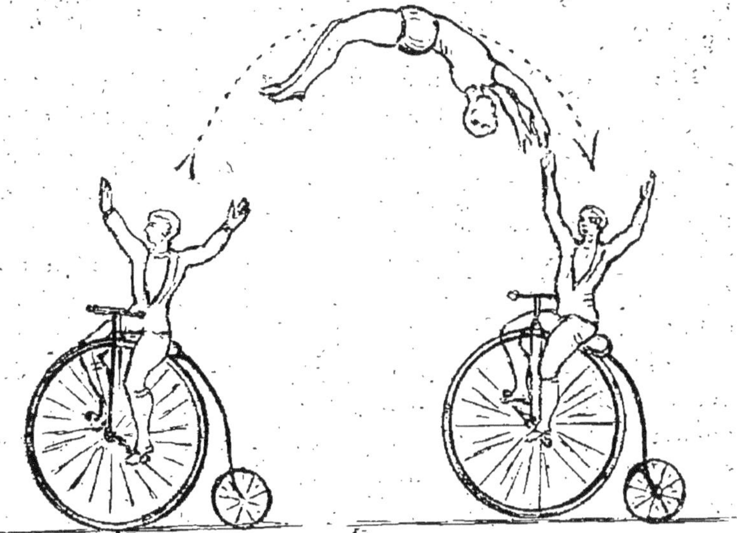

Fig. 156. — Les Ancilloti. Acrobates sur vélocipèdes.

lieu d'être, comme c'est l'usage, en station sur les pieds,
sont assis sur deux cycles en marche. En les voyant exécuter ces merveilleuses figures, on ne sait si l'on doit
admirer davantage leur adresse comme vélocipédistes,
qui leur permet de manœuvrer et de diriger leurs ma-
chines, de les arrêter même un instant au moment où le
cascadeur arrive sur leurs épaules, sans toucher le guidon de leurs mains occupées ailleurs; ou leur intrépidité
de sauteurs, grâce à laquelle ils exécutent les cascades
les plus dangereuses de l'acrobatie en colonne, avec autant de sûreté qu'à terre, en prenant pour point de départ

et d'arrivée un appui qui tend à se dérober sous eux, par suite du mouvement du bicycle. Quant à leur force musculaire, elle est prodigieuse. On pourra s'en faire une idée par l'exercice suivant : dans une des figures de leur répertoire, le premier porteur pédale en portant échafaudée sur ses épaules une pyramide de six personnes, avec tant d'aisance qu'il est impossible à l'œil le plus exercé de surprendre chez lui la moindre trace de fatigue ou d'effort.

Les French et les Ancilloti étaient restés fidèles à l'ancien modèle du bicycle, celui qui possède une grande roue à pédale et une roue minuscule. Mais depuis quelque temps la bicyclette, étant plus en faveur, a donné naissance à un numéro d'un genre assez différent. Il ne comporte aucun saut périlleux, et, toutes proportions gardées, il est au numéro précédemment décrit ce que la voltige à cheval est au panneau. Le cycliste fait évoluer sa machine dans une direction circulaire de gauche à droite, monte et descend pendant la marche, tourne le dos au guidon tout en avançant, ou au contraire pédale à reculons, monte debout sur la selle, pédale avec les mains, passe dans le cadre, etc. Toutes ces évolutions tiennent l'attention en éveil pendant les quelques minutes qui sont allouées à l'artiste pour l'exécution de son numéro, mais n'excitent aucune émotion intense. Le meilleur artiste en ce genre est Boller, qui a paru au Cirque d'Hiver et sur d'autres scènes. Mais la répétition constante des mêmes figures devient assez vite fastidieuse par son uniformité. L'artiste qui n'a pas d'autre corde à son arc est bientôt supplanté par des imitateurs, et s'il veut continuer à s'exhiber, il lui faut descendre à des établissements d'un ordre inférieur, qui, fréquentés par un public moins difficile sur le choix des attractions, recueillent les épaves de l'art acrobatique en leur offrant une hospitalité médiocrément rémunératrice.

On a essayé de rajeunir ce travail soit en l'exécutant à plusieurs, soit avec une mise en scène un peu luxueuse frisant la pantomime, soit enfin en le pimentant de quelques exercices périlleux. La troupe Dunedin (fig. 157), cyclistes australiens, dont le cirque Medrano nous a offert la primeur, était composée de deux hommes et de deux *misses* fort gracieuses, dont la gentillesse captivait

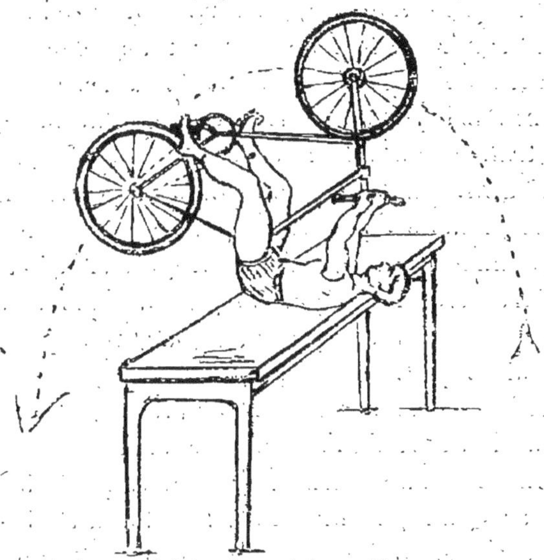

Fig. 157. — Dunedin. Saut périlleux à bicyclette par-dessus une table.

le public encore plus que leur talent, quoique ce dernier fût loin d'être médiocre. Un des cyclistes avait créé un truc à sensation : il plaçait en travers de la piste une table oblongue vers laquelle il pédalait à toute vitesse; arrivé devant elle, il exécutait une sorte de culbute en avant, en enlevant la bicyclette entre ses deux jambes, pour se retrouver de l'autre côté de nouveau en selle. Il est à peine besoin de dire que dans cette espèce de casse-cou le plat du dos portait sur la table.

Un autre casse-cou a été créé récemment par un Américain, Johnston, qui l'a présenté aux Folies-Bergère.

Le cycliste s'élève, par saccades latérales, en sursaut, sa machine serrée entre les jambes, le long des degrés d'un escalier. Arrivé à une sorte de plate-forme, il se lance dans le vide, également par une saccade latérale, et va retomber d'une hauteur de $2^m,50$ à 3 mètres sur un sommier élastique qui amortit le choc de cette descente périlleuse. Si méritoire que soit cet exercice, il est peu élégant, et ne vaut pas, en vérité, ni la peine qu'il a coûté à apprendre ni le danger auquel il expose. Le même Johnston franchit une table en faisant cabrer d'abord son instrument sur la roue postérieure, et en enlevant ensuite l'arrière-train par une forte saccade de bas en haut.

Le polo à bicyclette, le plongeon à bicyclette, l'ascension d'une planche en spirale, la descente d'une échelle inclinée, enfin les courses dans un virage aérien de 7 mètres de diamètre, avec le danger de glisser dans le fond de cette espèce de cuvette qui est à jour, et le passage de la boucle ainsi que la flèche humaine sont autant d'attractions périlleuses, mais sans grand intérêt, et ne renouvellent en rien l'art de l'acrobatie cycliste.

Mentionnons enfin, parmi les adaptations de la vélocipédie à l'acrobatie, le bicycle à la Blondin : les roues sont en gorge de poulie, et le guidon supporte un énorme balancier. La traversée de la corde raide s'opère en pédalant, au lieu de s'opérer en marchant, mais le principe de l'équilibre est le même. On a même imaginé de suspendre au bicycle aérien un trapèze à cordes métalliques rigides, auquel un gymnaste exécutait un répertoire plus ou moins banal. Mais ici nous rentrons dans le domaine de la gymnastique pure. Car, le centre de gravité se trouvant fort au-dessous de la corde, le maintien de l'équilibre ne présente plus aucune difficulté, et par conséquent le cycliste juché sur sa machine n'est là que pour la montre.

Le progrès a ses limites, et les modifications ne sont

pas toujours des améliorations. Aussi ne croirai-je pas risquer une imprudente prophétie en déclarant que le cyclisme acrobatique a dit son dernier mot, et qu'après les French et les Ancilloti, il ne reste plus aux artistes qu'à suivre les voies déjà frayées, heureux s'ils réussissent à égaler la perfection de leurs illustres devanciers, sans avoir la présomption de les surpasser.

CHAPITRE XVIII

LES JONGLEURS

Le mot jongleur vient du latin *joculator* et désignait autrefois des espèces de bardes ou chanteurs populaires qui, en s'accompagnant de la vielle, déclamaient soit sur les places publiques, soit dans les châteaux féodaux, les chansons de geste composées en l'honneur des héros de la chevalerie. Quand le goût de ces récitations épiques commença à décliner, les jongleurs renouvelèrent leur répertoire en l'agrémentant de certains tours d'adresse, d'escamotage ou d'acrobatie. Et voilà comment il se fait que de nos jours le terme de jonglerie désigne une variété parfaitement définie de l'art acrobatique, qui n'a plus rien de commun avec les occupations primitives de nos anciens jongleurs.

Je ne sais qui a dit que le génie est une longue patience. Cette définition convient fort bien à la jonglerie, qui elle aussi est une longue patience. Je n'irai pas toutefois jusqu'à en conclure que le jongleur est un homme de génie; mais c'est certainement un homme de talent, si l'on entend par talent un ensemble d'aptitudes développées par une culture persévérante. En effet, de toutes les branches de l'acrobatie, la jonglerie est celle qui demande sinon le plus de dispositions naturelles, du moins le plus de science et de travail. Nulle part les progrès ne sont plus lents, nulle part l'effort opiniâtre n'est plus mal récompensé. Tandis que pour l'acrobatie aux appareils la vigueur musculaire et la hardiesse font plus que l'entraînement, et qu'en fort peu d'années un sujet d'élite a donné toute la mesure de ce qu'il peut faire, le vélocimane n'est jamais arrivé à sa limite; il lui reste toujours des progrès à réaliser; l'on peut dire qu'il n'y a point de bornes à son adresse et que le *nec plus ultra* n'existe pas pour lui. Il s'agit, en effet, non pas d'acquérir une certaine force physique qui, lorsqu'elle a atteint son apogée, reste stationnaire et tend bientôt à décliner. Il s'agit de développer une sorte d'instinct indéfiniment perfectible, qui rend l'action de la main plus prompte que la pensée et lui donne un caractère de régularité automatique plus semblable à l'effet d'une machine bien agencée qu'à l'effort d'une volonté constante et réfléchie.

Une autre particularité de la jonglerie qui contribue à lui donner quelque chose de génial, c'est la variété infinie des combinaisons auxquelles elle se prête. De là le caractère original des jongleurs, j'entends les maîtres de l'art, car il y a jongleur et jongleur, comme il y a fagot et fagot. Chacun est lui-même et n'a rien de commun avec ses rivaux, de sorte qu'on pourrait assister successivement à deux ou trois numéros de jonglerie avec la sensation qu'on est témoin d'un spectacle toujours nouveau, tandis que trois numéros de barre fixe consécutifs donneraient l'impression que ce sont toujours les mêmes artistes qui répètent indéfiniment.

Ajoutons que la jonglerie, tout en différant des autres variétés de l'acrobatie, les renferme toutes en elle. Le parfait jongleur est à la fois athlète, sauteur, équilibriste, et toutefois il ne doit faire entrer ces divers talents qu'à titre accessoire, je dirai presque comme des condiments discrets dont la saveur propre se dissimule dans le goût général d'une sauce savante. Quand on songe que les mouvements les plus difficiles de la gymnastique, ceux dont la possession vous classe parmi les maîtres de l'art, ne peuvent figurer au cours d'un numéro de jonglerie que pour mieux mettre en relief l'adresse du vélocimane, on conçoit une admiration profonde pour les rares athlètes qui ont conquis un nom célèbre dans les fastes de la jonglerie. Ils sont peu nombreux, et quand j'en aurai cité trois ou quatre, la liste sera close. Les autres ne peuvent se comparer à ces virtuoses exceptionnels que comme l'oie au cygne : le plumage est le même, mais quelle différence de forme! Nulle part aussi le classement n'est plus facile à déterminer, et les gradations plus tranchées. Et cela n'est point pour nous surprendre. Il y a tel numéro qui représente vingt ans d'un labeur consciencieux et infatigable, avec des dispositions exceptionnelles, une ingéniosité fertile, toujours à l'affût d'inventions nouvelles et de perfectionnements originaux. Il y a donc dans l'acquisition d'un talent de jongleur un véritable capital engagé, aussi important que celui qui est nécessaire à l'obtention d'un grade de docteur. Et comme d'ailleurs les acrobates ne sont pas nés rentés, et que les gens rentés ne cultivent pas l'acrobatie, on peut se demander comment se forment les grands artistes en ce genre. Puisque seule la nécessité, mère de l'industrie, peut être un stimulant assez énergique pour vous soutenir dans les épreuves d'un si long apprentissage, que font les jongleurs pour subsister jusqu'au moment où ils sont en pleine possession de leur talent? Quels sont leurs antécédents? Où est leur école?

J'ai dit plus haut que le parfait jongleur devait être bon acrobate : voilà la clef du mystère. De fait, presque tous les jongleurs ont été acrobates dans un stage antérieur de leur existence. L'artiste qui a un numéro bien réglé le donne une fois par jour, deux au plus, les dimanches et fêtes. Tout le reste de son temps lui appartient, et non seulement il lui est inutile de répéter des exercices qu'il possède à fond, mais même il lui importe d'arriver à la représentation frais et dispos, sans aucune fatigue antérieurement contractée. Que faire dans ces longues heures d'oisiveté? Battre le pavé, boire et jouer? C'est ruineux pour la santé et pour la bourse généralement plutôt légère de l'artiste. C'est pourtant ce que font beaucoup d'entre eux, hâtant ainsi la fin d'une carrière éphémère. Quelques-uns, plus avisés, prévoient déjà le moment où un accident, le déclin de leur force, ou tout simplement l'inconstance du goût public, les obligera à modifier leur travail. Si, comme le gymnaste Cee-Mee, créateur d'un élégant pot-pourri aérien, ils sont en même temps ouvriers estimés dans un art nécessaire (l'artiste que je viens de nommer était graveur sur métaux), ils ont une ressource pour l'avenir. Tel, comme le gymnaste Togam, est devenu un verrophoniste habile, et a pu s'exhiber dans les cafés-concerts en qualité de musicien excentrique longtemps après avoir délaissé l'exercice des trapèzes volants. Enfin, et c'est là où je voulais en venir, il y a des acrobates qui emploient leur loisir à travailler la jonglerie. La jonglerie demande beaucoup d'attention, et en cela elle fatigue les yeux et le cerveau; mais elle n'exige pas de grands efforts musculaires, et par conséquent elle peut marcher de pair avec la pratique d'un numéro d'acrobatie en force. Le jour où, après de longues années de succès, l'artiste renonce aux appareils ou au tapis, il se trouve déjà en possession d'un numéro de rechange : il reparaît alors dans un nouvel avatar, celui de jongleur.

Une des conditions qui contribuent le plus au succès d'un jongleur, est l'extérieur de l'artiste. Nulle part la beauté plastique, l'élégance des formes, la régularité des traits, la distinction aristocratique des manières, n'est plus indispensable. Un lourdaud peut plaire comme porteur de pyramides humaines. Un voltigeur de laide figure sera supportable dans une passe aérienne aux trapèzes volants : la hauteur empêche d'analyser la figure de l'ar-

liste, et l'intrépidité dont il fait preuve idéalise la trivia-
lité de son visage. J'ai vu dans une troupe d'acrobates de
tapis un sauteur qui, par suite d'une fracture de l'omo-
plate, était devenu bossu : il passait inaperçu dans le
nombre, et la perfection de ses sauts faisait pardonner
l'irrégularité de sa structure. Mais le jongleur est seul :
il n'a d'autre comparse qu'un laquais en livrée qui lui
présente ses appareils. Tous ses mouvements, gracieux
plutôt que véhéments, sont vus dans l'encadrement étroit
de la scène, et l'immobilité à laquelle son corps est vouée
pendant que ses mains agiles font leur office, permet d'a-
nalyser les moindres détails de sa personne. Point de
succès pour lui s'il n'est beau garçon, s'il ne sent le vrai
gentleman, s'il ne porte également bien l'habit de ville
et le maillot : car le numéro de jonglerie comporte souvent une métamorphose au cours de son exécution.

La jonglerie vieux jeu, celle qui s'exhibe encore sur
des scènes de second ordre et dans les baraques foraines,
consistait dans l'art de lancer à la fois quatre ou cinq
boules de cuivre, assiettes d'étain, anneaux de métal, poignards émoussés, torches enflammées, etc., ou à faire
tourner des plats au bout d'une canne. Le jongleur
modern style a changé tout cela, bien que le maniement
des objets précités constitue encore la base de l'éducation
jongleresque. Une longue pratique de ces exercices, que
j'appellerai primaires, parce qu'ils sont l'a b c du métier, est indispensable pour devenir vélocimane. Mais de
même qu'un rhétoricien ne fait plus de dictées d'ortho-
graphe, ainsi un jongleur passé maître dans son art, et
qui se respecte un peu ainsi que son public, dédaigne de
faire parade de cette adresse élémentaire, sans laquelle
pourtant il ne serait pas arrivé à ce degré d'adresse qui
fait son originalité.

C'est donc par le jeu des boules que l'on commence
l'apprentissage. On en prend deux d'abord, et on s'exerce

à les faire évoluer aussi bien de la main gauche que de la
droite. Quand on a bien acquis le rythme du mouvement
au point de le faire mécaniquement et presque les yeux
fermés, on s'essaye à trois avec les deux mains. Jusqu'ici
nulle difficulté. A moins d'être foncièrement maladroit, il
n'est personne qui ne puisse en quelques séances arriver
au maniement des trois boules. Il y a d'ailleurs diverses
manières de les faire évoluer. Ainsi, par exemple, en
cascade : chaque boule lancée par la main droite décrit
un cercle et va retomber dans la gauche, qui la reçoit
sans fermer les doigts, et la fait glisser dans la droite
pour repartir de même; ou bien en *diagonale* : la boule,
lancée par la main droite dans une direction diagonale,
va retomber dans la gauche, en même temps qu'une autre
boule lancée par la gauche, également en diagonale, retombe dans la droite, et ainsi de suite. On peut aussi lancer les boules *en dedans*, c'est-à-dire leur faire décrire un
cercle qui va de droite à gauche pour la main droite, et
de gauche à droite pour la main gauche, ou au contraire
en dehors, c'est-à-dire en suivant des cercles de direction
opposée aux précédents. Enfin, il faut apprendre à *cou-
per le jet,* c'est-à-dire à faire passer entre les deux boules lancées par une main l'autre main restée libre, qui
va et vient sans jamais rencontrer les boules dans leur
parcours. Enfin on varie la direction des boules en les
faisant passer soit derrière l'épaule, soit derrière la nuque, soit sous la jambe. Tous ces débuts sont longs et
minutieux; mais il faut en passer par eux, car ils sont le
rudiment de l'art, et c'est seulement quand on s'est rendu
maître par une pratique persévérante de ces mouvements en apparence fort simples, que l'on commence
vraiment l'apprentissage de la jonglerie.

Il ne faut pas songer à aborder les exercices du second
degré si l'on n'est devenu également adroit des *deux*
mains. Si la gauche est plus paresseuse et moins leste

que la droite, on ne peut espérer franchir la limite des trois boules, dans laquelle est circonscrite la jonglerie du degré élémentaire. En effet, on peut dire que le nombre de boules qu'un jongleur est capable de faire voler en l'air établit des catégories nettement tranchées au point de vue du talent. C'est à partir de *quatre* que l'on commence à être digne du nom de jongleur ; mais ce chiffre est un minimum, exigible même dans un numéro où la jonglerie ne joue qu'un rôle accessoire, comme, par exemple, dans celui du jongleur équestre. A *cinq*, on est très adroit ; a *six*, on est passé maître ; à *sept*, on est hors ligne et on s'appelle Kara ; quant au chiffre *huit*, il ne peut être atteint, que je sache, à moins de lancer et de rattraper les boules deux par deux, ce qui constitue le rythme à *quatre*, avec la difficulté résultant de l'obligation de maintenir les boules assez cohérentes pour être saisies d'une même prise de mains. Je n'ai vu ce tour exécuté que par un jeune prodige dans l'art, le Hongrois Chenko[1].

Le jongleur moderne évite soigneusement tout ce qui peut ressembler à des objets préparés exprès pour faciliter le travail du vélocimane. Son originalité consiste justement à se servir d'objets qui paraissent destinés à un usage tout différent. Ainsi les vieilles boules de métal sont remplacées par des boules de billard qui se trouvent comme par hasard sur une table de billard : le jongleur, après avoir esquissé un carambolage, se met à faire voler dans les airs la queue et les billes.

Le deuxième stage de l'apprentissage du jongleur consiste dans le maniement d'objets de forme et de poids différents. J'ai déjà indiqué que les mouvements du vélocimane doivent être instinctifs. Cet instinct acquis peut devenir tellement puissant que l'on arrive à jongler les yeux bandés, témoin le célèbre Kara, et qu'il s'est trouvé

1. Depuis que ces lignes ont été écrites, Chenko est arrivé à jongler à *dix* boules.

en Algérie (je tiens ce détail d'un témoin digne de foi)
une vieille jongleuse espagnóle devenue aveugle qui ma-
nœuvrait encore avec une parfaite sûreté *trois* boules. Or
rien ne dérange plus le rythme de la main que l'asymétrie des objets. La différence des poids oblige à mesurer
plus ou moins parcimonieusement l'effort nécessaire à
la propulsion, et la différence de forme oblige à modifier
chaque fois l'attitude de la main qui s'apprête à recevoir.
Voilà pourquoi la jonglerie asymétrique est beaucoup plus
méritoire et plus intéressante que la jonglerie symétri-
que et nécessite un second apprentissage.

L'asymétrie de la jonglerie peut résulter aussi, non pas
de la différence de forme des objets lancés, mais de la
différence du mouvement qu'on leur imprime. Ainsi de
la main droite je fais cascader des boules, tandis que de
la gauche je fais tourner des assiettes au bout d'une baguette. On ne saurait se figurer, à moins de l'avoir essayé,
combien est délicate l'éducation des mains pour les rendre parfaitement indépendantes l'une de l'autre et les
soustraire à l'influence réciproque de rythmes opposés.

La jonglerie pure, je veux dire celle qui consiste à
maintenir par un travail de vélocimanie plusieurs objets
en l'air sans les laisser retomber, serait rapidement fastidieuse si elle n'était variée par l'addition de l'équilibre.
Aussi un jongleur est-il presque toujours en même temps
un équilibriste, et sait porter en équilibre sur le front,
le menton, le nez, divers objets dont les uns sont tellement légers et flexibles que le moindre souffle déplace
leur centre de gravité, les autres d'une pesanteur tellement encombrante que leur maniement exige une vigueur
athlétique. Il y a là une gradation ascendante qui va
de la feuille de papier à cigarette à une voiture à deux
roues.

Ici encore le grand talent consiste à se servir d'objets
que leur conformation ne désigne pas pour être mainte-

nus en équilibre, ou bien à combiner ensemble soit l'é-
quilibre avec la jonglerie, soit plusieurs équilibres à la
fois (fig. 158). J'ai vu un artiste tenir sur le front un échafaudage de verres remplis d'un liquide coloré, et sur le
bout du pied un guéridon avec une volière, tandis que sa
main droite lançait des assiettes et que sa gauche faisait
tournoyer avec une baguette un chapeau de feutre mou.
Son attention se trouvait aussi partagée entre quatre
mouvements ou équi-
libres asymétriques,
par un phénomène
qui me paraît pres-
que inexplicable. Ce
sont là des merveilles
de l'art, le fruit d'une
admirable patience ;
mais je crains fort
qu'elles ne soient
pas appréciées à leur
juste valeur du pu-
blic profane.

Je n'en finirais pas
si je voulais dresser
un inventaire détaillé
de tous les accessoi-

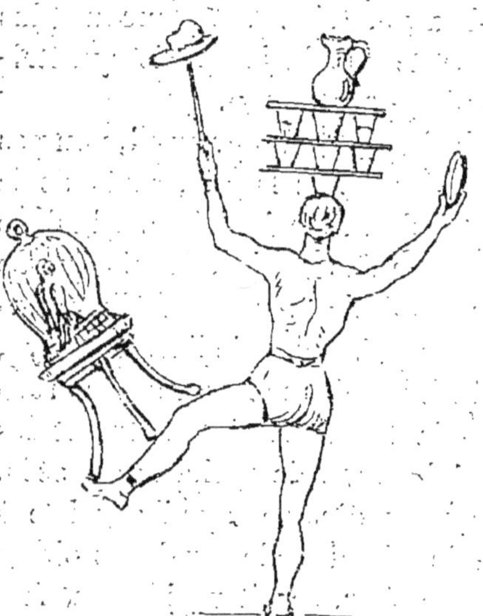

Fig. 158. — Quadruple jonglerie asymétrique.

res variés que comporte un numéro de jonglerie. Ils
encombrent généralement trois tables disposées dans le
fond de la scène, et, par leur aspect hétéroclite et multicolore, ils éveillent déjà la curiosité du spectateur, avant
même qu'il ait pu soupçonner leur destination. Quelques
artistes ont même un décor et une mise en scène complète. Si à toutes ces attractions vous joignez quelques
sauts acrobatiques, un équilibre sur une main ou le maniement d'un lourd boulet d'acier, vous avez un travail
d'un intérêt puissant, qui subjugue la salle et la tient

pendant un quart d'heure sous l'impression d'une émotion toujours croissante.

Nous allons maintenant préciser ces généralités en citant quelques-uns des noms qui ont le plus marqué dans cette partie de l'acrobatie.

Avant tout, honneur aux morts! C'était un merveilleux vélocimane qu'Agoust, qui tint la scène pendant plus de quarante années, et qui vient de mourir en laissant un nom que ses élèves exploitent encore avec succès. Certes, il a été dépassé comme virtuosité. Mais quelle élégance raffinée dans toute sa personne! Quel extérieur séduisant! Sa plastique irréprochable était rehaussée par un costume d'un goût parfait : complet de soie jonquille souligné par une trousse, une collerette et des poignées de satin assorties au maillot, avec franges d'or. Soit qu'il se promenât tout autour de la scène en faisant voler ses oranges ou ses plats, sans daigner même les regarder, tant il était maître du rythme, tandis que son sourire semblait se jouer de la difficulté; soit qu'il lançât très haut, à toutes les extrémités de la salle, de vastes plateaux de porcelaine qu'il arrivait toujours à point pour retenir au moment où on les croyait prêts à se briser sur le sol; soit enfin qu'au son d'une polka endiablée, à laquelle il demeura fidèle durant toute sa carrière, il fît tournoyer simultanément une bouteille, une boulette de papier et un boulet d'acier, il avait toujours cette distinction indicible qui garantit le succès même à un travail d'une médiocre valeur artistique. Tel je le vis jadis à l'ancien cirque Napoléon, en même temps que Léotard, et plus tard aux Folies-Bergère. C'est dans ce dernier établissement qu'il fit connaissance avec les Hanlon-Lee, les célèbres pantomimes, et entra dans leur troupe. C'est pour les Hanlon-Agoust que deux écrivains boulevardiers, Raoul Toché et Ernest Blum, bâclèrent la pièce du *Voyage en Suisse*, qui eut un si grand succès aux Variétés, et qui avait réservé un emploi spécial au talent de jongleur d'Agoust. Quand Agoust se sépara de ses associés, avec lesquels il était à couteaux tirés (notez que je parle ici sans métaphore), il tira de la scène de la *Table d'hôte* les éléments d'une pantomime jongleresque sur laquelle il vécut jusqu'à son dernier jour, et qui même lui a survécu, bien qu'elle ait perdu par la disparition du coryphée son principal attrait. Dans *Un Restaurant parisien*, Agoust arrivait en vieux viveur, accompagné d'une demi-mondaine. Le garçon et le maître d'hôtel faisaient le service en jongleurs, c'est-à-dire en faisant tout voltiger dans les airs, jusqu'au moment où, gagnés par l'exemple, la demi-mondaine et le vieux beau lui-même se mettaient de la partie. Fruits, assiettes, couverts et flambeaux, tout décrivait dans l'espace une savante parabole. Assurément les détails de cette scène n'avaient pas une valeur transcendante, et, présentés dans un cadre ordinaire, ils eussent laissé le public froid. Mais la mise en scène était si réussie, et Agoust, malgré son âge, déployait encore tant de verve, que l'effet d'ensemble était irrésistible. Au Casino de Paris comme à Marigny-Théâtre, c'était un succès étourdissant.

Parmi les artistes vivants, je mentionnerai trois grands maîtres que leur talent incomparable, quoique avec des mérites très caractéristiques, place à une hauteur prodigieuse au-dessus de tous leurs rivaux, sans toutefois permettre d'établir entre eux un classement définitif. Il semble toujours que le dernier qu'on a vu est justement celui auquel on serait tenté de décerner la palme. J'ai nommé Cinquevalli, Kara et Sévérus Scheffer.

L'Italien Paul Cinquevalli (phot. XVIII et fig. 159) a d'abord fait partie d'une troupe d'acrobates en colonne, et il a conservé de sa première spécialité l'agilité du sauteur et les formes plastiques de l'athlète. Aussi ses exercices de vélocimane sont-ils agréablement relevés par quelques sauts périlleux sur place, qui jettent une dis-

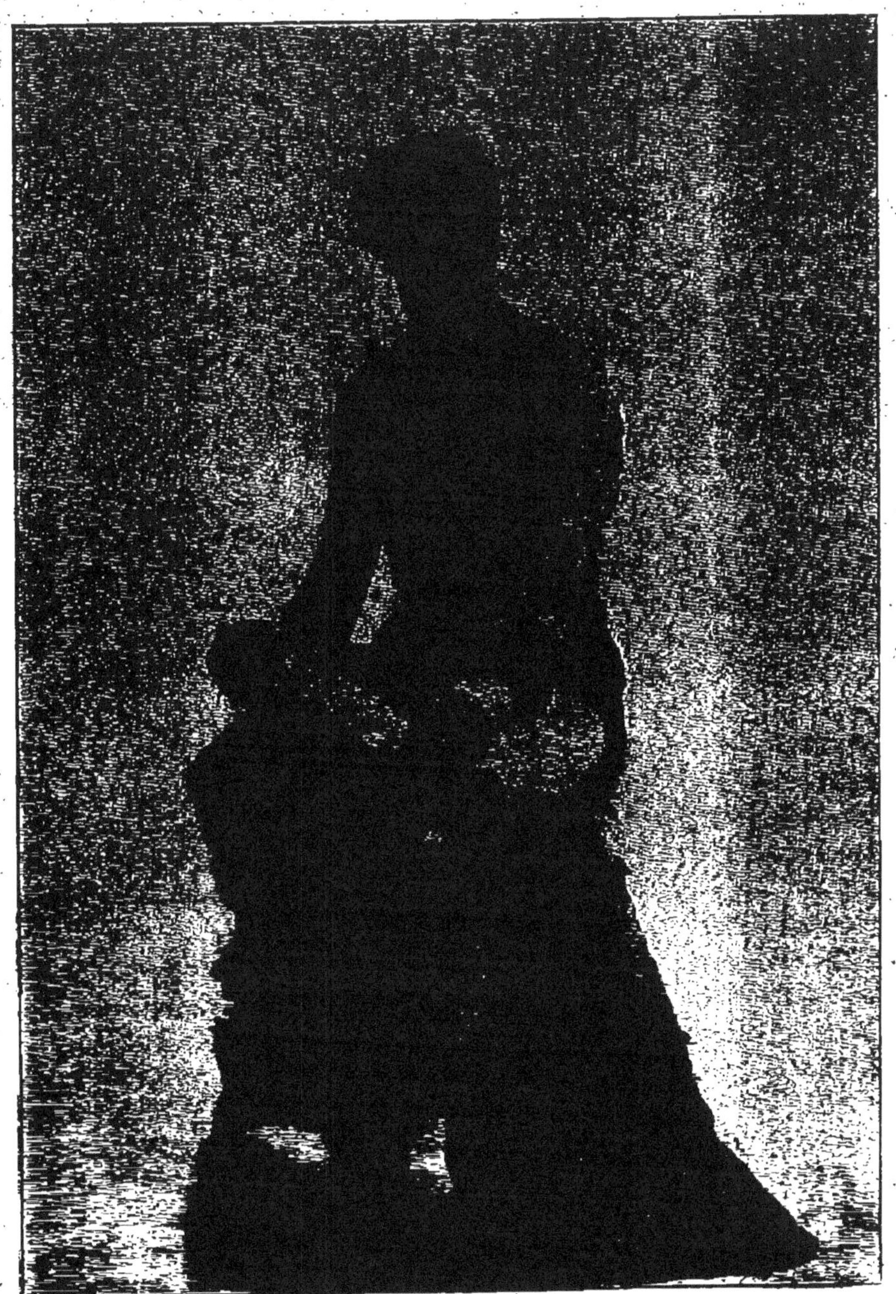

Phot. XVIII. — Paul Cinquevalli, jongleur.

sonance discrète dans le concert un peu uniforme de la
jonglerie. Parmi les accessoires de Cinquevalli figurent
une queue et des billes de billard. Sur ce
motif fort simple il a su broder des variations d'une inépuisable originalité. Ainsi
il superpose deux des billes en équilibre
l'une sur l'autre au talon de la queue, met
celle-ci en équilibre par le *procédé* sur
la troisième bille reposant dans un petit
verre à pied qu'il maintient entre ses dents.
Il endosse un boléro auquel sont accrochés de place en place des
petits filets rappelant assez
les blouses de nos vieux
billards. Après avoir fait
évoluer une demi-douzaine
de boules en l'air, il les
reçoit l'une après l'autre
avec une infaillible précision dans chacune des blouses adaptées à ses reins ou
à ses flancs. Puis c'est un
plat creux auquel il im-
prime un fort mouvement
de rotation et qu'il superpose sur le manche d'un
petit fouet de maître ; le

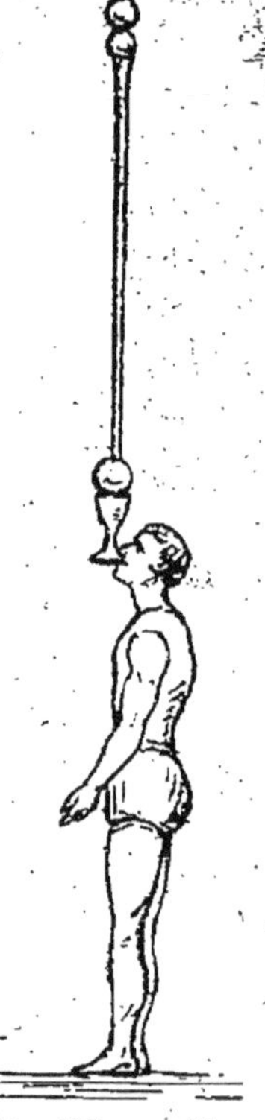

Fig. 159. — Cin-
quevalli — Les
boules et la queue
de billard.

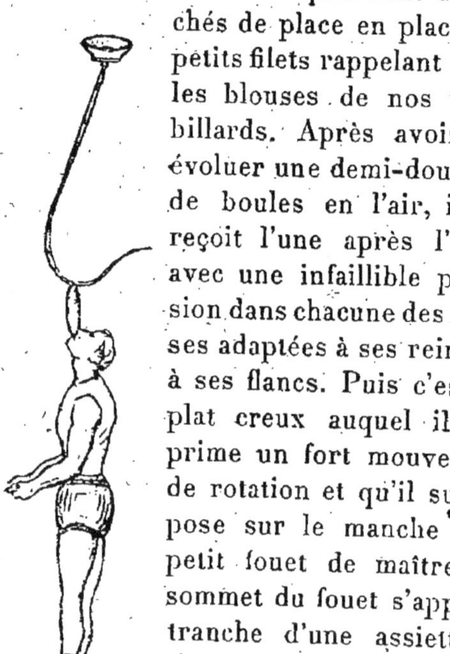

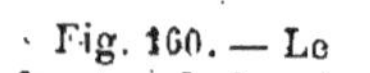

Fig. 160. — Le
fouet et le bassin.

sommet du fouet s'appuie (fig. 160) sur la
tranche d'une assiette maintenue entre
les dents, et alors, obéissant à l'impulsion giratoire du plat, le fouet se met à
pivoter rapidement comme une hélice.
Enfin (fig. 161) c'est un lourd boulet d'a-
cier qui s'anime sous ses doigts, et court docile, comme
est le fer à l'aimant, le long de ses bras, autour de

son cou ; il le place entre ses deux talons, et, par un

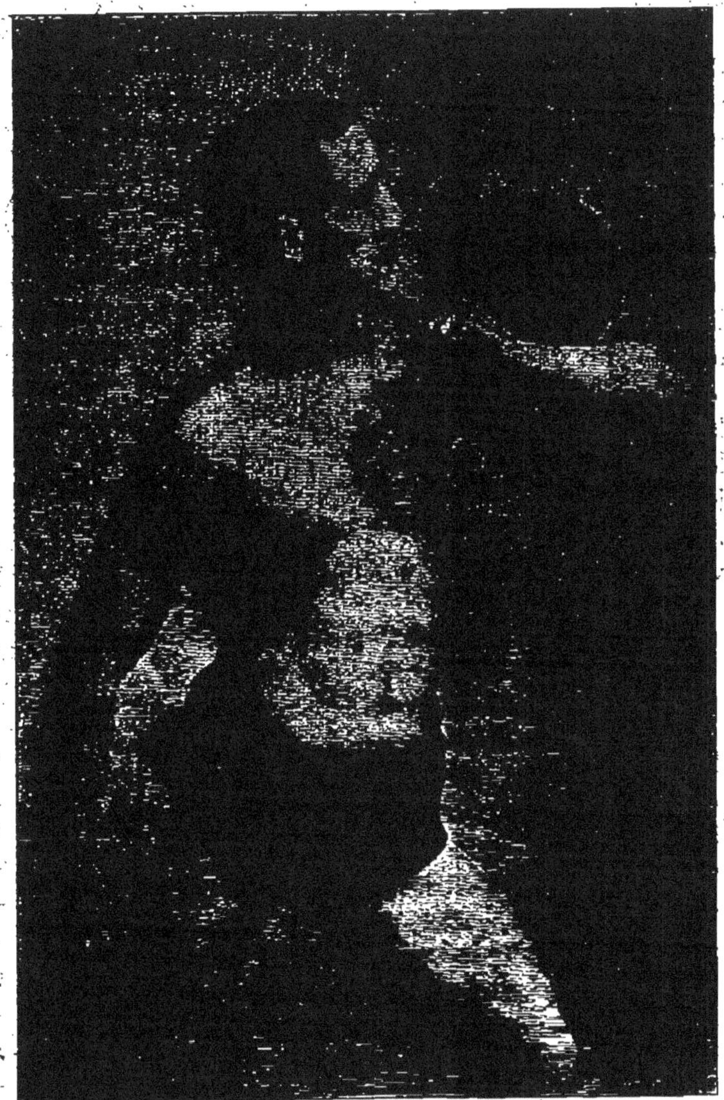

Phot. XIX. — Sévérus Scheffer, jongleur.

soubresaut en arrière, l'envoie retomber sur un casque

surmonté d'un entonnoir dont il a eu soin de prémunir
sa tête.

Sévérus Scheffer (phot. XIX), de cette fameuse lignée
dont le nom seul éveille l'idée de la
perfection acrobatique, et à qui j'in-
clinerais secrètement à décerner le
titre de champion de la jonglerie, a
commencé par le travail icarien et
par les équilibres sur les mains.
Dans ce dernier numéro il enlevait
l'équilibre sur le goulot d'une carafe
surmontant un échafaudage de ver-
reries aussi fragile qu'instable. Debout sur ce même piédestal cristal-
lin, il exécutait diverses figures de
jonglerie. Aujourd'hui et depuis de

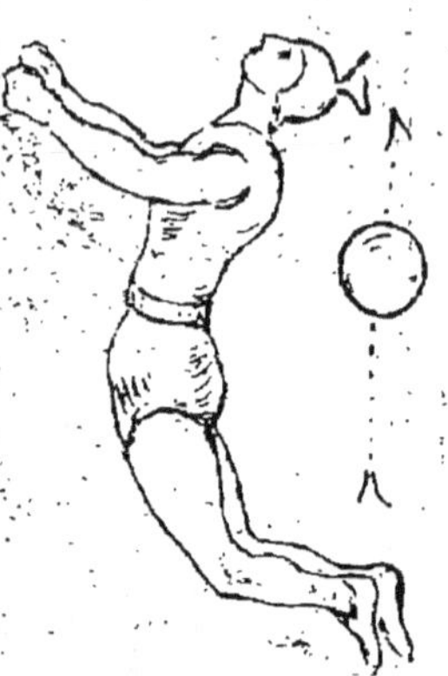

Fig. 161. — Jonglerie
avec la boule.

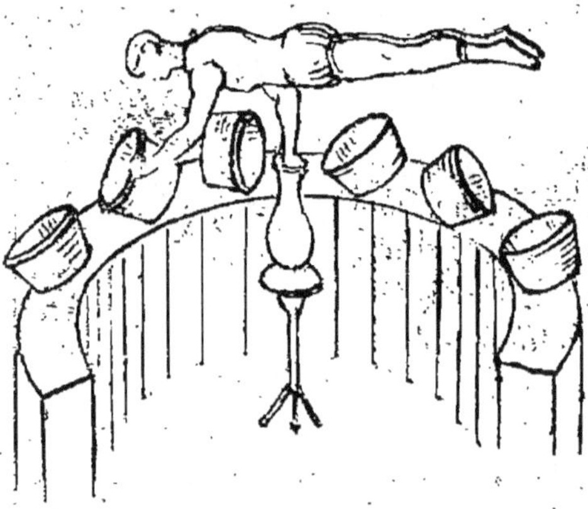

longues années il s'est séparé de la troupe mère, et travaille indépendamment comme jongleur équilibriste. Il
me faudrait un cha-
pitre entier pour
analyser par le menu
toutes les merveilles
de force et d'adresse
qui constituent son
numéro, un des plus
longs que je con-
naisse, et qui pour-
tant paraît trop
court, tant l'intérêt
qu'il présente est sai-
sissant. Aussi me
contenterai-je d'in-

Fig. 162. — Sévérus Scheffer. Les terrines
animées.

diquer deux ou trois des exercices les plus originaux qui
en font l'attrait. Sévérus enlève l'équilibre d'un bras sur
un goulot de carafe, redescend en équerre sur le coude

et se met à pivoter sur le poignet droit (fig. 162). Cependant sa main gauche n'est pas inactive. Elle anime une rangée d'énormes terrines disposées sur une planche circulaire dont le support du jongleur forme le centre.

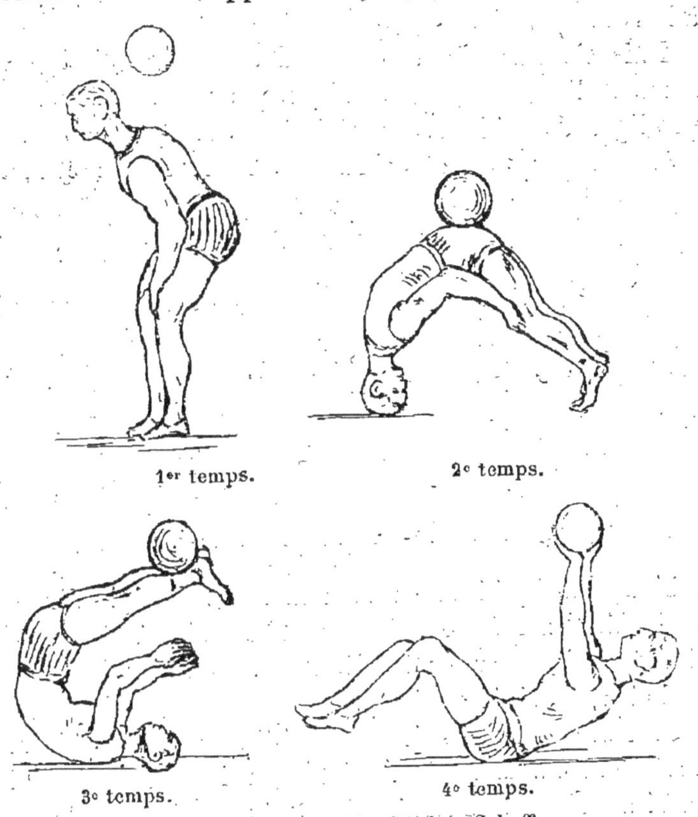

Fig. 163. — Le boulet, par Séyérus Scheffer.

Chaque fois qu'une des terrines menace de revenir à l'immobilité, le doigt du jongleur arrive à point pour lui imprimer une trépidation nouvelle.

Un truc absolument inimitable autant qu'inimité est le suivant (fig. 163) : Sévérus lance un énorme boulet de métal en l'air et le reçoit sur la nuque, puis se précipite en avant comme pour faire le saut de nuque. Le boulet, docile aux lois de la pesanteur, glisse le long de sa colonne vertébrale, remonte le long de ses cuisses et de ses jambes, et, bondissant par-dessus ses pieds, vient retomber de toute sa hauteur dans les mains déjà prêtes à le recevoir.

Puis c'est une énorme roue de carrosse qui pivote au sommet d'une longue perche, et, pour clore la série des prodiges d'équilibre, un véritable tilbury amené sur la scène par un poney; Sévérus dételle le cheval et met le

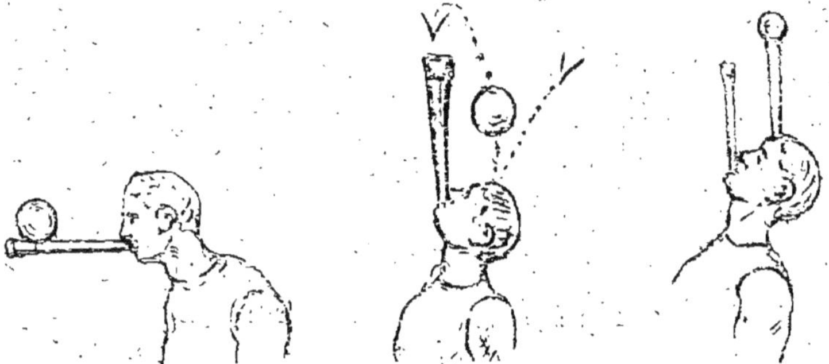

Fig. 164. — La balle et le bâtonnet.

véhicule en équilibre sur son menton. Je dois dire que ce dernier exercice a été présenté aussi naguère au Casino de Paris par un artiste dont le nom italien de Spadoni cachait une origine tudesque.

Si étonnant que soit cet équilibre par le poids et la forme encombrante de l'objet, son intérêt est à peine aussi attachant que celui qui naît du maniement de deux petits bâtonnets d'environ trente centimètres de long et d'une balle de caoutchouc. Quand Sévérus prend en main ces jouets d'insignifiante apparence, on soupçonne à peine le parti qu'il va en tirer. Et pourtant on est bien vite sous le charme. La balle lancée fort haut rebondit (fig. 164) sur le front et de là va retomber sur la petite plate-forme supérieure du bâtonnet tenu verticalement entre les dents, ou bien encore sur la tranche du même bâtonnet tenu horizontalement. Ensuite Sévérus place l'un des bâtonnets surmonté de la balle en équilibre sur son front, tandis que ses dents tiennent par l'extrémité inférieure l'autre bâtonnet dans une direction parallèle au premier. Par une inclinaison graduelle de la tête en arrière, il amène les deux bâtonnets à la position tangente par le sommet, et la balle passe de l'un à l'autre. Cela paraît d'une simplicité enfantine, et pourtant il y a là un prodige d'adresse. On ne se rend pas compte du procédé par lequel la balle semble se dépouiller, au gré du jongleur, de toute son élasticité, pour adhérer docilement à la pointe du bâtonnet sur laquelle elle vient rebondir. Plus simple encore d'apparence et plus difficile peut-être est celui qui consiste à recevoir la balle sur le front, à l'y laisser mourir après deux ou trois rebondissements toujours plus faibles, puis, en tournant la figure à droite ou à gauche, à faire passer la balle tantôt sur une tempe, tantôt sur l'autre, tantôt sur l'arête du nez.

Kara, que l'on dit Américain, et dont le nom semble un pseudonyme, est le créateur d'un genre qui a trouvé de nombreux imitateurs, sans qu'aucun ait réussi à éclipser l'original, ni même à s'en approcher : le jongleur mondain. Son numéro comporte une véritable mise en scène, et tous les objets dont il se sert sont des objets de la vie ordinaire. Grand, svelte, avec un air *gentleman-like,* comme diraient les Anglais, il arrive vêtu en copurchic, avec un long pardessus à taille d'un gris éblouissant, chapeau haut de forme, monocle, gants et badine. Il entre dans une salle de café, où se trouve un comparse jouant le rôle de garçon. Queue et billes, — chapeau, gants et badine, — allumettes, cigare et porte-cigare, — tasse, soucoupe, table, journal — et finalement le groom lui-même, tout vole en l'air, à l'ébahissement croissant du public. Voici entre autres un truc très ingénieux imaginé par Kara : il place une queue de billard en équilibre sur son front par le côté du procédé, et la laisse glisser en avant : elle frappe longitudinalement son front, et, décrivant un demi-cercle, elle se retrouve en équilibre par le côté du talon.

Mais, quelque merveilleux que soit le talent de Kara, je le place pourtant légèrement au-dessous des deux précédents, parce qu'il est dénué de tout élément acrobatique, et surtout à cause d'une nuance de parodie accentuée encore par le choix du costume. Car, comme tous ceux qui ont un sentiment très vif des beautés d'un art, j'ai une aversion insurmontable pour la parodie.

Voilà pourquoi je ne dirai qu'un mot d'un genre qui a eu un succès heureusement très éphémère, le jongleur maladroit ou le casseur d'assiettes, créé par Baggessen aux Folies-Bergère.

J'ai, au contraire, la plus vive admiration pour un incomparable travail de jonglerie athlétique présenté pour la première fois vers 1873 par le Danois Holtum. C'était un athlète de superbe structure que ce Holtum, grand et musclé dans le genre du gladiateur. Ses boulets animés couraient docilement le long de ses bras et de ses épaules, et, lancés à plusieurs mètres en l'air, retombaient sur ses biceps, sa poitrine, sa nuque, dont il contractait les muscles pour amortir le choc. Il terminait ces stupéfiants exercices par le truc du canon chargé à poudre, dont il arrêtait au passage le boulet avec des gants enduits de poix. Cette dernière prouesse fut renouvelée vers 1881 par Achilles, dont le pseudonyme cachait un personnage qui est aujourd'hui sénateur.

L'Australien Moritz Cronin est, si je ne me trompe, le créateur du jeu des clubs (*Club act*), ou jonglerie avec les massues. La massue est un merveilleux instrument gymnastique dont on ne saurait trop faire l'éloge. Mais les séries de mouvements que les amateurs pratiquent dans les gymnases avec une massue dans chaque main, quelque bien exécutées qu'elles soient, ne donnent qu'une faible idée du parti que le jongleur australien sait tirer de ces vulgaires instruments. Avec *trois* massues, ornées de plaques de métal brillant qui scintillent aux lumières électriques, il trouve moyen d'intéresser les spectateurs pendant un quart d'heure, sans changer d'exercice. Mais aussi il y a quelque chose de féerique, presque de surnaturel, dans la manière dont les *clubs* glissent entre ses doigts, tournent autour de son cou, passent derrière ses reins et entre ses jambes, et, après une évolution simple ou double dans l'espace, reviennent docilement dans les mains du jongleur comme si elles y étaient attirées par une puissance magnétique.

Quelques jongleurs sont presque exclusivement équilibristes. Je citerai parmi ceux-ci Kiners, qui escalade une pyramide de tables en portant sur le front un échafaudage de verres remplis d'un liquide coloré, tient sur le front une véritable roue d'omnibus, la fait tourner horizontalement au bout d'une longue perche, et enfin porte entre ses dents une chaise sur laquelle est assise une femme. Kiners a eu un contrefacteur inattendu dans le domestique qui à la scène lui présentait les appareils. Celui-ci, à ses moments perdus, répétait, en cachette de son maître, les exercices qu'il lui voyait faire, et quand il s'est jugé assez adroit pour paraître en public, non content de s'être rendu coupable de plagiat, il a encore usurpé le nom de son modèle en le défigurant légèrement par un trait d'union, Kin-Ners (ne pas confondre avec Kiners sans trait d'union!). Ce sont là de ces petites surprises désagréables dont la carrière d'artiste est parfois semée.

CHAPITRE XIX

PANTOMIMES

Il y a deux sortes de pantomimes : la pantomime italienne ou pantomime expressive, et la pantomime anglaise ou pantomime acrobatique. De la première, qui fut illustrée chez nous par le célèbre Debureau, et qui aujourd'hui encore a ses représentants dans Séverin et Paul Franck, nous ne dirons rien, parce qu'elle n'a aucune relation avec le sujet de ce livre. Le personnage enfariné de Pierrot ne nous dit rien qui vaille. La seconde, au contraire, mérite de fixer notre attention par la large part qu'elle fait à la gymnastique. La pantomime anglaise n'est pourtant pas un produit autochtone du sol britannique : c'est un fruit exotique, qui, transplanté à Londres, s'y est modifié conformément au goût du public anglo-saxon, amateur de toutes les variétés de sports. La pantomime fut apportée en Angleterre par l'Italien Grimaldi, dont le fils acquit dans ce genre d'exhibition une renommée retentissante. Ce dernier brillait vers la fin du dix-huitième siècle et dans les premières années du dix-neuvième; il a laissé des Mémoires fort intéressants, que le romancier Charles Dickens a mis en ordre et publiés. Nous voyons par l'ouvrage de l'humoriste anglais que le jeu de Grimaldi, tout en comportant un élément acrobatique, n'avait pas encore rompu avec les traditions scéniques de la pantomime théâtrale. Mais, après ce comédien de marque, la clownerie prit décidément la haute main, et la pantomime anglaise devint ce qu'elle est aujourd'hui, c'est-à-dire une série incohérente de bonds, de chutes, de cascades, de coups donnés et reçus, sans aucun lien d'action, sans aucune signification intellectuelle. Beaucoup de pantomimes n'ont même pas de titre, et celles qui en ont le justifient très imparfaitement. Tout leur mérite consiste dans la rapidité de l'exécution, dans la hardiesse des sauts et dans une mise en scène compliquée de trucs souvent ingénieux, mais parfois monotones par leur répétition. N'y cherchez point une distraction intelligente, et contentez-vous de ce qu'elles vous offrent, c'est-à-dire, lorsqu'elles sont bien exécutées, un quart d'heure de gaieté folle, de gros rire sans arrière-pensée, provoqué par le caractère ultra-bouffon de la parodie, par l'*humour* et le *funnism* anglo-saxon.

La forme la plus simple de la pantomime anglaise est le numéro appelé dans l'argot des cirques : *knocking about* (action de donner des coups). C'est une farce très grossière et très brutale à deux personnages. Les costumes les plus excentriques sont de rigueur : crânes artificiels, perruques indescriptibles, vêtements composés de pièces et de haillons, souliers d'une longueur invraisemblable. Les deux artistes débutent par une chanson anglaise accompagnée de gigue. Puis commence un échange de coups de matraque, de crocs-en-jambe, de chutes en avant et en arrière sur toutes les parties du corps, heureusement amorties par une fausse *bedaine* et un plastron rembourré appliqué à l'endroit où le dos perd son nom. Malgré ces précautions, les artistes sont exposés à des contusions fort pénibles, et l'animation qu'ils apportent à leur jeu est très fatigante. Aussi faut-il les voir, au bout de quelques minutes, dans la coulisse, pantelants, essoufflés, crispés, le fard brouillé par la sueur. Il y a souvent beaucoup d'originalité et de pittoresque dans les effets de loques, et surtout dans le talent de se grimer. C'est là un des principaux éléments du succès de fou rire provoqué par ces exhibitions grotesques. Un autre élément est fourni par le jargon anglo-français, émaillé de barbarismes et pimenté par une prononciation soi-disant anglaise, qui est devenue à tel point une des conditions essentielles du genre, qu'elle s'impose à tout artiste qui se respecte, fût-il des Batignolles.

On peut aussi ranger dans la catégorie des pantomimes le numéro connu sous le nom de *musical brothers*. Ces musiciens comiques exécutent parfois un duo de violon, non sans charme, en l'entrecoupant de sauts périlleux. D'autres fois, la partie musicale et bouffonne prenant la haute main, l'acrobatie est reléguée au dernier plan. Tout l'attrait du numéro consiste alors dans des auditions musicales données au moyen d'instruments invraisemblables : une batterie de cuisine, des meubles, des balais, dont l'intérieur recèle naturellement un soufflet producteur du son, des xylophones, des pavés de sonorité différente, des bouteilles, des grelots, des sonnettes, bref, tout ce que la fantaisie la plus délirante peut imaginer pour surprendre l'ouïe et la vue, et forcer le rire par la contradiction des apparences extérieures de l'instrument avec sa destination harmonique. Le tout est assaisonné d'un dialogue plus ou moins drôle, de gifles, de coups de pied et de cascades.

Diverses variétés de pantomimes sont fournies par les *parodies* des principaux genres acrobatiques. Telles sont les barres fixes comiques, où les gymnastes, grotesquement accoutrés, simulent l'inexpérience des débutants pour s'élever par degrés aux plus hautes difficultés de l'art, à cette nuance près que les finales sont défigurées par des échappements volontairement transformés en chutes maladroites, — les jongleurs casseurs de vaisselle, — les scènes comiques à cheval où un Foottit quelconque se déguise en écuyère de panneau, etc. On ne saurait nous demander de décrire par le menu toutes ces scènes parfois drôles, souvent aussi plutôt insipides, dans lesquelles certains artistes, désespérant d'obtenir un succès de bon aloi par un talent véritable, essayent de se concilier le public en bafouant l'art dont la perfection léur échappe.

Au-dessus de ces ébauches plus ou moins imparfaites, se placent quelques pantomimes acrobatiques de plus haute envergure, caractérisées par un semblant d'action. Toutefois le *libretto* en est toujours très pauvre et très incohérent, à moins qu'il ne soit emprunté à quelque création géniale d'un auteur de marque, comme *l'Auberge des Adrets* par exemple. Le machinisme y joue un rôle prépondérant : trucs, trappes, coulisses, panneaux à ressort, malles à double fond, sièges à bascule, planchers qui se crèvent, murs qui s'écroulent, toits qui s'effondrent avec un fracas tonitruant et une avalanche de décombres. Quant aux acteurs eux-mêmes, ils sont emportés dans un tourbillon ininterrompu de culbutes, de sauts périlleux, de chocs imprévus, de cascades vertigineuses, de corps à corps et de chutes à pic qui nécessitent une singulière élasticité des membres et une furieuse dépense d'énergie.

La répétition d'une pantomime acrobatique est toujours une œuvre de longue patience, dont la difficulté croît en proportion du nombre de personnages qui y figurent. Tout le succès d'une pantomime dépend, en effet, de la manière dont elle est enlevée. La moindre hésitation, le plus petit retard dérangerait toute la combinaison d'une scène qui ne vaut guère que par les détails burlesques accumulés les uns sur les autres. Ce n'est qu'après des mois de préparation qu'une pantomime est suffisamment réglée pour affronter la représentation, et alors elle est une sorte de mécanisme compliqué et précis dont chaque ressort joue avec une ponctualité automatique. De là le caractère monotone de la pantomime anglaise, qui ne se sauve que par la perfection du jeu des acteurs. C'est d'elle qu'on peut dire « qu'il n'est point de degré du médiocre au pire ». Si elle ne provoque le fou rire, elle est froide et assommante; il n'y a point de milieu entre ces deux extrêmes.

La plupart des pantomimes anglais sont en même temps d'excellents acrobates, ou du moins l'ont été dans un stage antérieur de leur carrière artistique. Leur jeu comporte, en effet, le grimper et les établissements du gymnaste, aussi bien que les sauts du clown. Les troupes les plus remarquables que j'aie vues sont les Hanlon-Lee, déjà cités, dans leur bouffonnerie musicale intitulée *Do Mi Sol Do*, et dans le *Duel des Pierrots*, où ils se montraient à la hauteur de Séverin pour le jeu de la physionomie; les Lauri-Lauri's, dans *The Terrible Night*, dans *Maison Tranquille* et dans *Puss-Puss*; les Martinetti, jadis acrobates de tapis, qui ont interprété d'une façon tout à fait saisissante, par le mélange du grotesque et du tragique, la célèbre scène de Bertrand et Robert Macaire dans l'*Auberge des Adrets*.

Depuis le *Voyage en Suisse*, la pantomime anglaise a élu domicile sur les planches de nos théâtres de genre. Maint vaudeville médiocre, mainte pièce à décor, doit une bonne partie de sa vogue à une scène mimée par les Price ou les Omer's. Les scènes de cambriolage notamment ont un grand succès d'actualité; et l'auteur qui peut adroitement en introduire une dans sa pièce est sûr de faire rire son public sans se mettre en frais d'esprit. Laissons les gens chagrins crier à la décadence de l'art. Qu'y faire? L'esprit ne court pas les rues; et on ne peut pas en avoir tous les jours.

CHAPITRE XX

LES ACCESSOIRES

La difficulté des exercices et la virtuosité des artistes
sont les éléments principaux, mais non uniques, du succès. Il y a une manière de présenter un travail qui en
rehausse singulièrement le prix, et l'on peut dire avec
Molière que « les choses ne valent que ce qu'on les fait
valoir ». De même qu'il ne suffit pas de préparer un bon
repas, et qu'il faut aussi donner aux plats une apparence
qui invite les convives à en goûter, de même le proverbe
populaire : « La sauce fait passer le poisson, » se vérifie
parfois dans les choses de l'acrobatie. Voilà pourquoi
nous croirions n'avoir pas tout dit sur le sujet qui nous
occupe, si nous ne terminions cette étude par un aperçu,
tout à fait personnel d'ailleurs, sur l'importance des accessoires propres à mettre en relief la valeur intrinsèque
des exercices. Si les artistes n'avaient affaire qu'à des
connaisseurs venus pour les juger, la mise en scène aurait moins d'utilité ; même entre les quatre murs d'un
gymnase, et avec leurs costumes de répétition, ils seraient
sûrs de trouver le juste tribut d'admiration dû à leur talent. Mais à Paris même, où le public, à force d'avoir vu
des spectacles acrobatiques, a fini par se dégrossir un
peu, il s'en faut que les juges compétents forment la majorité. Voilà pourquoi l'artiste ne doit négliger aucun
moyen de se rendre à l'avance favorables des spectateurs

incapables de se rendre un compte raisonné de leur admiration, et dont les connaissances en matière d'acrobatie sont loin d'être à l'abri de l'erreur et du préjugé.

Mise en scène. — A proprement parler, il n'y a guère de mise en scène pour un travail d'acrobatie, à moins qu'on ne veuille entendre par là les appareils plus ou moins compliqués dont les artistes font usage au cours de leur numéro. Pourtant les Scheffer, comme nous l'avons dit au chapitre des jeux icariens, ont tout un décor figurant une arène espagnole, des chevaux pomponnés comme les mules qui traînent le cadavre du taureau, et ils font, avec un gros danois affublé d'une tête cornue en carton, un simulacre de corrida. Eh bien! malgré la haute valeur de cette troupe, ces apprêts me paraissent exagérés, et ne sont pardonnables qu'en faveur de leur réputation bien établie. Au fond, tous ces accessoires sont du remplissage, et servent parfois aux artistes à décharger d'autant leur tâche personnelle, à dissimuler un commencement de décadence, à distribuer avec plus de parcimonie les exercices qui doivent être la véritable attraction de leur travail. La façade pompeuse de l'édifice masque la pauvreté du logis intérieur. En voici un exemple entre plusieurs autres. J'aimais mieux la première manière de Polinetti, le merveilleux équilibriste sur mains que j'ai applaudi, il y a huit ou dix ans, au cirque de la rue Saint-Honoré; là, du moins, il donnait la bonne mesure, et le spectateur en avait pour son argent. Depuis, je l'ai revu aux Folies-Bergère. Sa barre fixe se dissimulait sous une riche tenture de velours figurant une portière de salon. Il se présentait en macfarlane et en habit de soirée, pour faire, il est vrai, un déshabillé en équilibre de tête. Mais combien son numéro était raccourci! En fait, il se réduit à quatre figures, admirables, je le reconnais, mais qui justement feraient souhaiter un menu plus allongé; les hors-d'œuvre ont fait supprimer le rôti. Ces critiques sont l'expression d'une opinion personnelle que je ne prétends imposer à personne, mais qui sera partagée à coup sûr par tous les vrais connaisseurs. Le grand public sait peut-être gré à l'artiste de se mettre en frais pour lui. Quant à moi, je veux bien tolérer un peu de décor, mais à condition que la note soit discrète et que le travail essentiel n'en souffre pas. Les accessoires ne doivent pas être comme ces *flon-flons* sonores sous lesquels certains compositeurs de valses modernes essayent de déguiser la pauvreté désespérante de leur phrase musicale.

La véritable mise en scène de l'acrobate consiste donc uniquement dans les appareils qu'il emploie pour ses exercices. Ces appareils doivent être en bon état, cela va sans dire. Mais y a-t-il avantage pour l'artiste à ce qu'ils aient une apparence luxueuse ? Je ne saurais fixer une règle absolue à cet égard. Ainsi j'ai remarqué que les rois de la voltige aérienne semblent mettre une sorte de coquetterie à travailler sur des agrès d'une simplicité voisine de la négligence. Les merveilleux Hanlon-Volta avaient un matériel qui eût difficilement trouvé un acqué-reur pour cinquante francs dans une vente aux enchères. Les Rainat's, les Alex, ont des barres et des trapèzes aussi peu ornés que ceux qu'on rencontre dans les gym-nases. Et comme leur situation est prospère, il faut voir dans ce dédain des accessoires l'orgueil raffiné du grand artiste qui, sûr du succès, ne veut le devoir qu'à son talent, et non à des artifices mesquins. Tels ces milliar-daires dont l'extérieur presque négligé contraste avec leur réelle opulence. Il est vrai que, la voltige se voyant de loin, la recherche des ornements destinés à enjoliver les agrès serait en pure perte, et d'ailleurs la nature même de ces agrès ne se prête guère à d'autre embellissement que celui du nickelage des ferrures.

En revanche, dans le travail à terre, où l'on est bien davantage sous le regard du public, et où l'on fait en quelque sorte corps avec l'appareil, le premier coup d'œil prévient tout d'abord d'une façon favorable ou défavorable. Un équilibre sur les mains est toujours un équilibre sur les mains, me direz-vous. Oui, sans doute : mais faites-le sur une élégante pyramide de carafes, remplies d'un liquide mobile et scintillant, il paraîtra non seulement plus joli, mais encore plus difficile, par suite des oscillations que communiquent au liquide les moindres mouvements de l'artiste, qu'exécuté sur un escabeau grossièrement taillé ou sur des barres parallèles. J'ai décrit au chapitre V la confection élégante de la pyramide qui servait aux Algériens Abachi et Mazus. Rien de coquet, de léger, d'aérien comme cet entassement de petits escabeaux, finement découpés à jour, et enjolivés d'arabesques blanches sur fond rouge avec filet d'or. Ces tabourets, étant d'ailleurs vissés les uns aux autres, présentaient une solidité égale à celle d'un support massif. Mais il suffisait qu'ils eussent cet aspect de fragilité et d'instabilité pour donner d'abord une haute idée de la finesse et de la sûreté du travail auquel ils servaient de base. Même le socle qui supporte la statue doit être élégant pour ne pas nuire à l'effet artistique de l'œuvre. Les escaliers servant d'accessoires dans certains numéros d'équilibre de tête à tête ou de mains à mains doivent être légers, frais de coloris, ornés sur le rebord de velours frangé avec clous d'or. Les chaises doivent être d'une structure élancée, les pieds de derrière élégamment courbés en dehors, non seulement pour le coup d'œil, mais aussi pour la stabilité. Elles seront soigneusement vernies, avec des filets clairs sur fond obscur. Les équilibristes Zénora et Foden se servaient d'une sorte de barres parallèles inclinées, qui affectaient la forme de deux rampes d'escalier, soutenues par des balustres en bois tourné ; l'effet était des plus réussis. Certes, leur travail était assez distingué pour se passer de ces agréments, mais tenez pour certain qu'il n'y perdait rien, bien au contraire ; au reste, qui veut se convaincre de l'influence exercée par tous ces petits détails extrinsèques sur le sentiment d'admiration dont le public est susceptible, n'a qu'à assister à une répétition d'artiste, dans un local privé. Il se rendra compte de ce que l'absence des lumières, des costumes éclatants et de la mise en scène ôte d'attrait au travail le plus méritoire.

Il y a donc un certain décorum que l'artiste doit observer. Qu'il évite le luxe de mauvais goût, l'inutile complication des appareils, d'autant plus que si le travail n'est pas à la hauteur, le contraste entre la pauvreté des exercices et la richesse des appareils ne peut que tourner à son désavantage. C'est la montagne qui accouche d'une souris. Mais si une élégante simplicité suffit dans la plupart des cas, un matériel soigné et confortable est une condition indispensable pour plaire. Les acrobates de tapis n'ont besoin que d'un tapis, mais il est bon que ce tapis soit de riche couleur et d'un beau dessin. A vrai dire, il appartient généralement à la direction de l'établissement : les artistes ne fournissent que le matelas de feutre destiné à amortir les chutes. Les panneaux des acrobates équestres doivent être recouverts d'une housse de satin enrichie de broderies et de franges d'argent ou d'or. Quant aux jongleurs, ils doivent soigner tout particulièrement la forme des objets avec lesquels ils exécutent leur travail de vélocimanes.

Musique. — La musique est loin d'être une chose indifférente en matière d'acrobatie. Même les *postiches* s'offrent le luxe d'un orgue de barbarie. On sait, en effet, que la musique a un effet dynamogénique qui se fait sentir aux animaux eux-mêmes. J'ai remarqué personnellement que toutes les fois que j'ai travaillé, dans des séances publiques, au son d'un orchestre ou d'un simple piano, les lois de la pesanteur se modifiaient en quelque sorte et que mon corps me semblait peser deux fois moins que de coutume au bout de mes bras. Une marche militaire jouée à propos fait oublier au régiment la fatigue d'une longue étape. Les cuivres surtout agissent puissamment sur l'énergie et le courage des hommes. La musique est donc l'auxiliaire indispensable de la gymnastique aussi bien que de la danse. Mais toute musique ne convient pas également, et il faut savoir approprier la nature des airs au caractère du numéro qu'ils accompagnent.

Par exemple, la voltige aux trapèzes, les équilibres, les anneaux, exigent la cadence langoureuse d'une valse. Strauss, Métra, Waldteufel, fournissent un répertoire tout indiqué. Un travail de gros poids s'accompagne à merveille d'une marche dont l'allure martiale fait pressentir des prouesses athlétiques : l'Hercule arrive sur la scène avec un léger dandinement, une sorte de roulis d'épaules qui fait valoir sa puissante carrure et lui donne un air victorieux. Le *Wiener Marsch* de Kral s'allie admirablement avec un enlèvement de gros haltères. Aux barres fixes, à la batoude, aux sauts du tapis, il faut la cadence endiablée d'un galop, comme *Bucéphale*, par exemple, qui semble souffler le feu et n'admet ni trêve ni repos. Le travail équestre est toujours soutenu par un quadrille dont les divers motifs correspondent aux diverses phases du numéro : entre deux figures se place un intermède de deux ou trois minutes rempli par une entrée de clowns, qui permet au cheval et à l'écuyer de souffler. Certains numéros, par leur nature complexe, comportent une orchestration variée. Ainsi, dans les jeux icariens, la partie proprement icarienne ne va pas sans l'accompagnement d'une valse. L'entrée du numéro consistant surtout en sauts de tapis se fait au son d'un galop. Quant aux jongleurs, ils ont autant d'airs différents qu'il y a de phases variées dans leur série d'exercices. Ajoutons que la musique doit être discrète pour eux, comme il convient à la délicatesse de leur travail. Une orchestration trop bruyante jurerait avec la finesse de leur jeu; l'accompagnement doit être en sourdine, de manière à ne pas absorber l'oreille, et à laisser aux yeux toute leur force d'attention pour les merveilles qui les frappent. Ai-je besoin d'ajouter que les artistes travaillent toujours avec le même air? Tout changement de mélodie serait susceptible de troubler la sûreté de leur exécution. Ceux qui ont une partition spéciale adaptée à leur numéro voyagent avec leurs cartons à musique. Les autres se contentent d'indiquer leur morceau favori, qui est toujours de ceux que connaissent tous les orchestres. On a tiré quelquefois un effet fort heureux d'une suspension momentanée de la musique à l'exercice sensationnel du numéro. Ce silence avertit le public qu'il va se passer quelque chose d'extraordinaire : c'est l'angoisse de l'attente, ce sont les affres du danger, la paralysie de la voix à l'imminence du péril, qui sont exprimées par cet arrêt. Toutefois, on a abusé de ce truc, qui a perdu beaucoup de son cachet, d'autant plus qu'on arrête souvent l'orchestre pour un exercice qui n'est en rien supérieur aux précédents : d'où il suit un effet manqué. On obtiendrait, je crois, un meilleur effet en faisant seulement mettre les sourdines pour la passe à sensation. L'abaissement du diapason préparerait le spectateur à quelque chose de solennel aussi bien que le silence complet, qui surprend désagréablement l'oreille en la privant brusquement d'un rythme musical auquel elle s'était habituée. Parfois aussi on aiguillonne la curiosité par un court dialogue en anglais (*of course!*). Les voltigeurs échangent ces paroles sacramentelles : « Are you ready? — Yes. — Go. — All right. — Next time. » C'est une véritable trouvaille que le classique roulement de tambour terminé par un coup de grosse caisse et de cymbales qui accompagne le saut du plongeur dans le filet.

Costume. — Le costume non plus n'est pas chose indifférente et peut contribuer au succès du travail, surtout lorsqu'il est choisi de manière à faire voir la beauté plastique de l'artiste. Je ne saurais trop critiquer cette mode absurde, introduite, dit-on, par les Américains (elle fleurit chez Barnum), des *gentlemen acrobates* qui paraissent en habit noir. D'abord, cette plaisanterie a trop duré. Chacun sait bien que ce sont des professionnels, et non des gens du monde. Ensuite, c'est laid, ridicule et incommode. L'habit noir ne sied bien qu'aux gens longs, maigres et plats. Les artistes, généralement de taille plutôt moyenne et très musclés, ont l'air emprunté sous ce vêtement, qui n'est pas celui de leur condition. Ils sont perpétuellement occupés à rajuster leur gilet, leur cravate ou leur chemise qui les gênent dans l'exécution de leur travail. Quel effet grotesque ne produisent pas ces queues de morue décrivant dans les sauts périlleux un angle droit avec le dos du gymnaste! Et enfin ces habits de ville, mal taillés à dessein pour laisser plus de jeu aux membres, dissimulent des musculatures souvent fort belles. Le maillot est donc de rigueur pour les artistes, et, pour ma part, si j'étais directeur d'un cirque, je proscrirais impitoyablement le frac et ceux qui le portent.

Chaque numéro comporte un costume spécial, bien qu'il n'y ait pas là une loi inviolable. Sans vouloir imposer mes préférences, je crois cependant pouvoir donner des indications précises, fondées sur le goût et l'observation, pour le choix du costume qui convient à tel ou tel travail.

Les voltigeurs auront de préférence un maillot et un collant de couleur chair, emprisonnés dans un léotard de couleur plus foncée, avec cothurnes de satin découpés à jour, assortis en nuance au léotard[1]. On peut aussi mettre

---

1. On appelle ainsi un justaucorps échancré sur la poitrine.

lé costume tout entier de la même couleur, à condition que cette couleur soit assez tranchée, par exemple ponceau. Le cothurne est avantageux pour ceux qui ont le bas de la jambe un peu court : en brisant la ligne à la moitié, il la fait paraître plus longue.

Les équilibristes sur mains, les barristes, les gymnastes équestres, portent généralement le maillot de corps et le collant de jambes, relevés par une trousse collante, et non bouffante (ce qui est fort disgracieux), échancrée sans exagération (ce qui serait choquant); poignées et collerette de satin à franges et paillettes d'argent ou d'or, suivant le ton plus ou moins clair du maillot, le tout d'une couleur uniforme. Les nuances les plus avantageuses sont le bleu-de-ciel, le lilas, le jonquille et le ponceau. Le noir ne convient qu'aux artistes qui auraient intérêt à s'amincir, et doit être alors rehaussé par des franges d'or. Pour chaussure, le cothurne ou le petit soulier de danseuse, de nuance assortie.

Les acrobates de tapis ne peuvent avoir ni poignées ni collerettes, à cause des prises de mains et des chutes sur les épaules. Ils se contentent d'un petit flot de ruban fixé au-devant du maillot entre les deux pectoraux, et remplacent la trousse un peu grêle par une sorte de culotte allant des hanches jusqu'au-dessous des genoux, et agrémentée à la partie extérieure de la cuisse d'une large bande en plissé de satin : c'est à peu près la culotte du toréador. Quelques-uns garnissent leurs épaules d'un court boléro sans manches, qui dissimule seulement les omoplates et élargit un peu la carrure sans masquer les pectoraux, qui sont, comme l'on sait, un des plus beaux muscles du corps humain et l'apanage des athlètes bien entraînés.

Les Hercules portent le maillot et le collant de couleur chair, les cothurnes découpés à jour, de couleur foncée, avec un léotard mi-parti, c'est-à-dire amputé de toute la

partie droite, de manière à faire baudrier et à laisser entièrement à découvert toute cette moitié du torse qui est
chez eux la plus développée, par suite de l'emploi presque exclusif du bras droit dans l'enlèvement des poids.
Leur maillot est sans manches, bien entendu, pour laisser
voir le jeu de leur puissante et massive musculature dans
la « valse des biceps ».

Enfin les athlètes du tapis, les faiseurs d'anneaux, qui
ont généralement la partie supérieure du tronc fort développée, portent un collant de couleur sombre serré à la
taille par une écharpe jonquille ou une ceinture de fili-
grane argenté, avec cothurnes ou petits souliers assortis
et un maillot également sombre, extrêmement découpé
par le sommet, exposant non seulement les bras, mais les
épaules avec une bonne partie des pectoraux et des grands
dorsaux, dont les contours, très accusés, sont encore
mieux mis en relief par le fond obscur sur lequel ils s'é-
talent. Quelques-uns corrigent la sévérité du collant noir
par une jarretière en ruban, mais ce détail me semble de
mauvais goût.

Pour les jongleurs, il n'y a point de costume qui s'impose à priori : le costume doit être approprié au genre
de jonglerie pratiqué par le vélocimane, et dépend aussi
de sa beauté plastique. Cinquevalli, qui est un bel athlète,
porte un complet de soie lilas avec trousse, collerette et
poignées. Un jongleur de formes grêles pourra prendre
un costume historique, Hamlet ou Henry III, ou bien toréador. Il y a, dans le choix des nuances, une part laissée
au bon goût de l'artiste, et pour laquelle je ne saurais
fixer de règle invariable. Je dirai seulement qu'il n'y a
guère de milieu entre un complet d'une même nuance ou
bien deux nuances très tranchées, comme, par exemple,
rose chair pour le collant et le maillot, et noir ou ponceau pour le léotard. Il serait affreux et ridicule de ma-
rier un collant vert avec un léotard rouge; ces couleurs

criardes éveilleraient, par leur association, l'idée d'un perroquet du Brésil.

Toutes les indications que nous venons de donner n'ont qu'une valeur relative et ne s'imposent pas avec la force d'un impératif catégorique. Mais elles sont fondées sur l'usage établi, sur l'observation des commodités et sur le sentiment de l'esthétique qui doit toujours guider tous ceux dont le métier est de plaire aux yeux.

Quant aux femmes, il faut les répartir en deux catégories au point de vue du costume : celles qui ne travaillent que des jambes et celles qui travaillent du bras et du torse.

Les premières, les équilibristes sur fil de fer, sur la boule, les jongleuses, auront un collant de soie et un justaucorps de satin décolleté, permettant l'emploi du corset. Les écuyères de panneau ont le boléro espagnol, avec la jupe courte et bouffante en mousseline, à la façon des danseuses d'opéra, et les petits escarpins. Le brodequin est préférable pour celles qui ont le bas de la jambe un peu court, défaut très fréquent chez la femme de petite stature. Au contraire, les trapézistes, les équilibristes sur mains et les disloquées portent, avec un collant clair, une sorte de petite blouse en satin bleu, non serrée à la taille, qui ne moule aucune des formes du torse, mais laisse à nu la partie supérieure de la gorge ainsi que les bras. Ce costume, discret et décent, est nécessité par la suppression du corset, incompatible avec les contorsions du tronc.

Durée. — La durée d'un numéro acrobatique est réglée par diverses considérations. Au point de vue du public, il doit être assez long pour satisfaire la curiosité, assez court pour éviter la satiété. Au point de vue de la direction théâtrale, il doit tenir une place suffisante dans le programme, sans prolonger outre mesure la représentation en augmentant les frais généraux qu'elle entraîne.

Enfin, au point de vue de l'artiste, la durée du travail n'a évidemment d'autres limites que celles que lui impose la capacité de la force humaine. La résultante de toutes ces considérations a été de fixer à dix minutes (entrée, fausse sortie et rappel compris) la durée moyenne d'un numéro acrobatique, et par conséquent il en faut douze ou quatorze pour remplir le programme d'une soirée au cirque. Les jeux icariens exécutés par une troupe nombreuse constituant une grande attraction, vont jusqu'au quart d'heure, avec quatre ou cinq fausses sorties, et certains numéros de jonglerie dépassent même un peu cette limite. La représentation doit être coupée par un entr'acte permettant d'aller visiter les écuries, et même les cirques qui possèdent un buffet mettent deux petits entr'actes au lieu d'un grand, pour des raisons commerciales qu'il est superflu d'indiquer, et qui ne sont nullement inspirées par les principes de la ligue contre l'alcoolisme.

Quant aux pantomimes avec figurants, leur durée est illimitée, et certains cirques en abusent, trouvant plus avantageux de remplir le programme avec des exhibitions puériles et ineptes, mais qui entraînent peu de frais, qu'avec de beaux numéros acrobatiques, qu'on ne peut se procurer qu'à des prix très élevés. Et voilà pourquoi le niveau de certains cirques et music-halls parisiens est en pleine décadence, parce que l'administration, vivant de sa vieille renommée et comptant sur l'indulgence du public, se refuse aux sacrifices nécessaires pour attirer les grands artistes. Si cela continue, les amateurs de belle acrobatie seront obligés de faire exprès le voyage de Londres, de Bruxelles ou de Vienne, pour voir un spectacle qui mérite leur admiration.

CHAPITRE XXI

CONCLUSION. — LA FIN D'UN RÊVE

La vie d'acrobate est un rêve, quelquefois brillant, mais toujours éphémère. Après avoir, pendant une série d'années, figuré en grosses lettres sur les affiches des cirques, les artistes qu'entourait l'auréole d'une célébrité momentanée, disparaissent brusquement comme des étoiles filantes. L'âge, la fatigue, les accidents, le dégoût d'une vie nomade et sans avenir, la concurrence de jour en jour plus âpre, la désagrégation des troupes formées avec tant de peine, et, que sais-je encore? mille autres causes, interrompent à un de ses tournants leur carrière théâtrale. Des rivaux plus jeunes, sinon mieux doués, imitent, perfectionnent le travail de leurs devanciers, et, en faisant la même chose, ils la font mieux. Dès lors, à moins qu'ont n'ait conquis une de ces notoriétés qui constituent pour un établissement la meilleure des réclames et lui assurent une salle bien remplie, les engagements se font de plus en plus rares et difficiles. Car les directeurs sont généralement peu soucieux de reconnaître ce que nous appelons les états de services ou les droits de l'ancienneté. Nulle part le combat pour la vie et le dédain du vaincu ne s'affirme plus brutalement que dans ce métier, dont la raison d'être se fonde uniquement sur le plaisir qu'il procure aux spectateurs, et qui semble perdre tout droit à l'existence dès qu'il a cessé de plaire. Que deviennent donc tous les disparus?

Je ne parle pas de ceux qu'une mort tragique survenue

au cours d'une représentation enlève brusquement à l'art, et précipite sans transition du trapèze au tombeau. Ceux-là, ce sont les morts au champ d'honneur, et ils ne sont pas toujours les plus à plaindre. Le papillon qui se brûle les ailes à la chandelle et tombe foudroyé, n'a-t-il pas un sort plus enviable que celui qui languit et meurt de froid en un coin obscur? Après avoir connu les douceurs d'une vie facile et les ivresses du triomphe, il est dur de renoncer à l'art, surtout quand, en l'abandonnant, on perd du même coup son gagne-pain. Les artistes sentent si bien l'instabilité de leur position, et ont une vision si nette du sombre avenir qui les guette à l'apparition du premier symptôme de défaillance, qu'ils prennent souvent les devants, et dès qu'ils rencontrent dans leur partie une situation un peu stable, ils n'ont garde de laisser échapper l'occasion.

Rares sont les artistes qui réussissent à amasser des épargnes suffisantes pour assurer leur âge mûr, — je dis leur âge mûr, car dans l'acrobatie il ne saurait être question de se prolonger jusqu'à la vieillesse. — Les retraités sont une infime minorité. D'abord, nous l'avons vu, les émoluments de l'artiste ne sont pas en général de nature à permettre les économies. Et même lorsque le taux de leurs engagements est supérieur à leurs besoins journaliers, les chômages périodiques auxquels ils sont exposés dévorent au fur et à mesure leurs avances. Enfin, même les mieux rentés de la corporation résistent difficilement aux tentations de toute sorte qui les entourent. C'est surtout au milieu d'une vie oisive et errante que le besoin du luxe et des distractions se fait vivement sentir. C'est un axiome bien connu en matière de finances privées que moins on travaille, plus on dépense, par le besoin des divertissements factices et dispendieux. C'est certainement pour les acrobates qu'a été forgé le proverbe : « Pierre qui roule n'amasse pas mousse. »

C'est pour un acrobate une chance précieuse quand il peut décrocher une place de régisseur d'un cirque à demeure ou d'un grand music-hall. Le régisseur du Cirque d'Hiver, M. Conrad, celui du cirque Medrano, M. Emilio (Émile Maîtrejean), sont d'anciens artistes, le premier sauteur musical, le deuxième voltigeur aérien dans la troupe Mayol. Tous deux ont su quitter l'art avant que l'art ne les quittât. Aujourd'hui ils trônent à la *barrière,* criant en temps voulu la formule sacramentelle : « Allons, Messieurs, à la barrière, » qui annonce l'ouverture de la représentation, ou répondant avec une condescendance pleine de dignité aux provocations des clowns parleurs. Ils sont d'ailleurs jugés compétents du mérite d'autrui quand il s'agit d'engager un débutant. Mais ne leur demandez plus de toucher un appareil ni d'esquisser un saut périlleux; ils ont dit adieu pour toujours à l'acrobatie, à ses pompes et à ses œuvres.

Plus heureux encore sont ceux qui, d'employés devenus patrons, dirigent un cirque, comme M. Houcke, du Nouveau Cirque, comme l'ex-Boum-Boum, qui, après avoir été clown chez Fernando, a succédé à ce dernier et a brillamment relevé un établissement que son prédécesseur, ex-artiste lui-même, avait laissé tomber. Ceux-là sont les favoris de la fortune, et ont une situation des plus enviables, s'ils savent par une gestion intelligente éviter la faillite qui guette tout directeur de théâtre. J'en dirai autant de ceux qui montent une agence artistique en prélevant sur les débutants de la carrière une dîme onéreuse.

Les acrobates qui ont de la famille — et ils sont plus nombreux que leur existence nomade ne le donnerait à supposer — dressent leurs enfants, et quand ceux-ci ont l'âge et le talent requis, ils les exploitent à leur profit. Tant que les enfants sont mineurs, ils acceptent ou subissent cette tutelle, où la peine est pour eux et le profit pour leurs parents. Le père est d'ailleurs loin d'être une bouche inutile : il négocie les engagements, monte les appareils, retient les logis en fourrier, et à la représentation sert les accessoires. Mais quand le jeune artiste est majeur, le père est à sa merci : s'il est ingrat envers son éducateur, s'il a conservé un souvenir désagréable d'une discipline trop rude, il peut abandonner celui à qui il doit le jour, la loi sur les pensions alimentaires n'existant pas, ou du moins étant impuissante à l'égard de ces oiseaux de passage. Eh bien! je dois dire à l'honneur de cette corporation, souvent méconnue du public, et peu estimée des Philistins, que les bons sentiments sont beaucoup plus fréquents qu'on ne croit dans le monde de la bohème. Voyez, par exemple, l'excellent clown Ilès du cirque Médrano, qui échange sur la piste soufflets et coups de pied avec son vieux père : rentré dans la coulisse, c'est un fils respectueux et soumis, qui n'accepterait pas un engagement s'il n'obtenait pas du même coup un petit emploi secondaire pour l'auteur de ses jours. Si les acrobates ont l'imprévoyance de la cigale, ils n'ont pas du moins l'égoïsme de la fourmi. Certains d'entre eux mènent une existence qu'on peut qualifier sans exagération de patriarcale, témoins les Scheffer et les Kremo. Le remarquable clown sauteur Olschanski, qui figurait il y a vingt ans à l'Hippodrome, voyageait avec sa femme et une *bonne,* et lui-même s'occupait de l'éducation *intellectuelle* de son fils. Au fait, me direz-vous, quelle peut bien être l'éducation intellectuelle d'un acrobate? Assurément elle n'est ni scientifique ni littéraire : elle est surtout linguistique, car un bon clown doit savoir écorcher couramment toutes les langues des pays civilisés. La géographie non plus ne lui est pas inutile, étudiée à un certain point de vue : du moins il doit connaître l'emplacement de toutes les grandes villes du monde où il y a pour lui l'espoir d'un fructueux engagement.

Lorsque l'artiste appartient au sexe faible, le père lui

sert de protecteur et de gardien jaloux de sa vertu. Quand vous voyez une écuyère faire des grâces sur le panneau, tenez pour certain que le monsieur à l'air respectable et à cheveux grisonnants qui manie la chambrière et qui règle l'allure du coursier dans la piste est le papa. C'est lui encore qui surveille le transport des chevaux et du matériel, lorsqu'un nouveau contrat appelle l'artiste dans un autre cirque.

Quant aux artistes d'occasion, ceux qui, n'étant pas des *enfants de la balle,* ont quitté leur profession première pour la carrière artistique, ils reprennent tout simplement le métier qu'ils exerçaient d'abord. Comme ils ont beaucoup voyagé, ils ont eu l'occasion d'apprendre un peu les idiomes étrangers, et cette connaissance leur facilite l'accès de quelque maison de commerce ou d'exportation. Aussi rencontre-t-on des ci-devant acrobates dans toutes les professions imaginables. Un ancien émule de Léotard est chapelier dans la rue du Temple. Je ne le nommerai pas; on croirait que c'est de ma part une réclame intéressée dont le prix m'est payé en couvre-chef. Tel autre tient un gymnase : ce n'est pas tout à fait rompre en visière à son passé. Je ne dirai rien de ceux qui font de la politique; un de nos honorables sénateurs se fit jadis applaudir sous le pseudonyme d'Achilles.

Tous les artistes que je viens de passer en revue ont plus ou moins bien réussi à se faire un sort; et ce doit être pour eux un plaisir assaisonné de quelque regret, dans le calme de leur vie actuelle, de se remémorer les péripéties de leur existence acrobatique. Mais il en est aussi, et j'en ai connu personnellement, qui descendent peu à peu tous les degrés de l'échelle sociale. Après avoir tiré sur la corde aussi longtemps que possible, accepté des engagements de plus en plus insignifiants, et s'être cramponnés, avec la ténacité d'un homme qui se noie, à une planche trop faible pour les soutenir, après avoir travaillé pour un morceau de pain dans les plus infimes baraques de la foire, ils se trouvent enfin sans aucun moyen d'existence, usés, vieillis avant le temps, ayant l'horreur d'un travail régulier, et d'ailleurs trop âgés pour être admis nulle part, d'autant plus que le titre d'ancien saltimbanque n'est pas fait pour leur ouvrir les portes d'un emploi sérieux. Ils connaissent la misère dans toute son horreur, et la sentent encore plus vivement par la comparaison avec leur splendeur relative d'antan. Les bas-fonds de la vie parisienne en recèlent plus d'un. Ce vieillard de haute taille et encore droit, mais émacié par les privations, qui vous distribue des prospectus au coin d'une rue, a été jadis un athlète applaudi et populaire dans le monde de la force. Cet autre, les joues creusées par la consomption qui le mine, vêtu de loques, traînant des souliers éculés et qui semble prêt à solliciter l'aumône, a été un des rois de l'air, et a excité sous son maillot de soie l'envie de maint spectateur. Ne croyez pas que je donne ici carrière à mon imagination : ce sont des cas dont j'ai été témoin, et la discrétion seule m'empêche de les préciser davantage.

Que vous dirai-je de plus, chers lecteurs ? Allez applaudir les héros de la gymnastique acrobatique. Mais, à moins que vous ne soyez exceptionnellement doués, si les hasards de la naissance ne vous ont pas destinés au cirque, contentez-vous du rôle plus modeste, mais plus sûr, d'amateurs. La carrière artistique est fertile en déboires, et à ceux qui l'envieraient, je rappellerai cet adage de la sagesse des nations : « Tout ce qui reluit n'est pas or. » Si vous êtes forts et adroits, imitez les exploits des professionnels dans un gymnase privé. Si vous tenez absolument à être applaudis, prodiguez-vous dans les séances d'amateurs, sollicitez votre admission aux élégantes soirées de la rue Benouville, qui réservent toujours une place pour un homme du monde passé virtuose au trapèze. Vous y trouverez un public d'élite, indulgent s'il est nécessaire, mais en même temps appréciateur du vrai talent. C'est peut-être une vanité puérile, mais je songerai d'autant moins à la blâmer que le blâme retomberait sur moi. Du moins vous aurez eu le plaisir d'entrer une fois dans « la peau d'un artiste ». Vous aurez senti les émotions d'un début, les ivresses d'un succès. Vous aurez pu, sans grand effort d'imagination, vous figurer un instant que vous étiez des professionnels, et vous aurez goûté la douce satisfaction d'être applaudis comme tels par vos semblables. Mais n'allez pas plus loin. Faites de l'art, et non du métier.

[illegible]
[illegible]
[illegible]
[illegible]
[illegible]
[illegible]
[illegible]
[illegible]
[illegible]
[illegible]
[illegible]

TABLE DES MATIÈRES

			Pages.
Avant-propos.	......		1
Chapitre premier.	L'acrobatie à travers les âges	......	11
—	II.	Comment on devient acrobate	40
—	III.	La vie d'artiste	47
—	IV.	Les spécialités, les écoles	68
—	V.	Les équilibristes sur mains	77
—	VI.	Les disloqués	96
—	VII.	Clowns et sauteurs à terre	108
—	VIII.	Pyramides et sauts en colonne	137
—	IX.	Les athlètes du tapis	149
—	X.	Les anneaux	161
—	XI.	Barres et trapèzes	172
—	XII.	Funambules et équilibristes aériens	232
—	XIII.	La trinka et les jeux icariens	247
—	XIV.	Les jeux japonais	269
—	XV.	Jeux arabes	285
—	XVI.	Acrobates à cheval	292
—	XVII.	Cyclistes acrobates	309
—	XVIII.	Les jongleurs	320
—	XIX.	Pantomimes	3.0
—	XX.	Les accessoires	345
—	XXI.	Conclusion : la fin d'un rêve	357

SOCIÉTÉ ANONYME D'IMPRIMERIE DE VILLEFRANCHE-DE-ROUERGUE

Jules Bardoux, Directeur.

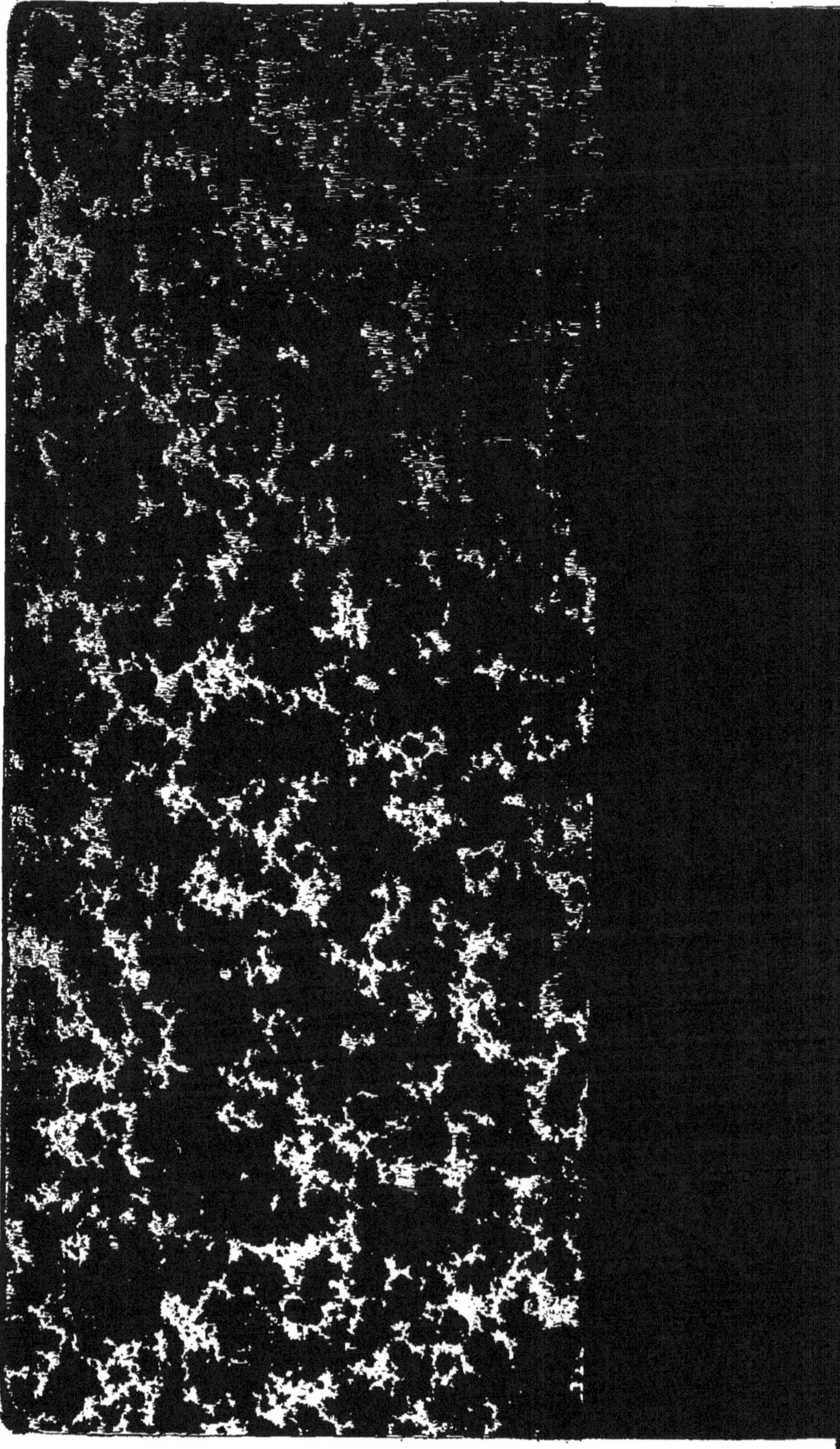